日航機墜落事故
真実と真相

御巣鷹の悲劇から　30年
正義を探し訪ねた　遺族の軌跡

小田 周二
Syuji Oda

文芸社

日航１２３便　乗客・乗員
５２４名の人たちに
真実と正義を
捧げる

はじめに

　今から29年前の暑い夏の日、日本航空機123便が墜落して愛する家族2名が死亡し、私は人生で初めて「事故遺族」になった。
　その時、私の人生の動きがすべて停止した。

　事故当初はその後始末のために奔走を強いられると同時に遺族という立場に困惑し、遺体の確認や火葬、葬儀、供養、そして関係者への挨拶が遺族としての日常生活となった。
　私たち遺族は愛する肉親を亡くした喪失感や悲嘆、あるいは自責の念に苦しみ、かつその「供養」に誠を捧げ続けている。一方で自らの人生が停止した状態に陥り、生きる方向を見失い、苦悩の中に埋没してあえいでいる。
　それでも当初は航空機事故調査委員会（航空・鉄道事故調査委員会を経て、現運輸安全委員会。本書では便宜上、事故調に統一）、運輸省（現国土交通省）、国、そして、日本航空を信じ、愛する肉親を事故で殺されても取り乱すことなく、紳士的に行動することを心掛けたのであった。
　29年前のあの猛暑の中、遺体収容に奮闘された自衛隊員と警察、上野村猟友会、上野村消防団員らに深く感謝し、私たち遺族に対する藤岡市民、そして、ボランティアの方々の温かいおもてなしに気持ちを和らげることが出来た。
　その後、事故調の活動や報告は新聞情報で知ることが出来た。それは何故か「不可解で信用出来ない」ことも多かったが、その当時は事故原因の調査に対して真摯に深く対処し、その内容の説明を要請するような行動を起こすことが出来るほどの心境や精神状態でなかったのである。
　事故から2年後の1987年8月、事故調は最終報告書ともいえる「航空事故調査報告書」を発表したが、遺族の多くはこれを熟読することもなかった。
　何故なら私たち遺族は航空機事故の原因やその内容を詳しく検証し、真相の究明に立ち向かおうとしても、当然その知識も経験もなく、またそのような立場でもないことに気付き、そのような気持ちになれないのであった。
　いまだ肉親の死を信じることが出来ず、もしかしたら生還するのではないか、どこかで生きているのではないか……多くの遺族はそのような一種の精神錯乱状態ともいうべき境地に陥り、苦悩していたのである。

しかも、犠牲者の大きな層を占めていたのがビジネスマンであったため、働き盛りの夫を失った奥様方にとっては目の前の生活を維持することが急務であったし、親を失った子供も精神的な打撃に苦しんでいた。遺族3,000名余は文字通り3,000通りの生き方を模索し、もがき苦しんでいたのである。
　この頃から、早く事故の幕引きをしたいと考える日航からの「補償交渉」が持ちかけられ、いっそう遺族心情を傷付けたのである。世間やマスコミが補償交渉の進捗状況を連日書き立てる始末で、周囲からは心ない詮索をされて、遺族は世間との交流を避けて転居する事態も多数報告されている。
　遺族会として「8.12連絡会」が結成されたものの、遺族全員が参加したのではない。しかし、この連絡会が遺族同士の交流や話し合いによる精神的な緩和、あるいは癒し効果をもたらしたことは高く評価されている。もちろん、遺族団体としての情報共有や「事故原因究明」「再発防止策の提案」などの行動で事故調や関係部署への働きかけも一定の成果を挙げたことは間違いない。
　その意味で連絡会設立以来、事務局長として中心的に活動された美谷島邦子氏に対し、深く敬意を表し感謝を申し上げる。

　日航機事故は犠牲者にとってはその人生を強制的に終わらせられた事態であり、生きたいという意思に反した、明確な「命の略奪」行為であったのは間違いない。残された遺族にとっても、それは同じく人生の「停止」を意味するものであり、子供の死は親にとっては「自らの命の死」に等しい。
　なかには家族全員が死亡した事例もあるが、これはどのように考えるべき事態なのだろうか。残された祖父母にはまったくもってかける言葉が見つからない。事故死亡者520名は約3,000名余もの遺族を生み出し、その遺族の人生は残酷で悲惨であり、誰もが何らかの精神的障害を抱えて今も生きているのである。

　そんな中でも遺族は一つのことを考える。それは、自分たちが味わった苦しみや悲しみ、悲惨な人生経験を他の人には決して味わってほしくないということである。これは私たち遺族にとって共通の願いでもある。
　すなわち、それは事故の「原因の究明」と「再発防止」である。
　もちろん、いかなる事故であっても、遺族は必ず愛する肉親は何故死なねばならなかったのか、どのような理由で、原因で死亡したのか知りたいと訴える。すなわち事故の「真実と真相」の解明を願うのである。そのためには「事

故原因」を明らかにすることが必然であり、不可欠な事項である。

　国には国交省直轄の事故調が設置されており、航空機事故が発生すると出動して事故原因を調査、検証して「調査報告書」を作成。国民に報告して「再発防止策」を提言し、事故を起こした当事者に対しては改善と改革を勧告して「空の安全性」の向上に向けて活動するのがその任務である。

　しかし、日航機事故において事故調が発表した「航空事故調査報告書」は「矛盾」と「疑惑」に包まれたものであり、遺族のみならず国民からも批難と顰蹙の対象となっている。
　しかも国はそうした遺族や有識者からの反論に真摯に対処せず、事故から29年間も無視し続け、説明すら行わず、その責任義務を果たしていない。
　これはまさに国の責任放棄なのである。
　航空事故調査報告書は公式文書である。いやしくも520名の日本国民らが乗客乗員として、事故であっても殺されて命を絶たれたのである。
　そうであるならば調査報告書は矛盾や疑惑がなく、遺族や国民が納得出来るものでなくてはならない。
　航空機の安全な運行のために有識者や関係者が事故調の調査報告書について重大な矛盾疑惑を提起し、反論し、技術的かつ論理的に事象を矛盾なく説明出来る対案を提示した以上、事故調はこれを検討し、反論し、説明することは当然の責務であり、かかる検証は不可欠なのである。
　その対処を行わず、無視し、いっさい取り合わない対応が29年間も続いている以上、この事故調の結論は単なる「仮説」として「没」にして撤回するのが、科学的、かつ論理的な事故調査の原則のはずである。
　一つの仮説が事故事象や科学的な原理、航空工学、証言などに適合しない場合は、新たな仮説を立てて検証するのが事故調査の原則である。いや、これは事故調査に限らず、何事においても問題解決のためのセオリーともいうべき方法である。この方法を無視するとしたら、その事故調査機関には能力も資格もないと言わざるを得ない。

　実際、これまでに多くの有識者（科学者、ジャーナリスト）が日航機事故と「航空事故調査報告書」に関して徹底的な調査と研究、検証を行い、事故の真実と真相に迫る著作を発表している。

ここではその中でも代表的な著作を挙げる（順不同）。

『ジャンボ墜落―unable to control！』吉原公一郎著
　　　　　　　　　　　　　　　　　　（人間の科学社／1985.11.10）
『日本航空連続事故　内部からの提言　安全飛行への道はあるか』
　　　　　　日航機事故真相追及プロジェクトチーム著（水曜社／1986.7.25）
『墜落の夏　日航123便事故全記録』吉岡忍著　　　（新潮社／1986.8.5）
『疑惑　JAL123便墜落事故　このままでは520柱は瞑れない』
　　　　　　　　　　　　　　角田四郎著（早稲田出版／1993.12.28）
『日航機救難活動の告白証言』
　　　　（マイケル・アントヌッチ／米国空軍機関誌「星条旗」／1995.12）
『御巣鷹山ファイル　JAL123便墜落事故真相解明』池田昌昭著
　　　　　　　　　　　　　　　　　　　　　　　（文芸社／1998.1.25）
『御巣鷹山ファイル2　JAL123便は自衛隊が撃墜した』池田昌昭著
　　　　　　　　　　　　　　　　　　　　　　　（文芸社／1998.9.10）
『御巣鷹山ファイル3　JAL123便空白の14時間』池田昌昭著
　　　　　　　　　　　　　　　　　　　　　　　（文芸社／1999.4.10）
『隠された証言　日航123便墜落事故』藤田日出男著　（新潮社／2003.8.15）
『御巣鷹の謎を追う　日航123便事故20年』米田憲司著（宝島社／2005.7.7）
『鎮魂　JAL123便』池田昌昭著　　　　　　　　（金沢印刷／2010.11.15）

　このように多くの事故関連の著作を購入したものの、当時はまるで放心状態で身が入らず読み飛ばしていた。その後、あらためて徹底的に目を通したのである。これらの著作の主張を整理すると以下のようになる。

・日航機墜落事故は圧力隔壁の破壊が原因ではない。
・日航機の垂直尾翼は自衛隊標的機が激突して破壊された。
・尾翼を破壊された日航機は手動で操縦出来、横田基地に着陸出来た。
・自衛隊、政府が着陸を許可しておれば、乗客・乗員の殆どは助かっていた。
・長野県側に飛行したのは、川上村レタス畑へ不時着するためであった。
・日航機が御巣鷹山に墜落した原因には自衛隊が関与している。
・自衛隊は御巣鷹山で事故機に向けてミサイルを発射し、撃墜した。

- 墜落場所の確定に時間をかけたのは自衛隊がその証拠残骸の回収、および生存乗客乗員全員に対する加害行為を行うための時間稼ぎである。
- 自衛隊だけでなく群馬県警も遭難者救出を阻害する行為に加担した。
- もっと早く救出していれば数十名の命が助かっていた。
- 米軍アントヌッチ中尉（当時）の救助活動に中止要請を出し、この事実を国民に隠蔽。隠蔽の目的は自衛隊の意図的な救助放棄をごまかすためである。
- 事故調の「航空事故調査報告書」は間違っている。
- 日本航空、ボーイング社は、政府権力者から、強制的に押し付けられた代理の加害者である。
- 日航機事故は「事故」でなく「事件」である。
- 事件の動機は、「自衛隊標的機の日航機への衝突を隠蔽する」ことであった。

　実に衝撃的な真相も含まれていることに驚かれる方もいらっしゃるかもしれないが、本書では以上のような日航機事故における疑問点や不可解な点を読み解いていくことになる。

　思い返せば私たち遺族は事故の発生時点から、自衛隊の「墜落場所の確定引き伸ばし行為」や「救出活動の遅延行為」に対して不愉快な疑惑と疑念を感じていたのである。そして、事故調の「航空事故調査報告書」に対し、遺族は重大な不信感を抱かざるを得なかった。
　「航空事故調査報告書」が発表された1987年から8年後の1995年、今度は青天の霹靂のように公表された米軍アントヌッチ中尉の告白証言によって、日航機123便の乗客乗員524名は何らかの重大な事件に巻き込まれたことを私たち遺族は確信したのである。

　私自身はこれまで、過去の数々の著作や自らの調査に基づき、「圧力隔壁破壊説」の矛盾点や自衛隊の救助遅延行為、米軍アントヌッチ中尉の救出活動と中止要請、そして日本政府の箝口令要請などについて自分なりに文章化して遺族や関係者に配布していた。
　しかし、事故原因についていくら文章化しても、それらはあくまでも資料や耳学問による単純な批判や反論にしかならなかった。
　旅客機に乗ったことはあるが、基本的に航空工学の知識もなく、また、航空

機の構造もその名称もよく知らない。ましてや乗ったことはあっても機体の内部構造を間近に見ることはなく、もちろん、航空機の操縦方法についての知識などは皆無であった。

これでは「特殊で複雑な空飛ぶ精密機械」の事故原因について調査して究明することなど出来ないのは当然である。

それでも徐々にではあるが、過去の航空機事故の実態とその事故原因の調査映像や調査報告書を見て日航機事故との共通点をメモし、それらのメモを整理していった。あまりにも多い雑多な事故原因に驚き、かつ事故調査の緻密なやり方、特に米国の国家運輸安全委員会（NTSB）の調査体制、調査能力の高さに驚愕したものである。

技術、研究畑出身の私はその論理的な進め方に共感出来たし、理解も出来た。

何故なら、そのやり方は科学的な研究開発活動における方法と基本的に変わることがないことを実感出来たからである。

そして、航空機の構造や整備体制、運航状況、管制技術、操縦技術、法的規制などについての知識の習得が必要と考え、独自に調査し勉強することにした。

航空機の構造については日本航空整備工場でのB-777の見学で、特に問題となる旅客機の後部胴体部や垂直尾翼、水平尾翼とAPU（補助動力装置＝ターボエンジン）、圧力隔壁、CVR（ボイスレコーダー）、DFDR（フライトレコーダー）、改装中の胴体部の構造などを知ることが出来た。

そして、操縦席やエンジン本体、車輪などを成田空港の航空博物館で見学した。さらに事故機の残骸を展示している「安全啓発センター」（JAL M1ビル内）を見学し、再度、事故原因についての説明内容と隔壁部と尾翼部を見学した。このようにして学習した航空機についての基礎的知識を基に、あらためて事故原因関連の図書を読むと、今までと異なる深い理解が出来るようになり、少しずつ文章化して纏めていった。

犠牲となった肉親に対して遺族が出来ることは、悲嘆し、慰霊・供養することだけではない。

大事なのは事故を風化させないよう広く国民に訴えることである。再び同じような事故が起きて他の国民に同じ苦しみを味わわせないためには、事故原因を徹底的に明らかにすることが遺族の責務だと考えた。

その点で、これまで「8.12連絡会」は必死に事故原因を調査し、検証して

きたが、その障壁は高く、29年経っても真の事故原因解明への道半ばである。

　事故発生から29年間、原因不明のまま放置され、遺族は絶望の世界に呻吟しながら必死に生きている。遺族の先頭に立って闘ってきた方々も時の流れで高齢化し、すでに鬼籍に入られた方も多い。誠に残念無念である。

　世間の関心も次第に薄れ、マスコミも徐々に関心を示さなくなり、有識者も手を打つことも出来ない状態に陥っている。政府・自衛隊は権力、圧力を卑劣にも行使し、真相究明を妨害し、真相の告発・発言を封じている。まさに日航機事故は風化が進み、八方塞がりの状況にあるのだ。かかる風化の事態は自衛隊・政府が待ち望んでいた状況なのである。

　私自身も自分1人では立ち上がることもせず、かかる情勢を静観というより傍観していたこともあった。しかし、このままではいけないのではないかと苦悩していた時、進むべき道を示してくれたのが海の向こうで航空機事故の真実と真相への重い扉を開いたある遺族の姿であった。

　その遺族が再調査と真実の切符を勝ち取った航空機事故の事例を紹介する。

　その事故とは1989年2月24日にハワイで起きた「ユナイテッド航空811便貨物室ドア脱落事故」である。

　ユナイテッド航空811便（B-747-122）はハワイ・ホノルル付近の上空約6,700メートルで貨物室ドア施錠が勝手に解除され、開いたドアが脱落して急減圧状態となった。その結果、約5メートル×4メートルのドアと胴体部分が吹き飛び、付近に着座していた乗客9名が外部に吸い出されて死亡したのである。機体はエンジン2基が停止し、フラップも作動せず、操縦不能のなか、緊急着陸に成功したのである。死亡者9名、生存者344名（負傷者35名含む）であった。

　米国NTSBは事故調査に着手し、2カ月後、予備審問を開催して調査資料をすべて公開している。この点は日本も見習うべきであるが、それから1年後、NTSBは事故原因が「作業員がドアの取り扱いを誤ったこと」と結論付けた。

　しかし、この事故で愛する息子を失ったニュージーランドのケビン・キャンベル夫妻は結論に疑問を持ち、審問で得た資料を解析して「ドアのオリジナル設計上のミス」との指摘に着目し、本格的に調査と研究に奔走した。2年間、事故関係者との面談を繰り返したほか、独自にドアロックの模型を制作して

NTSBの結論とは異なる事故原因を突き止め、NTSBに提示した。
　NTSBはこの指摘を受けて太平洋の底（水深）4,200メートルに沈んだドアを回収。再調査したところ、「ドアの破損原因は電気系統の欠陥である」という新たな結論を導き出し、それをボーイング社が認めたのである。

　このように1組の夫婦遺族が事故を徹底的に調査、分析して真の事故原因を明らかにしたのである。その結果、新たに対策を取ることによって同種の事故の再発防止も図られた。当のキャンベル夫妻は次のように語っている。
　「息子の死をムダにしないために事故原因を調査究明して811便事故の真実を明らかにする。これは2度と同じ事故を引き起こさないためには不可欠である。遺族は真の事故原因を亡き肉親の墓前に報告することが最大の供養である」──と。犠牲者への心情あふれる、遺族の崇高な名言である。
　航空機事故の「真実と真相」が不明とされた場合、あるいは事故原因とされた事象に何かしら疑いがある場合、誰かがやってくれるとか、あるいは誰かに聞けば分かるはずだとか、他人任せにするのではなく、遺族が率先して立ち上がり、勉強し、調査し、研究し、分析し、自ら結論を導き出して、それを提示することが必要不可欠であることをキャンベル夫妻は私に気付かせてくれた。
　日航機事故の発生からもうすぐ30年を迎えるに当たり、遺族小田周二が事故原因の真実と真相の解明、究明に立ち上がった理由は、上記事故におけるキャンベル夫妻の勇気ある行動に感動し、触発されたからである。
　キャンベル夫妻のような学識や能力、実行力に小田はとても及ばないが、老骨に鞭打って、少しでも真実と真相に近づけたらと努力した次第である。
　本論文を作成するに際しては、多くの有識者や関係者の論文、著作を参考にし、引用させて頂いた。本書は日航機事故の乗客乗員520名の犠牲者と4名の重傷者のために、また、数千名の遺族のため、再び同種の事故が起きないよう願って調査し、研究し、検証した到達点である。
　私は軽薄で低レベルの思考能力の持ち主ではあるが、それでも拙文を論述することが出来た。角田四郎氏、吉原公一郎氏、池田昌昭氏、米田憲司氏、藤田日出男氏、吉岡忍氏、加藤寛一郎氏、そして、故・松本清張氏らに厚くお礼申し上げると共に、著作から無断で引用したことをお許し願いたいと思う所存である。
　また、上記の著者の皆様方の志は「空の安全性向上」を目指すことにあると

考え、勝手ながら皆様を共同著作者のような存在として小田は考えている次第である。どうかご理解をお願いしたいのである。

　遺族小田周二は、日航機事故に関して疑惑のある、事故調が発表した事故原因に対して真っ向からその矛盾を指摘し、反論するものである。そして、国民の命を守る責任がある国、自衛隊、国交省（当時の運輸省）、事故調が真摯に反論し、出来ますれば日航機事故の「真実と真相」を広く国民に説明することを要請するものである。

　事故の「真実と真相」、それを事故の犠牲になった520名もの御霊に供えることこそが最善の「供養」になると考える。同時に、国民の空の安全性向上のために不可欠なことと思慮する次第である。

「至誠にして動かざる者は、未だこれ有らざるなり」（吉田松陰）
　──私は信じる、この格言を！

2014年8月12日　日航機事故　遺族　小田周二

目　次

はじめに　003

序　章　「仮説A」の矛盾点と「仮説X」なる真実の対案提起 ── 015
1. 「矛盾」と「疑惑」に満ちた「仮説A」=「圧力隔壁破壊説」　016
2. 「仮説A」は破綻、崩壊。真実の対案「仮説X」の提起　031

第1章　日航機123便：横田基地への着陸操作準備OK ── 035
1. 日航ジャンボ機123便墜落事故の概要　036
2. 事故・事件における「目撃証言」の位置付けと重要性　041
3. 日航機垂直尾翼の破壊は外部飛行物体の衝突が原因　046
4. 事故の時系列的飛行状況と事故調結論の疑惑と矛盾　052
5. 多くの証拠・証言から見えてくる事故機の操縦性と飛行状況　062
6. 事故機の操縦機能と飛行能力に関する関係部署の見解　074
7. 日航事故機の操縦性と横田基地への着陸敢行の意図　086
8. 事故機の横田基地への着陸は自衛隊が阻止した!!　101

第2章　日航123便を撃墜墜落させた謀略事件　待ち受ける惨劇 ── 119
1. 横田基地着陸を阻止された事故機のレタス畑への着陸行動　120
2. 上野村山岳地帯に急上昇した事故機を突然襲った撃墜攻撃　130
3. 機体残骸の散乱分布から墜落原因を推測する　135
4. 事故機の墜落に繋がる異常事態の勃発と真の墜落原因　165

第3章　遺体収容に緊急出動した救助派遣部隊の全貌 ── 177
1. 日航機事故での当事者の疑惑の言動を検証する　178
2. 自衛隊および群馬県警機動部隊の疑惑の救出活動　183
3. 米軍中尉らの救助活動と日本側の中止・撤退要請　192
4. 自衛隊特殊精鋭部隊の極秘隠密行動の実態　199
5. 群馬県警による事故証拠物件の回収と処分　209
6. 自衛隊・群馬県警による救助活動の不可解な疑惑実態　213
7. 国家機密とされた「日航機事故の真実」を国民に暴く　221

第4章　欺瞞の事故調査と嘘の事故報告書の捏造 ───── 227

1. 航空機墜落事故における事故調査活動について　228
2. 日航機事故における事故調査の奇怪で不可解な実態　235
3. 「圧力隔壁破壊説」は落合証言により破綻し崩壊した！　245
4. 日航機の「垂直尾翼」と「APU」は外部飛行物体が破壊した　273
5. 軍隊の総合戦力は戦闘力と戦意と謀略作戦から成る　289

第5章　偽情報誘導操作と重要資料廃棄処分 ───── 313

1. 事故調査過程での自衛隊・政府・運輸省の疑惑の連携　314
2. 虚偽の事故原因「圧力隔壁破壊説」の捏造経過を検証　320
3. 日航機事故関連資料を廃棄処分した運輸省の目論み　333
4. 「国家機密」を盾に回答を拒否する事故関係者の欺瞞行為　338
5. 「代理加害者」を演じる影武者・日航の偽装疑惑行為　342
6. 捏造された事故報告書のおぞましくも残酷な内容　359

第6章　日航機墜落事件の警察捜査へ ───── 363

1. 事故調の「航空事故調査報告書」の矛盾と疑惑の内容　364
2. 1件の「事故」と9件の「事件」からなる「仮説X」　367
3. 不祥事の隠蔽工作を引き起こす自衛隊の黒い闇　374
4. 自衛隊の本質と行動規範についての考察　380
5. 日航機事故において自衛隊が関与実行した隠蔽行為　385
6. 自衛隊は国民の生命・財産を守る組織なのか？　389
7. 自衛隊制服組を統括する文民統制政府の責任者の言動　396
8. 航空機事故に軍隊が関与した墜落事故の実態　406
9. 航空機「事故」の調査と航空機「事件」の捜査　416
10. 日航機事故29年目の「真実と真相」＝「仮説X」　425
11. 今後の航空機事故調査関連についての提言　430
12. 日航機事故の全容を形作る「仮説X」によるストーリー　443

あとがき　453
参考文献　458

序章

「仮説A」の矛盾点と「仮説X」なる真実の対案提起

1 「矛盾」と「疑惑」に満ちた「仮説A」＝「圧力隔壁破壊説」

「矛盾」「疑惑」「不可解」ばかりの事故調査報告書

　1985年（昭和60年）8月12日に発生した日航機123便墜落事故から2年後、事故の原因解明に当たった事故調は「航空事故調査報告書」を発表した。
　しかし、この報告書は民主主義国家である日本において、正式な「公文書」としての資格はない。それは何故か？
　仮にこの報告書に書かれた事故原因を「**仮説A**」とするなら、それは何者かにとって都合の悪い状況証拠や目撃証言、事故事象をすべて切り捨て、都合のいい証拠ばかりを並べて体裁を整えただけの欺瞞に満ちたものだからである。
　事故調がでっち上げた件(くだん)の報告書は数多くの矛盾と疑惑に満ち、捏造された内容であり、日航機が御巣鷹山（群馬県多野郡上野村）の尾根に墜落するまでに至った事故・事象をまったく合理的に説明出来ていないのである。
　事故調が導き出した「仮説A」はきわめて不適切な報告書である。詳しい内容は第1章以降で詳述するとして、ここでは数々の「疑惑」や「矛盾」、そして「捏造」された事象について指摘したい。

　さて、事故から2年後に事故調が公表した「航空事故調査報告書」＝「仮説A」は機体後部にある圧力隔壁が破壊されたことが墜落の原因であると指摘。しかし、これは科学的、かつ技術的論理で合理的な説明が出来ないのである。
　事故に関連する事態と事象においてさまざまな疑惑が指摘されているが、その根本的なものは「垂直尾翼を破壊したのは圧力隔壁の破壊による大量の空気の流出」といった事故原因に起因する矛盾や疑惑である。
　多くの有識者の手による論文や著作は圧力隔壁破壊説について科学的、技術的に、あるいは生存者の1人である落合由美さんの体験証言によりその矛盾点を指摘しているが、事故調は今日までこれらの証拠や指摘を無視し、報告書を見直し、反映させることはなかった。
　しかも、社会の公器と言われる新聞各社は一様に提示された疑惑を積極的に調査解明しようとせず、「ひたすら風化を待ち望む姿勢は批判されてしかるべきだ」としながらも、「国の結論（仮説）を否定する新しい証拠や事実が見つかっていない」と問うのみで、事故調の疑惑に満ちた仮説を傍観している。

真実を追求し、真相報道をその使命とする報道機関が、すでに疑惑と矛盾を合理的に反論した事実があるにもかかわらず、「さらなる新証拠を発見しましたか？」と質問する姿勢にはあぜんとせざるを得ない。まるで自ら思考する手段を喪失したとしか考えられず、これは実に残念なことである。
　世界的に見ても単独機としては最大の犠牲者数となった航空機事故に対して、確たる証拠を基にした疑惑と矛盾を指摘されたら、率先して解明に乗り出すべき立場であるにもかかわらず、このような傍観者的な態度は実に不思議だと言わざるを得ない。それこそ「報道機関自体が『航空事故調査報告書』に重大な矛盾、疑惑が存在することを認めている」と判断出来るのである。
　およそ国民の「命」に関する重大な航空機事故の事故原因調査において、少しでも疑惑や矛盾のある報告書を公表することは絶対に許されない。

　事故調査の手順としては、まずは可能性が高い推論として一つの「仮説」を立ててそれを調査検証するが、事故の事象と辻褄が合わない時はその「仮説」は〈没〉にして、また次の「仮説」を立てて調査を進めるのが原則である。
　したがって「疑惑や矛盾のある仮説」を公式結論とすることは、事故調査の過程において間違った思考手法、間違った検証が行われたとしか考えられない。
　また、百歩譲って検証が適正になされたことを認めるにしても、発表後に矛盾点や疑惑点を指摘されたら、真摯に対処して再検討するのも当然のことである。しかし、事故調は29年間にわたって1度もその指摘を取り上げず、無視し、説明責任すら放棄している。これは単に「怠慢」では済まされない。何故なら520名もの国民が無残に殺されているからである。
　先に紹介した「ユナイテッド航空811便貨物室ドア脱落事故」で米国NTSBは、事故被害者の遺族（キャンベル夫妻）の反論を受け入れて、太平洋の底に沈んだドアを回収して再調査した。その結果、以前の結論を覆して「ドアの破損原因は電気系統の欠陥である」ことを認めたのである。
　これが航空機事故の調査における正当なやり方であり、原則なのである。

　さらに、事故調は重大事故である日航機墜落事故の関連資料を1999年に廃棄処分にしている。事故調の結論と事故資料との差異や乖離が発見されないための小細工であり、事故の再調査への妨害行為である。まさに言語道断で絶対に許されない蛮行であり、立派な証拠隠滅罪なる犯罪行為とも言える。

その上、事故調は「再調査することはない」と傲慢に言い切っている。これでは事故調、および国は専制君主時代の暴君と同じスタンスであり、資料廃棄は国にとって都合の悪い事態を隠すための悪行としか考えられない。国民主権の民主主義国家ではかかる蛮行は絶対に許されないことは明らかである。
　日航機事故の事故原因は事故調が主張する「圧力隔壁破壊」でないことは間違いのないことである。**「航空事故調査委員会」は完全な機能不全に陥っており、かかる組織は不要であり、有害無益な機関であり、即刻、廃止されるべき機関と言える。**これらについては後ほど詳細に論じる。

日航機墜落をめぐる自衛隊・政府の「不可解で疑惑満載の言動」

　事故調の報告書は「圧力隔壁が破壊されて操縦不能に陥り、御巣鷹山に墜落した」といった結論であるが、多くの有識者、論文は圧力隔壁破壊の矛盾点のみならず、数多くの点で疑惑のある事象を明らかにしている。
　私はこれらの著作や資料を参考に独自の仮説を組み立てた次第である。
　事故調の「航空事故調査報告書」＝「仮説A」に反論するものとして、
　真実の対案としての仮説を本書では**「仮説X」**と呼ぶことにする。
　この「仮説X」は事故調が取り入れようとはしなかった状況証拠や生存者の体験証言、第三者の目撃証言などを基に技術的、かつ論理的な考察を加えたものである。恐らく日航機事故の真実と真相に一番近く、かつ適切な仮説であると考える。「仮説X」では、事故調の「航空事故調査報告書」では説明出来なかった以下の事象がすべて科学的、合理的、論理的に説明出来るのである。

・日航機の垂直尾翼が破壊された理由。
・垂直尾翼とAPUを失った事故機が手動で飛行出来て、横田基地に向けて飛行し、着陸しようとした理由。
・川上村レタス畑に向けて飛行し不時着しようとした理由。
・群馬県御巣鷹山上でミサイル攻撃を受け、墜落した理由。
・自衛隊や群馬県警の意図的な救助遅れの理由。
・米軍アントヌッチ中尉が救助活動を中止し、撤退した理由。
・墜落現場で暗躍した自衛隊特殊精鋭部隊の目的と謎の行動の理由。
・「事故調査報告書」の関連資料を廃棄した理由。

・政府が「国家機密」を盾に説明拒否した理由。

　これら一連の疑問点を真の事故原因と重大で密接な関連があると考えて考察を行い、事故の「真実と真相」を究明すべく整理し纏めるようにした。
　すなわち、相模湾での垂直尾翼破壊事象が日航機事故の端緒であり、この事態がその後に具現した諸々の自衛隊・政府の数々の疑惑の施策、行動を惹き起こしていると推測し、検証した上で一つの結論としたのである。
　詳細は後述するが、「自衛隊標的機が日航機の垂直尾翼に衝突した事態を自衛隊・政府が完全隠蔽を図ろうとした謀略行動が全貌である」と調査検証し推測すると、すべての事象が合理的に説明出来ることを確信したのである。
　ここでは、事故とその直後に起きた諸事象における「疑惑」と「矛盾」、「不可解な事項」を取り上げ、調査や検証、考察を施すことで、事故の「真実と真相」への足掛かりを築ければよいと考えるのである。

【疑惑①】垂直尾翼とAPUの破壊を誰がいつ知ったのか？

　日航機は8月12日18：56：35に群馬県御巣鷹山の尾根に機首から激突して墜落し、数百Gの衝撃で機体も人間もバラバラに粉砕された。
　事故調査では最初に機体残骸や人間の遺体の検証が行われるが、事故原因の調査として行うべきは機体残骸を回収し、組み立てて復元し、破壊事象を検討し検証することである。最初に精査すべき不可欠なことは機体の四隅を確認することにある。すなわち機首や主翼先端、水平尾翼、垂直尾翼とAPU（補助動力装置）が墜落地点に存在するかといった確認である。これらの存在が確認出来れば、墜落まで機体は損傷を受けずに飛行していたことになる。
　──これが航空機事故における調査の原則である。
　日航機事故の場合、問題なのは垂直尾翼とAPUが破壊され、落下した事態を誰がいつ認識したかである。これは事故原因と深い関係がある。
　ボイスレコーダーやフライトレコーダー、交信記録などから墜落まで機長らが知っていた可能性は少ない。したがって管制官や日本航空も知らなかったはずである。もちろん、事故調もいつ、誰が確認したかは明らかにしていない
　奥多摩で撮影された尾翼を失った事故機の写真（山崎啓一氏撮影）が報じられているのだが、それは相当、後の段階である。
　事故翌日の14日早朝に事故現場で尾翼部分に密集して群がる日航の作業員

らしき姿が目撃されている。その点から推測すると、この時点ですでに自衛隊・政府、日航も垂直尾翼とAPUの破壊を知っていたことは間違いない。

墜落の約30分前の18：24：35に相模湾上空で日航機の垂直尾翼とAPUが破壊されているが、その20分後、相模湖上空で自衛隊機が日航事故機に対して横田基地への着陸阻止行動を起こしているのは確かである。

詳細については後ほど述べるが、事故機の垂直尾翼を破壊したのは自衛隊の「無人標的機」で、「仮説X」は自衛隊の無人標的機が演習中に日航機123便に衝突した「事故」を端緒としている。そのため、無人標的機を操作していた自衛隊演習部隊が最初に事態を察知したはずで、次は事故直後に緊急発進して事故機を追尾した自衛隊戦闘機のパイロットだと考えるのが妥当である。

さらに、無人標的機が日航機に激突して5分後に2機の自衛隊戦闘機が緊急発進し、その損傷状況を確認した後に自衛隊幹部に報告して指示を受けるとなると、自衛隊・政府は実質10分ほどしか対策、方針を協議する時間がなかったはずである。そう考えると、自衛隊・政府は恐らく当初から標的機が衝突した事実を知っていた可能性がきわめて高い、いや確実に知っていたのである。

【疑惑②】相模湾に沈んだ残骸の回収を政府が拒否した理由と疑惑の「圧力隔壁破壊説」へと情報操作した理由？

日航機の垂直尾翼とAPUが破損し、相模湾上空で落下したことを知った段階で事故調が行う行動は、墜落現場での捜索調査と同時に相模湾に沈んだ垂直尾翼とAPUを回収して復元し、破壊の原因を明らかにすることであった。

垂直尾翼が何故無残に破壊されたかを明らかにするのが最優先であり、残骸回収は必然の行為である。当然、事故調は引き上げ回収を行うべく政府に対して引き上げ予算を要求したが、中曽根康弘内閣（当時）は拒否している。

政府は何故引き上げ予算の請求を拒否したのか。その点について政府には説明責任があるはずであり、これ以外にも中曽根内閣は日航機事故に関していっさいの説明責任を果たしていないが、これも重大な疑惑である。

そして、垂直尾翼とAPUの引き上げ拒否を受け入れた事故調は、その後、酸素マスク落下が起きたという「機内急減圧現象」を根拠に、一転して事故原因は「圧力隔壁破壊説」であるとの情報操作と誘導を執拗に行い、非科学的、かつ証言無視の結論を決めたのである。

数々の証言を無視して強引に結論を導き、奇跡の生存者・落合由美さんの

「急減圧はなかった」との証言すら無視したのである。
　事故調が何故強引に「疑惑と矛盾の結論」に固執するようになったのか、そこには大きな「陰謀」「謀略」が潜んでいるのである。

【疑惑③】事故機の最後の32分間の飛行の目的地は横田基地と川上村レタス畑ではないのか？

　事故機の飛行経路はボイスレコーダーやフライトレコーダー、残骸落下物の位置、レーダー軌跡などから事故調が決めたとのことだが、目撃証言や生存者の体験証言などはいっさい無視して決めている。これは重大な疑惑である。
　事故調が発表した飛行経路と目撃証言などから導き出される経路とでは横田基地付近と川上村レタス畑付近で重大な乖離を生じている。
　また、長野県南佐久郡川上村付近での事故調発表の飛行高度も目撃証言にあるような平地スレスレの超低空ではない。要するに、ボイスレコーダーやフライトレコーダーの修正、かつ捏造の可能性を考慮せざるを得ないのである。
　2014年3月に48年ぶりに冤罪が認められた袴田事件では警察当局の証拠捏造が行われたが、ボイスレコーダーやフライトレコーダーの修正行為はしごく簡単で、かつ密室で行うことが出来る。
　事故機は明確に横田基地と川上村レタス畑を目指して飛行しているが、事故調は「操縦不能迷走飛行」としか説明していない。これは大きな疑惑であり、事故調は飛行目的地や飛行経路を特定した経緯について説明する責任がある。

【疑惑④】事故機は本当に操縦不能に陥っていたのか、そして、何故横田基地飛行場に着陸出来なかったのか？

　事故調は「事故機は自動操縦機能を失い、手動での操縦はきわめて困難で、着陸は不可能であった」と結論付けている。
　事故調が公表した事故機の飛行経路図はまるでマンガとしか思えない。
　実際にその飛行経路をボイスレコーダーやフライトレコーダーと照合して整合させたのか大いに疑問であり、さらには多数の目撃証言を検証したことさえ疑わしく、重要証言を無視している。
　飛行経路を検証してみるために実際に旅客機を飛ばして事故時のボイスレコーダーとフライトレコーダーの内容と照合してみたのだろうか。ただ机上で推論しての結論であるとしたら、それは520名の犠牲者を納得させるだけの調

査とは言えないはずである。事故調査のやり方はずさんそのものである。
　また、事故機は横田基地の近くまでの旋回、降下、上昇といった飛行操縦技術は習得出来ていたのである。4基の強力なエンジンは正常に作動しており、かつフラップも作動している。着陸に必要な条件はすべて揃っていたのである。
　にもかかわらず、何故事故調は飛行性や操縦性について確固たる証拠すら出さずに「操縦は困難であった」とのずさんな結論を出したのか。
　それは重大な疑惑である。
　高濱雅巳機長が操縦する事故機が横田基地に10キロメートルの至近距離まで接近したのは、どう考えても横田基地飛行場への着陸を目指していたからである。**航空機は「飛行場に着陸出来なければ、それは乗客乗員全員の死に至る」事態であり、この基本原理は航空業界の「常識」である。**
　しかし、事故機は横田基地に着陸することなく方向転換して飛行を続けた。
　何故着陸を敢行出来なかったのか。それは524名の生死に関する重大事態であり、事故調はこの着陸が出来なかった理由を説明する責任がある。
　横田基地との交信記録は残っているはずである。おそらく事故機は横田基地と交信を行ったはずであり、だとしたら、何故通信記録がボイスレコーダーに残っていないのか。改竄（かいざん）や捏造が行われたと考えざるを得ない。
　しかも、高濱機長は横田基地に最接近した18：46：16に「このままでお願いします」と何度も丁寧に返事しているが、これは誰に対しての懇願なのか。その後、懇願を拒否された機長は、「これはダメかも分からんね」と絶望とも思える言葉を吐いている。
　その時、いったい事故機にどんな緊急事態が発生したのか。そして、何故事故機は横田基地への着陸を断念して一路、長野県川上村へ直行したのか。

　「事実は小説より奇なり」という言葉があるが、隠された事象の真実を知ると、こんなことが本当にあるのかと驚くことも多い。
　例えば前述した袴田事件における警察や検察の信じられない不祥事は無実の一国民を死刑囚として拘禁し、48年間もの人生を奪った。警察は重要な証拠品を裁判官に開示もせず、犯人を有罪にするために捏造や謀略すら行ったのである。もし、死刑が執行されていたら、正義は闇の中に葬られていたはずである。
　そんなことはあってはならないはずで、事故調は日航事故機の操縦性や飛行性と横田基地飛行場への着陸について詳細に説明する責任義務がある。

【疑惑⑤】事故機はなぜ川上村レタス畑へ直行飛行をしたのか？

　その後、事故機は横田基地周辺から遠ざかり、一路、長野県南佐久郡川上村を目指して飛行している。事故調は日航機が険阻な山岳地帯へ直行飛行したとしているが、その飛行経路と目撃証言とは大きく食い違っている。事故調は迷走飛行を理由に事故機の操縦不能を強調するだけで、一方で世間は高濱機長の拙劣な判断力と操縦能力を批判したりしたのである。

　しかし、事実は群馬県の険阻な山岳地帯へ向けて飛行したのでなく、川上村の「レタス畑」へ不時着することが事故機の目的だったのである。

　この件について、「事故機は茶畑、あるいはレタス畑に向けて飛行していった」といった情報を事故直後に耳にしたことがある。情報源はレタス畑で作業していた農家の人の目撃証言と考えられるが、いつの間にか消えてしまった。

　ボイスレコーダーとフライトレコーダーだけでなく、かかる目撃証言を採用した調査を行うことが真の事故原因を解明する上で不可欠なことと思慮する。事故調はレタス畑への着陸について、説明する責任がある。

【疑惑⑥】事故機の突然の墜落の真相を自衛隊・政府は何故明らかにしないのか？

　事故調は「日航機は垂直尾翼とAPUを破壊されて自動操縦機能を失い、操縦がきわめて困難であり着陸は不可能であった。そして、墜落した」と確たる調査や検証もせず短絡的に墜落原因を結論付けた。

　しかし、事故機は垂直尾翼とAPUの破壊後も操縦出来、横田基地にも着陸出来たと考えられる。にもかかわらず、川上村から群馬県上野村の山岳地帯に入った段階で急に墜落したのだから、その原因は垂直尾翼の破壊ではなく、別の原因が存在すると考えるのが論理的思考である。

　川上村、あるいは相木村(あいき)の住民は日航機が群馬側の山岳地帯を飛行中、「胴体から煙を出しながら東北方向に飛行していった」「機体が赤い炎を上げ、やがて黒い煙を残していった」「機の後部から火を噴いていた」……などの目撃証言をしており、この事象から飛行中の事故機に何らかの重大な異常事態が発生したことを推測出来るのである。

　さらに18：55：45に高濱機長らが「アーッ」と絶叫の声を上げたことがボイスレコーダーに記録されている。それ以降、18：55：47から「パワーアッ

プ！」「あたま（機首）を上げろ！」などの指示を出している。

　一方で同じ時刻に起きた事態として、生存者の落合由美さんは「安全姿勢を取った座席の中で身体が大きく揺さぶられるのを感じた。ものすごい揺れです。しかし、上下の振動はなかった。そして急降下が始まったのです。まったくの急降下です」と証言している。

　以上のボイスレコーダーの記録や落合さんの体験証言、そして、外部の目撃証言から、手動操縦で何とか正常な飛行を続けている事故機に突然、何らかの重大な異常事態が発生したと推測出来る。

　墜落という最悪の事象について事故調は短絡的に「操縦不能によるもの」といったずさんな結論を出している。しかし、直接の原因はそれとは違い、おそらく深刻で、なおかつ異常なもの、外部からの攻撃によるものと考えられる。このように、調査経過と結論について重大な疑惑が存在しており、事故調と国、自衛隊は「真実と真相」を知っており、その説明責任がある。

【疑惑⑦】事故調の委員長が突然交代したのは何故なのか？

　1985年8月12日に日航機墜落事故が起きた時点で、事故調のメンバーは以下のようになっていた（肩書きはすべて当時）。

委員長：八田桂三（東京大学名誉教授）
委　員：榎本善臣（運輸省航空局審議官）
委　員：糸永吉連（元日本アジア航空顧問）
委　員：幸尾治朗（東海大学教授）

　同年9月14日の中間報告はこのメンバーで行われているが、そのわずか1ヵ月後の10月9日、任期満了との理由で委員長以下2名が交代となっている。

委員長：武田峻（元航空宇宙技術研究所所長）
委　員：榎本善臣（運輸省航空局審議官）
委　員：西村淳（日本空港動力取締役）
委　員：幸尾治朗（東海大学教授）
委　員：東昭（東京大学教授）

犠牲者520名という単独機としては世界最大規模の大惨事が起きたにもかかわらず、わずか2ヵ月後の10月初旬に事故調の委員を交代させるとは、運輸省（現国交省）のお役人体質にあぜんとせざるを得ない。
　この1点だけでも、事故調という組織が真の航空機安全のための調査機関だとは胸を張って言えないのである。実に呆れたお役所体質であり、事故対応の重要性をまったく分かっていないと言える。
　また、榎本氏と幸尾氏は再任となっているが、事故調は事故ごとに専門委員が任命され事故の主管調査官が指名される仕組みとなっている。実質的な調査は主管調査官が行って報告書を作成し、調査委員はこの内容に意見を述べて採否を決める議決権を有し、報告書の内容に責任を負うものである。
　調査委員は調査経緯と結論にすべての責任を負う以上、かかる重大で最悪の日航機事故での調査委員の交代が単なる「任期満了」では真摯な調査を行うつもりがあるのか大いに疑問である。
　もし仮に最初から任期満了の時期が決まっていたとしても、このような大惨事の場合、最終的な「航空事故調査報告書」を発表するまでは同じ体制で検討を進めるというのが正常な判断だというものではないだろうか。
　何故なら、事故発生から数ヵ月は事故調査の方向性を決める上で重大な時期だからである。そんな大事な時に委員長を交代しては、新任の委員長は当初からの事故調査に携わっていないため詳しい事態や状況が分からない。まるで盲人が象を撫ぜるがごときで、その職務を真摯に実行出来るはずがない。
　後に「疑惑」に満ちた調査報告書が作成されたことを考えると、調査委員長の交代は真の事故原因を隠蔽し、捏造するために行われたと推測される。
　この交代劇には何らかの意図があるのではないかと疑問を感じざるを得ない。運輸省（国交省）はかかる疑惑についてしかるべき説明責任がある。

【疑惑⑧】事故調は重要な目撃証言を何故採用しないのか？

　繰り返しになるが、「航空事故調査報告書」の信憑性を大いに疑わざるを得ない。事故調はこの「疑惑」を説明する責任がある。
　航空機事故の調査は、その再発防止のために事故原因を正確に究明して明確にすることが不可欠である。そのために墜落機体の残骸や犠牲者の遺体、現場の検証などと共に、生存者や管制官、整備士など関係者からの事情聴取、機体に取り付けられたボイスレコーダーとフライトレコーダーの分析や解析が進め

られるが、その中でも生存者の証言や第三者の目撃証言はとても重要であり、とりわけ外国ではその重要性は不動のものである。

この目撃証言と上記証拠（ボイスレコーダー、フライトレコーダー、交信記録、整備記録、整備士の証言）を組み合わせることにより、事故の状況や事態を調査、分析、検証して真実の事故原因に迫ることが出来るのである。これが通常行われている航空機事故の調査手順である。

その中でも**目撃証言**は航空機事故の重大性や特異性を考える時、不足する科学的データや多岐にわたる理論を基に仮説を策定する上で絶対に欠かせない重要な補足データである。

しかるに今回の日航機事故では多数の目撃証言や遺書、写真があるにもかかわらず、採用したのはたった１枚の写真だけのようである。これはきわめて不可思議なことである。航空機が事故などで墜落する瞬間の目撃例はきわめて少なく、その実態や状況を目撃することは三次元的な観察となり、事故原因を解明する上で貴重な証拠になるのである。

日航機事故で事故調は重要な目撃証言を無視した結果、ボイスレコーダーとフライトレコーダーの信憑性にも疑問を抱くことに繋がっている。さらにそのボイスレコーダーとフライトレコーダーですら真摯に検証しないまま結論を引き出した結果、疑惑や矛盾のある結論となり、遺族や国民の顰蹙を買うことになっている。このような「重要な目撃証言」を無視するような疑惑の事故調査に対し、事故調と国交省、国は説明責任がある。

【疑惑⑨】事故調は何故残骸分布状況から原因を推定せず、右第４エンジンの脱落事象を墜落原因との関係で検証しないのか？

事故調は墜落現場での機体残骸分布の説明をするが、墜落原因との関連の説明をいっさい行っていない。墜落は当然の結果との記述は事故調査の基本を無視する幼稚なレベルである。

日航機は18：55：45に機体に重大な異常が発生し、その後、急降下したと落合由美さんらは証言している。しかし、そのまま地面に激突したのでなく、一度は飛行姿勢を真下向きから水平向きに回復している。

機首を下にして急降下する事故機が自然に機体の姿勢を回復することはあり得ない。これは飛行状況の意図的な重大な変更である。高濱機長らが操縦操作を行わない限り、このような機体姿勢の回復は出来ないことは明白である。

そして、御巣鷹山の尾根に激突するわずか1,000メートル前の地点で、まず機体は樹木と接触し、その後500メートル前の地点で地面とも接触している。この間、右第4エンジンをバラバラに落下させている。
　機首が地面に激突する前にエンジン1基を接触落下させているのは墜落原因に関わる重要な証拠の可能性が考えられる。しかし、事故調は単に「この現象は右翼部が樹木に接触してエンジンが落下したものである」と説明しているだけである。
　事故調はこの右第4エンジンの脱落現象をより詳細に検証する必要がある。
　このような異常な現象を無視し、看過する姿勢では事故調査を行う資格はない。たとえどんな墜落事故でも、そこに事件性が存在する可能性を最初から切り捨ててはいけないはずであり、日航機事故においてはエンジン部に何らかの外部からの攻撃による異常破壊事態が発生していた可能性が高い。
　横田基地への着陸阻止とこの墜落事象とは密接な関連が見て取れる以上、エンジン部の分解と検証が必要ではないだろうか。事故調の墜落原因の調査には常に不可解な疑惑が付きまとっており、事故調はこの疑惑に対して忌憚のない真摯な説明を行う責任がある。

【疑惑⑩】自衛隊と群馬県警は救難活動で何故不審な言動を取ったのか？

　航空機が墜落すると多数の乗客乗員が生死の狭間に置かれ、早急な救助を待つことになる。すなわち、迅速な救出活動が不可欠である。しかるに事故機が御巣鷹山に墜落した時、自衛隊や群馬県警部隊は墜落場所の特定に10時間を要し、救助部隊が現地に到着したのは何と14時間後である。
　これは「救助遅れ」などという生易しいものではなく、「意図的な救助活動のサボタージュ行為」であり、遺族や国民から「乗客を見殺しにする行為」であると責められても仕方がない。いや、完全な見殺し行為なのである。
　垂直尾翼とAPUを失った事態から、御巣鷹山への墜落まで一連の事態の経過から推察すると、まるで日航機の乗客乗員全員の死亡が仕組まれていたかのようであり、同時に救助に駆け付ける一般人を墜落現場に近付かせないための検問所設置などの策略を群馬県警が行っていたとしか思えない。
　航空機の墜落事故における救出活動は事故原因とは関係なく迅速な救出が行われるはずであるが、「事件」の場合は何か常識では理解出来ない、不可解な救出活動が行われることが多々ある。

その典型的な事例が1952年4月9日の日航機「もく星号」遭難事件である。「もく星号」は羽田空港を発った直後、行方不明になる。米軍管制は日航機が静岡県沖に不時着して全員無事であると発表。しかし、その後12時間以上も消息が分からず、結局、三原山に墜落していたことが発覚し、乗客乗員37名全員の死亡が確認された。

事故原因としては米軍管制官のミス、米空軍の攻撃による墜落などが考えられたが、米国占領下での出来事であり、米軍は黙秘し真実は分かっていない。

しかし、事件を詳細に検証した松本清張氏の『一九五二年日航機「撃墜」事件』（角川文庫）によると、裏に米国の謀略があったことが判明している。米軍は「もく星号」について虚偽の墜落場所を発表し、その間に証拠品を回収。すなわち事故原因を隠蔽するために謀略工作を行ったのである。

このような観点から日航機123便事故における救出活動と事故原因との関連について考察する限り、自衛隊と群馬県警は何かを隠蔽するために意図的に救出にムダな時間を掛けたとの疑念を持たざるを得ない。両者は救出活動放棄による「見殺し行為」についてその動機と真実を説明する責任がある。

【疑惑⑪】米軍アントヌッチ中尉の救出活動は何故中止となり、撤退させられたのか、そして、米軍の救出活動は何故闇に葬られたのか？

当初、自衛隊は虚偽の墜落地点を報道し、捜索活動を阻害した。墜落地点の確定は墜落から実に10時間後の13日早朝4時50分であった。

しかし、米軍輸送機のマイケル・アントヌッチ中尉らは墜落から20分後の12日19時15分に墜落地点の上空に到達し、2時間旋回しながら、救助ヘリを呼び寄せ、ラペリング（救難降下）態勢に入っていた。

しかし、これを知った日本側は米軍横田基地司令官に対して救助中止と撤退を要請。日本側はさらに基地司令官を通してアントヌッチ中尉らに救助活動についての箝口令と他言無用を要請している。

この重大な救助活動の詳細は日本の公式記録から削除された。それが公にされたのは事故から10年後の1995年8月に、アントヌッチ中尉が米軍の機関紙「星条旗（stars and stripes）」誌のインタビューに応じて勇気ある証言をしたからである。その証言によって事実がようやく暴露された。

この一件から判明するのは、自衛隊の救助遅れでなく、正しくは自衛隊・政府の意図的な「生存者の見殺し行為」＝犯罪事件だということである。

では、自衛隊・政府は何故意図的に救助放棄を行ったのか。しかも、その間、自衛隊特殊精鋭部隊が墜落現場で事故原因に関係する極秘任務を遂行していたという証言もある。後述するが、この事態は目撃者も存在する「真実」であり、日航機事故における重大な疑惑である。
　この件に関して、自衛隊・政府、事故調は説明責任がある。

【疑惑⑫】自衛隊と群馬県警が生存者の救出活動を阻害したのは何故か？

　緊急発進した自衛隊戦闘機は墜落地点を確定するため地図上に航跡をプロットし、墜落地点は「長野県の御座山」と何度も虚偽の報告をして時間を浪費し、ようやく御巣鷹山を特定したのは13日午前4時50分であった。
　墜落場所の特定に要した時間は実に10時間であった。何度も言うように、これは何らかの意図的な時間稼ぎであったとしか考えられない。
　また、上野村の陸上自衛隊部隊および群馬県警部隊に対して、自衛隊指揮官は「13日5時まで待機せよ」といった命令を出している。この午前5時という時間は航空自衛隊が墜落場所を特定した時間と何故か一致する。
　さらに、待機命令を待ちきれず、救助に駆け付けようとした「自衛隊員が射殺された」というニュース速報がHNKで出されている。この報道は絶対に誰も救出に駆け付けないようにという自衛隊・政府の策略である。どうやら自衛隊には日航機の乗客乗員524名の命よりもっと大事な極秘任務があったのである。
　群馬県警は事故当日の12日22時に現地対策本部を設置し、機動部隊を出動させた。その時間帯は航空自衛隊が墜落場所を長野県御座山と仮定していた段階である。にもかかわらず22時に現地対策本部を設置した目的は、上野村村民が墜落場所に駆け付ける行動を阻止するためとしか考えられない。
　墜落現場の地理に詳しい上野村の猟友会や消防団員の救助活動を制止して違う場所への捜索を命じたり、消防団員が墜落現場は御巣鷹山だと確信を持って出動を進言したものの取り上げず、出動にストップを掛けたりしたのである。
　これで消防団員の出動は約5時間遅延した。自衛隊および群馬県警は救助活動を阻止し、妨害することで何らかの共同謀略作戦を演じていたとしか考えられない。このような行動は乗客の命の救出を放棄する、すなわち「見殺し」にする行為であり、何らかの事件性を感じさせるものである。自衛隊と群馬県警はこの事態の動機や理由、背景を説明する責任がある。

【疑惑⑬】空白の時間帯に墜落現場で極秘行動していた謎の自衛隊特殊部隊の目的は何か？

　自衛隊と群馬県警が現場封鎖を実施している12日23時から翌13日早朝6時頃までの空白の時間帯に、謎の特殊部隊が秘密裡に機体残骸を白い袋に回収し、ヘリに積み込む姿が目撃されている。

　このような行為は事故調と警察の許可なしには許されないはずである。

　また、13日6時頃には生き残った乗客数十名が瀕死の声を上げている姿も目撃者の証言によって確認されている。しかし、それから1時間もしないうちにこの一団は全員姿を消し、犠牲者の瀕死の声も聞こえなくなったという。

　まるで忍者部隊のようなこの一団は、おそらく自衛隊の特殊精鋭部隊ではないだろうか。そう考えると、この特殊精鋭部隊に極秘活動を行わせるために長時間にわたって自衛隊と群馬県警が事故現場に第三者を立ち入らせないようにした行動とは、偶然とは言えないほどうまく連動連携しているのであり、両者の共通の目的を達成するための共同謀略作戦であると判断出来る。

　つまり、この特殊精鋭部隊は何らかの特別な極秘任務を命令されていたと思われる。それは何なのか？　恐らく日航機の尾翼への標的機の衝突および事故機の墜落に自衛隊が関与した証拠、残骸の秘密裏の回収である。

　そしてもう一つ、彼らの活動時間帯と生存者数十名が瀕死の声を挙げながらも1時間後にはその声が消えていたという時間とが一致していることを考えると、法律的にも人道的にも許されない謀略作戦（生存している乗客乗員全員に対する加害行為）が行われていたのではないかと推測出来る。

　自衛隊はこの疑惑について、その動機と理由を説明する責任がある。

【疑惑⑭】事故調は、何故重要な「事故関連資料」の廃棄を行ったのか？

　日航機事故から14年後の1999年、国会は国民の政府や行政機関の言動を知る権利を認め、その業務内容を公開する義務を法制化した「情報公開法（行政機関の保有する情報の公開に関する法律）」を可決・成立させた。

　しかし、その法律施行開始の直前、運輸省（現国交省）が日航機事故関連の資料を大量廃棄させたことが大々的に報じられた。

　こうした国民の重要な財産である事故資料の廃棄は情報公開法の趣旨に反するもので法律違反であり、犯罪（公用文書等毀棄罪＝刑法第258条）に相当する。なおかつ日航機事故の資料は単独機としては世界最大規模の航空機事故の

資料であり、永久保存に位置付けられる存在であるはずである。

こうした貴重な資料を廃棄するということは、政治家による国民に対する暴挙である。その目的はおそらく事故の「真実と真相」を隠蔽するためであり、さらに、事故の再調査を妨害するためであると考えざるを得ない。

かかる事態に対して遺族会は運輸省に対し、紙の文書ではなく、デジタル化した資料として永久保管するよう申し入れたが、その返事は今日までない。公文書廃棄という犯罪行為に関し、現在の国交省はその弁明と説明を行う責任がある。

2 「仮説A」は破綻、崩壊。真実の対案「仮説X」の提起

「航空事故調査報告書」の矛盾と疑惑を修正し、解決した対案「仮説X」

ここまで日航機事故におけるさまざまな状況や事象、関係者の行動の疑問点を書き連ねてきたが、それらはすべて「仮説A」の内容に対する疑問・疑惑であり、事故調と自衛隊・政府はそうした疑問に対して黙秘を貫いている。

そして、「仮説A」の数々の疑問点に対する合理的で論理的な答えを纏めていくことで新たな対案の仮説が浮かび上がってくる。それが新たな「仮説X」であり、この「仮説X」は「仮説A」の対極に存在しているものである。

次章から「仮説X」について述べていくことになるが、ここではその衝撃的とも思える主な論旨を簡単に紹介しておく。

①相模湾上空での垂直尾翼とAPUの破壊は墜落原因ではない。
②垂直尾翼とAPUの破壊は外部からの破壊によるものである。
③事故機は手動で操縦が出来た。横田基地飛行場に着陸可能であった。
④横田基地に事故機が着陸出来なかったのは、自衛隊が基地周辺の住民への二次被害を理由に政府・自衛隊が着陸を阻止したからである。
⑤横田基地への着陸が阻止された段階で事故機が飛行場に着陸出来る可能性が消失し、乗客乗員は「死」への片道切符を渡された。
⑥横田基地への着陸を断念した事故機は川上村レタス畑への着陸を目指して飛行した。しかし、着陸できなかった。
⑦群馬県上野村山岳地帯で事故機は自衛隊機によるミサイル攻撃を受けて重大

な損傷を受け、操縦不能になって墜落した。
⑧自衛隊・政府は救助寸前の米軍救助部隊に救助活動の中止と撤退と厳重な箝口令を要請した。
⑨事故調と運輸省は米軍の救助活動を極秘とし、事実をアントヌッチ中尉が告白するまで10年間にわたって秘密にして国民を騙してきた。
⑩自衛隊と群馬県警は自衛隊幹部や政府の指示に基づき生存者救出活動を阻害した。
⑪4名の奇跡の生存者の救助は先に現場に到着した自衛隊と群馬県警ではなく、2時間後に到着した長野県警と上野村消防団が行った。
⑫自衛隊特殊精鋭部隊は空白の時間帯に事故原因の証拠品を回収し、ヘリに吊り上げて隠蔽した。同時に法律的、かつ人道的に許されない隠蔽工作（生存している乗客乗員全員に対する加害行為）を行った。
⑬運輸省は「嘘」の調査報告書を捏造した。
⑭運輸省は日航機事故関連資料を大量に廃棄した。

　以上の14項目からも事故調の「航空事故調査報告書」は日本国の公文書として多くの矛盾と疑惑があり、科学的な検証が不十分であり、その資格はないと考えられる。自衛隊・政府は520名の犠牲者の霊前でその疑念や疑惑、矛盾を合理的に説明する責任があるはずである。
　これを無視し放置しておくことは、すなわち職務を国が放棄したことと同じことであり、早急に説明責任を果たすことを要求するものである。
　発生から約30年が経とうとしているが、この日航機事故は「事故と事件の両面」からの再調査と捜査が不可欠であると強く主張する次第である。

　さて、ここでもう一度、「仮説A」と「仮説X」の関係性を述べておく。
　事故調の結論「仮説A」を分析し、その疑惑と矛盾を明らかにし、事故調の公表資料と有識者の見解、資料、調査内容、目撃証言などを調査分析し、検証した結果、新たに導き出された答えが「仮説X」である。
　この「仮説X」は事故調の「仮説A」に比べて事故事象との適合性が高く、事故事象を矛盾なく合理的に説明出来るものであり、事故の「真実と真相」に最も近い適切なものと確信している。
　この犠牲者遺族小田の論文に対し、自衛隊や国交省、そして国が「事故原因

の真実と真相の究明」「航空機事故の安全性向上」の立場に立って真摯に反論し、説明することを要求するものである。そして、520名の犠牲者を出した事故の真相究明に対してかかる議論から逃げて反論と説明を行わない場合、事故調と政府は「仮説X」が日航機事故の「真実と真相」であることを認めたものと判断させて頂くことにする。

　なお、本論文では出来るだけ特定の人名を出さないようにしたが、疑惑ある事象として記載しており、このことで名誉を傷つけるとして抗議され、法的処置を取られることも承知の上である。
　ただ、かかる疑惑ある言動について当事者として29年間無視し何の説明も反論もされてこなかったことは無責任と言わざるを得ず、法的処置を取られる場合には十分なる説明を行うことを要求する次第である。
　これを機会に「日航機事故の真実と真相」について、当事者を含めて国民的な議論が行われて日航機事故の真の原因が明らかになり、そして航空機事故の再発防止に繋がり、空の安全の向上に繋がることを希求するものである。
　序章のペンを擱くに当たって、遺族として犠牲者の霊前に事故の「真実と真相」の華を捧げることが出来れば、犠牲者が生き返ることがない以上、それこそ最高の供養になると信じる次第である。

第1章

日航機123便：横田基地への着陸操作準備OK

――尾翼を失った事故機は操縦飛行が出来たのであり、
かつ目的地の横田基地飛行場に着陸出来た！――

1 日航ジャンボ機123便墜落事故の概要

単独機としては世界最大の惨事となった日航機事故

　1985年8月12日。羽田空港を18時12分に出発した日本航空機123便は相模湾上空で突然、その垂直尾翼の大半とAPUを失い、さらに油圧系統が破壊されたことから操縦、および航行不能に陥る。

　その後30分もの間、フゴイド運動（機首の上下運動）とダッチロール（激しく横揺れしながら8の字を描くように飛行する状態）を繰り返した後、18時56分、群馬県上野村御巣鷹山に墜落。乗客乗員520名が死亡し、生存者わずか4名（重傷）という、単独機としては世界最大の航空機事故を起こした。

　──これが日航ジャンボ機123便墜落事故を調査した事故調が出した「結論」である。

　事件から2年後の1987年、事故調は「航空事故調査報告書」を公表。「修理ミスがあった圧力隔壁が長年の応力劣化で亀裂が成長し、一気に破壊して機内空気が大量に機体後部に噴出して垂直尾翼と油圧配管を破壊し、操縦不能に陥り、そして、墜落した」と結論付けた。

　それが、事故調が導き出した結論「圧力隔壁破壊説」である。

　しかし、この圧力隔壁破壊説は生還した乗客4名の証言や第三者の目撃証言と大きく矛盾していることが判明している。

　しかも、自衛隊の生存者救出における意図的な遅延行為、また、事件から10年後に公表された米軍アントヌッチ中尉の救出行動をめぐる日本側からの「中止要請」と「箝口令要請」、そして、事故関連資料の廃棄など自衛隊・政府の言動には重大な疑惑と疑念が渦巻いている点を見過ごしてはならない。

　こうした数々の疑惑を考慮すると、事故調が出した「結論」は真実と真相からはるかに遠く、単なる仮説、いや、自衛隊・政府、日航にとって都合のいい証拠ばかりを基に組み立てた「偽造仮説」としか思えないのである。

　序章でも述べたように、仮にこれを「仮説A」とするならば、これから述べていくのは「仮説X」である。この「仮説X」こそ、日航ジャンボ機123便墜落事故の「真実と真相」に一番近いものと考えている。

　角田四郎氏は著書『疑惑　JAL123便墜落事故　このままでは520柱は瞑れない』（早稲田出版刊、以下『疑惑』）の中でこう述べている。

「これは事故でなく、事件として考えざるを得ない」——と。

　この章では日航ジャンボ機123便の墜落事故をめぐる疑惑と謀略の中で、今まで議論されなかった重大な事態である「垂直尾翼を失った事故機の操縦性と飛行状況、そして横田基地飛行場への着陸」について調査し、考察し、究明した結果を記載する。
　その前に、まずは日航ジャンボ機123便の概要について述べる。

日航ジャンボ機123便（JA8119号機）の主な仕様

機種：ボーイング747－SR－100型
寸法：全長70.5メートル×全幅59.6メートル×全高19.3メートル／翼面積541平方メートル／重量250トン／客席数528
製造年：1974年1月（製造工場：ボーイング社シアトル工場）
飛行回数：18,835回　飛行時間：25,030時間
エンジン：P＆W製ターボジェットエンジン（JT9D7J）4基／ファン直径2.43メートル／長さ3.25メートル／重量4,014キログラム／推力22,630kN／最大離陸時重量412.8トン／巡航速度時速913キロメートル／航続距離14,205キロメートル
燃料タンク：主翼および胴体部
最大給油率：毎分7,500リットル（40分で満タン＝約300立方メートル）
タイヤ：前輪2本／主車輪4×4＝16本／寸法：124×43インチ（直径314センチメートル）
操縦系統：油圧式（昇降舵、方向舵、補助翼フラップ、脚の上げ下げ、脚のブレーキなどはすべて油圧で操作される）

ボーイングB－747機の基本的操縦技術

離陸の操作：約360トンの重量を空中に引き上げるためにエンジンの性能限界まで使用。まずはエンジンを噴かせて、離陸滑走を開始し、スロットルレバーをEPR（エンジン圧力比）1.1に進める。離陸推力をV1（臨界点速度）時速260キロメートルまで上げ、ローテーションVr（時速290キロ

図1　日航機（ボーイング747－SR－100型）三面図

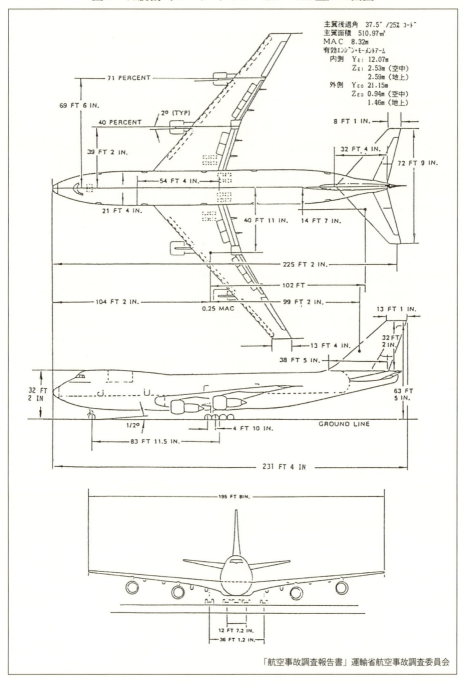

「航空事故調査報告書」運輸省航空事故調査委員会

メートル）、その後、操縦桿を手前に引くことで機首が引き上がり、機首が8度ほど上がったところでV2（時速305キロメートル）まで上げると機体が浮き上がる。さらに、V2＋10ノット（時速324キロメートル）のスピード、毎分2,000フィートで上昇（機首傾き15度）。高度1,500フィート、速度230ノット（時速426キロメートル）、上昇EPRを1.265にセットすることで、離陸推力が上昇推力に切り替わる（離陸終了）。

揚力アップの装置：「高揚力装置」。なるべく遅い速度で離着陸し、また、なるべく短い滑走路で離着陸出来るように、大きな揚力を飛行機に与える「後縁フラップ」「前縁フラップ」「スラッド」がある。

上昇操作：飛行機が離陸経路の末端に達した時から巡航高度に達するまでの時間と定義される。上昇速度が340ノットに達したら、この速度を維持しながら上昇し、マッハ0.82になると、以後はそのスピードを維持しつつ上昇を続ける。

降下操作：推力を下げる。「アイドル（緩速）まで下げる」→抗力を増す→「スピードブレーキを開く」「脚を下げる」「フラップを下げる」

着陸の操作：着陸進入を終了し（滑走路端末の上50フィートの地点を通過して）、機首を起こして沈下速度を減らして接地し、減速する。

着陸装置：機首下部の前脚と重心位置近くの主脚（荷重90パーセント）を油圧で操作。

制動・減速装置：時速250キロメートルで着陸。減速のための手段としては、「主車輪のブレーキ」「逆噴射、逆推進」「スポイラー」。

油圧機能が失われた場合の手動操縦技術：「推力レバーの微調整によるエンジン出力の制御」「フラップ」「ギアダウン」などの操作がある。

ボーイングB－747機の操縦機能

　自動操縦による運転機能については、方向舵は足で踏み、右を踏めばラダー（方向舵）が右に動いて機首が右に動き、左を踏めば左に向く。操縦輪（コントロール・ホイール）は操縦桿の上に、ちょうど自動車のハンドルのようについており、それを右に回すと主翼にあるエルロン（補助翼）が動いて機体が右に傾き、左に回すと左に傾くようになっている。
　また、操縦桿は前に倒すと機首が下がり、後に引くと機首を上げる。

ボーイングB-747の場合、これらの装置はすべてケーブルで油圧装置に結ばれ、油圧によってコントロールされるようになっている。そのため、油圧配管が断絶すると自動制御出来なくなり、操縦が出来なくなる。

そうなった場合、残る操縦機能は主翼のエンジン4基を推力レバーによって出力を微調整することと、フラップによる揚力コントロールだけになる。

後部圧力隔壁とは？

ボーイング747-SR-100型には機体後部に尾翼（水平尾翼、垂直尾翼）と、さらに最後部にAPUがある。これら重量的に重い部分を支えるため、後部は圧力隔壁部から急に細くなる円錐の形状となり、かつ上向きになっている。

圧力隔壁部の後ろには狭い空間があり、そのすぐ右側後部にいわゆるブラックボックスと呼ばれる「CVR（ボイスレコーダー）」と「DFDR（フライトレコーダー）」が一対になって設置されている。

この後部空間には下側に整備や点検に入るための「点検口」があり、これは圧力隔壁が破損した場合にその圧力を逃がすための「安全弁」にもなっている。

圧力隔壁から1メートルほど後方には巨大なネジ（スクリュー式の駆動装置）があり、相当に重い水平尾翼を上下、前後に可変できるようになっている。

日航ジャンボ機123便の乗員（年齢はすべて事故当時）

＊機長：高濱雅巳氏（49歳）

1936年1月2日宮崎県延岡市生まれ。

総飛行時間12,000時間超のベテラン・パイロットで、ジャンボ機の操縦歴も11年、飛行時間約4,800時間と経験豊富である。1984年からは操縦士育成の教官を兼ねている。

高校中退後、海上自衛隊入隊。海上自衛隊に10年間勤務し航空機の操縦を修得。1963年に自衛隊から、日本エアシステム社の前身、東亜国内航空が吸収合併した富士航空に入社。1967年日本航空に移籍。1970年にボーイング727型機機長となり、1975年より同747型機の機長になった。その後、民間航空に転職している。自衛隊での生活習慣、思想、考え方を熟知している。

＊副操縦士：佐々木祐氏（39歳）

　総飛行時間約4,000時間で、ジャンボ機の飛行時間も約2,600時間。

　事故機では機長昇格のためのテストフライトを行っており、この便では操縦席の左側の機長席で操縦していた。

＊航空機関士：福田博氏（47歳）

　甲府工業高校卒業。

　総飛行時間約9,800時間で、ジャンボ機の飛行時間は約3,800時間。

　主な任務は計器類のチェックや運航状況の把握、地上との交信、客室内との連絡（インターフォン）等の操縦補佐である。

　地理的に川上村に近い甲府出身で、不時着の場所を川上村と提言している。

＊客室乗務員（12名）

　波多野純氏（チーフ・39歳）、木原幸代さん（30歳）、赤田真理子さん（31歳）、藤田香さん（28歳）、宮道令子さん（30歳）、対馬優美子さん（29歳）、吉田雅代さん（27歳）、海老名光代さん（28歳）、大野美紀子さん（26歳）、白拍子由美子さん（25歳）、大野聖子さん（24歳）、波多野京子さん（24歳）。

　──以上15名に乗客509名、123便の乗客乗員は合計524名であった。

2　事故・事件における「目撃証言」の位置付けと重要性

目撃証言は事故原因を解明する上で必要不可欠な証拠

　事件であれ事故であれ、その原因を調査し、分析し、特定し、真実を明らかにすることが非常に重要であり、法律的にも人道的にも不可欠である。

　殺人事件の場合であれば、調査すべきものは現場に残されたナイフや拳銃、あるいは血の付いた鈍器などの物的証拠、そして遺体や負傷者などである。

　そして、事件・事故が起きた場合、警察は現場状況を調査して必要なものを調査・分析し、その原因を探ろうと努める。死体であればその身元を調査し、誰であるか突き止める。さらに遺体を詳しく調べて検証し、もしくは解剖して「死因」を明らかにするのである。次に犠牲者が「死」を遂げるまでの経過を調べる……どこで誰と何をしていたのか、いわゆる「足取り調査」である。最

近は防犯カメラで映像としてその状況証拠が調べられる。または関係者を調べ、遺体の氏名が明らかになればその家族や交友関係、利害関係者を調べる。

　なかでも一番重要な状況証拠はその発生時点の状況を目撃した人の証言である。これほど確かなことはない。

　裁判においても目撃証言は決め手になることが多く、重要なる証拠、あるいは決定的証拠として採用されるのである。

　特に外国では加害者が目撃者を殺害して口を封じる事件が多発しており、このために「証人保護プログラム」が制度化されている国もある。これは目撃証言者の命、その生活環境を国家が保護するというシステムである。

　目撃証言においては事故・事件発生直前に被害者と一緒に行動していた人がいて、それを第三者が目撃していた場合も重要な事故・事件を解く鍵としている。その重要度は非常に高く、また証拠としての価値も高い。

　さらに殺人事件などで解決が遅れている場合、警察は「目撃情報」の提供を求め、多額の懸賞金を出すことも行われている。

　もちろん、航空機事故においてもこうした目撃証言の重要性は大きく、むしろ航空機は高空を飛んで突然墜落するため、物証以外での目撃証言は非常に貴重であり、事故原因や事件の真相を解明する上で不可欠である。したがって、目撃証言を重視しない調査が重要な事故証拠を放棄するに等しいずさんな調査と言われるのである。

目撃証言が真相解明に大きな影響を及ぼした事件例

　2014年3月4日。北陸自動車高速道路の小矢部川サービスエリア（SA）の駐車場で、金沢行きの夜行バスが駐車中のトラックに衝突し、運転手と乗客2名が死傷し、24名の乗客が負傷する事件が発生した。

　この事故では防犯カメラでの映像が残されているが、それだけでは事故原因は特定出来なかった。

　夜行バスがSAへといたる道路で2度もガイドレールに衝突した跡が残されており、かつブレーキ跡がなかった。それでもバスの運転手が意図的にトラックに衝突したのか、あるいは何らかの病気により意識を失って衝突したのか判明しなかったのである。

　もし、運転手と乗客全員が死亡していたら、この事故の原因の調査、分析は

困難が予想される。しかし、不幸中の幸いで目撃した第三者がいて、夜行バスは減速せずに相当な速度のまま衝突したことを証言した。

　また、24名の生存者は、一番前の席に座っていた小野氏（死亡）が運転手に対し、大きな声で「起きろ」「ふざけるな。運転を代われ！」と怒鳴っているのを聞いていると証言した。そして、それから10秒後、ものすごい衝撃で身体が吹き飛んだとも証言している。

　宮城交通は直ぐに運転手が「睡眠時無呼吸症候群」の検査で「要経過観察」と判定されていたと言い訳をし、法令違反でないとの主張をし始めた。

　この事故は当然、刑事裁判となったが、事故・事件での体験者の「目撃証言」や第三者の「目撃情報」は事故原因や真相の解明に強力な証拠となった。

　目撃証言が決定的な証拠として採用されることは必然なのである。

　このように、事故・事件においても体験者の目撃証言や第三者の目撃情報は事故原因・事故の真実を解明する上でとても重要なポジションにあり、その重要性は絶対に揺るぎないものである。

航空機事故における目撃証言の位置付けとその重要性

　航空機の墜落は突然か、あるいは機長からの「緊急事態」の連絡の後に起きる。そして、航空機事故の墜落現場は実に悲惨である。ほとんどの機体はバラバラに粉砕され、犠牲者の体も損傷度は酷いものである。かかる状況からその墜落事故の原因と真相を明らかにするのは至難の業と言っていい。

　過去、多くの航空機事故の反省から、事故原因究明のために航空機にはボイスレコーダーやフライトレコーダーの設置が義務付けられている。その理由は、航空機事故の調査の困難さと事故原因を不明のままで終わらせてはならないとの判断からである。

　もちろん、ボイスレコーダーとフライトレコーダーだけでなく、交信記録や管制官の証言、整備関連記録、過去の航空機の経歴などが調査されるが、これに加えて重要なものは、やはり「目撃証言」である。

　航空機事故における目撃証言としては、第三者による「目撃証言」と事故機の操縦クルー、乗客乗員による「実体験目撃証言」がある。これらの目撃証言と前述した調査結果を組み合わせることで、事故の原因や事態、状況を調査・分析、および検証して真実を明らかにすることが出来るのである。

これが通常行われる「航空機事故の調査手順」で、かつ原則なのである。

　たとえば、航空機事故の検証を扱ったすぐれたドキュメンタリー番組「メーデー！：航空機事故の真実と真相」を見る限り、航空機事故においては、機体残骸、ブラックボックス（ボイスレコーダー、フライトレコーダー）に記録された交信記録などと同様に目撃証言（eyewitness accounts）は事故原因の解明での重要な証拠として採用されている。
　日航機事故の場合、事故機は相模湾で垂直尾翼とAPUを喪失した時点から実に32分間も飛行しており、その間、多数の市民に目撃されている。また、生存者の救出活動での自衛隊や警察部隊の不可解な行動についても証言が多く、奇跡の生存者の証言はもちろん、犠牲者の遺書や写真も重要な「死者の証言」ともいうべきものである。
　通常の航空機事故としては例を見ないほど広域での多数の目撃証言があり、一般に知られていない目撃談の中にも非常に注目すべきものがある。
　これらの目撃証言は事故の重大性と特異性を考える時、不足する科学的データの補いや多岐にわたる理論を基に仮説を策定するには欠かせないデータのはずである。
　しかしながら、事故調は「目撃者から聴取した」と記しているものの、その内容や場所、あるいは内容から考察される事態についての記述はいっさいなく、ただ1件、山崎啓一氏が撮った日航機の写真についてのみ、解析および高度計算の結果が報告されているだけである。
　事故調は目撃証言や生還者の証言を無視した結果、事故原因を圧力隔壁が破壊されたことによるものと強引に結論付けた。後ほど記述するように、この「圧力隔壁破壊説」は科学的にも論理的にも完全に間違っている。
　このように、**事故調の調査究明では目撃証言や奇跡の生還者の実体験証言を無視し、事故原因は「圧力隔壁破壊」であると強引に結論付け、あやふやで理解出来ない矛盾に満ちた疑惑の結論を出したのである。**

　事故調の「圧力隔壁破壊説」に納得出来ない関係者や有識者は多く、これまで数多く輩出された著作や論文はボイスレコーダーの公表内容と目撃証言から、事故機の飛行経路や操縦機能、不時着時の状況について考察し、「事故機は十分に飛行しており、横田基地に着陸出来た」との結論を出している。

ジャンボ機を製造したボーイング社も「日航機は自動操縦機能を失っても、手動操縦で旋回、降下、上昇が出来た」と報告している。すなわち、事故機は「着陸出来た」というのがボーイング社の主張であり、明白な結論である。
　しかし、事故調は「日航機は操縦が極度に困難。着陸は不可能。そして、墜落した」と簡単に記述。川上村周辺の目撃者からの「群馬側の山岳地帯に入った段階で赤い煙と炎を上げて飛行している」といった目撃証言を無視し、さらにボイスレコーダーとフライトレコーダーの詳細な調査・分析を行っていない。
　ほぼ正常に飛行している旅客機が突然、火を噴き、煙と炎を上げて飛行することはあり得ないはずで、日航機に突然急激な異常事態が起きたことを示唆している。かかる証言から事故調の「操縦が極度に困難で墜落した」との結論はまったく成立しないことは明らかである。
　この事故調の結論は「目撃証言は重要な証拠、データ」という事故調査の原則を無視し逸脱したもので、御巣鷹山に消えた犠牲者520名への冒瀆である。

　これが日本の「航空事故調査委員会」の実態かもしれないし、あるいは政府や特定組織の紐付きの「傀儡委員会」の限界かもしれない。
　恐らく彼らも目撃証言が重要なことは知っているが、目撃証言を採用すれば事故調に課せられた「結論」が成立しなくなるので、やむを得ず目撃証言を採用しなかったと考えると辻褄が合うのである。
　証拠価値が高く重要なのは「生存者の証言」であり、「乗客の遺書」や「写真」であり、「市民の目撃証言」であり、これこそが真実そのものである。
　もしアメリカでこのようなずさんな事故調査を行い、間違った結論を出したとしたら、恐らく誰も信用しないであろう。遺族は怒り、国民から嘲笑されることは必至である。米国で航空機事故の調査を行うNTSBであれば、これほどの蛮行・愚行とも言える調査は行わないのである。
　ここではボイスレコーダーとフライトレコーダーの公表記録、かかる生存者証言や目撃証言、遺書などの事実を付け加えて、飛行の実態や内容を考察し、検証し、明らかになった事故の真実と真相を記述する。

公表されたボイスレコーダー記録の内容と信憑性

　繰り返すが、航空機事故の原因を調査する上で一番重要なものは操縦士や機

関士らの言葉を記録したボイスレコーダーである。

　パイロットや機関士の音声から機体の操縦性や不調、不備の程度を読み取ることが出来るため、事故原因を知る上で貴重な証拠になる。しかし、日航機事故ではボイスレコーダーの音声は事故後10年間公表されていなかった。これはきわめて不可解で異常な事態である。

　事故調は「パイロットの個人情報の保護」を公表が遅れた理由に挙げているが、事故調査においてこのような理由は絶対に認められない。この1点だけでも事故調の事実隠蔽疑惑を窺わせるに十分である。

　さらに、公表されたボイスレコーダーの記録内容だが、その信頼性や信憑性において問題点が多く指摘されており、空白の時間や当然記録されているはずの内容がないなど疑惑に満ちており、内容も改竄された可能性が高い。

　たとえば、横田基地への接近時の会話が全然記録にない。また、自衛隊戦闘機との交信記録や横田基地との交信がないのもあまりにも不自然と考える。

　このことは、墜落後の自衛隊部隊が不自然で疑惑のある行動を取り、アントヌッチ中尉の救出活動の隠蔽などの謀略的な「事件」とでも言うべき事態を惹き起こしていることからも間違いないことである。

3　日航機垂直尾翼の破壊は外部飛行物体の衝突が原因

垂直尾翼破壊直前の機内乗客の会話と操縦室との会話

　昭和60年（1985）8月12日18時12分に羽田空港を出発した日航機123便は相模湾上空にて突然、その垂直尾翼の大半を失い油圧系統が破壊されて操縦不能、かつ航行不能となった。

　しかし、日航機の尾翼が破壊される直前、機長や乗客らが日航機に急接近する飛行物体を目撃していることがボイスレコーダーや生存者の実体験目撃証言、乗客の写真などから推測出来る。

　その理由は以下の通りである。

　旅客機では離陸時と着陸時に乗客に対して「ベルト着用」のサインが出され、客室乗務員もベルトを着用する。安定飛行に移ればサインは消えるが、日航機も離陸から約8分後の18時20分頃にはサインが消えていたのである。

　しかし、生存者の川上慶子さんはこの時間帯に「スチュワーデス（現キャビ

ン・アテンダント＝客室乗務員。本書では便宜上、スチュワーデスと表記）さんからミッキーマウスを貰った」と証言している。

　こうした機内サービスはベルト着用時には行わないものであるが、公表されたボイスレコーダーの文章では18：24：12に、客室乗務員の「スイッチを押している方が〜」「×××したいとおっしゃる方が〜」という言葉が記録されている。客室乗務員が機長に乗客の要請を伝え、その対応を訊ねている。

　これに対して機長らは「手早く」「気を付けて下さい」と返事をしている。

　すなわち、一度消されたベルトサインが18：24：12には再び点灯していたことになる。このベルトサインの点灯を操作するのは機長ら操縦クルーである。そして、いったんベルトサインが解除された後、すぐに再点灯されたのは明らかに何らかの緊急事態が起きたからである。そして、18：24：24に「ドーン」との破壊音、すなわち「異常緊急事態」が発生する。

　ここで一つ言えることは、事故調が主張する「圧力隔壁破壊説」ならば緊急事態を「予見」するような状況はあり得ないはずである。

　何らかの異常を感知した形跡があれば、この事故の原因は圧力隔壁破壊とはまったく異なるはずで、他の原因を求めなくてはならない。

操縦クルーの精神緊張度から異常事態発生を推察

　あまり知られていないが、日航事故機を操縦中の機長ら操縦クルー、客室乗務員の「精神緊張度」が計測されており、それは9段階の範囲で変動している。

　この精神緊張度とは、航空自衛隊航空医学実験隊で開発した手法を基にボイスレコーダーの音声分析を行ったものである。

緊張度1〜3：正常な状況下において、一般的に生じる緊張。
緊張度4〜6：緊張状況には至っていないが、何らかの異常発生時等において
　　　　　　一般的に生じる緊張。
緊張度7〜9：緊張状況下において生じる緊張。

　羽田出発から18：18：38までの機体上昇中の機長の緊張度は9段階の「4〜6」の範囲にあり、また、客室乗務員の緊張度も9段階の「3」で、この時点で異常を感知していた可能性は少ない。

しかし、18：24：12の時点で、副操縦士と航空機関士の音声からは精神緊張度9段階の「5～7」という精神的高まりを示す値が計測されている。この時点で、操縦クルーは精神的緊張度が高まるような何らかの異常な状況を感知していたと考えられる。高濱機長らは明らかに何らかの異常事態を感知して、精神的緊張度が高まっていたと考えられる。

その原因はおそらく日航機に異常接近する飛行物体であり、その直後に機体後部での「ドーン」といった衝撃音は尾翼への何らかの衝突があったことを示唆している。つまり、垂直尾翼が破壊される直前、操縦クルーや乗客らが急接近する飛行物体を目撃していることがボイスレコーダーや生存者の証言から推測出来るのである。

乗客が日航機に急接近する飛行物体の写真を撮影していた

さらに乗客の小川哲氏が右側の窓から「日航機に向かって来る黒い点影」を撮影している。これは18：24：24までの間に撮られたものと推察出来る。

おそらくベルト着用サインに驚いた小川氏が機外を見て点影に気付き、とっさに撮影したものだが、この写真は遺族が事故直後、マスコミに公開すると言ったところ、群馬県警が「写真週刊誌とかに狙われて大変だし、これは実際に重要な証拠書類になるので群馬県警で保管します」と言われたそうである。

航路を特定するためというのが理由だが、ボイスレコーダーやフライトレコーダーなど客観的事実がたくさんある中で、犠牲者が撮った写真をそうした理由で時効まで保管したのは奇妙なことである。その後、不起訴になり、さらに時効になってから1週間後、群馬県警が急に返しに来たそうである。

当時の技術では拡大出来なかったため判断出来なかったが、近年、専門家に解析依頼したところ「黒っぽい円形の塊の領域内は中心から右側へ帯状、もしくは扇状にオレンジ色がかっているのが分かる。円錐、もしくは円筒のようなものを正面右斜めから見たようなイメージで、この物体は飛行機の進行方向へ向かっているように見えます」という解析結果が出ている。

実際、オレンジ色の残骸が墜落場所で発見されている。後ほど述べるが、これこそが垂直尾翼に衝突した飛行物体の破片と推測出来るのである。

群馬県警は写真の強引な持ち去りと、このオレンジ色の筒状の物体についての画像分析結果を説明する責任がある。

機長らの精神的緊張度と「スコーク77」発信との関連

　この急接近する物体を機長らが感知して極度に高い精神的緊張度になり、瞬時にベルトサインを出したと考えると、ボイスレコーダーの音声の内容とも一致する。すなわち機長、副操縦士、航空機関士は大きな衝撃音を感じて、日航機に飛んで来た何らかの物体が衝突したことを認識していたと考えられる。

　おそらくこの時点で自衛隊・政府は、機長らが尾翼に自衛隊の発射物体が衝突したことを知っていることを認識していたと思われる。

　さらに重要なのは、機長が発信した「スコーク77」である。

　一般にこの信号の意味は「非常事態宣言」とされているが、国際的には「民間機が要撃された」という信号である。対処方法としては日航機を「被要撃機」として戦闘機（自衛隊）による状況確認把握が行われるはずである。

　そして、機体の損傷状況を機長に伝え、その操縦状況により事故機を救助するために代替飛行場の選択を含めて無事に着陸するための誘導を行うのである。

　事故機は12日の18：24：35に「ドーン」という衝撃音で非常事態に陥り、その11秒後の18：24：46に「スコーク77」を発信している。

　衝撃音が聞こえてから11秒後というきわめて短い時間で発信しており、操縦異常を確実に把握してからでなく、緊急迅速に発信しているのだ。

　かかる機長の緊急信号発信の判断はあまりにも早すぎるのである。

　実際、操縦士らが油圧の低下を確認するのは次の時点である。

18：25：19　航空機関士「油圧、低下した」
18：26：27　航空機関士「油圧、全部ダメ」

　具体的な機体損傷、異常事態を確認しているのは「スコーク77」発信の後なのであり、まったく逆になっている。通常であれば、轟音がしても、機体の損傷、異常事態内容を把握してから、緊急信号「スコーク77」を発信するのが正しい、正常な順序なのである。

　よって、機長らの緊急事態での判断は何らかの異常な物体（犠牲者・小川哲氏が撮影した謎の物体）を発見した可能性が高く、その後の「ドーン」との衝撃音から、これはかかる謎の物体による衝突を察知して、「スコーク77」を発信したと考えると論理的に説明が出来るのである。

さらに、この時点での飛行高度を見ると、操縦クルーは右前方から奇怪な飛行物体が近づいて来るのを視認して、その緊張度が上がっている（18：18：38）。
　この時の高度は12,300フィート（3,740メートル）である。ベルトサインの点灯は、18：24：00でその後、スチュワーデスが乗客のトイレ行きを打診している。「ドーン」という衝撃音が響いた18：24：35時点の高度は23,900フィート（7,280メートル）と、飛行物体を視認してから衝突するまでの6分間で実に11,600フィート（3,540メートル）も上昇している。
　まさしく「何か」から逃げるかのように猛烈な急上昇をしていたことになる。これは日航123便が6分間も謎の飛行物体に追い掛け回されていたことを意味するのではなかろうか。**それは自衛隊の無人標的機ではないのか、いや、自衛隊の標的機であることは間違いないのである。**

日航機事故の端緒は外部飛行物体の垂直尾翼への衝突

　そもそも、事故調が結論付けた「修理ミスによる圧力隔壁の破壊」説は、隔壁部の真ん前に座っていた生存者の落合由美さんが否定しているし、科学的にも論理的に成立することはあり得ない。また、豊富な経験と技術を有するボーイング社は隔壁破壊によって尾翼が破壊される事態を完全否定している。
　あの頑丈で巨大な垂直尾翼を吹き飛ばすには1トン程度の重量で、なおかつ時速1,000キロメートルで飛行する物体であることが必要条件となる。そうした条件に適合する飛行物体を操作出来るのは自衛隊以外には考えられない。
　そして、この物体こそ自衛隊の無人標的機だと思われる。
　すなわち、自衛隊は何らかの手違いで無人標的機の操作に失敗し、操縦不能に陥った標的機が日航123便の尾翼に激突したのである。
　つまり、日航機をめぐる事象は「事故」ではなく「事件」だったのである。

　しかしながら、垂直尾翼の破壊は日航機事故においては端緒でしかない。
　何故なら、その後も日航機は32分間にわたって操縦飛行し、明確な目的地を目指しているからである。墜落の原因は別にあることは明らかである。
　そして、無人標的機が日航機尾翼に衝突した事態を確認した自衛隊が取るべき手段・方法には2つの選択肢があった。それは、①事実を公表して国民に謝罪するか、あるいは、②事実を完全に隠蔽するかである。

この時、自衛隊・政府は②の「完全隠蔽」の道を選んだのであり、その後の状況はまさに「事件」でしかなかったのである。
　かかる経過から、この垂直尾翼の破壊は日航機事故の端緒であり、日航機はその後32分間正常に操縦飛行し、明確な目的地を目指して飛行していることから、墜落の原因は別にあることは明らかである。

外部飛行物体の衝突に対する操縦クルーの認識と対応

　日航機123便の操縦クルーは経験豊富であり、単に操縦関連だけでなく、安全運航や航空機事故についても研究し、知識も豊富であった。特に自衛隊のパイロットであった高濱機長は自衛隊の体質や、演習時に発生する民間機とのニアミスについても熟知していたはずである。
　たとえば、1952年には日航機「もく星号」の撃墜事件が起きており、1971年には全日空機雫石衝突事故が発生。前者は米軍機によるもので、後者は自衛隊機によるものだが、いずれも軍隊の航空機による民間機への衝突で乗客乗員全員が死亡している。旅客機のパイロットにとって、自衛隊機は突然襲いかかる「恐怖の脅威飛行物体」なのである。
　高濱機長らは高速接近する飛行物体を視認し、回避飛行を行ったものの避けきれず、それが後部機体に激突したことを認識していたと推測出来る。その時点で高濱機長は自衛隊が日航機に対しどのような対応行動を取ってくるか、最悪の事態である撃墜の恐怖すら覚えながら対処したに違いない。
　高濱機長らは自衛隊に対し、また社内交信や政府との交信でも言葉を選び、自衛隊を刺激しないよう振る舞ったことが容易に推測出来る。

　つまり、「事故機が操縦不能により墜落した」という事故調の結論は、事故後も32分間飛行し、横田基地への不時着まで敢行しようとしている状況を考慮すると、論理的にも技術的にも成立しないのは明らかである。
　前述した全日空機雫石衝突事故ではB－727機のT字尾翼に戦闘機F－86Fが衝突した。自衛隊機のパイロットは脱出したものの全日空機は一瞬の内に急降下し、音速域を越えて空中分解して乗客乗員162名全員が死亡し粉砕された。これは衝突した物体が戦闘機なので機体の損傷度が大きく、おそらく後部胴体部も大きく破壊されたことが墜落原因と思われる。

しかし、日航機123便の場合はＢ－747という巨大な航空機であり、衝突した「無人標的機」は1トン程度であった。それゆえ、損傷度は垂直尾翼部分だけに限定され、エンジンが強力で生きており、フラップも作動して、手動操縦により飛行出来たと考えられる。

4 事故の時系列的飛行状況と事故調結論の疑惑と矛盾

油圧機能を喪失した日航機の墜落までの時系列的飛行状況

　ここまで、事故機は18：24：35に「ドーン」という衝撃音と共に尾翼とAPUを破壊され、油圧配管を断絶され、自動操縦機能を失った。そして、この原因は外部から、高速で重量のある飛行物体が激突したことによるものだと証明した。

　それから、32分後の18：56に事故機は御巣鷹山上空で急降下、墜落し、地面に激突して520名が即死したと事故調は報告した。しかし、事故機が墜落するまでの32分間に遭遇した事態についての詳細を事故調は何故か調査せず、報告書に簡単に記載されているのみである。

　この32分間に起きた事態は一番重要で、航空機の性能、操縦技術に基づいて分析、解明されるべきであるが、短絡的に「墜落は当然」だとの記述は事故調査の原則を放棄するものであり、不可解で理解出来ない重大な疑惑である。

　まず、日航機123便の墜落までの航空経路の地点と通過時間について、主にボイスレコーダー、証言などを基に考察、推論する。

18：24：35　「ドーン」との衝撃音で尾翼破壊、油圧配管破損。
18：24：46　「スコーク77」発信。
18：25：56　油圧の低下を確認（尾翼破壊に伴う油圧配管断絶）。
18：26　　　自動操縦から手動に切り替え、推力レバーにてエンジン出力を微調整することにより、機長は機体を操縦出来た。
18：31　　　静岡県焼津上空にて右旋回（約90度）。
18：35　　　富士山方向に向けて右旋回（約80度）。
18：40　　　車輪ダウン（ギアダウン）。
18：41　　　大月市上空にて360度の右旋回（回転時間約3分39秒）。

図2　日航123便（JA8119）飛行経路略図

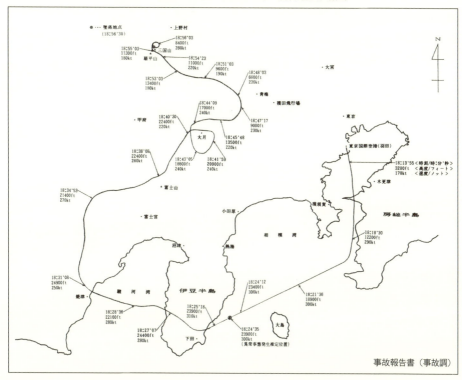

事故報告書（事故調）

18：43	米軍横田基地飛行場方向に向けて飛行（着陸の意図あり）。
18：43	機長「あたま（機首）下げて」、副操縦士「はい」→機体の降下操縦。
18：45	乗客の遺書「機体は水平で安定している」 横田基地管制「滑走路進入がスタンバイ」と日航機に伝達（横田基地は着陸を許可）。
18：46	スチュワーデスによる着陸準備アナウンス（1回目の着陸準備）。 乗客の遺書「着陸が心配だ。スチュワーデスは冷静だ」。
：46：06	副操縦士「相模湖まで来ています」（ボイスレコーダー）。
：46：16	機長「このままでお願いします」（21秒にも2回）。 横田基地方向から急に左旋回（約120度）して、北北西方向に進路を取る。
：46：33	機長「これはダメかも分からんね」

第1章　日航機123便：横田基地への着陸操作準備OK　053

18：48 　　　機長らの「ワーッ」との叫び声。異常事態の発生。
18：49 　　　機長らは「ハーッ」と荒い息を連発。
18：50 　　　副操縦士「フラップ（下げ翼）下げますか？」、機長「まだ早い」
　　　　　　→着陸の準備（2回目の着陸準備）。
18：55：45 　事故機に突然、異常事態発生。
18：56：30 　制御不能。墜落。

　こうした飛行経過、状況からも機長らは必死に損傷した機体を立て直して手動操縦で安定飛行を確保。横田基地に着陸を行おうとした意図と行動、および山間部での不時着を目指して飛行しようとしていたことが読み取れる。

事故調の飛行状況解析結論に対する疑惑と疑念

　公式文書の付録付図－12「DFDR（フライトデータレコーダー）による飛行経路」（次ページ図3）から見ると、図2も同じく、フライトレコーダーからの飛行経路と考えられる。
　事故調は「事故機は自動操縦機能を失い、手動操縦で操縦を試みたが、機長の意図通りの飛行は出来ず、操縦はきわめて困難で、着陸は不可能であった。そして、墜落した」と結論付けているが、それは果たして真実なのであろうか。
　図2、図3から分かること、そして疑念は以下の通りとなる。
　事故機の垂直尾翼を破壊された18：24：35前の正常な飛行とその後の非常事態の飛行を比較して、事故機は「機長の意図通りの飛行が出来ず、操縦はきわめて困難であった」との結論はどうやって出てくるのだろうか？
　まず、飛行状況の全体を観察、考察すると、大きく2つの飛行経路に分けることが出来る。
　それは①「北東方向：横田基地への飛行ルート」と、②「西北西方向：川上村レタス畑への飛行ルート」で、これは「高濱機長らの意図的な飛行ルート」と考えられ、事故調の結論は完全に間違っている。

事故調「DFDRによる飛行経路」と実際の飛行状況の矛盾

　事故調は事故機が操縦不能で、上野村御巣鷹山方面に迷走飛行し、急に墜落

図3 DFDRによる日航機飛行経路

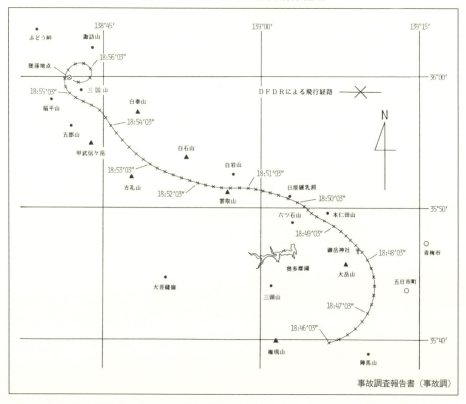

事故調査報告書（事故調）

した」と報告している。ここで、図3の「DFDRによる飛行経路」を見ると、実に不可思議なことが分かる。

これはフライトレコーダーによる飛行分析だが、おそらく事故機の速度と飛行機首方向から積分して決めていると判断出来る。しかし、飛行高度、機体傾斜角を考慮しないと大きな誤差が生じるはずであるが、修正したのであろうか。

この図から次の飛行状況が理解できる。

①事故機はほぼ一直線に御巣鷹山方面に飛行している。
②御巣鷹山を過ぎて、急に360度旋回して墜落している。

では、高濱機長は何故不時着も出来ない急峻な山岳地帯に向けて、一目散に飛行したのかである。また、何故直線飛行している事故機が急に、それも360

度近く旋回したのかである。急旋回したということは機体を操縦出来ていたことを意味する。これについて、事故調はいっさい説明していない。何故なら、実は説明出来ないからである。詳細は後述する。

事故調のDFDRによる飛行経路の矛盾、疑惑

① 横田基地への飛行ルート

横田基地への接近について、副操縦士は18：46：06に「相模湖まで来ています」と言って、さらに東方向に飛行している。事故調の飛行経路図では「相模湖」も記載せず、目撃証言では青梅市の真南まで達し、五日市町（現あきる野市）を北西方向に飛行したと証言している。

事故調の飛行経路図は東方向に約15キロメートル移動しないと証言と一致せず、事故調の飛行経路図は意図的に実際より西に15キロメートルほど位置を誤魔化している。これは横田基地への着陸意図を察知されないための策略と推測出来る（図3と図4を比較、チェックされたい）。

② 長野県川上村への飛行ルート

長野、群馬地方の飛行経路では長野県甲武信ヶ岳以降の飛行経路は間違っており、捏造されているのである。目撃証言では、事故機は超低空飛行して「扇平山」方向に飛行していたと多数報告されている。したがって、この飛行経路は全体的に約10キロメートル西方向に移動しないと説明が付かない。つまり、事故調は「嘘」をついてごまかしている。川上村のレタス畑で作業していた農民は、頭上スレスレの超低空飛行して来た事故機にびっくり仰天しており、扇平山方向に直進したと証言している。

事故機は川上村梓山のレタス畑に不時着を敢行しようとして、着陸態勢にあったことを示唆している。高濱機長は酸欠症状で錯乱していたのでなく、きわめて正常な精神状態であった。そして、乗客の命を守ろうと必死になって、広大かつ平坦で不時着に適した「レタス畑」への着陸を敢行しようとしたのである。

すなわち、事故機は迷走して上野村御巣鷹山に直行したのではないことは明らかで、事故調の経路図と飛行状況の説明は意図的に間違えているのである。

事故機が横田基地への着陸を目指した飛行実態と真実

　事故機は最初に焼津市を通過して、何故北東方向に飛行したのか？
　当初、機長らは羽田空港に戻って着陸したいとの判断をしたはずだ。それが何故見当違いの北東方向への飛行ルートを取ったのか。地図を見れば、北東方向への飛行が横田基地を目的地としたことは容易に推測出来る。右旋回と左旋回が出来る状態の事故機は羽田空港ではなく、敢えて横田基地飛行場に着陸を目指したと考えざるを得ない。
　その後、事故機は富士山を右に見て飛行し、大月市上空で大きく右旋回を繰り返し、ほぼ360度ループ状に旋回している。
　この奇妙な右旋回飛行理由について事故調はいっさい調査、分析をしていないし、もちろん、記述もしていない。「操縦不能で迷走飛行だ」と主張するためにあえて無言無視を貫いているのかもしれない。
　しかし、日航は「機長らは手動で、必死に操縦した」と認めている。垂直尾翼と方向舵を失った航空機が右旋回飛行を繰り返すのは、よほどの技術がなければ危険このうえないことで、失速墜落の可能性が生じる。
　操縦困難な状況の中で危険な手動旋回を行うことは、操縦クルーにとって暴挙に近い行動とも言えるが、早急に機体の操縦性を確保せねばとの機長の判断は正しく、同様の他の操縦不能事故においても、機長は毅然として挑戦して成功させているのである。この点について事故調は分析、検証していない。
　しかし、視点を変えると、手動による焼津市上空での右旋回操縦が出来たからこそ、困難で危険な旋回飛行が行えたという結論が得られるのである。
　大月市上空で右旋回を繰り返した理由として考えられるのは、着陸のための準備、つまり降下練習であると判断出来る。
　事故調の「フライトレコーダの気圧高度」によると、18時40分から48分まで順調に手動操縦で右旋回飛行しており、2万3000フィートから7,000フィートまで降下している。降下率は毎分2000フィート（毎分600メートル）で、これは安定した降下である。
　なおかつ、高度を下げると、それまでの機首の上下運動（フゴイド運動）が消えているのが認識出来る。さらに事故当時、大月市の南東にある「倉岳山」近くにいた『疑惑』の著者・角田四郎氏は次のように記している。
　「倉岳山の東側を南下し、南西方向に飛行し、西に飛行し、次は北西に飛行

し、しばらくして機影は消えた」

 その後、事故機は東に方向転換して横田基地方向に飛行している。すなわち、大月市上空での大きなループ状の360度旋回飛行の半分以上を目撃している。

「右翼を下げて、右旋回して、そして、水平飛行し、また右旋回しており、機体の窓が一列に並んで見えたほど低空飛行している」と証言し、「東の方向にある横田基地に着陸するのでは」と思ったと角田氏は記述している。

 これらの目撃証言から分かることは、事故機は通常飛行よりはるかに低空を飛行していたことである。すなわち事故機は右旋回を繰り返して、機体高度を下げていたことは間違いのない事実である。

 高濱機長らが繰り返し行っていた右旋回飛行の目的は高度を下げることにあり、そうした降下飛行の目的は横田基地への着陸準備と判断出来る。この事象のように、自動操縦不可の事故機が着陸する時に高度を下げる方法として、旋回飛行して高度を下げた事例を挙げると、燃料切れでエンジンが停止し、APU(補助動力装置)も作動せず無事着陸した「エアトランサット236便滑空事故」がある。この時、機長らは着陸する前段階で、高度を下げるために、何度も旋回飛行を続けて、高度を下げている(この事故の詳細は後述する)。

 それでは、横田基地に向かって飛行した日航機が横田基地へ約10キロメートル、飛行時間にして約1分というきわめて至近距離の地点で、何故急に北方向、そして北西、西北西方向に左旋回したのであろうか。この件は後述するが、それこそが、この「事件」の「謎」の核心である。

航空機の飛行場への着陸に関する必要かつ不可欠な条件

 航空機の飛行場への着陸について、航空業界と一般世論との間には大きく乖離する理解度の差が存在する。

 航空機は滑走路を有する飛行場から離陸し、その後に滑走路を有する飛行場に着陸することが絶対条件である。航空機は飛行場と切っても切れない「絶対的相互依存の関係」にあり、飛行場から離陸し、着陸することが航空技術の完成であり、そうなって初めて人間を安全に乗せることが出来るのである。

 故に飛行場以外の場所に着陸することは乗客乗員にとってきわめて危険な状態に陥ることを示唆しており、それは「死」を意味する。だから異常の発生し

た航空機は出来る限り緊急に飛行場に着陸を敢行するのである。旅客機は多数の乗客を乗せており、人命優先の原則から多少の不調、不備、不安があっても、航空機は飛行場に着陸を敢行する。それは飛行場以外の場所に着陸（不時着）するより遥かに安全度が高く、乗客の命への危険度が極小になるのである。

そして、いかなる上位の権限者であっても、この緊急着陸を制止し、ストップさせることは許されないのである。

読者の中には、航空機に乗った際、飛行場着陸時の奇妙な感覚を覚えておられる方も多いと思う。素人感覚では着陸する時は出来るだけ速度を落とせば良いと考えるが、実際はそうはいかない。航空機が飛行するには推力だけでなく、数十トン、数百トンの機体を浮かせるための「揚力」が必要不可欠なのである。

すなわち、着陸時には地面に着地するまで機体の揚力を維持しながら出来るだけ速度を落とすことが必要なのだ。その最低速度は時速250～300キロメートルである。一般の方はもっと低速で、例えば時速数十キロメートルで飛行場に進入すればいいと考えるかもしれないが、それでは揚力を失い、失速して墜落する。

<u>航空機で一番怖いのは失速である</u>。失速すると航空機は機首から真っ逆さまに墜落する。時速300キロメートルは自動車でいえばF1レース並みの危険な速度であるが、航空機ではこの速度でもさらに高揚力装置のフラップを下げて揚力を維持しながら飛行し、着地する。着地後はギアでその重量を支えながら滑走し、強力な逆噴射を行って減速して停止するのである。

結論として、航空機は「旋回飛行」「降下飛行」「水平飛行」が出来れば飛行場の滑走路に接地し、着陸出来ると考えて良いのである。

事故機が横田基地に向けて飛行したのは緊急着陸のため

さらに横田基地への接近の距離だが、事故調の飛行経路では相当離れた地点までしか飛行していない。しかし、目撃証言では相模湖よりはるか東方向の八王子市まで飛行しており、五日市町（現東京都あきる野市五日市）の上空を経過して、西北西方向に飛行していったとの証言もある。

しかも、ボイスレコーダーの公表記録では18時46分に相模湖を東方向に通過している。この地点は青梅市の真南の位置にあたり、横田基地飛行場へは

10キロメートルの至近距離である。

　しかし、事故調の飛行経路ではその横田基地との距離は25キロメートルと離れており、重大な疑惑と大きな不信感を抱かざるを得ない。

　この横田基地への接近距離の大きな乖離は何故起こったのか。

　恐らくそれは「日航事故機」と「横田基地への着陸」との関係を連想させないためではないだろうか。このことは事故調が目撃証言をいっさい採用しないこととも関係があり、重要な目撃証言を採用すると、事故調の飛行経路が成立しなくなるからである。逆に言えば、事故調が目撃証言を無視していることは別の黒い謀略の意図が浮き彫りになるとも言える。

事故機は平坦なレタス畑への着陸を目指して長野県川上村方面へ

　横田基地への着陸を断念した事故機はその後、一転して一目散に西北西方向に飛行している。この方向に待ち受けているのは群馬県上野村の険阻な山岳地帯で、付近に着陸出来るような飛行場はないにもかかわらず、何故、事故機はこの方向に一直線に急いで飛行したのか。

　高濱機長の生い立ちや自衛隊への入隊、航空機操縦技術の獲得と免許取得、民間航空会社への転身、32分にわたる事故機の操縦、そして、毅然とした指示からは勇敢で優秀賢明なパイロットと判断出来る。

　そんな優秀なベテラン・パイロットの高濱機長が何の考えもなく、着陸も出来ない上野村山岳地帯に直行したとはとうてい考えられない。

　日航機事故の直後、「日航機は山岳地帯にある平坦な茶畑か、レタス畑を目指して飛行していた」といった情報を聞いたことがあった。その後は忘却していたのだが、さまざまな状況から推測するに、事故機は不時着を前提に飛行していると想定しなければならない。

　そこで浮かび上がってくる最初の疑問は「何故事故機は羽田空港でなく横田基地飛行場を選んだのか？」である。

　これは相模湾上空での尾翼破壊事故との関連が考えられる。尾翼破壊に「自衛隊が深く関与している」とすると、横田基地への着陸意図が理解出来る。

　前述したように、高濱機長らは自衛隊の飛行物体が衝突したと認識していたとする。その後、焼津市まではスクランブル発進した自衛隊戦闘機が並んで飛び、交信もしていたが、高濱機長はこの交信により羽田空港への着陸は許可さ

れないとの確信を得たと推測出来る。

　何故なら、羽田空港は多数の発着便と観光客であふれており、不安定な飛行状態の航空機の着陸は許されないと判断したに違いない。

　二次被害への配慮はもちろん、尾翼衝突事故の隠蔽工作の可能性を予想しての判断であったのかもしれない。それに対して横田基地は米軍管轄であり、緊急着陸の訓練も用意周到で、日本側の干渉はないと考えたのではないか。

　第2の疑問は、自衛隊戦闘機により着陸を阻止されたのではないかという点である。「人家密集地帯への着陸失敗は二次被害につながる。広大な平地で不時着するように」との指示があったと考えると、事故機の行動が理解出来る。

　すなわち、高濱機長らが長野県川上村の広大で平坦なレタス畑を目指して飛行したとすると、そこは論理的、合理的、飛行技術的に辻褄が合う場所であり、完全に事故機の飛行目的と明確に合致するのである。

目撃証言による飛行経路と大きく食い違う事故調の飛行経路図

　飛行場以外で着陸するためには広大な面積があり、なおかつ平坦な場所が不可欠である。そこで事故機の向かった方向に目をやると、そこには広大で平坦な川上村のレタス畑がある。

　実際に川上村のレタス畑を訪ねてみたが、そこは広さも平坦さも航空機の不時着には最適な場所であることが確認出来た。

　事故機の状況や幾多の目撃証言を照合して見えてくる答えは、横田基地着陸を阻止された事故機は一路、川上村レタス畑へと向かったに違いないということである。しかし、これは事故調の飛行ルートとは大きく食い違う。

　川上村レタス畑への着陸を目指していた事故機は着陸態勢を取り、地面スレスレを飛行していた。

　レタス畑は標高約1,400メートルなので、事故機は5,000フィート（1,500メートル）程度の飛行高度のはずだが、事故調が公表したフライトレコーダーの高度は11,300フィート（3,440メートル）と表示されている。川上村の住民は巨大な航空機を間近で目撃しており、事故調はフライトレコーダーの記録を改竄した可能性が高い。

　しかも、事故機が尾翼を失った後にこれだけ長く飛行したことへの疑問と横田基地への飛行の理由、そして、群馬の山岳地帯への飛行理由が「航空事故調

査報告書」では説明されていない。事故調は「日航機は操縦がきわめて困難で、着陸は不可能であった。そして、墜落した」としか言及していない。このような事実、証言に基づく調査、考察がなされていない航空事故調査報告書では公式文書としての資格、価値はない。

　事故調は「事故機の操縦がきわめて困難であったこと」「着陸は不可能であったこと」の詳細な説明を行う責任、「横田基地への着陸が不可能であった理由」を詳細に説明する責任、そして、「横田基地への着陸を断念し、何故群馬県上野村の山岳地帯に向かったか？」に対する説明をする責任がある。

　事故調はフライトレコーダーや残骸落下物の位置、レーダー軌跡などから飛行経路を作成しているが、重要な飛行状況についてボイスレコーダーや目撃証言、生存者証言、遺書などの物証を追加して飛行経路と飛行状況について意図的に検証していないのである。そこに重大で悪質な意図、動機が隠されている。

5 多くの証拠・証言から見えてくる事故機の操縦性と飛行状況

事故機の飛行経路と飛行状況の分析・検証・考察

　ここで改めて、ボイスレコーダー、フライトレコーダー、生存者の証言、第三者の目撃証言から事故機の飛行経路とその操縦内容を検証する。

18：24：35　相模湾上空で突然、「ドーン」という轟音と共に垂直尾翼とAPUが破壊されて脱落し、油圧配管が轢断して油圧操縦機能を喪失。
18：24：46　「スコーク77」発信。
18：26分頃　尾翼と油圧機能を失った事故機を、機長はまず手動に切り替えエンジン操作を行い、右旋回飛行に挑戦した。

◆「河津町の駅前で『ボーン』という音に驚き、空を見上げた。東側から普段の倍くらいの大きさの航空機が現れ、駅上空で右旋回して北の方向に進んでいった」(近持氏・タクシー乗務員・伊豆河津町)

　通常、航空機で油圧系統が破損しても、自動操縦の設定ではそのまま直進することが知られている。右旋回をしたということは、油圧機能が喪失したものの高濱機長がエンジン操作の微調整で手動操縦を行ったものと思われる。

18：30分頃　自衛隊Ｆ－４Ｅ戦闘機２機がスクランブル発進。事故機の垂直尾翼部はほとんど喪失しており、自衛隊標的機の残骸、部品の付着を確認し自衛隊幹部に報告。指示、命令を受ける。

18：31分頃　事故機は焼津市上空に到着。焼津市は伊豆の河津町の真西方向に位置する。事故機は河津町で右旋回して北方向に飛行しており、途中で左旋回しないと焼津市には到着しない。すなわち、事故機は河津町で右旋回して北方向に飛行し、すぐに左旋回して焼津市に到達したのである。

　事故機の高濱機長らは手動でエンジンを微調整して右旋回と左旋回を行い、エンジン調整、操作による操縦技術を習得している。

　日航ではこうした油圧機能がダメになった場合の訓練を実施していない。しかし、高濱機長は８年もの間、自衛隊に奉職し、戦闘機で急旋回や急降下、急上昇などの操縦技術に習熟し、飛行操縦免許を取得して熟練飛行の経験を有していたことが、機敏で迅速な手動操縦の実行に繋がったと考えられる。

　また、緊急事態での訓練も受けており、かかる尾翼破壊や油圧機能喪失の事態にも冷静に対応出来たことがボイスレコーダーの内容から判断出来る。

油圧装置が喪失した場合の手動操作による操縦性と飛行性

　油圧装置が機能しなくなった段階で飛行制御に関して操作出来るものは、①エンジン、②着陸装置、③主翼フラップ、④燃料である。

　この内、燃料は翼の両端のタンクの燃料を放出することにより、機体の重心を後ろに移すことで飛行制御出来るが、燃料を放出すると飛行時間が短縮されてしまう。事故機が操作可能な手段は残りの３つであり、フライトレコーダーの記録を読むと、これらを順番に操作していることが分かる。

　「ドーン」という異常音から２分間は下田上空で右旋回しており、これはエンジン操作で行われている。次に15分後から12分間の飛行状態ではランディングギア（着陸装置）を出している。そして、27分後に入ると、下がりすぎた機の高度を上げ、ふらつく姿勢を立て直そうとして主翼の「フラップ」操作が行われている。揚力を付けようという操作である。

　機長らが手動操作出来た最初の機器は、フライトレコーダーに記録が残って

いるようにエンジン操作であった。左右の主翼に2基ずつ装着されているエンジンの出力を微調整操作することで推力が変わるから、速度と高度を変えることが出来る。推力が絞られ、速度が落ちれば、翼に掛かっていた揚力も落ちて、機は次第に降下するはずである。

エンジン出力を操作するスラストレバーは機長席と副操縦士席の中間にあって、必要な場合、航空機関士も操作出来るようになっている。

左側の主翼エンジン出力を多めにすれば、機は右旋回する。この時、機体は右主翼を下げ、左翼を上げて飛行し、方向は変えられるものの機体は降下する。そのままでは機体の傾きが増すので、機体を水平の位置に立て直す必要があり、右エンジンを噴かして水平になるように調整する。

このような操作により、事故機は飛行状態に若干不安が残るものの右旋回、左旋回、降下、上昇を行い、機長が指示した通りの飛行を行えたのである。

高濱機長はきわめて明確な目的を持って、その意図通りの飛行を行っている。焼津市からは一目散に横田基地に向けて飛行して着陸を目指し、着陸を阻止されると今度は日の出町から長野県川上村に向けて飛行し、一路、広大で平坦なレタス畑を目指して不時着を敢行しようとしていた。

垂直尾翼と油圧機能を失った事故機の操縦に関する元機長の証言

　元ジャンボ機の機長が事故機の操縦について次のように証言している。

◆「相模湾上空での異常音に基づく尾翼破壊、油圧機能喪失で、最初に機長が行うのは機体を安定させることである。高濱機長ら日航の機長はかかる油圧機能が働かない航空機を操縦する訓練を受けたことはない。したがって、この緊急事態では自ら考え、操作し、習得する以外に助かる道はないのである。

　自動操縦を手動に切り替えて、手動操縦での『機体の安定』と『旋回』『上昇』『降下』の飛行方法を習得することである。

　機長が行う手段は正常な、強力な4基のエンジンを調整することしかない。エンジンをいろいろ操作することで、体勢を直そうと努力する。

　例えば、右旋回をする時には左エンジンを噴かす。機体は右に旋回するが機体は同時に傾くのである。傾くと機首が下がる。機首が下がりそうになったら、エンジンをみんないっぺんに噴かす。

すると、エンジンは翼の下についているから、トルクが働いて上へ向く。このように、機自体の傾きを回復しようと機長は努力したと考える。

　さらに、右旋回の後、必ず左旋回をしているのはかかる操作によるものと思慮する。すなわち、大きなS字状の飛行状態となる」

　手動で操縦が出来て、飛行場に接地すれば後は通常の減速着陸操作（逆噴射）で停止して着陸OKである。実際、ほとんどの飛行経路では、右旋回の後、左旋回しており、正しくS字状の飛行を行っている。

　私は最近、日航の現役機長と事故機の操縦性について議論したが、かかる発言を聞けなかった。この元機長は事故機の操縦性について的確で的を射た証言や助言、解説を行っており、絶体絶命の危機に直面した高濱機長もまったく同じ思考技術をもって即座に事故機の操縦を実行したものと思慮出来るのである。

　元自衛隊戦闘機乗りのパイロットであった優秀な高濱機長が操縦したからこそ、あの4名の乗客が奇跡の生還を遂げたのであると考えられる。

ボーイング社ジャンボ機の特性が垂直尾翼破壊による操縦不能を救った

　ここまで垂直尾翼や方向舵、油圧機能を失った事故機の操縦飛行性について、「飛行可能である」と論じてきたが、ここではジャンボ機の特性から、その操縦性、飛行性について検証と考察を加えてみる。

　航空機は両翼で空気の流れを作って揚力を得て、重力に打ち勝って上昇して飛行する。そして、空気抵抗を利用して方向を変える。空を飛ぶ鳥が主羽根で推力と揚力を作り、尾羽根を巧みに使って方向を変えるのと同じで、その機構システムは簡単である。

　航空機の歴史は1903年のライト兄弟の有人動力飛行の成功で始まったが、それから100年余り経って航空機は目覚ましい進化を遂げ、ジャンボ機は　旅客機として安全神話が出来るほど優秀な航空機であった。

　しかし、日航123便は自衛隊の無人標的機の激突により、その垂直尾翼とAPU、方向舵、油圧機能を失った。これは旅客機の操縦安定に大きな危惧を与える事故であるが、垂直尾翼、方向舵、油圧機能、この3つの機能について考える。

①垂直尾翼の役割：機体の左右方向の安定性のためにある。

　垂直尾翼がないと横滑り（ダッチロール現象）を繰り返して正常な飛行が出来ないとの説明があるが、ダッチロール現象で直ちに墜落するわけではない。

　また、事故機は高度を下げて低空飛行に移るとダッチロール現象は解消している。

　一方、よく知られているステルス爆撃機B-2には垂直尾翼はない。

　すなわち、垂直尾翼は重要な部品だが、これがなくても他の何らかの機能で補完出来ることを示唆している。

②方向舵：垂直尾翼の後部にある翼型の可動部分で「ラダー」と呼ばれる。

　主翼の補助翼と併用して定常（一定した）釣り合い旋回をするためのもので、機体の方向を決める重要な役割があるが、これが作動しない場合は他の機能で補完出来ることを示唆している。

③油圧機能：動翼などを油圧で作動させる機能。

　ここでは方向舵を作動させる機能として考える。すなわち、油圧機能が喪失して方向舵が作動しないわけであるが、方向舵の機能を喪失した段階では「方向舵がない」として検証することにする。

　以上の各機能を総括すると、3つの機能が喪失したことから事故調は「日航123便が墜落した」との結論を引き出している。しかし、これは単なる非科学的な「推論」であり、暴論である。

　航空機にとっては、進行方向に向かって真っ直ぐ水平に安定飛行することが一番求められる状態である。この機能を達成するためにはエンジン出力、主翼面積、後部水平尾翼が主要な役割を果たすことになる。

　この、真っ直ぐ水平に飛行することで若干の横揺れは吸収されて、安定性が増すことになる。ここで、もう一度事故機（ジャンボ機）の特性を見ると、前述したように、その寸法は全長70.5メートル×全幅59.6メートル×全高19.3メートルで、重量は250トン、乗員乗客を乗せた離陸時の重量412.8トンにも達する巨大なもので、強力なP＆W製ターボジェットエンジンを4基搭載している。そのエンジンパワーは目を見張るものである。

　事故機は後に貨物機に転用される予定であり、4基のエンジンで強力な推力を生み出して空気の流れを作り、巨大な主翼面積で大きな揚力を得る。そして、後部水平安定板も健在で安定した水平飛行を可能にしていた。

かかるジャンボ機の飛行性能は横揺れからの左右の安定性も吸収維持できるし、かつ事故機の場合、操縦性や飛行性を阻害するフゴイド運動、ダッチロール現象も高度を下げることにより消えたことが確認されている。残された問題は方向舵の役割である機体の旋回飛行に絞られる。

　飛行物体の方向を変える手段としては、航空機では空気抵抗で行う方向舵によるものが一般的だが、左右のエンジンの推力差による方法もよく見られる手段である。たとえば、衛星を打ち上げるロケットの姿勢修正、宇宙空間の宇宙ステーションの位置修正や移動は燃焼爆発（エンジン）の推力により行われる。

　航空機が飛行出来る、操縦出来るとは上昇や降下、旋回飛行が出来るかで判断される。この旋回飛行を行う上で「方向舵」が作動しない状況では、これを補完する手段として左右の4基のエンジンの出力を微調整して行うことが当然考えられるし、また、事故機は十分に旋回飛行を行えたのである。

　さらに、旋回飛行を続けると降下飛行を行えることも実証されている。

　事故機はその垂直尾翼やAPU、油圧機能を失ったが、飛行性を阻害するフゴイド運動やダッチロール飛行は解決出来、最後の旋回飛行は左右のエンジンの出力差、推力差で行えることが分かり、高濱機長はかかる操縦技術をすぐに習得して、次の段階、横田基地への着陸敢行を計画したのである。

　かくして、事故機は突然その垂直尾翼やAPU、油圧機能を破壊されたが、ジャンボ機の特性と機長の機敏で優秀な操縦技術により、この難関を切り抜け、機長の思い通りの飛行が行えることになったのである。

高濱機長らが尽力した安定操縦飛行と横田基地への着陸行動

　こうした異常事態において、機長は事故機を手動操縦で旋回と降下、上昇の飛行技術を習得して安定飛行に成功し、次は若干の機体操縦に不安があっても、出来るだけ早く最寄りの飛行場に着陸することが急務であった。

　高濱機長は最寄りの飛行場として横田基地飛行場に着陸することを決め、飛行方向を北北東に取った。そして、焼津市上空で右旋回し、横田基地方向に向けて飛行したのである。この時、機長は客室乗務員に対し、横田基地に着陸を敢行するので、その準備をするように指示している。

　この後にスチュワーデスは「予告なしでいつでも着陸する」とのアナウンスを行っている。

その後、事故機は焼津市から静岡市を通過し、大きなループ状の軌跡を描いて富士宮市を通過、富士山の北側を通り、18時40分頃、大月市上空に到達する。
　ここで1つ、大きな疑問が浮かぶ。
　何故、事故機は大月市上空で大きなループを描いて360度旋回したのか。事故調はその理由も明らかにしていない。
　前述したように、大月市上空での大きな360度旋回飛行の半分以上を目撃した角田氏は、その時、事故機を追うように飛ぶ2機の小さな飛行機も目撃している。スクランブル発進した自衛隊戦闘機の機影であることは間違いない。
　この時の事故機のループ旋回について、高濱機長は速度を落とさず右旋回を続けることにより高度を下げることを考えて、横田基地への着陸の予行練習を行ったと考えると操縦技術的、かつ論理的に説明出来る。
　事故調査委員会の発表したフライトレコーダーの「気圧高度」図では大月市上空で18時40分から18時48分までに、高度23,000フィートから高度7,000フィートまで降下している。すなわち毎分2,000フィートの降下率で降下しており、かつ高度を下げた結果不安定なフゴイド運動も消えている。
　つまり、この時、事故機は安定した降下飛行を行ったことを示している。
　航空機操縦技術においてこの現象から分かることは、旋回飛行によって機体高度を下げることが出来るということである。高濱機長らはすでに伊豆の河津町上空での右旋回、および焼津市上空での右旋回の2回の右旋回経験から、右旋回すると機体が傾き高度が下がることを学んだのである。
　ただし、飛行場に着陸する際にダッチロールやフゴイド運動があると機体の姿勢制御が不安定になり、安全着陸に重大な支障をひき起こす可能性がある。だが、実際に旋回降下した結果、ダッチロール、フゴイド運動がほとんどなくなったのである。乗客の遺書には「機体は安定している」と書き残されている。
　恐らく、高濱機長は横田基地飛行場に着陸した経験がないことから、何かを飛行場に見立てて旋回して水平飛行に移り、さらに高度を下げていき、横田基地に着陸するプロセスを予行練習したと考えるのが妥当な推測なのである。

日航事故機を追尾する2機の自衛隊戦闘機とその役割とは？

　さらにもう1つ重要な目撃証言は、角田氏も見たという「日航事故機の後を飛ぶ、2機の自衛隊戦闘機の存在」である。

この自衛隊戦闘機の存在はいっさい記録にない。国会審議においても「自衛隊機は発進しなかった、緊急非常事態を見守っていた」との担当者のいい加減な回答がなされたのみである。
　しかし、旅客機が緊急遭難信号「スコーク77」を発信すれば自衛隊機が緊急発進して、救難行動を取ることは当然の行動であり、重要な義務なのである。さらに日航機の自衛隊標的機の衝突の状況把握には戦闘機による確認が不可欠である。
　18時30分頃、2機の自衛隊戦闘機F－4EJファントムが発進しており、事態を自衛隊要撃管制官に報告している。ほとんどのボイスレコーダーの交信記録は削除されているが、次の交信内容は戦闘機F－4EJの存在を証明している。

18：46：16　機長「このままでお願いします」
18：46：21　機長「このままでお願いします」

　高濱機長は副操縦士、機関士には、短い命令調の言葉、管制官には、交信の言葉を使っており、かかる上位の人、権力者への懇願の言葉はCVR（コックピット・ボイスレコーダー）には記録されていない。この言葉は不自然、かつ理解出来ない。したがって、これは追尾監視する自衛隊戦闘機パイロットへの懇願（横田基地への着陸許可）の言葉としか解釈出来ないのである。
　しかし、自衛隊側は高濱機長の要請を認めず、拒否したことは疑いなく、18：46：33に機長は「これはダメかも分からんね」と落胆の言葉を残しているが、これは大惨事を想定しての言葉に違いない。

18：54：20　機長「リクエスト・ポジション」

　この「リクエスト・ポジション」とは、要撃された民間機が使用出来る言葉として、①了解、指示に従う、②指示に従うことは出来ない、③指示を繰り返して下さい、④自機の現在位置が分からない、⑤○○に着陸したい、⑥降下したい……のうちの④にほかならない。
　恐らく高濱機長は何度も「②指示に従うことは出来ない」を繰り返していたはずである。しかし、この交信内容はボイスレコーダーから削除された。
　この「リクエスト・ポジション」だけ英語であり、高濱機長は英語で発信す

ることで、前後に自衛隊戦闘機がいることを管制に知らせたかったのではないだろうか。この不可思議で理解出来ない事態・状況は、自衛隊戦闘機の存在を隠す作戦があると考えると明解に説明出来るのである。

その後の18時49分頃、横田基地に着陸出来なかった事故機は西多摩郡日の出町へ飛行し、東京都の最高峰・雲取山（2,017メートル）のある秩父多摩国立公園の山岳地帯へ向かうが、角田氏の『疑惑』には朝日新聞8月13日朝刊に掲載された以下のような目撃証言が転載されている。

図4　日航機飛行経路と東京都八王子市周辺の地図

日航事故機、横田基地に向けての飛行経路・状況（目撃証言による）：大月市上空旋回後→相模湖経由→八王子、美山→北北東→秋川上空→左旋回→日の出町、細尾→西北西方向へ→御岳山方向へ飛行

◆「12日は私の誕生日なので良く覚えています。町の南側にある今熊山（八王子市美山町）の方向から大きな飛行機が現れ、北北東の方向へ水平にゆっくり飛んでいた。秋川や町の上空を横切って日の出町方向の山へ消えました。五日市高校の上空あたりを飛んでいる様子でした。横田基地に降りると思いましたが、普段米軍機は低空でこんな所を飛ばないので、墜落するのでは……と感じました。時間は18時45分頃の20〜30秒間です」

（南澤輝明氏・35歳・東京都西多摩郡五日市町入野）

◆「午後7時頃、畑の草むしりをしていた時、轟音に気づき、空を見た。東南東より巨大な旅客機が道ぞいにこちらに向かって来た。あっという間に真上

を通過し、西北西の御岳山の方に消えた」

(北島清司氏・53歳・東京都西多摩郡日の出町細尾)

◆「突然、上空でゴロっと雷のような音がしたので、驚いて見上げると巨大な飛行機が川下からこちらへ低空で向かって来た。私から見て右側の主翼(左主翼)をガクッと大きく落とし、斜めになってこっちへ落ちてくる感じで危ないと思った。飛行機はすぐ翼を戻して通り過ぎ、北西の方向の山並みへ消えていった」(前田清士巡査長・29歳・東京都西多摩郡奥多摩町日原駐在)

　これらの目撃証言から、事故機は横田基地に着陸しようと10キロメートルまで接近していることは明らかであり、一方で自衛隊戦闘機はその意図を察知して横田基地への着陸を阻止しようとしたに違いない。そして、機長に「二次被害の危険性回避」を理由に着陸の中止を求めるとか、あるいは「川上村のレタス畑への着陸を勧告する」など脅迫したのであろう。
　その結果、事故機は横田基地飛行場への着陸を諦めて左旋回をして、北西方向に飛行していったのである。
　事故機の飛行経路をフライトレコーダーやボイスレコーダーの記録から検証すると、事故調が作成した「日航機の飛行経路図」は白紙に航跡をプロットしたもので、主要な地名しか入っていないことが分かる。墜落地点付近でどのような軌跡を描いたかを詳細な地図上に記載しなければ調査報告書にならないはずである。これでは520名の犠牲者に対する尊厳を感じることは出来ない。

ボイスレコーダー記録に目撃証言を加味した「真」の飛行経路

　まず、事故調による「飛行経路」とボイスレコーダーに目撃証言を加味した「真の飛行経路」を地図上にプロットする。この2つの飛行経路で大きく異なる場所は次の3カ所である。

①伊豆・河津町での右折飛行経路、状況。
②事故機の横田基地への接近飛行経路、状況。
③長野県川上村レタス畑から、群馬県上野村山岳地帯への飛行経路、状況(第2章で詳述)。
　すなわち、伊豆・河津町のタクシー運転手(2名)は、事故機は河津町上空

で大きく右折飛行して北上したと証言している。これは、相模湾上空での尾翼破壊後、すぐに右折飛行した際の操縦性を示すもので、重要な証言である。

次に、横田基地への接近飛行だが、大月市上空での旋回飛行後、事故機は東進し、さらに右旋回を続けて東北東に進路を取り、18：45：30からしだいに左旋回に入っている。そして　相模湖上空を通過している。

18：46：06　副操縦士「えー、相模湖まで来ています」

この言葉は機長に対する返事だが、機長から副操縦士に対する問い掛けの言葉がないのは不思議である。恐らく事前に機長から副操縦士に対し、主要な場所の到着位置を報告するよう命じていたと考えられる。

18：46：06に相模湖上空を通過して、18：47：30に機首を北に向けた地点が、事故機が一番東側（東京都の西側）に達した場所である。その距離は相模湖から時速426キロメートルで1分27秒、若干左旋回しながら進むと横田基地までの距離は約10キロメートルの地点である。そこは八王子市美山町で東京サマーランド付近であり、10キロという距離は飛行時間にして1分程度で、操縦席から横田基地を十分に視認出来たはずである。

これは南澤輝明氏、北島清司氏の目撃証言「東京都西多摩郡日の出町の領内に入った」と完全に一致する。

相模湖付近での事故機の高度は12,000フィートで毎分3,000フィートの降下飛行を行っており、18：48：15には7,000フィートまで降下し、更に降下して、18：49：10に5,500フィートとなる。この美山町から日の出町への飛行では気圧高度5,000～7,000フィートの低空を飛行しており、目撃者は「巨大な航空機」と表現しており、超低空飛行を証明している。

この位置は事故調の報告書の航路地図（図３）とは約14キロメートル以上の乖離がある。事故調は横田基地から24キロメートル以上も離れた地点で日航事故機を意図的に北方向に飛行させており、「日航機の横田基地への着陸の意図を国民の目から遠ざけようとの策略陰謀である」と判断出来る。

事故調は「操縦不能で機長が意図する操縦が出来ず、着陸も海への着水も出来なかった」と主張しているが、この付近でのボイスレコーダーの会話内容が不自然で、かつ会話内容が公表されていないことから、削除されている可能性が高い。横田基地への着陸行動から国民の目を逸らすため、意図的に地図上で

も接近距離を大きく乖離したものを作成したと考えざるを得ない。
　すなわち、狡猾な隠蔽工作であり、この事態隠蔽行為は後の「アントヌッチ中尉の救出行動」の隠蔽や公式記録からの削除と同じ手法である。

　事故機は横田基地への着陸を断念させられた後、無念の内に一路、長野県川上村を目指して北西方向へ飛行した。この間、18：48：58に高濱機長らクルーが「ワーッ」という驚愕の声を上げているが、たとえば威嚇射撃のように自衛隊機から何らかの圧力をかけられたという推測しか出来ない。
　尾翼が破壊されても事故機は比較的安定した飛行を行っており、大月市上空での360度旋回降下飛行と横田基地への緊急着陸の敢行とその中止を行い、その後、長野県川上村レタス畑への不時着敢行などを試み、尾翼破壊から30分後、急に何らかの原因で制御不能に陥り、墜落している。
　ということは、相模湾上空での垂直尾翼破壊が直接の墜落原因でないのである。安定した飛行を続ける事故機が、群馬県の山中で急に制御不能になった理由を明らかにすることが事故原因調査の原則であり、事故調は意図的にこの調査を真摯に行わず、何かを隠蔽していることは間違いない。

異常が発生した旅客機は最寄りの飛行場に緊急着陸するのが原則

　多数の乗客を乗せた旅客機に異常が発見された場合、機長は迅速に最寄りの飛行場に緊急着陸することが運航規則における大原則である。
「スコーク77」を発した日航機の場合、尾翼破壊直後、油圧がゼロに低下したのを確認し、自動操縦機能が作動しないことを察知して機長らは大きな衝撃を受けたはずである。最初に取り組むのは手動による操縦性、飛行性の確保であり、高濱機長らは手動による操縦に挑戦した。彼らに残された手段は強力なエンジンの出力を推力レバーで微調整し、操縦することであった。
　機長らはその後の約10分間で手動操作による旋回、上昇、降下の操縦飛行を見事に習得した。次に取るべき対応は最寄りの飛行場である横田基地への着陸であった。横田基地側は緊急事態宣言を行った事故機の着陸の受け入れを表明しており、これは国際法上、および人道上当然の対応であった。
　しかし、事故機と横田基地との交信はもちろん、追尾並走している自衛隊戦闘機との交信、日本政府側と日航事故機との間の横田基地への着陸に関する交

信内容が一切公表されていないのはきわめて異常で疑惑である。さらに事故調は「国家機密」なる言葉でいっさいの説明を拒否している。これは「相模湾上空での尾翼の破壊事故に自衛隊が関与した」ことを隠蔽する謀略であると考えられる。

6 事故機の操縦機能と飛行能力に関する関係部署の見解

事故調査委員会の誤謬の判断と結論

　ここで日航事故機の事故発生後32分におよぶ飛行状態についての事故調の判断、見解を比較して記載する。
「8月12日18時24分、圧力隔壁が破壊し、その圧力空気が大量に後部尾翼側に流出して、後方のAPU全体を含む胴体尾部構造の一部の破壊、脱落が生じた。垂直尾翼の破壊が始まり、トルクボックスが損傷したため、方向舵は脱落し、4系統の操縦系油圧配管もすべて破断した。
　かかる機体の破壊によって、方向舵、昇降舵による操縦不能、水平安定トリム変更機能は失われ、ほとんどの操縦機能が失われ、姿勢、方向の維持、上昇、降下、旋回等の操縦が極度に困難になり、激しいフゴイド運動、ダッチロール運動が生じ、その抑制が難しく、不安定な状態での飛行の継続が出来たが、機長の意図通り飛行させるのは困難で、安全に着陸、着水させることは不可能であった。そして、墜落した」
　事故調は尾翼破壊から約32分間の航空軌跡、操縦技術を総括し、墜落の事態を至極簡単に説明した。しかし、あまりにも抽象的であり、524名の死傷者を出した事故での飛行状態に対する調査・検証としてはきわめて貧弱で、その事故調査能力を疑わざるを得ない。
　このような結論は「日航機は垂直尾翼と油圧機能を喪失して、飛行操縦が極度に困難になり、着陸は不可能であった」としなければならない何らかの理由があったと考えると説明が付くのである。

運航責任会社：日本航空の技術的見解と結論

　その後、B－747の操縦経験では業界トップである日航に対し、「ボイスレ

コーダー、フライトレコーダー、落合由美さんの証言、飛行経路の目撃証言、社内無線交信、会話、乗客の遺書、自衛隊機との交信、訓練用シミュレーターの実験操縦から事故機の操縦形態、機能、状況などを分析して、日航としての見解を聞かせて下さい」と申し入れをしたところ、次のような回答があった。

◆回答①「乗員訓練において4系統油圧システムがすべて不作動となる事態は想定していませんでしたので、当該乗員、高濱機長らにとって飛行機の制御が出来ない事態は想定外であったものと想像されます。そのような状況下においても、エンジンの推力、電動モーターによるフラップ操作など利用出来るあらゆるものを利用して、何とか飛行を制御しようとしていたことがボイスレコーダー、フライトレコーダーのデータには記録されております。しかし、この時点で飛行機を機長の意図通り飛行させるのは困難で、安全に着陸、着水することはほとんど不可能な状態であったものと考えます」

(2013年8月9日付回答　権藤信武喜常務)

◆回答②「123便ではすべての油圧システムにおいて配管が損傷または断裂し、作動油が失われたことから、トレーリング・エッジ・フラップ（電力）、前縁フラップ（圧縮空気圧）、脚の降ろし（自重）のみが作動可能であったと考えられる。さらに、垂直尾翼の50パーセント以上が失われて安定性が著しく低下した状態で、主操縦装置と多くの副操縦装置が作動しない状況の中で、エンジン推力と副操縦装置の一部のみで飛行の安定（姿勢の制御）と継続はきわめて、困難な状況にあったと考えられる」

(2013年12月26日付回答　権藤信武喜常務)

　結局のところ事故調の報告書の一番煎じであり、回答②などは事故調の結論より簡単で内容がないひどいものである。これが日航の技術的見解とすれば、優秀な社員である高濱機長らが必死に事故機を操縦した経過を評価しようとの姿勢すらいっさい見られないのは悲惨で残酷で嘆かわしいことである。
　日航は運輸省の隷属会社で、「事故調の結論が正しい」と言い、日航の社内事故調の調査結果内容も社外秘としていっさい公表を拒否している。日航は自衛隊・政府の事故隠蔽作戦に協力しており、従犯会社でもあるので、かかる非科学的、非技術的な回答を提出するのは当然だと考えざるを得ない。

さらにその後、詳細な説明を求めたところ、なんと「CVRの文章」をそのまま、送ってきたのである。結局、説明できないのである。

製造メーカー：米国ボーイング社の日航機事故に関する見解と結論

　一方で機体の製造会社であるボーイング社は、航空機の構造、機能と飛行操縦機能などとの関連については一番豊富な経験とノウハウを有しているので、今回の事故機の操縦機能についての分析、考察は最も適切で、正しい内容を提示していると考えられる。

　事故機の飛行、操縦能力についてボーイング社の内部資料では「事故機は操縦出来た」と報告しており（1995年8月10日朝日新聞夕刊）、事故に関して米航空連邦航空局（FAA）が国家運輸安全委員会（NTSB）と交わした文書が公開されている。

◆「FAAの事前通知書にはすべて油圧系統が切れた場合、操縦不能になるとの記載があるが、これは正しくない。事故機は推力レバーを操作することによって操縦することが出来た。分析によると、旋回、上昇、降下などの操縦性が維持されていたほか、フラップ（下げ翼）を出すことも出来た。事故機は垂直尾翼や方向舵の相当部分を失ったにもかかわらず、すべての油圧系統が切れた場合も長時間飛んでいた」（1987年4月17日付ボーイング社文書）

　米国では文書の管理は完全かつ忠実に行われており、情報公開法に基づく公開請求にもきちんと応じている。この事例から自衛隊・政府は標的機が日航機の尾翼に衝突したという秘密事項の暴露を恐れて、日航機事故に関する資料をすべて日本の情報公開法の施行直前に廃棄したと思われる。

　したがって事故機は垂直尾翼、油圧制御機能を失っても問題なく機能しているエンジンを推力レバーで操作することにより、旋回、上昇、降下などの操縦性が維持されていたほか、フラップを出すことも出来たのであり、操縦が出来れば、飛行場に緊急着陸することが出来たのである。

　このボーイング社の資料の日付は事故調が「航空事故調査報告書」を出す前で、事故調はB－747の製造会社、最も実績経験を有するボーイング社の文書とまったく異なる正反対の内容、結論を報告している。

　事故調は事故機の操縦、飛行技術については手動操縦について推力レバーでのエンジン制御などに触れておらず、技術的にも経験的にも科学的にも低レベ

ルであり、かかる否定的な結論を出す能力、資格はないはずである。

　事故調が何故「日航事故機の操縦がきわめて困難で、着陸は不可能であった」と主張するのか、その背景に大きな疑惑を感じるのである。

　さらに、ボーイング社のFAAに対する申し立てに対し、FAAは次のような反論をしている。

◆「事故機の圧力隔壁に補修板が与えた影響については分析されていない。当時の修理規定は圧力隔壁に補修板を使うことを明確に禁じていた。この修理はFAAの承認を得たものではない」（1988年1月29日付NTSB宛の文書）

　実は日航事故機は事故の7年前の1978年6月2日、伊丹空港に着陸する際に機体尾部を滑走路面に接触させ、乗客3名が重軽傷を負う事故（いわゆる「尻餅事故」）を起こしている。FAAのコメントにある修理とはこの時のことを言っている。

　つまり、FAAはボーイング社の修理内容は修理規定に違反しており、ボーイング社の責任を指摘している。さらにこの書簡からFAAは圧力隔壁破壊説に執着しており、米政府が日本政府の要請に応じて、事態をすべて「事故原因は圧力隔壁破壊である」との線で終わらせる方針であったことが分かる。

「事故機操縦性、飛行性について」の有識者の技術見解

　加藤寛一郎氏の著書『壊れた尾翼―日航ジャンボ機墜落の真実』（技報堂）によれば、日航機が被った損傷程度、つまり垂直尾翼が破壊されたジャンボ機でも操縦可能であるという。「ボーイング社のテストパイロットはきわめて高い飛行能力の持ち主で航空力学にも精通」しており、加藤氏に次のように答えている。

◆「飛べる、着地も出来る。推力微調整で旋回も出来る。（中略）使えるのは推力とフラップしかない。（中略）低高度、脚下げで適度にフラップを出せばよい。フラップを出すと、最初頭を上げ、次第に下降に移る。（中略）この状態なら、ダッチロール、長周期ともほっておけば止まる。何もしなければよい。長周期は5分もすれば気にならないくらいの大きさになる。振幅半減時間はもっとずっと短い」

　加藤氏は高濱機長が実施した操縦技術を的確に指摘し、その正しさを裏付けている。

油圧配管断絶破損による操縦不能でも無事に着陸生還した事故例

▶ユナイテッド航空232便不時着事故（1989年7月19日）
機体：ダグラスDC－10　乗客：285名　乗員：11名

　同機はアイオワ州上空11,000フィート付近で飛行中、機体尾部の第2エンジンが疲労破壊して飛散した破片が機体を貫通し、油圧操縦系統のすべてを破壊。これにより油圧による操縦が不可能になった。

　機長らは作動可能なエンジンの操作により、近くのスーゲートウェイ空港までたどり着き、冷静沈着に不時着を試みた。しかし、右主翼端から滑走路に接触して発火、火の車のように回転しながら大破炎上した。

　地上の消防、救助隊の懸命な救出活動により、乗客乗員296名中185名が生還した（生存率62.5パーセント）。

　この事故において油圧系統の破壊による自動操縦が出来なくなった機体は不安定な状態で飛行していた。機長らは正常な前主翼の2基のエンジンを操作することにより、機体の安定を模索した。

　右旋回のために左エンジンを噴かし、右エンジンを弱めると確かに右旋回出来るが、今度は降下するので右エンジンを噴かして左エンジンを弱くすると、また左方向にS字状に飛行し、安定飛行が取りにくい状態であった。さらに、エンジン調整だけでは機体はフゴイド運動を繰り返していた。機長は近くのスーゲートウェイ空港に緊急着陸を決めてエンジンの微調整を行った。距離は90キロメートルであった。

　このように機体が操縦困難な場合でも、早急に最寄りの空港に緊急着陸を考え、実行するのが機長の緊急業務である。そして、同機は10分後には着陸を敢行している。

　たまたま乗り合わせていたデニス・フィッチ氏（DC－10の指導教官で機体のシステムを熟知。操縦技術に優れた人物）がエンジン調整による操縦を担当することになった。デニス氏は油圧機能が破壊された機体を手動によるエンジン調整だけで見事に操縦することが出来た。

　しかし、空港に着陸するためには大きな問題が3つあった。

①高度：機体の操縦が不安定ななか、機体の高度を下げるのは大変困難なことであった。急な降下で失速し、バランスを崩して落下墜落する危険があった。

このため、デニス氏は右旋回をしながら、螺旋状に回って高度を下げる方法を考えて実行し、成功した。それでも降下率毎分1,600フィートで多少大きすぎるものであった（この手法は日航機123便が大月市の上空で360度旋回飛行し、これにより、大きく高度を下げることが出来た状況と同じである）。
②車輪：車輪を出すには油圧装置が関わってくる。これはギアダウンの操作で無事車輪は出た（日航機も車輪は出すことが出来た）。
③速度：着陸するには速度を落とすことが必要である。しかし、速度が下がりすぎると失速して墜落する。通常の着陸速度は時速250キロメートルであるが、実際の速度は時速380キロメートルであった。これ以上の減速は危険と判断して着陸を敢行。タッチダウン後、機体を停止させたのは逆噴射とブレーキだった。

　実際の着陸映像では機体は安定した姿勢で着陸に入っており、見事にタッチダウンに成功。しかし、途中でバランスを崩し、右主翼から滑走路に接触し、発火して横転、回転しながら滑走路を滑って行き、大破炎上した。
　滑走路でのスライド（滑走）は、それでも衝撃力を弱め、多数の乗客の命を救ったのである。滑走路でない、地面への不時着では激突状態になり、衝撃力は大きく、死傷者は多くなる。
　この事例は油圧機能が破壊されても、手動によるエンジン操作により、操縦機能を確保出来たことを実証しており、日航事故機の場合も操縦が出来、横田基地に着陸出来たことを示唆している。
　フィッチ氏ら4人のクルーは卓越した操縦技術と英雄的行為を讃えられてポラリス賞を受賞している。
　操縦困難の機体を飛行場まで導いただけでも奇跡だと評価する米国に対し、高濱機長らは見事に横田基地近くまで到着し、着陸態勢を取っている。しかし、実際は自衛隊の意図的な妨害禁止命令で着陸出来なかったと考えられるが、彼らの勇敢な行為に対して政府や日航は「優秀操縦賞」を与え表彰するべきと考える。
　この事故の教訓として、1990年頃、油圧配管が断絶した場合、全部の油が流出しないように、米国では配管の途中に「バルブ」や「逆止弁」を取り付けることが義務づけられた。しかし、日本では日航機事故の原因が油圧配管の断絶によるものであるにもかかわらず、そのような対策は取られていない。単に

尾翼への点検口に蓋をしただけの粗末な処置だけで、不適切な対策と指摘されている。

▶フィリピン航空434便爆破事件（1994年12月11日）
機体：ボーイングB－747　乗客：273名　乗員：20名

フィリピン航空434便はアキノ国際空港から成田空港に向けて自動操縦にて飛行中、沖縄県南大東島付近でイスラム系テロリストが仕掛けた時限爆弾が爆発し、乗客1名が死亡。機体の操縦系統が損傷を受け、方向舵の操作が困難となった。機長は成田までの飛行は無理と判断し、急遽、沖縄の那覇空港に向けて左旋回してエンジンの出力を微調整し、無事に着陸した（生存率100パーセント）。

成田に向けて自動操縦中に爆弾が爆発し、自動操縦に不可欠な油圧系統が破壊した。同時に操縦桿は大きく右側に振れ、機長が自動操縦を試みるも反応なし。飛行状況を冷静に観察した機長が「自動」から「手動」に切り替え、機体は真っすぐに飛んだ。自動スロットルを解除し、推力レバーで左を上げ、右を下げると機体は右旋回して方向を変えることが出来た。

機体速度を下げて降下しながら操縦すると、昇降舵が反応し始めたため、機長は那覇空港に緊急着陸を決意する。

機長は「時速417キロメートル、フラップ10」を指示した後、着陸に関して状況を客室乗務員に「緊急着陸準備をするように」と指示。ギアダウンした後、自動操縦を解除し手動操縦に切り替え、続いてフラップ30を指示。高度150メートル→60メートル→30メートル→15メートルと下げ、9メートルとなった段階でパワーオフし、逆噴射の後、ブレーキを作動させて無事に着陸出来た。

フィリピン航空機の機長は自動での推力レバー操作による旋回操作を行うまでに約1時間かかっている。一方、日航機事故で高濱機長らは約5〜10分で同様の操作を実施して手動操縦技術を習得している。

パイロットとして豪胆で優秀な高濱機長が操縦出来、着陸出来る状態にもかかわらず、自ら緊急着陸を諦めることはあり得ないはずである。

何らかの強力な権力者の脅迫、命令があったと考えるのが妥当な推測であり、むしろ、それが事実であったとしか考えられない。

➤ **カンタス航空32便事故（2010年11月4日）**
　機体：エアバスA－380　乗客乗員；469名
　すべてがコンピューター制御された最新鋭機が、離陸後5分で第2エンジンが爆発し、他のエンジンも出力低下した。計器の異常警告は50カ所。油圧系統も損傷し、操縦不能の状態に陥り、機長はエンジン出力の微調整にて、急遽旋回飛行してチャンギ空港に着陸した。全員無事であった（生存率100パーセント）。

➤ **タイ航空機爆破事件（1986年10月26日）**
　機体：エアバスA－300　乗客乗員：247名
　1986年10月26日、乗客乗員247名を乗せたバンコク発大阪空港行きのタイ航空機A－300型機が高知県土佐湾上空約10,000メートルを飛行していた20時頃、機体後部で「ドーン」という音がして、圧力隔壁（バルクヘッド）が吹き飛んだ。
　爆発原因は暴力団員が持ち込んだ2個の手榴弾がトイレで爆発したというもので、2つのトイレは大破し、圧力隔壁（直径3メートル）は3分の2が大きく破損した。
　機長は後に、「20時頃、機体後部で爆発音がして、約5,000メートル急降下し、15分間にわたってダッチロールした。その後、操縦機能が回復して緊急着陸出来た」と事態を説明した。
　その間、多くの乗客はシートベルトを着用しておらず、体が宙に浮いて前の座席や機体の壁に全身を打ちつけ、悲鳴が飛び、血まみれになった人もいたという。その後、手探りで酸素マスクを着用し、約40分間にわたって祈る気持ちで着陸を待ったという。
　20時20分、機長から所沢の東京航空交通管制部（東京コントロール＝Tokyo Area Control Center）に緊急着陸の要請があり、タイ航空機は20時42分、連絡を受けて厳戒態勢を敷いた大阪空港に無事着陸したが、急降下などで62人が重軽傷を負った。
　この爆発で圧力隔壁の3分の2が吹き飛び、機内には急減圧が生じた。機内与圧空気は機内を強い風となって通り抜け、最後部にある洗面所の化粧台を倒壊し、圧力隔壁後方に抜けたのである。しかし、機体後部胴体部には異常がなく、垂直尾翼、水平尾翼とAPUも損傷を受けなかった。

乗客乗員247名中89名（36パーセント）は航空性中耳炎になり、ツーンとする耳の痛みを訴えていた。機内写真では落下した酸素マスクと、床に散乱した無数の荷物が写っている。これが明らかに「急減圧現象」であって、乗客は「風が前から後ろに向かってファーと入って来た」と証言している。
　隔壁部を貫通する油圧配管系統3系列のうち2系列が破壊され、一時操縦不能に陥り、ダッチロールなどに見舞われたが、40分後、機長は操縦機能を回復させ、エンジン操作などで大阪空港に緊急着陸した。
　乗客乗員は全員生還。重傷者14名、軽傷者95名であった（生存率100パーセント）。
　当初、この事故も日航機事故と同じく圧力隔壁に欠陥があったのではないかと考えられたが、隔壁の破壊は手榴弾の爆発によるものと判明し、事故調査委員は記者会見で、突然「私たちの管轄でない。これから、東京に帰ります」と発言。続けて、「手榴弾による爆発なので警察の問題です。（事故ではなく）事件です」と言って会見を打ち切った。
　これ以後、大阪府警が徹底捜査して、犯人を検挙している。
　しかし、外国ではこうした事件は警察だけの問題でなく、事故調が調査を通じて協力し、事故原因、状況などを調査するのが普通である。
　何故なら、操縦機能が不調のなか、どのように無事着陸したか解明されることが今後の緊急事態でのパイロットの操縦技術に生かされ、安全性の向上に繋がるからである。

　――これら4件の油圧操縦が不可能な事故機が手動操縦により無事着陸した事例と、実際の日航機の飛行状況から次のような事項が判断出来る。

①油圧による操縦は出来ないが、推力レバーでエンジン出力を微調整することにより、事故機は旋回、上昇、降下などの操縦が可能であった。
　すなわち、通常の飛行操縦に近いレベルであった。
②機体の操縦安定度は油圧による操縦レベルと同等は無理かもしれないが、推力レバーでのエンジン調整での操縦であるので、ある程度の振動、揺れ、傾斜などはあったが、乗客の遺書によると「安定していた」ことから安定した操縦状況であったと推察出来る。
③機長らが尾翼と油圧配管断絶で自動操縦が不可能になり、手動での操縦技術

を習得した段階で取るべき施策は、乗客の命を守るために最寄りの飛行場に着陸することであった。実際、着陸を敢行しようと機体の高度を下げて着陸態勢を取り、乗客にシートベルトを着用し、安全姿勢を取るように指示している。

④横田基地は事故機の受け入れを決めて日本政府に連絡しており、他の米軍機の離着陸を中断して救難隊をスタンバイさせるなど緊急態勢を整えていた。横田基地内には大病院があり、角田四郎氏の『疑惑』によると、「軍医スタッフがスタンバイしていた」との証言もある。

⑤尾翼破壊事故直後、事故調、マスコミの報道で事故機は激しいダッチロール、フゴイド運動を繰り返し、いつ墜落しても不思議ではないとされたが、生還した落合由美さんは、

◆「旋回を繰り返し、左右に傾いているという揺れ方が続いた。急な動きとか、ガタガタ揺れるというのでなく、スローです。だんだん揺れが激しくなるというのではない」

と証言している。

以上の事象から分かることは、油圧配管が破壊され、操縦機能が失われても旋回、上昇、降下などの操縦性が維持されておれば、空港への着陸が十分に可能であり、また、空港側（横田基地）は無条件で着陸を許可しており、救助態勢を準備しての対応であれば乗客死傷率が低いことが証明されている。

日航事故機の操縦機能はユナイテッド航空232便、カンタス航空32便、フィリピン航空434便、タイ航空機事件と同程度と考えられ、横田基地に着陸をしておれば若干の死傷者が出たかもしれないが、相当高い生存率が可能であり、520名もの人命が惨死するような事態が起きなかったことは明らかである。つまり、「日航事故機の横田基地飛行場への着陸は可能であった」と判断出来るのである。

飛行場以外に不時着した航空機事故の死傷率

次に、飛行場以外の場所へ不時着（着陸）した場合の航空機事故の死傷率を検証してみたい。山林、平野部などへの不時着の場合、飛行場に比べて一般的に機体への衝撃による損傷度が大きく、当然、乗客への衝撃も大きい。かつ救

助態勢も万全でなく死傷率が高くなるのは当然である。

▶ オンタリオ航空1363便墜落事故（1989年3月10日）
機体：ボーイングB－737－300型

　この事故は極寒の飛行場での出発待機中に主翼部が着氷し、その結果、離陸時に揚力が得られず、機長はエンジンをフルパワーにするも上昇出来ず、飛行場付近の山林に墜落したものである。

　これは着陸ではなく離陸での失敗であり、エンジンがフルパワーの状態での墜落で飛行速度が大きかったため死傷者が多かったようである。乗客乗員69名のうち24名が死亡した（生存率65パーセント）。

▶ イースタン航空401便墜落事故（1972年12月29日）
機体：ロッキードL－1011トライスター

　パイロットの不適切な行動により、マイアミ空港近くの国立公園の湿地帯に墜落し、乗客乗員176名のうち103名が死亡（生存率41パーセント）。

　この事故はマイアミ空港上空で旋回飛行中、ランプの点灯異常が原因で乗員が不適切な行動に出て、自動操縦装置を解除したために機体が600メートルから90メートルまで急降下し、操縦態勢を回復出来ないまま左主翼を地表に激突させて墜落。残骸は幅100メートル、長さ数百メートルにわたって散乱。原形を留めていたのは尾翼だけの全損事故であった。

　通常飛行に近い速度での旋回飛行中の急速降下による墜落事故で、着陸または不時着での墜落ではない。湿地帯への墜落で、なおかつ、付近の漁師が15分後に現場に到着して救助し、30分後に到着した救援部隊を誘導した。

　このため、死亡者数は相当に軽減された。救助隊が早く駆け付ければ、生存者の数は多くなるとの実例である。

▶ アメリカン航空1420便オーバーラン事故（1999年12月1日）
機体：マクドネル・ダグラス社MD－82

　乗客乗員145名を乗せた同機はダラス空港から2時間遅れでリトルロック空港に向けて離陸した。リトルロック空港は暴風雨が予想されたが、嵐より先にリトルロック空港に到着するようアメリカン航空の運航管理官は指示。

しかし、着陸が近づくにつれて、嵐が発生し、強風と大雨が同機を襲った。次第に機体が揺れ始めて操縦が困難になり、機長は暴風雨が激しくなることに焦っていた。
　着陸する際、機体は強く滑走路に接地。雨のため、滑走路は濡れており、同機は接地直後から右へ左へとスリップし始め、ブレーキをかけたがスポイラーの作動を副操縦士が入れ忘れており、速度を落とすことが出来ずに機体は滑走路の外に飛び出し、空港敷地内の進入灯用鉄製プラットフォームに激突して大破炎上。乗客乗員145名のうち11人が死亡した（生存率92パーセント）。

　この事故は暴風雨の中、機長らによる視界490メートルの不良状況での無理な着陸であった。それでもほぼ見事な着陸であったが、機長らの焦りもあり、速度を落とすためのスポイラーを作動させることを忘れて速度オーバーで滑走路の外に飛び出した。機体は胴体部が3〜4ヵ所に分断し、主翼も取れたが、機体は比較的分散せずに破壊された。
　日航事故機の場合も横田基地への着陸が出来なくても山林、平地部へ着陸を敢行すれば、4名よりはるかに多くの命が助かっていたはずである。

▶エアトランサット236便滑空事故（2001年8月23日）

　機体：エアバスA－330　乗客：293名　乗員：13名
　エアトランサット236便はカナダのトロント空港を20時52分に離陸し、ポルトガルのリスボン空港に向けて出発した。4時間後、燃料漏れが始まり6時13分に右第2エンジンが停止、同26分に左第1エンジンも停止し、滑空状態となった。この時、高度34,500フィート、ラジェス航空基地から120キロメートルであった。エンジンが動かず、APU（補助動力装置）も作動せず、ほぼすべての電気系統、油圧機能がダウンし、客室内は真っ暗闇になった。
　機長は非常用風力発電機（ラムエア・タービン）によるわずかな補助電力で無線交信、および操縦系統に必要な作動油圧を確保。最寄りの飛行場に旋回飛行を繰り返して高度を落とし、制動力を出せない状況でタイヤを破裂させながら着地して無事生還した。死亡者ゼロであった（生存率100パーセント）。

　以上の事例から、日航機墜落の死亡者520名、生存率0.7パーセントという数値は、不時着での失敗として考えてもあまりにも大きすぎると言わざるを得

ない。検視医が指摘した生存可能性のあった方が35名としても、その生存率はわずか7パーセントである。

この数値は通常での着陸であっても不時着であってもきわめて低いことは明らかである。

しかも、機体の残骸散乱状況から御巣鷹の尾根に激突するはるか前にエンジン1基が脱落している。事故機が群馬県上野村山岳地帯に飛行した直後、事故機は、「赤い炎」と「黒い煙」を出しているとの目撃証言がある。したがって日航事故機の墜落はきわめて不自然であり、地表に激突する直前、事故機に何らかの外部からの強い破壊力がエンジン部に加わり、脱落したとしか考えられないのである。すなわち、撃墜による破壊墜落としか考えられないのである。

7 日航事故機の操縦性と横田基地への着陸敢行の意図

航空機の操縦、飛行、離陸、着陸などの特異性

日航事故機は垂直尾翼が破損し、油圧機能を喪失した後、32分間飛行して急に劇的な墜落をした。この32分間の飛行状況と横田基地への着陸を論じる前に、航空機の飛行技術、着陸についての知識を知ることが重要である。

ここでは航空機の特異性を自動車と比較して述べる。

航空機と自動車の操縦性能、運転などの諸次元比較表

項目	航空機	自動車
動力	ターボジェットエンジン	気筒エンジン
移動媒体	空気中の空間（3次元）	平地、道路（2次元）
操縦手段	尾翼方向舵	ハンドル
上昇	エンジン出力	
降下	フラップ	
旋回	方向舵等	
制動	主車輪ブレーキ フラップ 逆噴射	車輪ブレーキ
制動距離	2,000～3,000メートル	60～100メートル
速度の単位	秒（秒速138～250メートル）	分（分速1.6キロメートル）

自動車：重量：1～2トン　速度：時速100キロメートル
　動力で車輪を動かして二次元平面を移動し、ハンドルで車輪の向きを変えて方向を変える。制動は機械式ディスクブレーキ。

航空機：重量：100～400トン　飛行速度：時速500～900キロメートル
　強力な推力で動き、空気の流れを作って揚力を得て空中に浮遊し、飛行する。方向舵と動力の調整で旋回し、エンジン動力とフラップで上昇、降下を行う。飛行場から離陸し、飛行場に必ず着陸する。

　航空機は滑走路を備えた飛行場から離陸し、そして必ず飛行場に着陸する。長い滑走路が必要で、離陸はエンジン噴射とフラップ操作により行われ、着陸はエンジン出力を低下してフラップ操作により着地し、逆噴射とフラップ操作、車輪ブレーキで制動し、停止する。

　また、航空機は空気の流れの差で揚力を得て、空気抵抗で減速する。強力なエンジンで推力を得て、方向を変える方向舵と揚力を得るフラップの操作で上昇、降下、旋回といった飛行を行う。

日航事故機は操縦出来た！　横田基地飛行場に着陸出来た!!

　事故調査委員会の「機長の意図通りの飛行」と「操縦出来た」とはほぼ同じ意味である。航空機の操縦性について「操縦出来た」とは旋回、上昇、降下の操縦が出来たということである。
　この3つの旋回、上昇、降下について事故機での飛行状況から検証する。

①日航事故機の旋回飛行

　事故機は垂直尾翼を失い、油圧配管を断絶して自動操縦機能を失ってから、まず、伊豆の河津町上空で右旋回を行い、次に左旋回して焼津に到着している。さらに焼津市の上空で右旋回して北東に飛行している。その後、大月市上空で360度ループ状の円を描いて何回も右旋回を繰り返している。横田基地の手前、八王子で左旋回して長野、群馬方面に飛行している。
　いずれも機長は「ライトターン」「レフトターン」との指示を出し、副操縦士がこれに従い旋回を行っている。「旋回」は自動操縦が出来ないので、左右のエンジン出力を操作レバーにより手動で微調整して行ったのである。

これは「機長の意図通りに操縦している」のであって、事故機は「右、左旋回」を何回も見事に行って飛行している。

②日航事故機の上昇飛行

事故機が長野県川上村から群馬に向かう航路で機体が急上昇した目撃証言がある。航空機の上昇は比較的簡単で、エンジン出力を上げて、フラップを作動させると上昇する。

角田四郎氏の『疑惑』によると、相模原市古淵の公務員・石川哲氏（38）は12日午後、長野県南佐久郡川上村梓山の実家近くにある畑でレタスの葉の消毒作業をしていた。墜落現場の南約6キロの地点である。

あたりが薄暗くなりはじめた19時ごろ、東南にある甲武信ヶ岳（2,475メートル）の北側の尾根から突然、大きな航空機が姿を現したという。

航空機は石川さんら数人が働いていた畑のほぼ真上を西方向へ通過した。

◆「まるで石を投げたら当たるような超低空飛行だった。真上に来た時は空が真っ黒になるように感じた」（石川さん）

航空機は千曲川に沿って西に進んだが、正面に扇平山（1,700メートル）が迫っていた。右翼を下げて飛行機は約90度右旋回した。が、進行方向には三国山（1,830メートル）がある。

◆「ぶつかると思ったが、機首を持ち上げて山の斜面を這うように上昇していった。機首の上部が後ろから見えるほど急角度のまま、やっと尾根を越えた。姿が見えなくなって数秒後に黒い煙が、続いて白い煙が上がった」（石川氏）

実はこの時、高濱機長は扇平山、三国山との衝突の危険性を避けるため、明確に「マックパワー（出力全開）」「パワー」と指示し、副操縦士はエンジン出力を上げて急上昇している。

③日航事故機の降下飛行

4基のエンジン出力を下げ、速度を落として機体の降下を行うのは事故機の場合には「失速」「墜落」の危険性があるため、旋回に伴う「機体の傾き、降下」の現象結果を利用している。

これは大月市上空での360度旋回を行った結果、大きな降下飛行に成功しているのである。右旋回飛行に伴う高度の低下として、18：40：15から18：48：

15の約8分間に高度は23,000フィートから7,000フィートまで低下している。
　つまり、速度を落とさずに旋回による降下を利用している。他の航空機事故でも同じ手法で成功しており、機長らは「失速」「墜落」の危険を避けて、速度を落とさず慎重に大きく旋回して降下を成功させている。機長は「ライトターン・ディセント（右旋回降下）」「ディセント」の指示を行っている。
　すなわち、事故機は「降下飛行」が出来たのである。事故機は手動で「操縦出来た」のであり、よって「機長は意図する飛行が出来た」と結論付けられる。
　この結論はボーイング社の見解判断とも一致し、事故調の見解は間違っていると判断出来る。以上を総括すると、事故機は油圧操縦機能を失ったが、エンジン出力の微調整による「手動操縦」により飛行出来たのである。

大月市上空で行った細長い円状の360度旋回飛行の目的

　事故機が大月市上空で奇妙な旋回飛行をしたことに対して、事故調はいっさい調査や解析、検証をしておらず、「事故機は操縦不能で迷走飛行した」との説明しかしていない。有識者もこれについて明解な説明を行っていない。
　私はこの奇妙な360度旋回飛行の目的は機体高度を下げるためと判断してきた。この説明は確かに間違いないことであるが、その後の検証で、高濱機長は横田基地への着陸を行う準備（技術習得、練習、確認）をしていたのであるとの結論に至ったのである。機長は爆発音の直後に「スコーク77」を発信し、かつすぐに河津町上空で事故機を手動で右旋回させている。
　これはものすごく迅速な行動であるが、それは事故機に自衛隊の標的機が衝突したことを認識出来たからである。その後、焼津市上空で右旋回し、富士山のそばを通過し、大月市に接近している。
　垂直尾翼の破壊から15分間の操縦で事故機は油圧機能を喪失したが、高濱機長は手動操作で操縦出来るとの確信を持ち、羽田空港への着陸は「阻止される」と判断して、米軍管轄の横田基地への着陸を意図したと思われる。
　高濱機長は慎重に熟慮し、横田基地への着陸を行う場合の問題点を想定し、これを解決する方法を考えたのである。解決すべき問題点は3点であった。

①機体の高度を着陸出来る水準まで下げること
②フゴイド運動、ダッチロールの解消

③旋回飛行して飛行場の滑走路の方向に機首を向ける操縦技術の習得

　まず、①の問題はすでに述べたように着陸に不可欠なことで、高濱機長は旋回することにより、高度を下げることが出来ることを確認し、連続旋回すれば高度を相当下げることが出来ると考え実行して、成功している。

　事故機は自動操縦が出来ず、手動で推進力と揚力とのバランスを取るのが困難なので、高度を下げるために単に推進力を落とすと飛行速度が落ちて、機体が「失速する」可能性があり、簡単に推進力だけを落とせないのである。ここで速度をそのままにして旋回することにより、高度を下げることを発見して成功させている。他の航空機事故においても同様の操縦が行われ、高度を下げて、無事着陸して生還しているのである。

　次に、②の問題は、着陸の際にフゴイド運動やダッチロールの現象が起きると、機体は滑走路に叩き付けられて大破し、場合によっては火災炎上する危険性が生じることである。高濱機長らはこの事象について「高度を下げればフゴイド運動とダッチロールは自然に収まる」との知識は持っていたが、実際に18：40頃までは相当なフゴイド運動やダッチロールを体験しており、その解消確認は「焦眉の急」であったのである。

　高濱機長としては、この事態を解消出来るかどうかを確認しないと横田基地への着陸敢行は出来ないのであった。実際に高度を下げていくとフゴイド運動やダッチロールは次第に収まり、16,000フィート以下では解消されたことはフライトレコーダーのデータで確認出来るのである。

　また、乗客の遺書でも「機体は水平で安定している」と記載され、フゴイド運動などの事態解消を証明している。

　最後に③の問題は「手動運転時での着陸時の盲点」でもあった。航空機が着陸する場合、飛行場の滑走路の中央部、センターライン部に機体車輪を接地し、かつ滑走路の方向に機首を向けることが求められる。横田基地飛行場も飛行滑走路にはパイロットが容易に視認出来るように幅40センチメートルの黒塗装の真ん中に幅15センチメートルの黄色塗装のセンターラインが描かれている。パイロットはこれを上空から目視、視認して着陸するのである。

　着陸幅は約100メートルで、その両端部は分かりやすい黄色の太いラインが2本描かれている。要はこの両端の黄色い線の範囲（100メートル）に機体を着陸させるということである。

B－747の場合、主翼の幅は60メートルであり、中央センターラインから、20メートル以内であればOKとなる。

　自動操縦の場合、かかる着陸は簡単でほとんど問題にならない。しかし、手動操縦の場合は推力レバーの微調整だけでエンジン操作を行い、推力をコントロールするので簡単なことではないのである。

　日航が認めているように旅客機の手動操縦の訓練は行っていないが、高濱機長は自衛隊時代に手動操縦訓練を積んでいることは僥倖でもあった。

　手動操縦では2つの点が重要不可欠であり、それは①機首方位を滑走路の方向に沿って一致させること、②滑走路の中央センターラインからの位置のズレを最小にすること、の2つである。

　まず、①の機首方位であるが、機首方

図5　横田基地飛行場滑走路全景
40センチメートル幅の黒塗装の真ん中に15センチメートル幅の黄色塗装のセンターラインが描かれている。滑走路は南北方向で、その前後には障害物はない。

位は北・南・西・東を時計の文字盤で呼称するのである。すなわち地球の地理に合わせて、北方向を12時の方向とし、南は6時の方向、東は3時、西は9時と呼称する。よく戦争映画などで兵隊が、「敵機は10時方向」と指示するのを目にした方もいることと思う。

　この呼称に従えば、大月市上空の少し前では事故機は1時の方向に飛行しているが、ここで右旋回を行い、3時の方向に飛行し水平飛行に移り、さらに右旋回して7時方向に飛行し、さらに右旋回して今度は11時方向に飛行し、最後はまた右旋回して3時の方向に飛行し、相模湖に向かっている。

　ここで重要なのは3回目の旋回で、機首はほぼ11時の方向ということである。すなわち高濱機長は右旋回して12時方向に飛行したかったのである。12時の方向とは北方向への飛行であり、つまりそれは横田基地の飛行場に南から北方向（12時方向）に飛行進入することで着陸態勢OKとなるのである。

　この右旋回での推力レバーの操作であるが、左右のレバーの位置関係と左レバーの推力を高くする時間（秒単位）で旋回の角度・方向が決まるので、感覚

でその維持時間を決め、練習と経験で覚えるしかない。

　高濱機長は大月市上空での360度旋回で、そのコツを習得したのである。

　高濱機長の予定では相模湖を東進して、それから15キロメートル飛行した時点、つまり日野市近辺で再び360度旋回飛行を繰り返せば、最終旋回で横田基地飛行場が見えてくるはずであった。さらに接近すれば幅100メートル、長さ3,300メートルの滑走路が視認出来、そのセンターの黄色い線を目指して着陸を敢行すれば良いだけであった。

　次に②であるが、滑走路の方向と機体機首方向の左右の位置のズレを小さくするそのポイントは手動による右旋回の精度なのである。航空機が飛行場に着陸する場合、ほとんど、その上空で旋回して、その機首を滑走路の中央部に向けて飛行するが、要はその位置のズレである。

　パイロットには「三次元空間位置認識感覚」を練習、経験で鍛えた者のみが昇格できるのである。油圧による自動操縦はパイロットにとって大きな問題ではないが、手動操縦の右旋回により滑走路方向と機体方向との位置のズレを出来るだけ小さくすることが問題で、それにはある程度の練習経験が必要である。

　その感覚を高濱機長らは大月市上空での旋回飛行でほぼ把握出来たはずである。その位置がどれだけズレているかは横田基地の滑走路に飛行進入した段階での視認により明確になる。

　その位置のズレが大きく修正不可能ならば、着陸を中止し、上昇して再度右旋回してその差を小さくすれば良いのである。

　高濱機長は慎重に熟慮し、横田基地への着陸を安全に行うべく、記述した3つの操縦技術を確認し、練習して、着陸出来る確信を得ていたのである。

　それは、着陸出来る飛行高度に下げること、不安定飛行であるフゴイド運動やダッチロールの解消確認、機首方位を滑走路方向と合わせ、かつ位置のズレを最小にすることである。高濱機長はかかる挑戦で着陸での障害となる問題点をクリアしたのである。

　しかし、この着陸敢行行動を阻止したのは、自衛隊、政府高官の不当で非情残酷な中止命令であった。

　かかる飛行、確認行動、練習行動から、事故調が言うような「日航事故機は操縦不能で迷走飛行であった」との説明はまったく的外れであり、このことは事故機は正常に操縦できて、着陸は可能であったことを証明するものである。

後で論じるが、事故機が横田基地の着陸敢行で迷走飛行が大きく、位置を確保出来ず、市街地に墜落炎上するなどの自衛隊の指摘、主張はまったくの根拠のない内容であり、不適切、不当な脅迫であることは明らかである。

高濱機長は事故発生直後から横田基地飛行場への着陸を決意

　事故機の飛行経路を実際の20万分の1の地図にプロットして考察すると、当初から横田基地に着陸を敢行しようとしていたことが判明する。
　パイロットの肩には多数の乗客、乗員の命、524名の命が掛かっている。航空機が飛行中に異常事態が起きた時に機長が行うべき最優先の行動はまず、機体の安定性を確保した後、出来るだけ早く、長い滑走路を有する飛行場に着陸することである。**すなわち飛行場に着陸することでしか飛行中の機体と人間は安全に生還出来ない。それは乗客乗員の命を助ける唯一の方法であり、手段なのである。**そのためには「最良の操縦技術」と「長い滑走路」が必要不可欠な条件なのである。
　B-747の場合、機体重量は250トン以上あり、これに乗客乗員524名の重量約50トン、貨物などを入れると合計400トンの重量となる。それほどの重量を持った物体が着陸する場合、時速300キロメートルで地面に接地して滑走し、フットブレーキをかけて逆噴射を行い、減速した後に停止する。
　この減速滑走のために3,000メートル級の飛行場滑走路が必要なのだ。
　着陸とは航空機にかかる衝撃力をいかに弱め、吸収して順次、衝撃を緩和出来るかがポイントである。人間を機体に固定するシートベルトが必須であり、さらに航空機の機能や設備、操縦士の技術、なにより飛行場が必要である。
　その点で2013年7月6日に起きたアシアナ航空214便（B-777）のサンフランシスコ空港への着陸失敗の事例は、航空機が地面に激突した場合の衝撃力の大きさを理解する上で分かりやすい例といえる。
　アシアナ航空214便は着陸時に高度を下げすぎたために滑走路手前の護岸に後部胴体を接触し、圧力隔壁部から後ろの後部胴体部分が脱落。垂直尾翼、水平尾翼が外れ、前胴体部分は滑走路を数百メートル滑り、途中で火災炎上した。乗客乗員407名のうち2名が死亡、130名が負傷した。乗客らは前・中央の胴体部に乗っており、これが破壊されずに滑走路を胴体が滑ったため、この程度の被害で収まったとも言える。

300〜400トンの航空機が時速300キロメートルの速度で、機体の一部が飛行場の地面に接触すればこの惨事である。もし、機首から地面に激突すれば、より大惨事になることは間違いないのである。
　それでもパイロットとしてはその操縦技術を駆使し、飛行場に着陸することが乗客を救うための唯一最善の手段であり、至上命題でもある。優秀かつ強い責任感を持つ高濱機長はこの原則に従い、実行したことは間違いないし、それはボイスレコーダーやフライトレコーダー、目撃証言で証明されている。

高濱機長の意図は「横田基地に着陸する」ことであった

　次に、高濱機長が横田基地に着陸しようとした意図をその言動、フライトレコーダーとボイスレコーダー、目撃証言から考察してみたい。この件は18：24：36に起きた日航機尾翼破壊の時点から経緯を検証する必要がある。

18：18：38　日航機機長らは右前方から、接近する飛行物体を発見。クルーに緊張が走る（高度11,300フィート）。

18：24：35　「ドーン」という衝撃音と共に、尾翼とAPUを喪失し、油圧配管断絶。自動操縦が不可となった。この轟音で、あの正体不明の飛行物体が衝突したことを察知した（高度23,900フィート）。この不明飛行物体は約6分間に12,600フィート上昇して日航機に衝突したことになる。

18：24：46　機長は「スコーク77」を宣言、緊急発信。異常事態発生から、わずか11秒後に非常事態宣言を行ったのは18：18：38に接近する異常な未確認飛行物体を見たからであった。

18：24：57　油圧プレッシャードロップを発見。自動操縦機能が喪失。

18：25：16　機長「ライトターン」

18：26：27　油圧プレッシャー、オールロスを確認。

18：26：46　機長「ライトターン」

18：39：51　機長「あたま（機首）下げろ」→降下指示。右旋回。

18：39：55　機長「あたま下げろ」→降下指示。右旋回。

18：40：00　機長「あたま下げろ」→降下指示。右旋回。

18：40：10〜18：44：15　大月市上空で360度ループ飛行を行い、右旋回を

繰り返して降下飛行を行っている。

18：40：22　航空機関士「ギアダウンしました」→着陸準備。
18：40：41　機長「あたま下げろ」→降下指示。
18：41：00　機長「あたま下げろ」→降下指示。
18：41：16　機長「ストールするぞ」→失速注意喚起。
18：42：17　機長「あたま下げろ」→降下指示。
18：42：48　機長「パワー」→エンジン出力アップ
18：43：22　機長「あたま下げろ」→降下指示。
18：43：48　機長「もっとあたま下げろ」→降下指示。
18：43：58　機長「下がるぞ」→降下指示
18：44：23　副操縦士「舵いっぱいです」→旋回。

　この間、機長の指示はほとんど「あたま下げろ」であり、右旋回をして高度を下げている。フライトレコーダーでは18：40：10から一貫して降下しており、この降下は18：48：15まで続いている。
　この急速な降下飛行は最終的には5,000フィートまで続いており、事故調の言う「操縦不能での飛行」ではあり得ない状況である。それも高濱機長は一貫して、「あたま下げろ」と明確に指示している。そして、副操縦士、航空機関士がエンジン推力レバーを微調整操作して、旋回し、機体高度を下げて、機長の指示通りの飛行を行っている。
　高度を下げないと着陸出来ないわけで、この降下は横田基地への着陸を前提とした降下飛行であると思われる。そのまま直進して右か左旋回をして滑走路に向かえば、着陸態勢が出来るのである。機長の意図する目的は、横田基地への着陸であった。機長として乗客の命を守るための当然の行動である。

18：44：47　航空機関士「フラップどうしましょうか？　下げましょうか？」
18：44：49　機長「まだ早い」
18：44：50　航空機関士「まだ早いですか」
18：44：51　機長「まだ早い」（この時点の高度は17,000フィートであり、フラップを出すには早すぎるのである）
18：44：52　副操縦士「ギア降りてますか？」
18：44：53　航空機関士「ギア降りてます」

18：44：54　機長「えっ！」

　この会話は着陸の際の準備の確認でもある。「フラップ」「着陸ギア」は着陸を行うには必要不可欠な操作で、横田基地への着陸を前提に考えれば、この時点、およびその前の時点で、当然、横田基地への接触、連絡の交信が必要だが、その言葉がボイスレコーダーには記載がない。
　これはきわめて異常なことであり、何故記載がないのか、それともそのような会話が実際になかったのか大きな疑惑である。会話があったにもかかわらず、事故調が削除したのではないのかと疑わざるを得ない。

18：45：50　航空機関士「コンタクトしましょうか？」
18：45：52　機長「ちょっと待って。コントロールだ」
18：45：54　航空機関士「どこへ？」

　この会話は噛み合っておらず不自然なものであるが、この時点で事故機は相模湖に接近しており、航空機関士の発言は「（横田基地に）コンタクトしましょうか」という意味だと考えると会話が成立するのである。

18：46：03　機長「あたま下げろ」
18：46：06　副操縦士「えー、相模湖まで来ています」

　この言葉は唐突で理解出来ないが、その前に機長の「今どこまで来ているのか」との質問を入れると会話が成立する。
　事故調が主張する「迷走飛行」や「操縦不能での飛行」では、機長の「今どこか」に対し、副操縦士の「えー、相模湖の上空です」の回答になる。しかし、「えー、相模湖まで来ています」という言葉は、事前に機長、副操縦士、航空機関士の間で横田基地着陸が目標として共有されていると考えれば、機長が「今の場所は？」といった質問をするとか、あるいは機長が聞かなくても、その言葉が発せられたことが論理的に成立するのである。
　相模湖は途中経過地点として重要なポイントであることを示している。
　相模湖から横田基地の真南まで12キロメートルの距離である。速度600キロメートルで飛行しており、あと1分で到着するため、その時点で左旋回、ま

たは右旋回して北方向に向きを変えれば、横田基地への着陸態勢を取れる。

　この言葉から、「高濱機長らが横田基地への着陸を目的としていた」ことは間違いないといえる。**機長の意図する目的は横田基地への着陸であった。機長として乗客の命を守るための当然の行動なのである。**

横田基地着陸を目指す高濱機長の不可解、不自然な言葉とは？

18：46：16　機長「このままでお願いします」
18：46：21　機長「このままでお願いします」

　窮地に陥った高濱機長の、この2回の繰り返しの言葉はこれまでのものと雰囲気が変わっている。高濱機長は元自衛隊パイロットであり、ボイスレコーダーでの語調は簡潔で命令調である。ということは、この機長の言葉は副操縦士、航空機関士に対する指示の言葉でなく、上位の立場の人、あるいは外部の人に対する言葉なのである。それでは誰に対する言葉、懇願なのか？
　航空機が一旦飛行状態に入ると524名の命を左右し、その機体をどのようにするかについてはすべて機長が全権限を持っている。もちろん、通常の飛行では決められた飛行ルートを飛び、航空管制官の指示に従い、飛行する。
　しかし、航空機に異常が発生した場合、その対応は機長の判断に任されるのである。外部からアドバイスは出来るが、状況が分からない外部の者、それがたとえ上位の者でも指示は出来ないはずである。
　この時点までに高濱機長らクルー、航空管制官、そして自衛隊が分かっているのは、「日航機の自動操縦が不能である」ことだけで、飛行する事故機の至近距離で観察しない限り、それ以外のことは分からないはずである。
　事故調の報告書では飛行する事故機のそばに他の航空機は存在しない。
　しかし、524名を乗せた航空機が緊急信号「スコーク77」を発信しても自衛隊戦闘機が緊急発進しないならば、自衛隊は何のために高価な戦闘機を有して国民の「命と財産」を守ると豪語しているのかである。
　自衛隊も、自衛隊が所有する高価な戦闘機も国民の税金で賄っているのである。自衛隊戦闘機が緊急発進して事故機を追尾、並んで飛行していることは間違いないはずである。何故、事故調はこの事実を隠すのか？　それは自衛隊・政府がより大きな謀略隠蔽活動を隠しているに違いないからである。

事故機を追尾する自衛隊機は、接近して外部から事故機の破壊破損状況を観察し、自衛隊幹部に報告しているはずである。それくらいの迅速性がなければ、航空自衛隊とは言えない。実際、角田四郎氏をはじめ多数の人間が目撃もしている。
　自衛隊幹部は、もし横田基地に事故機が着陸すれば相模湾上空で自衛隊標的機が事故機の垂直尾翼に衝突した事態が明らかになり、国民に知られることを恐れたのである。そのため、自衛隊は隠蔽工作を画策したのである。
　このことから、高濱機長が懇願した相手は並んで飛行する自衛隊戦闘機のパイロットであると断定出来る。この戦闘機パイロットは事故機が操縦出来ることを知っており、横田基地への着陸を行おうとする事故機の意図を把握して自衛隊幹部に報告したはずだ。その結果、自衛隊幹部から「着陸阻止」の命令を受けたのではないだろうか。
　問題は、この自衛隊戦闘機パイロットと事故機の高濱機長との通信会話がいつから始まったかである。恐らく焼津市を通過した時点から始まり、大月市に到着する時点で、自衛隊、政府側は事故機が横田基地に着陸する意図を察知し、横田基地への着陸を阻止するよう命令したと考えざるを得ない。
　時間的には18時40分頃だと考える。その後、高濱機長と自衛隊パイロット間で交信が行われ、高濱機長の命令拒否が続いたことと思われる。
　高濱機長は事故当時、副操縦席で通信担当をしており、こうした会話はボイスレコーダーに記録されているはずだが、何故か公表されていない。不可思議な謎であり、そこには隠蔽の臭いがするのである。
　恐らく自衛隊戦闘機パイロットは、「横田基地への着陸は中止しろ。すぐに左旋回しろ。事故機は不安定な操縦、飛行なので着陸に失敗すれば、付近の住民に重大な二次被害が出る」と脅迫し、命令、指示したのではないだろうか。
　一説によると、自衛隊幹部は500人規模の死傷者を予測し、これを理由に戦闘機F－4EJに対して、「JAL123便の横田基地への着陸を阻止せよ」との指令を発したとの情報もある。これは大変に理不尽で残酷な命令であり、そこには何の大義名分もない。着陸出来るかどうかは機長が判断するもので、外部の人間が判断出来るものではないのである。
　自衛隊の要求が理不尽なものであり、乗客の命が危険に晒されると考えたからこそ、高濱機長も「このままでお願いします」と懇願したに違いない。しかし、自衛隊パイロットは非情にも高濱機長の懇願を却下し、脅迫して着陸回避

を強引に命令したと思われる。さらに「命令に従わない場合は二次被害回避のために撃墜する」といった最後通牒も行ったはずである。すなわち、武力で「横田基地着陸を絶対に阻止する」との強い意図、命令を伝えたのである。

そして、自衛隊パイロットは事故機に対し、横田基地への着陸の代替案として「川上村のレタス畑」を勧めたのではないか。広大な面積を有し、なおかつ平坦で着陸に適している、そこに着陸すれば二次被害は少ないというわけである。

自衛隊・政府は二次被害回避のためでなく、「自衛隊・政府の組織防衛」と「自己保身」、そして「責任回避」のために横田基地着陸を拒否したのである。誠に卑劣で残虐な言動であり、国民の命を守る責務、正義を無視し放棄して、自分らの権力、命を守った残虐非道な行為である。

もし、このやりとりが事実であるとするならば、高濱機長の「このままでお願いします」という言葉は、「このまま飛行して横田基地への着陸をさせて下さい」という意味合いが強くなる。1人でも多くの人間を救いたいという切なる願いが籠もった申し出であり、自衛隊はその願いを却下したのである。

事故機が横田基地に着陸を敢行しておれば多少の犠牲者が出ていたかもしれないが、相当数の乗客乗員の命は助かっていたはずである。

唯一の「命が助かる」機会を奪う非情な自衛隊の脅迫と命令が決定した段階で、事故機の524名の命は一転して「死出の旅路」に向かわされた。**この時点で機長は「横田基地に着陸出来ないことは乗客の生存の可能性がほとんど無くなったこと、命を助けることが出来ないこと」を悟ったはずである。**

次の言葉は悲惨な墜落事態を想定した機長の口から出た悲痛な叫びである。

18:46:33　機長「これはダメかも分からんね」

この言葉からも高濱機長が横田基地への着陸に相当に自信を持っていたことが窺えるのである。それだけに至極、残念であったに違いない。

脅迫とも思えるような強引な命令に怯え、横田基地への着陸を断念せざるを得ない事態に思わず出た悲痛な「叫び」であろう。一時、この言葉を「機長ともある者が弱音を吐いた」と非難した世論もあったようだが、それは以上のような状況分析を行おうともしない者の無責任で非常識な言葉である。

ボイスレコーダーの公式記録から自衛隊との交信がなく、クルーの発言内容

には緊急事態にもかかわらずあまりにも言葉が少なく、横田基地との交信もない。事故調が公表したこの内容には疑惑を感じざるを得ない。

　その点からも、「尾翼破壊に自衛隊が関与している可能性」を示唆していると考えざるを得ないのである。おそらく上層部の命令により自衛隊機が事故機の横田基地飛行場への着陸を妨害したことは、明らかに524名の生命を奪うに匹敵する行為だと考えざるを得ないのである。

　事故機の乗客乗員は18：24：35に自衛隊の無人標的機に激突され、全員死傷の危険に晒されている。そして18：46：33頃、自衛隊・政府は「横田基地への着陸」を禁じて事故機全員の命が助かる機会を奪い、乗客の生きる権利を無残にも剥奪したのである。

　乗客乗員524名は自衛隊・政府により2度目の「生殺与奪に晒された」のである。すなわち、相模湾上空での尾翼破壊と横田基地への着陸妨害であり、2回殺害されたと同じことなのである。

横田基地への着陸を示唆する犠牲者の遺書と機内放送

　この横田基地への着陸意図は乗客乗員も知っていた証拠がある。

18：45◆「機体は水平で、安定して、酸素が少ない。気分が悪い。機内より『頑張ろう』の声がする。機体、どうなったか、分からない」

18：46◆「着陸が心配だ。スチュワーデスは冷静だ」

　犠牲者の村上良平氏（会社員・43歳）の遺書にはこう記されている。相模湖付近を横田基地方向へ向かって飛行中の時のことで、落合由美さんや亡くなった村上さんらが「着陸」を知っていたということは、乗員から乗客に「着陸」を知らせ、安全姿勢を取るよう指示が出たことを示唆している。

18：47：38　スチュワーデスが乗客に対し、「シートベルトを締め、安全姿勢を取り、着陸に備える」よう予告アナウンスをしている。

　スチュワーデスは機長からの指示でアナウンスを行うのが決まりであり、たとえ録音された音声であっても勝手にこのようなアナウンスは出来ない。たと

えば、フィリピン航空434便爆破事件（1994年12月11日）では、機長は緊急着陸前にまずスチュワーデスに「着陸する」ことを伝え、スチュワーデスはこの指示に基づき乗客に「着陸」をアナウンスしている。

　日航機事故の場合、この機長からスチュワーデスへの連絡音声が記録されていないのは不思議であるとしか言えない。事故調が削除した可能性が高いのである。

　その後、事故機は左旋回しながら、降下飛行を続けている。

18：47：43　機長「おい、山だぞ」
18：47：44　機長「ライトターン」

　この段階では事故機の機首は左旋回しながら、北方向に向いている。この場所が東京都八王子・美山地区であり、前出の2人の目撃証言と一致している。以後、左旋回を続けて長野県方向に飛行していく。

　この間、ボイスレコーダーの記録では東京コントロールや他機との交信が頻繁に出てくる。しかもその内容は公表されていない。何故公表しないのか理由は不明である。

　事故機は「スコーク77」を宣言し、自機の操縦で手一杯なのに、他機との交信をしている余裕があるはずがない。しかし、他機を自衛隊戦闘機とすれば、それは横田基地への着陸をめぐる会話であることが推察出来る。

8　事故機の横田基地への着陸は自衛隊が阻止した!!

横田基地への着陸を拒否された事故機にさらなる異常事態が勃発！

18：48：51　機長「パワー、パワー」
18：48：53〜49：03　機長、副操縦士、航空機関士の「ハー、ハー、ハー、ハー」という荒い呼吸音に混じって、副操縦士の「ワーッ」という叫び声。

　東京コントロールの管制官との交信中、操縦室に響きわたる荒い呼吸音と同時に、副操縦士が「ワーッ」という叫び声を上げたのだ。

520余名もの乗客乗員の命を預かる冷静沈着な操縦クルーが「ワーッ」という声を上げたという理由は、想像を絶する現実が起きたからである。
　この時、同時にコックピット内の各種計器がいっせいに警報音を発したのだ。
　この間、フライトレコーダーに事故機の飛行速度、機首方位、加速度がプロットされており、18：48：40から18：50：20までは速度の変化が激しく、したがって加速度も増し、機体の高度も変化している。この変化は18：40頃までのダッチロールよりはるかに大きいもので、エンジン操作などを意図的に行っている可能性がある。この急激な操縦行動は何らかの異常事態が発生し、機長らが必死に対応したものと考えられる。
　この時間帯は事故機が横田基地から離れていく時間帯である。18：47：30に真北方向に機首を向け、次第に西方向に機首を向けている途中であった。

横田基地着陸を巡る機長の命懸けの自衛隊との闘争劇

　この18：44：00頃から18：50：00頃までの高濱機長と自衛隊との6分間の熾烈な闘いは命を懸けた戦争であったに違いない。
　高濱機長の双肩には524名の命が掛かっており、一方で、自衛隊・政府には権力者の「自己保身」「地位保全」「責任回避」が掛かっていた。事実が暴露すれば、その地位、権力を完全に失い、世間から責任追及を受ける立場に転落するのである。文字通り、政界、業界、世間から追放されるのである。
　だから、両者とも必死なのであった。すでに高濱機長は乗員に「緊急着陸のための準備」を命じている。そして、18：44：00頃から自衛隊パイロットと高濱機長との間には横田基地への着陸について激烈な交信論争があったはずである。
　自衛隊パイロットは、言葉を尽くして厳しく「横田基地への着陸回避」を求め、命令に従わない場合は「撃墜する」との脅迫も行っているはずである。それでも高濱機長は「絶対に横田に着陸する」と抵抗したに違いない。自衛隊・政府は絶対に「横田への着陸阻止」の厳命で手段を選ばないとの決意であった。
　自衛隊は「着陸失敗での横田基地周辺住民への二次被害」なる（嘘の大義名分）を持ち出して中止を求めたが、運航業界の常識である人命第一、異常事態での航空機の緊急着陸、横田基地側の受け入れ表明の事実から、自衛隊側の要求は極めて無茶苦茶なもので、およそ人間として常識では考えられない非常

識、不当なものである。
　高濱機長としては、事故機の操縦性、飛行性に自信を持っていたはずで、着陸が十分可能だと確信していたはずである。それなりの準備を行っており、万全の対応を行ってきているのである。高濱機長は自衛隊の要求は極めて不遜で、暴虐で、理解し難いことと判断していたはずである。
　何度も記すが、横田基地までの至近距離に到達した高濱機長は自衛隊戦闘機パイロットに懇願を繰り返している。

18：46：16　機長「このままでお願いします」
18：46：21　機長「このままでお願いします」

　しかし、自衛隊パイロットは傲然として拒否し、「命令に従わない場合は撃墜する」との最後通牒を突き付けたと推測できる。事ここに至って高濱機長は国の固い拒否の決意を認識し、着陸出来ないことを悟ったに違いない。

18：46：33　機長「これはダメかも分からんね」

　これは落胆の言葉でなく、生存の可能性を奪われた無念のつぶやきではなかろうか。それでも高濱機長は元自衛隊パイロットである。優秀で豪胆な高濱機長がかかる非道な脅迫に屈して引き下がることはないはずで、生存の可能性を捨てることなく、自衛隊の命令要求に屈したと思わせ、事故機の機首を左方向に向けて長野方向に飛行を開始したのである。
　一旦は自衛隊の命令通りに北上し、左旋回をしながら次第に大きく右旋回を緊急迅速に行い、勇敢にも突然に機首を東方向に変えて、横田基地の北側から南方向に緊急着陸を敢行する可能性が残されていたのである。
　この可能性を払拭するためにも自衛隊側は高濱機長の強い「着陸意思」を挫く必要があったのである。それは自衛隊としての「絶対に着陸させない」との権力者の強大な武力示威行為であった。
　しかし、事故機の強い機体推進力と「乗客の命を助ける」という高濱機長の強い意思を捩じ伏せるには権力を背景にした脅迫行為だけでなく、権力者として最後の手段である「強力な武力、暴力を使う」ことが必要だと考えたに違いない。そして、かかる行為の実行には上位の権力者の命令がなければ出来ない

ことは明らかで、自衛隊幕僚長、防衛庁長官（現防衛大臣）の了承があったことは間違いない。かかる住民の目が多い場所では撃墜は出来ないが、強力な威嚇攻撃は出来るのである。それが管制に伝えられた音声記録であろう。

18：48：51　機長「パワー、パワー」
18：48：53～49：03　機長、副操縦士、航空機関士の「ハー、ハー、ハー、ハー」という荒い呼吸音に混じって、副操縦士の「ワーッ」という叫び声。

　これは事故機のフライトレコーダーの高度、速度、加速度からその威嚇攻撃事象が起きたことを証明している。具体的には、事故機の前に急接近して衝突に近い事象で恐怖を与えるか、または自衛隊戦闘機からの威嚇射撃などもあったかもしれないのである。
　例えば高速道路で右側追越車線を走っている自動車に後ろから急接近したり、または左側車線を急速で追い越す車に凄い恐怖を覚えることがある。事故機が正常運航しているなかで、戦闘機が空中戦まがいの接近飛行を繰り返せば、機長らも恐怖を感じるはずである。
　そして、威嚇射撃を行えば、さらに強い恐怖を感じるのは当然である。すなわち、自衛隊機が何らかの威嚇射撃行為を行い、機長の強い着陸意思を挫く行為に出たことは間違いないのである。この威嚇攻撃以降、事故機は一路、長野県川上村レタス畑に向けて飛行せざるを得なかったのである。
　ここで、自衛隊戦闘機が武力で威嚇し、事故機を横田基地から追い払ったという事態が成立する。かかる自衛隊の事故機に対する行動から、もし、事故機が自衛隊側の命令に従わずに横田基地に接近して着陸を敢行しようとすれば、恐らく自衛隊戦闘機はミサイルで事故機を攻撃破壊、撃墜したと考えざるを得ない。
　それは残虐非道な行為ではあるが、自衛隊・政府は基地周辺の「住民への二次被害の阻止」との大義名分を持ち出し、正当化するのが目に見えているのである。その場合、乗客乗員全員が死亡するような徹底的な破壊攻撃で急降下墜落を惹き起こすことは間違いないのである。
　すなわち、自衛隊は相手を殺傷させる技術を有するプロなのである。そのあたりの事態、自衛隊側の意思、考えは元自衛隊パイロットである高濱機長は十

分に分かっていたことと推測出来る。

　つまり、自衛隊は絶対に「事故機を横田基地に着陸させない」との意思を具体的に武力行使行為で示した事態と考えると論理的に成立する。結論として、事故機は自衛隊により、着陸を脅迫命令と武力で阻止されたことは間違いない。

　その後も自衛隊戦闘機は事故機の後ろから監視飛行で追尾していたことは確実で、途中から新たな新式武装戦闘機を派遣し、戦闘機3機布陣で事故機を撃墜する機会を狙っていたと考えられる。それが追尾する戦闘機が3機であるという根拠である。その撃墜場所は人目の少ない山岳地帯と思い定めていたはずである。

自衛隊・政府が横田基地への着陸を阻止した理由の不当性

　自衛隊は事故機の着陸阻止をただ権力で強引に強要したのでなく、その理由を機長に伝えたはずである。それは「事故機が操縦不能で、迷走飛行状態である」ことを根拠にしたはずである。操縦が効かず、どちらに飛行するのか分からないのであれば着陸どころの話ではない。だから、自衛隊は横田基地に着陸を敢行すれば、機体は操縦不能なので基地から大きく離れて市街地に墜落する可能性を持ち出したのである。

　このような「二次被害の防止、回避」なる理由を持ち出せば、事態をよく知らない国民は頷くかもしれないが、これはまったくのごまかしで、卑劣な虚言であり、事態状況を無視した暴言なのである。

　追尾並走する自衛隊戦闘機パイロット個人に日航事故機の命運を左右する命令や指示を行う権限と資格があるかないかで言えば、まずそれはない。それはパイロットの判断での連絡でなく、遠い場所にいる自衛隊本部や官邸の権力者が決めたことをパイロットが伝えているだけなのである。

　つまり、事故機の横田基地への着陸阻止の判断は現場や事態を知らない人間＝権力者が考えて判断したもので、パイロットは命令されただけである。

　しかし、これは大変おかしな事態である。彼らは最初から「日航機に自衛隊の無人標的機が衝突した事態の完全なる隠蔽」しか頭にないのである。彼らには横田基地への着陸阻止、すなわち助かる可能性のある乗客乗員に「死ね」と言う権限も資格もないことは明らかである。

　自衛隊幹部、政府権力者の言い分である「事故機は操縦不能、迷走飛行状

態」は完全に間違っており、実質は「権力維持」のために、無謀な「権力のゴリ押し」で乗客乗員の生存権を奪ったのである。自衛隊・政府の「二次被害の回避、防止」には何の正当性もないことは明らかである。

フジテレビの番組における横田基地への着陸の主張と説明

　事故から29年目となる2014年8月12日に、2時間30分もの特別番組「8.12日航機墜落　30回目の夏　生存者が今明かす"32分間の闘い"　ボイスレコーダーの"新たな声"」がフジテレビで放映された。
　この番組は生存者である吉崎さん親子の証言と最近のボイスレコーダーの分析解明による感情的な物語の映像ドラマで、垂直尾翼の破壊から墜落までの32分間を、その飛行経路を辿りながら事故状況を再現して説明を加えるという斬新な内容であった。
　ここでは、横田基地への着陸についての放映内容を紹介する。
　事故調の報告書に基づき、地図上に飛行経路をプロットした図で、大月市上空を過ぎて、相模湖を通過した段階では、事故機の前方には横田基地があり、事故機が着陸しようとしているのは誰が見ても明らかなのである。フジテレビも「そのまま飛行すれば横田基地に到着する」と説明している。
　報道機関の映像で横田基地への着陸意図を認めたのはフジテレビが初めてと言える。事故調は横田基地との関連をいっさい感じさせないように、横田基地の位置、名称も出さない慎重さであった。
　その意味でフジテレビの説明は事故調を激怒させたのではなかろうか。
　ところが、横田基地に向かっていた事故機の前方に突然積乱雲が発生し、強烈な風（北東の風）が事故機を直撃し、その強い風に流されて機首を北西方向に向けさせられ、御巣鷹山方面に飛行したと事故機の飛行経路を説明している。
　このようなことは強力なエンジン4基を有するB-747機ではあり得ないことであり、笑止千万、滑稽でしかない。私も当初、馬鹿げていると笑っていたが、よく考えると、深い意味を感じたのである。
　それは「強い風＝大きな抵抗、巨大な壁」だと考えると、フジテレビの見事な意図が読み取れるのである。フジサンケイグループのお抱えテレビ局としては、まさか権力者が不当な脅迫と武力で事故機の方向を変えたとは言えないので、この強力な抵抗を「強い風」と称して説明したと思われる。実にうまい比

喩、譬えであり、その表現力には驚かざるを得ない。

このように地図上に飛行経路をプロットして観察検証すれば、事故機が横田基地に向かって飛行しているのは歴然としており、誰でも察知するはずである。そして、北東の風のような強力な力が頑丈で強力な4基のターボエンジンのB-747機を押し戻したとすれば、それは自衛隊戦闘機による不当な攻撃で方向を変更されたと考えるのは当然であり、間違いないことである。

この場面を国民の皆様方が熟視して観察、考察されれば、事故機が横田基地へ着陸を意図していたことは明らかである。

日航機の垂直尾翼とAPU破壊を一番早く察知し確認したのは自衛隊

では、相模湾上空での垂直尾翼とAPUの破壊事象を一番、早い段階で知っていたのは誰か？　答えは明白であり、それは自衛隊である。

事故機は横田基地に着陸を敢行しようと準備し、横田基地からも着陸の許可を得た。しかし、着陸態勢に入った段階で自衛隊戦闘機から、「二次被害を回避防止するため」などという「不当な理由」で脅迫され、命令されて、着陸を阻止されて断念したことは間違いない。

その背景と理由を考える時、その端緒は相模湾上空での垂直尾翼とAPUの破壊脱落事態に遡って考察することが不可欠である。

この事態を事故調は圧力隔壁の破壊による機内空気の大量流出により発生したとしているが、生存者の落合由美さんらの「機内に急減圧は起きなかった」という証言によりこの説明は否定された。

万が一、事故調の結論が正しいとすると、その後の自衛隊や群馬県警の不審な行動は起こり得ないのであり、救出活動中の米軍アントヌッチ中尉に救助中止と撤収要請、箝口令の要請を行うことも同様にあり得ない。

こうした観点から事故機の横田基地への着陸阻止をめぐる一連の事態を考察すると、相模湾上空での無人標的機による日航機の垂直尾翼破壊と自衛隊による横田基地への着陸制止行為は密接に連動しており、必然の帰結である。

当然、垂直尾翼とAPUが破壊され、落下した事態を誰が一番早く知ったのかが問題となってくる。高濱機長らが具体的に知っていた可能性は少ないものの、彼らは自衛隊の飛行物体が日航機に衝突したことはほぼ認識していたと考えられる。しかし、事故調はいつ確認したかは明らかにしていない。

おそらく、時系列的に見れば無人標的機を操作し、追尾していた自衛隊演習部隊が最初に確認したはずであり、次いで緊急発進した自衛隊戦闘機のパイロットが確認したと考えることが妥当である。

　18：24：35に相模湾上空で日航機の垂直尾翼とAPUが破壊され、残骸が落下しているが、その20分後、相模湖上空で自衛隊機が日航事故機に対し、横田基地への着陸を阻止している。

　無人標的機が激突した3分後に自衛隊戦闘機が緊急発進し、日航機の損傷状況を確認して自衛隊幹部に報告し、対応の指示を受けたと考えると実質10分ほどしか自衛隊と政府が協議し、完全隠蔽方針を決定する時間がない。

　日航機事故において自衛隊は重傷者の救出活動以外ではほとんど表舞台に出ていないが、無人標的機が衝突し、その事実を認識した自衛隊がすべて画策し、政府が了承したと考えると、この短い時間における自衛隊部隊の対応を合理的に説明出来る。

　自衛隊の無人標的機が垂直尾翼に激突して破損したことを確認した段階で、自衛隊幹部は何を恐れ、心配していたのか？　恐らく自衛隊幹部は驚愕して全日空機雫石衝突事故の一部始終を脳裏に思い起こしたに違いない。

　そして、「間もなく日航機は墜落し、全員が死亡する」と想定し、かつ「乗客乗員全員死亡」の事態を期待したのではないか。そうなれば無人標的機が事故機に激突して垂直尾翼を破壊したことを国民に知られずに処理出来ると考えたのである。全日空機雫石衝突事故でも、乗客乗員全員162名が死亡したことから事故原因をあやふやにして事故責任を回避出来たからである。

　幸い衝突場所は相模湾上空であり、垂直尾翼とAPUの破片と無人標的機の残骸は海の底に沈んでいる。これを引き揚げなければ自衛隊関与の事態は発覚しないであろう。それらを踏まえ、自衛隊幹部は緊急発進した自衛隊戦闘機に事故機を注意深く監視するよう指示したのだ。

　ところが事故機は垂直尾翼を失い、自動操縦が出来ないにもかかわらず手動操縦で飛行しており、横田基地に着陸を敢行しようとしている状況を知り、自衛隊幹部は更に驚愕したはずである。横田基地に着陸されればすべてが暴露され、自衛隊の関与が明らかになって窮地に立たされることを危惧したに違いない。

　自衛隊・政府としては日航機乗客乗員（目撃証人）全員が死亡することが

「尾翼破壊への自衛隊関与の事態」の発覚を防ぐ最善の策なのである。
　何度も繰り返すが、そうした事態を避けるために横田基地への着陸を阻止したと思われる。

事故機が横田基地に着陸出来た可能性に関する見解と検証

　ここで、事故機の操縦性について事故調とボーイング社の見解を比較する。

　航空機が飛行場へ安全着陸する際に必要な操縦機能と設備を考慮すると、事故機は操縦性（上昇、降下、旋回）を維持しており、フラップは作動している。着陸ギアとブレーキ、エンジン逆噴射も作動出来ることから、事故機は着陸に必要な機能をすべて満たしていたと考えられる。
　安全着陸の第1段階は滑走路に機体を着地させることであり、機体は少し上向きに姿勢を取る必要があるので、フラップを作動させて、機首を上げて、重心の位置にある主車輪で着地する。次に着陸後の機体速度を緩やかに減速する

事故機の操縦性についての見解の比較

事故調査委員会の見解	ボーイング社の見解
＊上昇、降下、旋回の操縦は極度に困難 （機長の意図通りの飛行：困難） ＊安全な着陸は不可能	＊推力レバーの操作で操縦可能 　上昇、降下、旋回の操縦性は維持 　フラップ（下げ翼）も作動 ＊事故調の操縦不能との結論は正しくない
（事故調査委員会の結論）	（日航機の飛行操縦、状況の実態）
＊フゴイド運動 　ダッチロール ＊上昇、降下、旋回の操縦性が極度に困難 ＊着陸は不可能	＊高度20,000から5,000フィートに降下しフゴイド運動はなくなった ＊安定飛行していた 　（乗客の遺書、落合証言） ＊上昇、降下、旋回の操縦性は維持 　（操縦不能は間違い） ＊操縦性維持、着陸は可能 　着陸態勢を取り、乗客に安全姿勢を要請 　（乗客遺書、落合証言、機内アナウンス） 　フラップ作動 ＊横田基地側は着陸許可を連絡伝達 　　　　　　↓ ＊日航事故機は横田基地への 　着陸態勢に入っていた

のである。前述したように、これに使う装置はフラップ、エンジンの逆噴射、ギアブレーキである。

　何百トンもある航空機が時速300キロメートルの高速で着陸する時のエネルギーは莫大である。そのエネルギーの大きさは、航空機は自動車の実に約2700倍もの数値となる。

　着陸時の時速300キロメートルをいかなる方法で減速させるかが着陸の際の技術的課題であり、もし地面に激突すれば速度は時速300キロメートルから時速0キロメートルとなるのだから、その衝撃力たるや数千Gにも上る。

　人間が生還出来る衝撃力は数十～100Gと言われているが、数千Gという数値では人間はおろか機体さえ衝撃で粉砕される。

　航空母艦などでは、艦載機は戦闘機の後部のフック（引っ掛け器具）を母艦に張られたワイヤーに引っ掛けて停止するのをご存じの方も多いと思う。

　これと同じ機能が航空機のエンジンを利用した逆噴射である。ジャンボ機の強力なエンジン推力を前方に向けることにより、強力な制動力を働かすのだ。機構上、前方への推力は後方への推力の70パーセント程度であるが、それでも適切なブレーキとなって約3,000メートルの滑走の後の安全な停止にいたる。

　事故機は操縦が出来、横田基地に着地すれば逆噴射し、フラップを作動させ、ブレーキなどで停止出来たのである。すなわち、事故機は横田基地に着陸出来る能力を十分に保有していたのである。

航空機と飛行場との相対的依存性と絶対的依存性

　航空機が輸送機関として成立する機能は、操縦面で「離陸」、「飛行」、「着陸」が絶対安全に行われることである。

　航空機の輸送では乗客乗員の安全が最優先事項であり、「人命の安全確保」なくして輸送機関は成立しないし、存在し得ない。飛行場はこの航空機の離陸と着陸のための重要で不可欠なシステムである。

　航空機の操縦性、離陸、着陸性能に合わせて飛行場の機能、設備が構築されていることと、飛行場の長い滑走路と管制機能は航空機が安全に離陸と着陸を行うための必要不可欠な設備、機能、条件である。

　航空管制の立場から、飛行場は航空機に対して安全な離陸、着陸を管理するために、上位の指示管理権を有する。その結果、航空機と飛行場は相対的、か

つ絶対的な依存性を有するものである。

　もし航空機が飛行場以外に不時着すれば、それは異常事態であり、機体はその衝撃を吸収出来ず、乗客乗員には「死」しか残されていない。飛行場に着陸することは「命」を助ける唯一の手段であり、絶対的な条件行動である。
　<u>それゆえ飛行場は事故機から緊急着陸を要請された場合、人道的な立場から拒否することは許されない。これは万国共通の原則である。</u>

　それでは、事故機が横田基地に着陸出来なかった理由は何かである。
　日航事故機は十分に操縦機能を確保しており、高濱機長は毅然として目的地を横田基地と決めて飛行している。横田基地側も受け入れ態勢を整えて、着陸受け入れを表明し、日本側政府、自衛隊に連絡通達している。
　着陸寸前に高濱機長は誰かに何度も緊急着陸を懇願したが、拒否され、着陸を断念して長野方面に飛行している。この状況判断から、日航機は巨大な権力組織（自衛隊・政府）から、横田基地への着陸を阻止されたとしか考えられないのである。

横田基地と日航機との交信が公式に記録されていない謎と謀略

　ここで、公式記録から削除されたと思われる事項を推定する。
　事故機が横田基地からの通信を受信した公式記録（ボイスレコーダー）の記録は次の通りである。
　羽田空港を離陸した航空機は、東京ターミナル管制所出域管制席（TOKYO DEPARTURE）を経て横田進入管制所（YOKOTA APPROACH）に業務を移管し、航空機はYOKOTA APPROACHと通信設定を行い、その指示を受ける。当然、高濱機長らも横田基地への通信を日常業務として行っている。

横田進入管制所（YOKOTA APPROACH）から日航機への呼びかけ
"JAPAN AIR ONE TWENTY THREE JAPAN AIR ONE TWENTY THREE YOKOTA APPROACH on guard, if you hear me, squawk 5423"
（以下はYOKOTA APPROACH on guard以降のみ表示する）

時刻	内容
18：46：21	squawk 5423
18：47：08	Contact YOKOTA 129.4
18：48：18	squawk 5423
18：48：47	Contact YOKOTA 129.4
18：49：18	nine thousand for direct area maintain nine thousand then contact YOKOTA 129.4
18：49：48	Contact YOKOTA 129.4
18：53：37	squawk 5423 contact 129.4
18：54：39	――
18：54：58	――
18：55：29	――

　この通信記録には大きな「疑惑」がある。
　公表されたボイスレコーダーでは、横田基地は実に10回もの通信連絡を事故機に送っている。横田基地としても乗客乗員の救出のために「着陸」を呼びかけているのである。この通信記録には次の3つの大きな「疑惑」がある。

①事故機と横田基地はお互いに事前に通信連絡がされているはずだが、その記録がない。または公表されていない。
②18：46：21に横田基地からの最初の通信連絡が事故機に入っているが、この時間はすでに横田基地着陸を断念して、川上村のレタス畑へ飛行していく段階である。着陸を断念して横田基地から遠ざかる段階でこのような通信が入っているのは不可解である。それ以前にも同様の連絡通信が入っていると考えざるを得ない。
③事故機から横田基地への送信返信の通信記録がない。

　以上の3点は実に不可解で辻褄が合わないことから、隠蔽、あるいは謀略の可能性が否定出来ないのである。何故なら、米軍・横田基地と日本政府・自衛隊との交信は米国政府と日本政府との関係から通信不可の可能性はない。
　そして、横田基地から日本政府・自衛隊への「日航事故機の横田基地への着陸許可」の連絡が行われたことは間違いないのである（米軍士官の証言）。
　また、事故機から横田基地に「緊急着陸要請」の連絡をした可能性は非常に

高く、事故機が自発的、もしくは横田基地からの呼びかけに応じて返信した公表記録がないからといって、事故機から横田基地への着陸の連絡がなかったと結論付けるのは正しくない。このような重要な事態における通信の事実は修正、捏造、変更、削除され、完全に隠蔽されていると推察されるのである。

▶米軍横田基地飛行場の概要（事故当時）

建設：1940年　米国第5空軍司令部
滑走路：60メートル×3,353メートル　オーバーラン：南305メートル、
　　　北300メートル（B－747の着陸には十分な滑走路である）
基地面積：南北4.5km×東西2.9km×周囲14km
人口：8,800人（軍人および家族）
常駐航空機：第36輸送機（C－130）13機
　　　　　　第45輸送機（C－12J）3機
　　　　　　ヘリコプター（UH－1H）4機
着陸方式：ILS（18,36双方向）
位置：福生市、瑞穂市、武蔵村山市にまたがる地域
横田空域：1都18県にまたがる広大な空域で、横田ラプコンと呼ばれる横田管制所が管理に当たっている。

横田基地では1951年11月に離陸失敗による米軍駐留史上前例のない大惨事が起きている。500キロ爆弾40個と燃料を満載したB－29が離陸に失敗し、4回の爆発により消火に当たった隊員のうち、アメリカ人3名と日本人7名が即死、30名余が重軽傷を負った。

この事件はGHQ占領下での惨事であるが、日本政府・自衛隊は日航事故機の着陸を阻止するための大義名分にこの事例を使った可能性も否定出来ない。着陸失敗による二次災害で付近住民を巻き込む恐れがあるため着陸は許可出来ないというわけである。

しかし、日航機事故においては、横田基地側は着陸を許可しており、世界的慣例、常識として非常事態で着陸を要請された場合、人道的にも論理的にもこれを許可するのは当然のことである。自衛隊・政府が緊急着陸を阻止したことは、それは人道上、あるいは道義上、民主主義国家においては絶対に許されない暴挙なのである。それは、政府・自衛隊による無辜の国民を、勝手で卑劣な

「自己保身」「責任回避」のために、殺害した行為に相当する犯罪なのである。

日航機は横田基地に着陸出来たが権力組織が阻止した！

　仮に事故機が横田基地に着陸した場合はどうなっていたであろうか。

　その場合、事故機の操縦安定性が確実ではないため、例えばバランスを失って大破・炎上したとして、**ユナイテッド航空232便事故**と同じく死傷率37パーセントとしても、現実に起きた520名が死亡という事態よりはるかに少なく、330名近い人が生還したことになるはずである。

　また、横田基地は米国の管轄であり、自衛隊や警察の立ち入りはきわめて制限を受けるはずである。さらに米国のNTSBが調査の主導権を握る可能性が高く、日本の事故調による調査で「真相」をごまかすことは難しい。

　その場合、垂直尾翼に付着しているであろう無人標的機の残骸の回収は不可能になる。結果として日航機に無人標的機が衝突したという真相が白日の下に晒され、パイロット、乗客の証言により、自衛隊幹部、政府要人が責任を取らなければならない事態になるのは必然である。

　横田基地への着陸は乗客乗員が63％近く（もっと多い可能性もある）助かったとしても、自衛隊幹部・政府の責任の回避は出来ない。

　こうした非情な損得勘定、あるいは冷酷な「自己保身」と「責任回避」から自衛隊・政府は横田基地への着陸を阻止したと考えるのが妥当である。

　横田基地側からは事故機、および自衛隊・政府に対し、「日航機の着陸を許可し、受け入れる」とのメッセージを送っている。そして何度も事故機に対し、交信をするように通信を行っている。しかし、自衛隊・政府から、また事故機自身からも返信がされなかったことは大きな謎である。

　特に自衛隊・政府から横田基地への返信がないのは異常であり、事故機が着陸許可を知らないのであれば、自衛隊・政府が事故機に連絡出来たはずであるが、いっさいそのようなことは知らさなかったのであれば、それは明らかに自衛隊・政府が事故機の横田基地への着陸を許さなかったと考えることで辻褄が合うのである。

　もし、事故機が横田基地飛行場に着陸していれば、相当高い確率で多くの乗

員乗客は助かっていたと推測出来る。横田基地側は真摯に事故機の緊急着陸の許可の連絡を繰り返し、事故機が墜落するまで連絡を行っている。そうした横田基地の姿勢・行動に対し、犠牲者として遺族として、心から感謝と敬意を表したい。

日航機事故についての『疑惑』の著者・角田四郎氏の見解

　角田氏は事故機の垂直尾翼破壊およびその後の飛行と横田基地への着陸について次のように主張されている。(角田四郎著『疑惑』P414より)

①相模湾上空での尾翼破壊は自衛隊標的機が日航機に激突したことによるもの。
②尾翼破壊後、油圧操縦機能を失っても操縦出来た。
③事故機は自衛隊２機の誘導を受けながら、米軍横田基地へ着陸を目指した。
④指示に従い現在の八王子IC方面から、南アプローチへ向かっていた。

　しかし、何故か横田基地緊急着陸の方針は変更され、五日市町東上空で、左旋回を命じられた。この時、事故機はぐんぐん高度を下げて横田基地へわずか10キロメートルたらずの地点にあった。
　自衛隊機は事故機に民家の少ない北からのアプローチを指示し、事故機は一転して北西へ進み、さらに高度を下げて山（御岳山？）へ衝突しそうになって必死にスピードを上げて、横田基地から遠ざかった。
　細部での事態説明は私の見解と若干異なるが基本的に、事故機はその尾翼を自衛隊の無人標的機で破壊されたが手動操縦で飛行出来、横田基地への着陸も出来たが、自衛隊戦闘機がこの着陸行動を阻止した点で一致している。事故後８年目にかかる重大な指摘結論は驚愕的な調査検証考察であり、深く敬意を表したい。

公式資料・証言・状況証拠から導き出される「仮説Ⅹ」とは？

①日航機は手動による操縦が出来、飛行出来た
　日航事故機は油圧系の自動操縦能力は奪われたものの、推力レバーでのエンジン出力の微調整により、上昇、降下、旋回の操縦が出来、ほぼ機長の思い通

りの操縦飛行が出来たのである。そして、機長の意図通りの操縦が出来、フラップも作動出来たので、着陸は可能であった。
②横田基地飛行場への着陸は可能だった

　推力レバーの微調整によってエンジンを制御することにより、機体の操縦技術を習得した機長らが次に行うべき行動は、一番近い飛行場である横田基地への着陸を敢行し、乗客の命を助けることにあった。そして、機長は乗客に着陸態勢安全姿勢を取るように指示していた。

　着陸を敢行していれば多くの乗客の命を救っていたはずであり、犠牲者は520名よりもっと少なかったはずである。しかし、着陸を阻止され、妨害を受けたのである。そこには残酷な「疑惑」と「謀略」が存在している。
③横田基地への着陸を阻止したのは自衛隊と国家権力である

　事故機の横田基地飛行場への着陸を阻止し、脅迫して断念させたのは直接的には自衛隊戦闘機のパイロットと考えざるを得ない。

　自衛隊戦闘機のパイロットは日航機に対して着陸阻止の命令を下したが、これは政府権力、自衛隊幹部の謀略命令であり、「生存権の剥奪」とも言える非情で残酷な通告である。乗客乗員に対し、「死への片道切符」を渡すと同じ暴虐行為である。

　しかし、自衛隊員はすべて命令により行動する。だとするならば戦闘機パイロットは上司からの命令通りに行動しただけであるとも言える。かかる524名の国民である乗客乗員の生命を奪うに等しい「残酷な着陸阻止」の「極秘命令」は、自衛隊制服組最高位の幕僚長か、または文民背広組の防衛庁長官（現防衛大臣）しか出せないものであると言える。

　そして、少なくとも自衛隊法に規定されている「最高指揮監督権者」である総理大臣の了解がなければ実行出来ないことも明らかである。

　日航機事故における彼らの目的および動機は、自衛隊の無人標的機が日航機に衝突したことを完全に隠蔽することであり、すべては証拠の隠蔽のために命令されたのである。それは国家権力にあるまじき「組織防衛」と「責任回避」、そして「自己保身」のためであった。

　したがって、日航機は垂直尾翼の破壊と圧力隔壁破壊により墜落したとする事故調の結論「仮説A」は間違っており、捏造されたものであると断定出来るのである。相模湾上空での垂直尾翼破壊は事故の発端ではあるものの、直接の

墜落事故原因ではないのである。日航事故機が御巣鷹山の尾根に墜落した直接の原因は、相模湾上空での垂直尾翼破壊ではなく、横田基地への着陸断念以降の事故機に御巣鷹山上空で起きた重大異常事態、つまりミサイル攻撃による撃墜にあると断言出来るのである。

　これこそが「仮説X」の核心部分であり、日航機墜落の直接の原因なのである。その詳細は次章にさらに追記記述する。

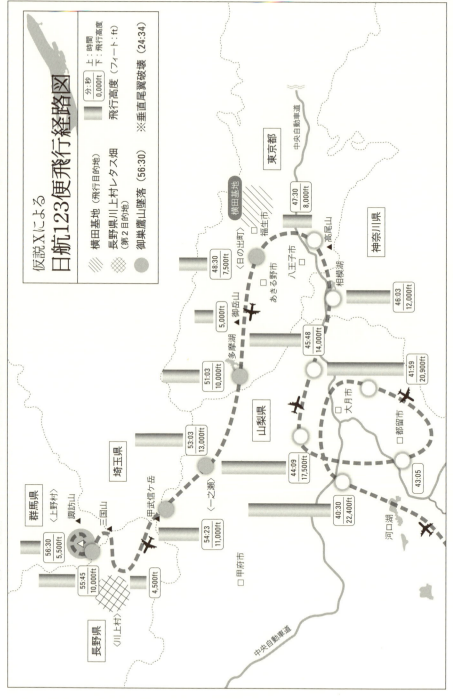

図6 仮説Xによる日航123便飛行経路図(目撃証言、CVR、DFDRより導き出された)

第2章

日航123便を撃墜墜落させた謀略事件　待ち受ける惨劇

——事故機は川上村レタス畑に不時着を試みるも果たせず、山岳地帯で自衛隊のミサイル攻撃を受け撃墜された——

1　横田基地着陸を阻止された事故機のレタス畑への着陸行動

長野県南佐久郡川上村レタス畑を一路目指した事故機

　自衛隊無人標的機に衝突された日航機は自動操縦機能を失いながらもエンジン4基の出力を調整し、手動による操縦技術を習得。最寄りの横田基地飛行場に着陸を試みるも、追尾する自衛隊機の脅迫によりこれを断念せざるを得ない状況に追い込まれた。この時、高濱機長は「これはダメかも分からんね」と無念の言葉を残している。高濱機長らは東京都西多摩郡日の出町から北北西に機首を向け、次の着陸予定である長野県川上村のレタス畑を目指したのである。

　横田基地飛行場に緊急着陸すれば乗客の生存率が相当に高くなるが、一方広大で平坦なレタス畑への不時着では生存者の少ない、悲惨な結果になる可能性が十分に予想出来たのである。それでも高濱機長らは次第に暗くなる状況のなか、広大かつ平坦で人が少ない場所、ジャンボ機の巨体が不時着出来る場所を目指して飛行せざるを得なかったのである。

　その場所は長野県川上村梓山のレタス畑であった。

　川上村の田畑は約2,000ヘクタールもあり、事故機がやむを得ず着陸する場所としては最低限の条件を備えた場所でもあった。しかし、高濱機長には初めての場所であり、ましてや機体が損壊し、操縦するだけでも苦労している最中のことであり、そんななか、時速700キロメートルで飛ぶ航空機の機上から目的地を目視視認するのは非常に困難であったと思われる。

　事故機がこの場所を選んだ理由としては、①自衛隊戦闘機からの勧告、指示があったこと、②航空機関士が知っていたこと、の2つの事由が考えられる。まず、自衛隊側が事故機に、横田基地への着陸敢行を断念させる代替案として川上村レタス畑を指示した可能性は十分に考えられる。さらに、福田航空機関士の出身地が川上村に近い甲府市であったということもある。

　福田航空機関士は甲府工業高校を卒業している。甲府市から長野県川上村へは至近距離であり、当時、川上村は米作からレタス栽培に転作したことから高収入の村となったことで話題に上っていた。そのため、地理的に精通している福田航空機関士が不時着場所として川上村レタス畑を機長に提案したことは容易に推測出来るのである。**事故機は真っ直ぐに「川上村レタス畑」を目指しており、この飛行経路も推論を裏付けている。**

図7　日航機が着陸を敢行した川上村レタス畑

◀日本一の高原野菜産地としても
　有名な川上村レタス畑

▶広さも平坦さも航空機の不時着
　には最適。現地調査にて

▶川上村の概要（レタス生産日本一の村）

標高1,100メートル／東西約20キロメートル／南北約8キロメートル

総面積：20,961ヘクタール　レタス畑：1,735ヘクタール／田畑：147ヘクタール

平均気温：8.5℃（夏＝30℃、冬＝マイナス19℃）

人口：5,000人（2005年）

　川上村は長野県南佐久郡の南側に位置し、南は山梨県、東は埼玉県、北東わずか2キロ程度で群馬県と接している。千曲川源流が村の中央を流れ、北側とは対照的に、南側は緩斜面が野辺山高原まで続く。

　60年前の川上村は信州一の貧しい村であった。それは米作を中心とした農家が多かったからで、標高1,200～1,300メートルの高地では米作は適しておらず、不良だった。村人らは農閑期にはほとんど出稼ぎに行っていた。

朝鮮戦争が始まると、米軍から大量のレタスの受注があり、レタスは川上村の気象条件に適した作物であったことから、以後、レタス栽培へ全面的に切り替えて大成功を収めた。

　1978年にはレタス畑が1,000ヘクタールを超えるなどレタス生産日本一の村となっている。年収数千万円の裕福なレタス農家が点在し、若い人も定着し、嫁探しにも多くの応募があり、子供もたくさん生まれる元気な村になった。

　レタス栽培の繁忙期は5〜8月であり、この時期、勤勉な村人は朝早くから夜遅くまで畑で作業をしている。

　事故機の目撃者である石川さんは夏休みを迎えて実家に里帰りし、レタス畑での作業を手伝っていた。事故当日の8月12日18時50分頃も、多くの川上村の農民たちがレタス畑で作業していたものと思われる。

川上村レタス畑に必死の不時着の敢行

　事故機は日の出町から奥多摩町へ飛び、その後、雲取山から甲武信ヶ岳を経て長野県川上村に入っている。

　甲武信ヶ岳の北側を通り、武信白岩山（2,280メートル）を通過すると、もう高い山はなく、しだいになだらかな傾斜が続き川上村梓山毛木平付近に至る。レタス畑は長さ約2キロメートル、幅約600メートルの地域で、西北西方向に展開している。毛木平から扇平山方向に緩斜面でやや下向きに傾斜しており、かつ若干北方向にも傾斜している。

　しかし、目視での感覚ではほとんど平坦な平地に映り、航空機が緊急に不時着するには適した場所とも言える。その上、地面は土質の畑で8月にはレタスが青々と生育しており、胴体滑走した際には適度の抵抗が得られることから、恐らく数百メートルの滑走で停止出来ると思われる。

18：50頃　　副操縦士「フラップ（下げ翼）下げますか？」
　　　　　　機長「まだ早い」→不時着の準備（2回目の着陸準備）

　事故機は不時着する場所を探しながら飛行しているため、相当の低空飛行を続けていたと思われる。毎分10キロメートルの速度で飛行する機内から適当な場所を探すには瞬時の判断が必要であったに違いない。したがって、副操縦

士は「フラップ下げますか？」と機長に尋ねているのである。

　川上村レタス畑への不時着の敢行はおそらく18：54頃と思われる。だから機長は「まだ早い」と言ったのではないだろうか。

　この間、落合由美さんの証言によると以下のことが起きている。

◆「パーサーから非常事態のアナウンスがあった。後部エスエス（スチュワーデス）と一緒にお客様にライフベスト（救命胴衣）の着用と安全姿勢の指導をして回って、その後、自分もベルトを着用し、（着陸に備えて）安全姿勢をとった」

　この証言から分かるのは、着陸するので準備をするようにという機長からの連絡が間違いなくあったということである。

18：50：30　機長「あたま下げろ」→降下指示。

　横田基地から離れて北西方向の川上村へ向かう途中、順次高度、速度を下げての飛行で不時着に備えている様子が窺える。

18：50：36　副操縦士「スピード減っています」→減速している。
18：50：52　航空機関士「パワーコントロールさせて下さい」
　　　　　　機長「はい」

　この時点でエンジンコントロールを航空機関士に交替していることから、エンジン出力操作を航空機関士も行っていたことが分かる。

18：50：55　副操縦士「スピード220ノット（時速407キロメートル）」
18：52：29　機長「両手で」→副操縦士「はい」

　これは機長が副操縦士にエンジン調整レバーの作動を両手で行うことを指示したものである。不時着には細心の注意を払うよう指示している。

18：52：38　航空機関士「フラップ出てますから」
　　　　　　機長「はい」→　減速の準備。着陸の態勢準備。
18：53：15　機長「あたま上げろ」

18：54：03　機長「はい、左」→長野県の五郎山を避ける。
18：54：46　機長「あたま下げろ」→レタス畑への着陸態勢に入る。
18：55：01　機長「フラップ、下りるね？」→減速指示。
18：55：03　副操縦士「フラップ10？」→減速、降下、着陸態勢に。

　この時、高濱機長らが時速220ノット、フラップ10で飛行していることは、完全にレタス畑への緊急の不時着着陸態勢である。
　これは1994年12月11日のフィリピン航空434便爆破事件で、油圧機能を喪失した434便が那覇空港に緊急着陸を行った時に機長が「速度225ノット、フラップ10」と指示して緊急着陸降下し成功した状況と酷似している。
　高濱機長らが不時着を敢行しようとしていたことは間違いない。こうして事故機は川上村レタス畑へ着陸態勢を取り、次第に降下していった。この後、着陸降下していた事故機で、機長は突然、降下中止と急上昇を指示している。

18：55：15　機長「あたま上げろ」→急上昇指示。

　前述した石川哲氏の目撃証言にもあるように、事故機はレタス畑で超低空飛行を取っている。この時、高濱機長はレタス畑で多数の村民が消毒農作業をしているのを視認し、不時着を断念して急上昇の指示を出したのである。

18：55：17　機長「あたま上げろ」
18：55：19　機長「あたま上げろ」→扇平山への衝突を避けるため急上昇。
18：55：27　機長「あたま上げろ」→三国山への衝突を避けるため急上昇。
18：55：34　副操縦士「ずっと前から支えてます」
18：55：42　副操縦士「パワー！」
18：55：43　機長「フラップ止めな」→上昇ストップ。

　事故機は山に衝突しない安全な高度まで上昇した後に水平飛行に移ったのである。この機長、副操縦士、機関士らの会話を裏付ける目撃証言がある。
　角田氏の著書『疑惑』によると、8月12日の午後、公務員の石川さんは実家近くにあるレタス畑で葉の消毒作業をしていた。ちょうど墜落現場の南約6キロの地点である。

図8　川上村、上野村での日航123便飛行経路（群馬県多野郡上野村大字楢原周辺の地図）

日航機飛行経路：甲武信ヶ岳→川上村梓山→扇平山→三国山→群馬県上野村→御巣鷹山（墜落）

◆あたりが薄暗くなり始めた19時ごろ、東南にある甲武信ヶ岳（2,475メートル）の北側の尾根から突然、大きなジェット機が姿を現したという。飛行機は石川さんら数人が働いていた畑のほぼ真上を西方向へ通過。石を投げたら当たるのではないかと思われるような超低空飛行だったという。

真上に来た時は空が真っ黒になるように感じたそうで、この後、事故機は川上村から直進して扇平山（1,700メートル）へ向かい、右旋回して三国山（1,828メートル）を左旋回し、群馬県上野村方向へ尾根を越えて飛行していった（石川氏目撃証言）。

ボイスレコーダーの記録と操縦クルーの言動、そして位置的な検証からレタス畑への着陸態勢、扇平山、三国山への接近などは目撃証言と一致している。

乗客乗員の生還の可能性が高いレタス畑への不時着を断念

高い甲武信ヶ岳の北側を通り、事故機は次第に降下を続け、レタス畑とほぼ同じ高度に達していたと思われることから、事故機は着陸態勢を取って降下し

ていたと推測出来る。

目撃証言によると事故機は甲武信ヶ岳付近から低空飛行しており、川上村梓山（標高約1,200メートル）で超低空（気圧高度1,200～1,300メートル）と地表すれすれの高度で飛んでいたとすると、不時着するには甲武信ヶ岳以降は超低空飛行でないと辻褄が合わない。その高度は1,400～1,500メートルである。

しかし、事故調が発表したフライトレコーダーの気圧高度表では3,600～3,900メートルとなっており、目撃証言と大きく食い違う。この高度の違いの理由は明らかであり、事故調が「日航事故機が川上村レタス畑への着陸敢行」を国民に感知されないようにデータを改竄したことを示唆している。

さらに、事故調の飛行経路図（図3）とこの石川氏の目撃証言からの飛行経路（図6）は大きく違っており、これも「川上村レタス畑」への着陸を悟られないために、変更改竄したことを示している。

高濱機長は不事着を敢行しようとしたものの、レタス畑で多数の村人を目撃し、不事着を強行すれば多くの村人を危険に巻き込むことになるとの咄嗟の判断で不時着を断念し、急上昇に転じたのである。**千載一遇の生き残るチャンスに、機長の人間味溢れる優しい人間性が不時着を断念させ、中止に踏み切ったものと思慮する。まさに苦渋の選択であったに違いない。**

このように事故機が状況に応じて着陸を中止出来るということは、事故機は操縦可能だったことも示唆している。この高濱機長の苦渋の選択と、自衛隊、政府幹部が「自己保身」、「責任回避」の目的で事故機の横田基地への着陸を阻止するために「二次被害」なる大義名分を持ち出し、着陸を中止させたことを比べると、その人間性、人格の雲泥の差の大きさに声も出ないのである。

事故機は地上すれすれの超低空から短時間で高度1,900メートル以上までの急上昇飛行を実行しており、機長らは十分な操縦機能を作動させていたことを示している。すなわち、日航事故機は操縦出来たことを証明している。

もし、事故調が主張するように操縦が極度に困難であったならば、とっさの判断で着陸を中止したり、変更したりは出来ないはずである。

川上村レタス畑への着陸を断念した後の事故機は、石川さんによると、

◆「川上村のレタス畑を直進して扇平山へ、そして右旋回して三国山、左旋回して群馬県の上野村方向の山の尾根を越えて飛行していった」

そうである。

川上村レタス畑への不時着を断念した高濱機長は、機体高度を着陸高度まで

下げていたため、そのままでは扇平山に激突するので、急に右旋回をしたが、そこには三国山があったことから左旋回し急上昇して激突を避けたのである。その後、左旋回して高天原山を左に見て群馬県の御巣鷹山方向、険阻な山岳地帯を目指していった。

　事故機がもし川上村のレタス畑に不時着を敢行していれば、乗客乗員の死亡率ははるかに少ないものであったと考えられる。このことに思い至ると実に残念至極でならない。

川上村レタス畑への不時着の困難さを検証する

　ただし、広大で平坦なレタス畑といっても、そこに不時着（着陸）を行うのは、飛行場への正規正常の着陸とは比べものにならない格段の困難がともなう。
　先ほど、高濱機長がレタス畑で消毒作業する村民を見て着陸を断念したと帰結した。それは間違いないことだが、地理的、技術的、経験的に見ると、いっそうよく理解出来るのである。
　パイロットは飛行場には何回も着陸をしているが、かかる地面に直接着陸する訓練はフライトシミュレーターでは受けているかもしれないが、実際に練習は出来ない。油圧機能を失った場合の手動操縦の訓練を受けていないことは日航が認めている。すなわち事故機は手動操縦であり、困難さは計り知れない。
　飛行場には着陸しやすいように着陸場所が塗装表示されており、センターラインも引かれている。飛行場の前方、後方も広く、視界も十分に取れるのであるが、高濱機長にとってもかかるレタス畑は初めての遭遇であり、何の表示もなく、ましてやどこが接地の前端なのかも分からない。
　甲武信ヶ岳から次第に降下して着陸に備えているが、急に平地が広がっており、視認し着陸する上でその地理的条件は最悪である。なお、このレタス畑は、千曲川の源流に向かってなだらかに傾斜しており、川の近くは急に落差が大きくなり、かつ川の両側には民家が密集している。そして、川の反対側には急峻で高い扇平山がある。
　一瞬でも着陸操作が遅れると山に衝突する危険性が待っている。実際、機長は約500メートル急上昇して衝突を避けている。技術的に手動であり経験はまったくないし、周囲も次第に暗くなってきている。しかも、一面のレタス畑は緑一色であり、さらに視認を妨げている。胴体着陸であり、その姿勢維持は

機首を少し上げての着陸になる。これだけの着陸時の困難さを考慮すると、横田基地への着陸のほうが遥かに容易であったと判断出来るのである。

かかる観点からも自衛隊が事故機の横田基地着陸を阻止したことは不当、かつ残虐そのものの仕打ちで、乗客乗員の命を不当に奪ったことに相当する犯罪行為と断定出来るのである。

世界中で起きた航空機事故における不時着の実例

ここで異常を感知した航空機の不時着事故の実例を検証してみる。

旅客機が正常な操縦で予定の飛行場に降りる時、これを「着陸」と呼ぶ。一方で「不時着」とは「不時着陸」の略であり、航空機が事故や天候不順などの理由で予定外の場所に降りることを言う。

したがって、事故機が横田基地に着陸する場合も不時着に相当するし、事故機が山間部の平地などに着陸を行うことも本書では「不時着」として扱う。

では、航空機が山林や平野部に不時着する場合、乗客乗員の死傷率はどの程度であろうか。その場合、飛行場に比べて機体、人間への衝撃による損傷度が大きく、かつ救助態勢も万全でなく、死傷率が高くなるのは当然である。

▶オンタリオ航空1363便墜落事故（1989年3月10日）

この事故はボーイングB－737－300が、カナダの極寒の飛行場で出発待機中の主翼部への着氷により離陸時に揚力が得られず、機長はエンジンをフルパワーにしたものの上昇出来ず、飛行場近くの山林に墜落したというものである。

このケースは厳密には着陸ではなく離陸での失敗であるが、エンジンフルパワーでの状態での墜落で速度が大きく死傷者は多かった。乗員乗客69名のうち、24名が死亡した（生存率65パーセント）。

▶イースタン航空401便墜落事故（1972年12月29日）

ロッキードL－1011トライスターがマイアミ空港近くの国立公園の湿地帯に墜落。乗員乗客176名のうち、重傷者75名、死亡者103名であった（生存率41パーセント）。

このケースではランプの点灯異常が原因で、空港上空で旋回飛行中にパイロットが不適切な行動をして自動操縦装置を解除したために機体が600メート

ルから90メートルに急降下し、操縦態勢を回復出来ないまま、左主翼を地表に激突させて墜落した。残骸は幅100メートル、長さ数百メートルにわたって散乱。原型を留めていたのは尾翼だけという全損事故であった。

　この事故は通常飛行に近い速度での旋回飛行における急速降下による墜落事故で、着陸、または不時着での墜落ではない。湿地帯への墜落、かつ近くの漁師が発見し、現場に15分後に到着・救助し、30分後に到着した救援部隊を誘導したので死亡者は相当軽減されたのだが、それでも低い生存率である。

　さて、日航機事故の場合も横田基地の米空軍は20分後に現場上空に到着し、救助ヘリを呼び寄せて降下しようとしている。こうした事態では1分でも早く救助隊員が到着し、救助の声を掛けることで生存者を励まし、命を助けることが出来る。

　しかし、我が日本の自衛隊部隊は上野村で13日の朝5時まで待機したまま出動せず、生存者を「見殺し」にしたのである。これは「不作為による殺人行為」に匹敵するのではないだろうか。

　また、日航機墜落事故の死亡者520名（生存率0.7パーセント）という数値を不時着での死亡者数として考えると、上記の事例から推測してもあまりにも大きすぎ、異常と言わざるを得ない。この数値は不時着でもたらされるものではなく、また、単なる機体不良の墜落でもたらされたものでもないことは明らかである。

　その結果、導き出される結論は明白である。つまり、事故機が自ら不時着したのでなく、何らかの原因による墜落事故なのである。

　それを裏付けるような不可解で奇妙な墜落事象がある。

　事故機の残骸散乱状況を検証してみると、御巣鷹山の尾根に激突するはるか前に第4エンジン1基が脱落している。つまり、飛行中に脱落したことになり、それは地表に激突する前、事故機に何か外部からの強い破壊力が加わった結果、脱落したと考えられるのである。日航機の直接の墜落原因として、外部からの破壊行為を考えざるを得ないのである。

2 上野村山岳地帯に急上昇した事故機を突然襲った撃墜攻撃

事故機に突然起きた異常事態の目撃証言

　事故機は超低空飛行で川上村のレタス畑に不時着を敢行したが、作業する多数の村民を視認して急遽着陸を断念。前方にそびえる山が迫っていることから、急上昇飛行で窮地を脱したのである。

　上野村の険阻な山岳地帯に入り、高空を安定飛行している事故機に突然異常事態が発生する。123便は三国山の斜面を駆け上り、左旋回して北西北に進路を取り、御巣鷹山の西側を通り、右旋回して回り込み、北方向から南下してほぼ360度ループ状に旋回して東南方向から御巣鷹山に墜落している。

　三国山から北北西方向に飛行し、尾根を越えた直後、日航事故機に突然、重大な非常異常事態が勃発したのである。

　当時の新聞や角田四郎氏の『疑惑』には、事故機に突然起きた異常事態の目撃証言が多数掲載されている。

◆「7時頃、**真っ黒い煙**を上げながら、群馬県境の山中へ墜落したのを見た」
　　　　　　　（鶴田汪氏・43歳・川上村、角田四郎氏『疑惑』より）
◆「雲が真っ赤に染まったと思ったら、キノコ雲のような爆煙が上がった」
　　　　　（川上村住民より長野県警への通報、東京新聞8月13日朝刊）
◆「航空機の胴体から煙を噴きながら、超低空で東北の方角へ飛んでいった」
　　　（長野県南佐久郡南相木村上栗生の主婦、北陸中日新聞8月13日朝刊）
◆「埼玉方面から飛んで来た飛行機が赤い炎を上げ、やがて黒い煙を残して南相木村の群馬県境に消えた」
　　　（中島初代さん・主婦・長野県南佐久郡川上村、朝日新聞8月13日朝刊）
◆「飛行機が飛んで行った後から、流れ星のようなものが飛んで行くのが見えた」（長野県南佐久郡南相木村中島地区の住民3名、読売新聞8月13日朝刊）
◆「川上村の人たちは『飛行機は北東の方へ炎を上げて飛んで行った』と話している」　（菊池村長・長野県南佐久郡北相木村、毎日新聞8月13日朝刊）
◆「墜落直前に機の後部から火を噴いていた」　　（読売新聞8月13日朝刊）
◆「ゴーンという音をさせながら航空機が低く飛んでいた。長野、山梨、埼玉県境の甲武信ヶ岳方向から飛んで来て、上空を右に旋回して北東の方に行っ

た。まもなく、雷が落ちるようなバリバリという大音響がし、2度ほどパッ、パッと光った。そのうち、ネズミ色のキノコ雲が上がった。墜落したなと思った」　　　　　　　　　　（井上薫氏・川上村、毎日新聞8月13日朝刊）

◆「神無川上流の山あいがピカピカと2度光った」
　　　　　　　　　　　　　　　（石原政雄氏、「週刊大衆」9月16日号）

　ほかにも多数の目撃証言があるが、以上の内容をまとめると、**「日航機の後ろから流れ星のようなものが飛んで行った」「日航機は飛行中に機体に異常が起きて、赤い炎を出し、黒い煙を上げ」**、そして**「パッ、パッと光って、バリバリと轟音を出して墜落した」**のである。

　これらの目撃証言から、自衛隊機がミサイル2発を事故機に向けて発射して、それが事故機に命中して大破したことが推測出来るのである。

　この複雑怪奇で疑惑が満載の事故の調査検証においては、いっさいの先入感と偏見を排除し、事実や資料、証言などに基づくものでないと事故の「真実と真相」の扉を開けることは出来ないのは明らかである。

　すでに第1章では日航機の垂直尾翼に自衛隊標的機が衝突し、自衛隊・国家権力はこれを隠蔽するために乗客乗員が助かる道を閉ざす「横田基地着陸阻止」をしている。最終的に事態の完全隠蔽のためには証拠を回収し、処分するだけでなく、日航機の機体だけでなく、事態の真相を知る乗客乗員全員の死亡が必要不可欠条件である。

　そして、旅客機の乗員乗客全員を死亡させる手段として、当時の手段ではミサイルによる破壊攻撃撃墜が最も適切であるのは周知の事実である。

　この件については詳しく後述する。

　さて、航空機事故の事故原因調査における「目撃証言の位置付けとその重要性」については第1章で詳細に記述した。しかし、事故調はこうした証言はいっさい無視して事故原因の調査に取り入れていない。

　ボイスレコーダー、フライトレコーダーだけでは検証出来ないことを具体的に示すことが出来るのは目撃証言である。こうした証言が1人や2人であれば見間違いや勘違いで済ませられるが、これだけ大勢の人が同様の現象を目撃していることから、その内容はきわめて信頼性が高いと言わざるを得ない。

　1985年8月12日18時50分頃、川上村のレタス畑では働き者の村人たちが夕

方遅くまで懸命に農作業に従事していた。他の多くの村人も同じような状況であっただろう。そして、事故機を目撃した人たちが位置していた標高は約1,100メートルであり、群馬県境を飛行する日航機の高度は2,500～3,000メートルで、直線距離でも機体まで約1キロから2キロメートルという近距離である。

しかも、日航機の機体サイズは全長70メートル×幅60メートル×高さ20メートルである。それほどの巨大な物体が轟音を響かせて低空を飛行する姿を見れば誰であれ注視し、観察する。しかも、そこに異常な事象が起きていれば、当然強く記憶に残るはずである。

事故機の最後の状況を目撃した内容は墜落の「真実と真相」を解明する上で重要な事実を示唆しているのである。これほど重要な目撃証言を軽視することは事故調査ではあってはならないことである。

事故機に起きた突然の異常事態の真相とは何か？

ここで、前述した多くの目撃証言について考察してみたい。

いくつもの目撃証言から見えてくるキーワードは「流れ星」「閃光」、そして「キノコ雲」である。正常に飛行する航空機が流れ星に追われ、次にパッ、パッと閃光を発し、突然、赤い炎を出して火を噴いて黒い煙を出す、あるいはバリバリと轟音を出すなどということはあり得ない。

ほんの少し前、猛然とエンジンを噴かして1,800メートルの三国山を猛然と乗り越えて3,000メートル以上まで上昇して行った航空機がそんな状況に陥るなど、とうてい考えられない事態である。そんなことが起きるとすれば、それは何らかの破壊力ある物体が外部から衝突した場合である。

そう考えると大きな問題は、その後に目撃されているキノコ雲である。

通常の航空機の墜落事故ではこのような閃光やキノコ雲の発生は絶対にあり得ない。たとえば1994年4月に起きた名古屋空港での中華航空機墜落事故、1994年8月に韓国済州島で起きた大韓航空墜落事故、1997年8月にグアム島で起きた大韓航空機墜落事故の際にはいずれも閃光など発生していないし、ましてやキノコ雲など目撃されていない。

それらの現象は科学的に考えても、一瞬で大量の水蒸気が蒸発するような、とてつもない強力な爆発物でないと発生しないものである。しかも、キノコ雲と言えば核分裂の世界の話である。

事故機が墜落する前に自衛隊機が追尾していたのは紛れもない事実であると考えられる。それはおそらくF－4EJ戦闘機2機、F－15J戦闘機1機である。そして、事故機が流れ星に追われ、パッ、パッと2度閃光を発し、突然赤い炎を出して火を噴いて黒い煙を出した事態とは、すなわち外部から攻撃されたということであり、それはF－15Jから発射されたミサイルが日航機に命中したものと考えるのが妥当な結論である。
　しかも、前述したキノコ雲や閃光などといった現象から、恐るべきことにミサイルは核爆弾の一種である「中性子爆弾」ではないかとの指摘もある。
　この異常事態が起きた時の状況を生存者の落合由美さんが証言している。
◆「安全姿勢を取った座席の中で、身体が大きく揺さぶられるのを感じた。船の揺れなどというものではありません。ものすごい揺れです。しかし、上下の振動はありませんでした」
　この証言の中の「ものすごい揺れ」とは横方向の揺れで、これは主翼の右端部に巨大な力が加わったと考えると辻褄が合う。

18：55：45　機長らの絶叫「アーッ」
18：55：47　日航機急降下。機長「パワー」→急上昇を指示。操縦不能。制御不能の危機的事態に。以降、「パワーアップ」「フラップアップ」「あたま上げろ」の絶叫指示。
18：56：30　墜落

　以上の記録から、事故機に重大な異常事態が起きたのは18：55：45だと判断出来る。同時に乗客の落合由美さんが体験したものすごい揺れはその衝撃の大きさを示唆し、事故機に巨大な力が加わったことを示している。それは恐らく日航機が自衛隊機からのミサイル攻撃を受け、右側第4エンジン部に被弾したものと考えると合理的に説明出来るのである。
　この異常事態や事象は目撃証言や事故記録、CVR、フライトレコーダー、乗客の体験証言の内容と完全に一致し、「外部破壊」「自衛隊の関与」「ミサイル攻撃」を裏付ける顕著な証拠と証明なのである。

外部から攻撃を受けた日航機の最終の墜落状況

　日航機の最終的な墜落状況について、有識者の考察と見解を示す。
◆「機首を北に向け、川上村から南相木村に入った頃、何故か右エンジンが火を噴き、大きく右へ傾いた。機首を北東から東に向けて、弧を描いて落下。さらに南そして西に機首を向けた時、『一本から松』に右主翼のエンジンが接触、続いてU字溝を作った峰に激しく接触して機体を二分しながら、最終激突地点へ突っ込んだ」　　　　　　　　　（角田四郎著『疑惑』より）
◆「JAL123便が樹木を薙ぎ倒したU字溝は正確には『U』というよりは『レ』という形をしており、斜めの角度は45度以上ある。前から見たジャンボ機の形から考え、あのように樹木を薙ぎ倒すのは、横に45度以上傾いた機体の右主翼の先が樹木を切った」　（川北宇夫著『墜落事故のあと』文藝春秋）
◆「しかも、御巣鷹山の尾根の上部は周囲の険しい崖に比べて狭いながら、比較的なだらかで、まるでパイロットが最後の力を振り絞って選んだような着陸場所なのである」
　　　　（「水平に突っ込み、樹木がクッション」信濃毎日新聞8月13日夕刊）

　御巣鷹山の尾根か、その下の谷であるスゲノ沢への数百メートルの密集樹木を破断した後部胴体が滑り降り、そのクッション効果で衝撃が緩和され、多数の乗客が助かったのである。まさに「神様のお陰であり、奇跡的に生還した4名もこのクッション効果により衝撃が緩和されて助かった」と考えられる。
　機体が右に45度以上傾いて飛行するのは正常ではなく、外部からの攻撃のような何らかの原因、例えば第4エンジンの破壊停止などで傾斜したと考えられる。これは失速寸前の飛行状態であり、何らかの原因による異常な飛行事態である。しかし、事故機が墜落した直接の原因が外部から衝突した爆発物体であると考えると合理的に説明出来るのである。
　機体残骸の分布、散乱状況から事故機がどのように墜落したのか推定出来るし、破壊の順序から墜落原因を推定することも出来る。

　事故調の事故報告書から分析すると次のようになる。
①事故機は御巣鷹山へは南東から北西方向に飛行している（図3参照）。
②最初の樹木などとの接触地点は墜落地点から南東約600メートルのU字形に

えぐられた尾根と見られていたが、新たな痕跡はU字形からさらに東南東に約500メートル離れた地点である。

　これはジャンボ機の推定進入経路とほぼ一致しており、樹木も進入方向に沿って薙ぎ倒されている。木の切り口が真っ白で新しいことから、ジャンボ機による最初の接触地点と見られる。

③事故機の最初の地面との接触は「一本から松」で、そこから500メートル飛行して第2の接触点であるU字形にえぐられた尾根（U字溝）に右主翼先端部が激突して右側の第4エンジン部品が散乱落下し、さらに垂直尾翼前縁部や右主翼外板なども同時に散乱落下している。

　もし、事故機が自機の異常で墜落したのならば、地上に激突した時は激突地点から後方に残骸破片が散乱するものである。
　しかしながらこの事故では地上との最終激突地点のはるか前方にエンジン、尾翼部分が落下している。これもまた飛行中に強力な外部からの衝撃破壊を受けた証拠と言える。そして、「一本から松」との衝突でさらに破壊が進み、「U字溝」での地面との激突で第4エンジン、尾翼残骸などが落下散乱したと考えるのが合理的、科学的な説明である。

3 機体残骸の散乱分布から墜落原因を推測する

墜落現場の残骸分布状況などから考察する墜落状況と原因

　墜落現場の残骸状況について、事故調は次のように説明している。
◆「墜落激突地点の前方約580メートルの場所に事故機の右主翼が地面を掘った『U字溝』があり、この付近に第4エンジン、垂直尾翼の前縁部分が落下している。さらに、その手前約500メートルの地点に『一本から松』があり、ここで、右主翼が樹木に約30度の傾斜で接触して樹木を薙ぎ倒した。この『一本から松』から進行方向に向かって50〜300メートル離れた場所に第4エンジンの破片約80点が飛散している」
　強靭で剛性の高い重要部品であるエンジンが飛行中に脱落したのは非常に不可解な現象である。この点を墜落の原因として検証し、科学的に説明しなければ事故調査にはならないはずである。

図9 日航123便残骸分布図（No.4エンジン）

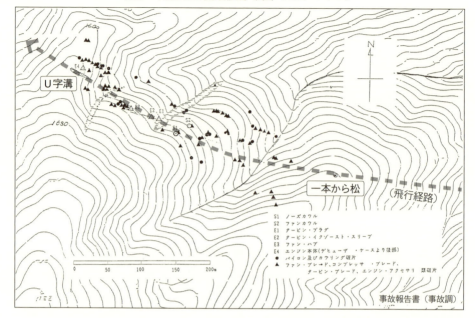

事故報告書（事故調）

　最初の接触地点である「一本から松」を「A地点」とし、第2の接触地点「U字溝」跡を「B地点」とすると、A地点で事故機は右主翼の先端部分を接触したものの、ほとんど部品は落下していない。

　落下したのはその350メートル後方からである。この地点での落下物は第4エンジン、ファン、ローター、ハブなどの部品であり、広範囲に散乱している。その後に垂直尾翼前縁部が散乱落下している。それから50メートル後方にB地点があり、そこには右主翼外板部と第4エンジンの後部が落下している。

　したがって、B地点での落下物はA地点での接触が原因ではなく、別の原因だと考えるのが妥当である。恐らく18：55：45に自衛隊機から発射されたミサイルが第4エンジンに命中衝突し、大きな損傷を与えたが脱落落下しなかったのである（ミサイルは基本的に赤外線追尾方式なので、後方からエンジン排気出口部を目指して衝突する）。

　すなわち、エンジン内部でミサイルが爆発したものの全壊にいたらず、大きな損傷を受けて亀裂が生じ、数秒後に右主翼が地面（B地点）に接触激突した衝撃で第4エンジン部が落下したと考えるのが論理的である（図9）。

　おそらく高濱機長らは右側の残されたエンジンの出力を上げてバランスを取

ろうとしたが、いかんせん右内側の第3エンジンだけでは機体の傾斜を水平に戻すことは相当困難であったと考えられる。

ミサイル被弾後、機体は急降下から水平飛行に回復出来たが衝突墜落した

　次に、「一本から松」（A地点）から「U字溝」（B地点）、そして、最後の衝突墜落地点までの飛行状況を検証する。

　A地点での樹木の破壊状況から事故機は約30度傾き、右主翼を下にして飛行している。この地点の高度は1,530メートルである。この傾斜角は右第4エンジンがミサイルで破壊され、作動停止したために左エンジン2基の推力により右旋回飛行となり、自然に右側を下に傾斜した姿勢になったと推測出来る。

　その後、ほぼ直進飛行し、次第に傾斜を深めながら、飛行し、B地点（標高1,620メートル）で事故機はさらに大きく右に傾き、約45～50度右主翼を下にして飛行している。500メートル飛行した段階で傾斜は30度から45～50度に拡大している。この飛行状態は既に失速状態で墜落寸前である（図10）。

　B地点から尾根の激突地点まで約600メートル飛行していくと、その傾斜はさらに大きくなり、約70～80度の傾きと推定出来る。この状態では完全に機体は横倒しであり、失速状況にあると言える。この高度は1,620メートルで、A地点から約90メートル上昇している。すなわち、「一本から松」から事故機は上昇飛行していたことが推測出来る。

　その後、機体が衝突墜落地点（C地点：標高1,560メートル）の尾根斜面に激突した段階で第3エンジンは左方向に、左エンジン2基は右方向に吹き飛ばされている。すなわち、B地点での地面との接触でさらに機体は傾斜し、上昇力が失われて失速状態でB地点から約60メートル降下していることが分かる。

　このことから、事故機は機首から激突したが、機体は真横の状態で右回転のエネルギーで墜落現場付近でのエンジン、尾翼部などの残骸散乱分布が生じたことが推測出来る。さらに、フライトレコーダーの記録から、機体は急降下した後、途中で降下現象が治まり、水平飛行に回復していることが分かる。一番低い高度はフライトレコーダーでは約1,500メートルとなっており、そこから日航機は上昇に転じ、最初に「一本から松」と接触している。

　急降下から水平飛行に回復した事故機は、高度1,500→1,530→1,620→1,560

図10 日航123便の墜落直前の飛行経路（一本から松からU字溝にかけての状況）

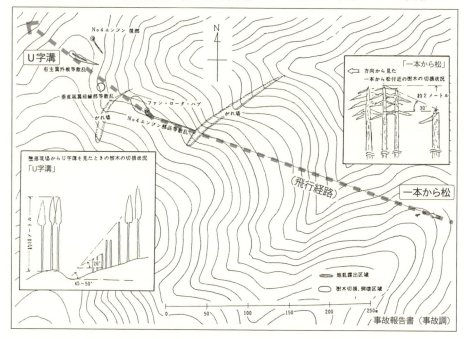

メートルと、ほぼ水平飛行をしている。すなわち、日航機は急降下して機首を下に真っ逆さまの状態で地面に激突したのでないと言うことである。

　フライトレコーダーでは時速488キロメートルで衝突している。しかし、機体前部、中央部は全体的に御巣鷹山の尾根に激突しており、事故調が説明したように機体の前、中部の乗客らは数百Gの衝撃を受けて多数が即死している。一方、後部胴体部は機体が中央部で折れ曲がり、衝撃を吸収。後部胴体部は樹林を薙ぎ倒して滑り落ちたため、さらに衝撃が弱められたと推測出来る。

　こうして墜落の衝撃が緩和され、事故機は機体後部乗客乗員は死亡を免れたのである。この急降下からの水平飛行への回復は高濱機長の優れた操縦技術によるものと判断出来る。

横揺れ証言と急激な右旋回急降下事象から墜落原因を推測する

　もう一度話を整理すると、事故機は川上村レタス畑への着陸が出来ず、扇平山、三国山への激突を避けるべく急上昇している。川上村は高度1,100メート

ル、最後に目撃された三国山は1,834メートルである。目撃証言によると、事故機は機体の背中を川上村の目撃者たちに見せるほど急上昇しており、3,000メートル程度まで上昇したはずである。

　その後、水平飛行に移り、その直後の18：55：45に突然、異常な震動を受けて右旋回、急降下に移っている。この飛行経路での回転半径は約2、3キロメートルときわめて小さい。伊豆河津町や焼津市上空、大月市上空で行われた通常の旋回は半径約5、6キロメートルであり、18：55：45の急旋回降下は高濱機長らにとっても制御出来ない飛行であったことは容易に理解出来る。

　そして、18：55：45に第4エンジンに外部からの衝撃を受けてから墜落するまでの時間は約45秒である。

　強力な衝撃を受けて急降下に入るまでが約5秒、「一本から松」から激突地点まで約1キロメートルを水平飛行しており、この間約15秒で、急降下の時間は25秒となる。急激な右旋回は機首が下がったために急降下したのである。

　そして、高度3,000メートルから「一本から松」の高度1,530メートルまで旋回降下しており、約1,500メートルを約25秒で降下している。実に毎分約3,600メートル（時速216キロメートル）の急降下である。

　さらに、事故調の報告書のフライトレコーダーの「時間－高度表」から（非常に分かりにくい図であるが）、1,500メートル／20秒＝分速4,500メートル＝時速270キロメートルとなる。降下速度は次第に加速されるので、時速220〜280キロメートルの範囲であったと推察出来る。

　例えば、遊園地のジェットコースターなどの絶叫マシンと呼ばれるアトラクションの最高速度は時速130〜150キロメートルである。それを超える速度で約25秒間垂直に墜落降下したと考えると、実際に体験した524名の乗客乗員が感じたのは驚異的な恐怖感だと推察出来る。

　遊園地のジェットコースターは単なる娯楽であるが、事故機の乗客は「死」と向き合っての急降下である。その恐怖感たるやジェットコースターと比べるべくもなく、とてつもなく凄まじいものであったろう。

　繰り返すが、生存者の落合由美さんは◆「座席の中で身体が大きく揺さぶられるのを感じた。船の揺れなどというものではありません。ものすごい揺れです」と証言しているが、重量100キログラムのミサイルがマッハ3〜10の高速で第4エンジンに激突したとすると相当な揺れが生じるはずである。

　この衝突が落合さんの証言の「ものすごい揺れ」に相当すると考えるのが論

理的である。しかし、強烈な衝突にもかかわらず、この時点では第4エンジンは落下していない。それほどエンジンの取り付け部は堅固なのである。

　では、18：55：45に機長らが驚愕の声を上げた時、落合さんが体験していた「ものすごい揺れ」とは何なのか。ボイスレコーダーでの機長らの声と落合さんの体験証言を裏付けるものとしてフライトレコーダーの諸データがある。

　事故調は事故機のフライトレコーダーのデータを図示しているが、何らかの分析、調査、検証を行った形跡が見えない。事故機のボイスレコーダー、フライトレコーダーの内容と冷静な落合さん、川上慶子さん、吉崎博子さんらの生存者の体験、証言が一致する事象こそが「真実と真相」ではあるまいか。

　先ほどの落合さんの体験証言はこう続いている。

◆「**そしてすぐに急降下が始まったのです。まったくの急降下です。髪の毛が逆立つくらいの感じです。**頭の両脇の髪が後ろに引っ張られるような恐怖です。怖いです。怖かったです。思い出させないでください。もう、思い出したくない恐怖です。お客様はもう声も出なかった。私は『これで死ぬ』と思った。真っ直ぐ落ちて行きました。振動はありません」

　とりわけ、この急旋回は航空機としてはきわめて異常な急旋回である。当然、機長は巨大な加速度5G以上に耐えて、急降下墜落落下の是正と機体姿勢の回復、上昇飛行操作を懸命に行ったはずである。

　このような急降下、加速度と機体の傾斜飛行の状況を考慮すると、外部からのエンジン破壊が合理的に説明出来るのである。第4エンジンを検証すれば墜落時にエンジンが正常に動いていたのか分かるはずであるし、分解して分析すればエンジンの最後の状況を解析出来るはずである。しかし、事故調は何も調査していないし、していたとしてもその結果を公表していない。

　さらに、事故機は黒い煙を出し、次に白い煙を出して飛行していたとの目撃証言がある。この黒い煙を出したこととエンジンの脱落現象には何らかの関係があるのではないかと考えるのは当然の帰結である。

　エンジンの燃料は主翼の中に貯蔵されていて、配管でエンジンに供給されている。仮にミサイルの激突によってエンジン部が損傷を受けると配管が破壊され、漏れた燃料に着火して黒煙を上げたと考えると目撃証言と一致する。

　であるならば、ミサイルを被弾したという「推定」は合理的に裏付けられる。

日航123便のフライトレコーダーのデータから判断出来る最終飛行状況

　事故調が公表したフライトレコーダーのデータには数十項目の飛行状況を示す数値が記録されている。18：55：45以降の数値を基に異常事態発生時の現象について検証する。なお、このデータは測定値がエラーにも見えるほどバラツキがあり、それを修正してプロットしたものである。
　18：55：45から気圧高度や対気速度、垂直加速度、横揺れ角、縦揺れ角に顕著な変化がみられる。

①気圧高度

　18：55：50から気圧高度が急激に低下している。前述したように降下時は時速270キロメートルで、これはジェットコースターの最高速度を大きく上回っている。落合さんが「まったくの急降下です。髪の毛が逆立つくらいの感じです。頭の両脇の髪が後ろに引っ張られるような恐怖です」と証言した状況と一致する。

②対気速度

　18：55：55から18：56：25までの間に対気速度が急に大きくなっている。事故機は30秒の間に200ノット（時速370キロメートル）から一挙に350ノット（時速647キロメートル）と、約75パーセントもアップしている。日航機は急降下したことを示している。

③対気速度と気圧高度の関係とは？

　航空機が離陸して上昇する時は速度を上げ、フラップ操作で高度が上がる。しかし、油圧機能がダメになってからは、事故機は速度を上げると高度は下がっている。この事象はフゴイド運動に相当するものと考えられる。
　すなわち、18：56：00の時点では同じく速度が急激に上昇し、一方、高度は急激に低下している。これは機首を下にして重力を受けて速度が急増し、なおかつ右旋回しながら急降下をして高度が低下していることを示している。
　これは制御不能状態であり、失速に近い状態での墜落と同じである。

④垂直加速度

18：55：55から垂直加速度が急激に増加している。これは急降下に伴うもので、その数値は1.0Gが3.0Gと20秒間で3倍になっている。この3.0Gにより落合さんは、「髪の毛が逆立つ」とか、「後ろに引っ張られる」感じと証言しているのである。フライトレコーダーでは3.0G以上の表示はなく、最終的には5Gを超える過大な重力加速度になったと推測される。

パイロットは7.0Gが操縦出来る限界と言われており、それでも高濱機長らは必死に「エンジンパワー」を上げて、機体の安定を試みている。

⑤横揺れ角と縦揺れ角

18：55：45に突然の横、縦方向に大きな揺れ変化が記録されている。

このようにフライトレコーダーの記録からもこの時間に異常事態が発生し、落合さんがものすごい振動を感じ、機長らが「アーッ」と絶叫した瞬間がその現象の始まりであったことを示している。

なお、事故調の報告書の「エンジン出力（engine pressure ratio）図」ではほとんど差がないように見える。しかし、18：54：00からの左第1、第2エンジンと右第3、第4エンジンの比較では図形に変化が見える。しかし、エンジン出力は何を検出しているかなど、理解出来ない素人には考察は不可能である。

右第4エンジンは18：55：45に出力停止しているはずで、実際にエンジンの調査を行えば分かることと思われる。事故調が調査したかどうかは不明で、専門家の意見を待たざるを得ない。

フライトレコーダーのエラー無修正データによる分析・検証

フライトレコーダーの諸データでは、18：55：45の前後から気圧高度、対気速度、垂直加速度、横揺れ角、エンジン出力に大きな変化が現れている。このデータは、素（原）データがあまりにもバラついているため、そのバラつきを機械的、電気的なエラーによるものとして修正し、連続した変化図にプロットして作成されたものである。それが最後の18時53分から57分までの「エラー無修正データ」で事故調の報告書の図12の右端に追記されている。

「エラー無修正データ」を見ると18：55：40あたりからデータは変化が激し

図11 大月市→八王子→川上村→御巣鷹への日航123便飛行DFDRデータ

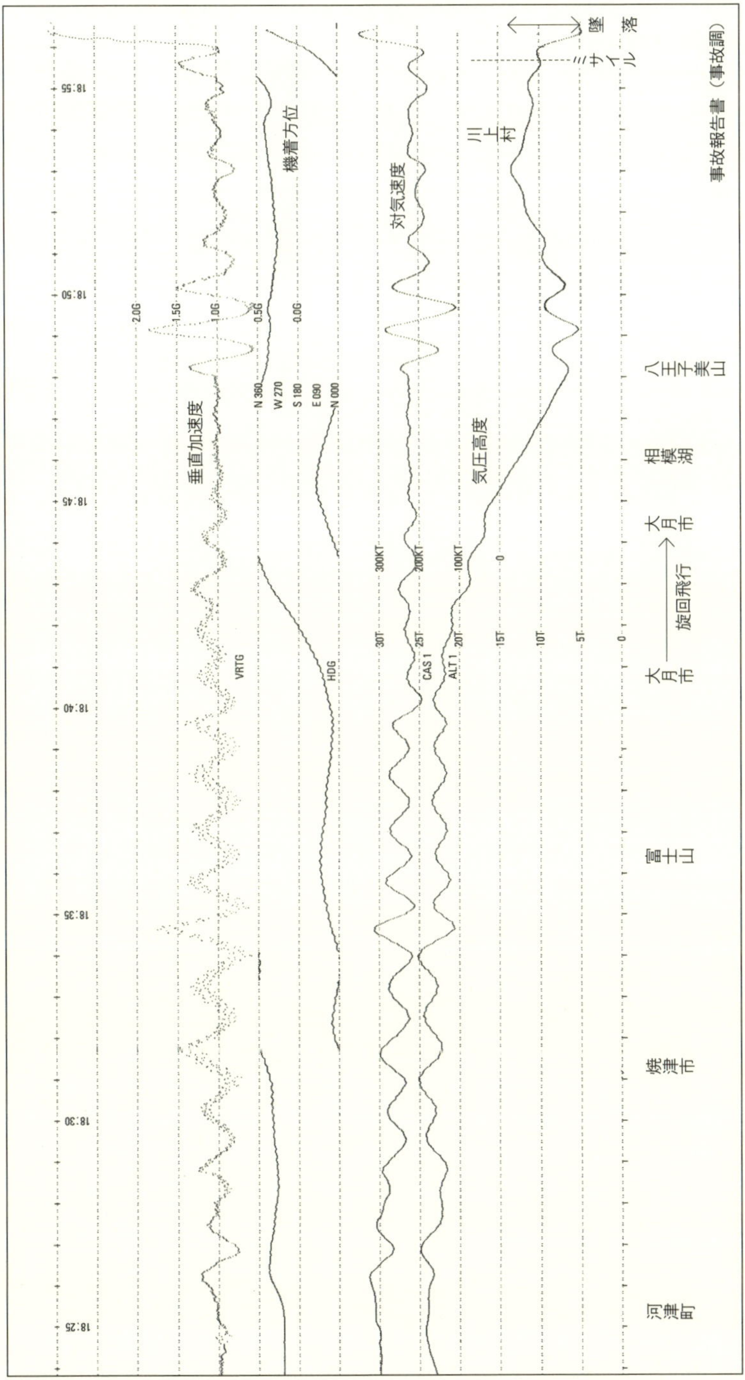

第2章 日航123便を撃墜墜落させた謀略事件 待ち受ける惨劇 143

図12 ミサイル攻撃から墜落までの日航123便DFDRデータ

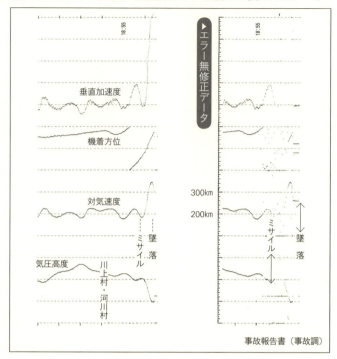

事故報告書（事故調）

く、図示ではプロット点が飛んでいるのである。

　事故調では、これをエラーとして修正し、見やすくしているが、実はこれをエラーと考えるのは技術的におかしなことで許されないことである。

　無修正の生データで調査・分析するのが事故調査の原点であり、それを修正した段階で「真実と真相」にフィルターを掛けたのと同じ偽装行為に当たる。

　つまり、機械が誤動作したのではなく、機械の精度一杯の範囲で記録したのである。あまりにも急激な変化を機械精度の限界、最低測定時間で表記したとすれば、そのような調査・分析を行わねば、それは事故調査の原則に反するし、科学的な調査・分析を逸脱する間違った行いである。

　もう一つの見方としては、18：55：45以降において急激な衝突により機械的、電気的な測定機器が誤作動した可能性がある。しかし、18：56：20前後には再び正常に作動して記録したようにも見える。何より測定機器が墜落時に正常であったかどうかは機器を回収して調査すれば分かるのである。

　測定は連続であったかもしれないが、プロットするのは10分の1秒の間隔

程度であり、変化が少ないと連続の図示になるが、変化が激しいと図示での点はバラバラに見える。しかし、実はそれが墜落状況を正確に表現している。

事故調のフライトレコーダー図示のエラー無修正データを見て、調査・分析すると18：55：40あたりから機体に激しい変化、変動があったことを示唆している。すなわち、18：55：45の機長らのボイスレコーダーでの驚愕の音声、落合由美さん、川上慶子さん、吉崎博子さんが体験したものすごい揺れと、事故調が公表したフライトレコーダーの修正したデータおよびエラー無修正データは一致している（図12）。すなわち事故機の機体に急激な変化、変動が生じたことを証明しているのは紛れもない事実である。

そして、その急激な変化は事故機自体の原因によるものではなく、外部から加えられた「巨大な衝撃」によるものであることを示しており、右第4エンジン部に巨大な衝撃が加わったことを示唆している。第4エンジンの墜落直前（10秒前）の脱落は樹木との衝突前に攻撃破壊されたことを示している。

エラー無修正データで第3、第4エンジンと第1、第2エンジンの出力の図示を比較すると、第3、第4エンジンの挙動が異なっている。18：55：45あたりで明白に変化が出ており、それ以降のデータは判読不可能である。

第4エンジン部や機体への巨大な力が加わったことを契機に、事故機は急激な降下に移っている。これはミサイルと思われる外部からの攻撃としか思えない現象である。ここまでかろうじて飛行してきた事故機は被弾して飛行機能を完全に喪失。そして、恐ろしいことにジェットコースターをはるかに超える急降下を行った。これこそミサイル被弾を事実とする証拠だと推測できる。

非常事態が発生してから墜落激突までの時間は45秒間。つまり、乗客乗員が死の恐怖に怯えた時間は正味45秒間であった。

45秒という時間は平穏な日常生活の中ではほんの一瞬にすぎないが、極限状態に追い込まれた事故機の乗客乗員にとっては永遠に続くかのようにも思える長い恐怖の時間であったに違いない。合掌。

機体残骸の分散状況からの検証考察

墜落した事故機の残骸、破片の大部分は墜落激突地点の後方に散乱している。第3エンジンは進行方向の左側にあり、第1、2エンジンは右側のスゲノ沢に後部胴体と共に散乱している。この分布状態からも事故機は右に大きく傾い

図13 「一本から松」「U字溝」「墜落地点」付近の残骸分布図

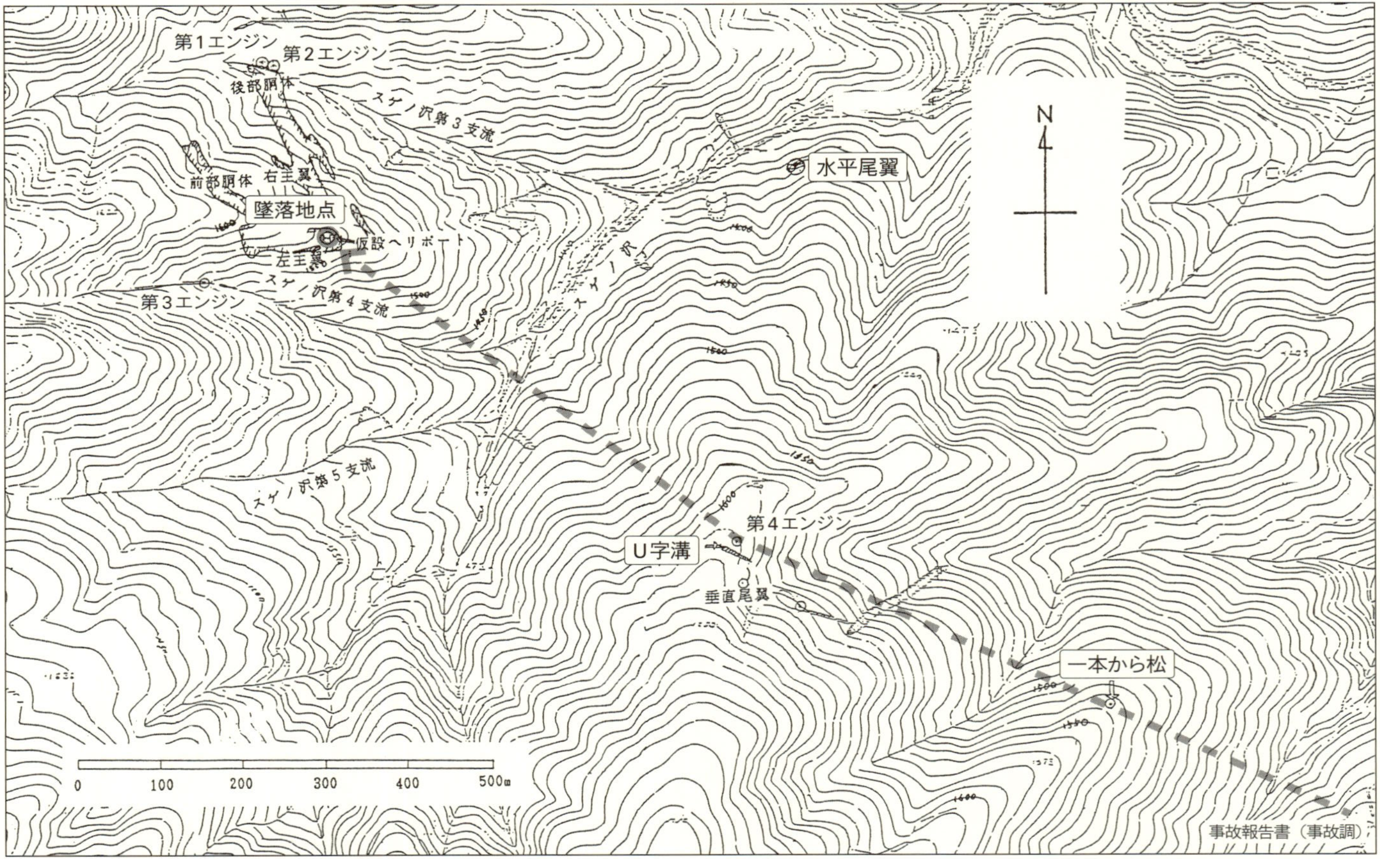

146

て飛行して、機首部が尾根斜面に激突し、この衝撃により回転エネルギーを持った機体は反転し、右の第3エンジンは左側に振り飛ばされ、左の第1、2エンジンは右側に振り飛ばされたことが分かる。機首と前部胴体はそのまま直進して落下している。

衝撃で破断した後部胴体は中央で破断、引き裂かれ、右方向に樹木を薙ぎ倒してスゲノ沢に滑り落ちた。その結果、機体後部の乗客は衝撃力を弱められ、相当数の人が重傷の状態で生存していたと推測できることはすでに述べた。

U字溝に垂直尾翼の前縁部などが散乱しているが、その残骸部分は事故機の右主翼が接地衝突した衝撃で落下したのである。このことから、事故機尾翼は自衛隊標的機と思われる物体に衝突され、破壊損傷され、一部機体に付着していたことを証明している。

もう一点、理解不能なことは、水平尾翼が「U字溝」より北方向500m、墜落地点より東方向600mの地点に落下していることである。今後の検証を待ちたい。

外部からの激突により垂直尾翼部が大きな損傷亀裂を生じたことから、すぐに落下した残骸と、その後に落下した残骸とが出てくる。事故調の資料によると、飛行中の5ヵ所で落下物が発見されている。

しかし、隔壁が機体内部圧力により破壊された場合、このようなことは起こり得ない。事故調の「圧力隔壁破壊説」は嘘であることが、事故機の最後の着地での垂直尾翼前縁部の落下により明らかになったといえる。

高濱機長ら3人の操縦技術の優れたクルーによる32分間の飛行は、死してもなお最後の無言の訴えであったに違いない。立派な功績であり、高濱機長、佐々木副操縦士、福田航空機関士に心から感謝と敬意を表するものである。

日航機がミサイルで攻撃された場所はどこなのか?

それでは、どの場所で事故機はミサイルに攻撃されたのだろうか——それは三国山を越えてから1分以内での出来事であったと考えられる。

川上村レタス畑からの目撃では、三国山を猛烈な上昇飛行で乗り越えた日航機は左方向に進み、御巣鷹山、高天原山の間を飛行していく。このあたりからは群馬県上野村の急峻な山岳地帯が続いており、山岳地帯に入った段階で煙、閃光、キノコ雲などが目撃され、轟音が響いたのを住民が聞いている。

考えてみると、住民が少なく人々の視線から外れる場所で異常事態が発生し

ていることが分かる。これもまた自衛隊が攻撃したという1つの証拠である。

　問題の瞬間は機長らクルーが「絶叫」した18：55：45であり、これは落合さんが突然の大きな揺れ、あるいはものすごい揺れを感じた時間でもある。この2つがまったく同じ時間であることから、問題の出来事はこの瞬間に起きたというのが事実ではないだろうか。

　この時、機体のフライトレコーダーのデータも重力加速度が急激に増加し、5G以上のレベルになっているのを読み取ることが出来る。

　ミサイルと思われる物体が着弾したことで右第4エンジンの機能が停止し、次第に右急旋回に移り、急降下して御巣鷹山のまわりを小さな円状に旋回し始めている。しかし、機長は機体の傾きを戻し、正常に飛行出来るようにエンジン操作、フラップ操作などをしたが、機体の急降下を回復させることは困難であり、結局、機体の急降下は止められたが、急上昇は不可能に終わった。

　その後、事故機は傾斜が次第に大きくなり、失速状態で急降下して地上に接近している。かろうじて機体は高濱機長の操縦技術により高度1,500メートル付近で急降下は止まり、水平飛行状態を取り戻したのである。

　そして右主翼を「一本から松」に接触させ、次にB地点で右主翼先端部を尾根に接触させ、大きな「U字溝」を掘って尾翼残骸部品と第4エンジンを落下させたのである。

急降下した日航機は墜落直前に水平飛行を回復出来た

　事故機は外部からのミサイル攻撃でエンジンが破壊されて急降下したが、急降下した機体はそのまま地面に真っ逆さまに垂直に激突したのではない。普通、ミサイル攻撃を受けた航空機は真っ逆さまに急降下し、地面に垂直に激突して機体も乗客乗員も全員粉砕され、全員即死惨死するものである。

　自衛隊機が残酷、非情とも思えるミサイル攻撃に出たのはこのような結末を予測し、期待していたからである。しかし、高濱機長らの懸命な操縦技術がこの危機を救い、水平飛行姿勢を回復して全員即死は免れたのである。

　ここで、水平飛行とは機体が地面に平行して飛行することを意味し、垂直降下飛行は、すなわち機体が真っ逆さまに地面に向かって飛行する、または落下することを意味している。その意味で、垂直飛行は真っ逆さまに失速しての降下墜落であり、水平飛行は通常の安定した飛行状態である。

事故機は水平飛行したが、傾斜姿勢での飛行は失速状況にあり、なおかつ右第4エンジンが作動せず、傾斜角を回復することが出来ない状態であり、揚力回復が出来ない事態にあった。
　なおかつ山岳地帯の険阻な山が幾重にも繋がっており、その尾根に衝突、激突したことになる。平地での高度1,500mの飛行ならば、地面に水平に墜落したことになり、その場合の乗客乗員が受ける衝撃は軽減されて、死傷率は御巣鷹の尾根（斜面角度40度）との衝突よりは少なくなることは推測出来る。

　ただし、自衛隊にとって事故機の水平飛行への回復はまったく想定外のことであった。その意味で水平飛行に回復して垂直激突墜落による「乗客乗員全員死亡」を免れたのは、何度も記すことだが、高濱機長の勇敢で優れた操縦技術の賜物と、その行動を高く評価出来る。その詳しい内容は後述する。

　事故機は墜落直前、高度1,500メートル付近で水平飛行に移ったことはフライトレコーダーの気圧高度図に示されており、かつ墜落直前の「一本から松」、「U字溝」跡との接触状況から判断出来るのである。この事態を事故調もグラフィックで表示している（図14）（報告書の別冊付録6　130ページ）。

一本から松（高度1,530メートル）：機体傾斜30度
U字溝（高度1,610メートル）：機体傾斜50度
最終激突地点（高度1,560メートル）：機体傾斜80〜90度

　事故機は機体の傾斜度を増大させながらもほぼ水平飛行を回復し、乗客乗員の受ける衝撃を大幅に減少させたのである。

日航機の最終段階における45秒間の飛行状況

　もう一度、以下の資料や証拠から事故機の最後の45秒間の飛行状況を調査・検証する。

① 「ボイスレコーダーの記録」
② 「落合由美さんの体験目撃証言」

図14
日航機墜落直前、(一本から松) → (U字溝) → (御巣鷹斜面) に至る飛行グラフィック

事故報告書（事故調）

北側から見た「一本から松」、「U字溝」付近の航跡

「一本から松」の東側上から「U字溝」
「墜落現場」を望む

北東から見た航跡

墜落現場付近上方からU字溝を望む

③航空機事故調査報告書　付図13　「残骸分布図（山岳　高度表示）」（図13）
④航空機事故調査報告書　別冊付録6　（機体航跡を4枚のグラフィック図示」（図14）

　事故機は18：55：45に外部から発射された自衛隊ミサイルが右第4エンジンに着弾したことから次第に右旋回降下に移った。高度3,000メートル付近から機首を下にして真っ逆さまに急降下したが、約1,500メートル付近で機体はほぼ水平飛行に戻っている。
　中華航空機事故などを検証してみても、このように機首を下にして真っ逆さまに落下する機体が自然に水平飛行に戻る可能性はゼロである。これは機長らが必死に機体姿勢の回復操縦をした結果と考える。水平飛行の姿勢を取れたことが多くの乗客に最悪のケースである「乗客乗員粉砕即死」の恐怖を大幅に減少させたのである。これは機長らの立派で偉大な功績である。
　事故機は高度3,000メートル付近から垂直に急降下したが、高度1,500メートル付近で高濱機長らの卓越した操縦技術により水平飛行状態に回復することが出来た。この時、機長は捨て身の覚悟で「パワー」「パワー」と絶叫し、副操縦士は推力レバーをフルにしてエンジンを噴かし、機体の立て直し＝機首上げに挑んだのである。
　その結果、機体は水平飛行を回復したが、機長らは山との衝突を避けるべく上昇飛行を試みた。しかし、機体は右第4エンジンが破壊損傷し、右側が下がった傾斜角の回復と機体上昇飛行の両方を満足させることが出来ず、右側に傾斜した飛行姿勢のまま、「一本から松」に右第4エンジン、右主翼部が接触。それでも事故機は直進して上昇飛行を続け、機体傾斜50度で右主翼先端を地面に接触して「U字溝」を掘り、この衝撃で第4エンジンが落下している。
　この接触で機体はさらに傾斜を深め、右旋回しながら最後の激突地点である御巣鷹山の尾根に正面から、恐らく真横（90度に近い傾斜角）の姿勢で機首から激突したのである。
　事故機は1キロメートル以上にわたって水平飛行したが、エンジンが破壊されたために安定飛行が出来ず、激突墜落した。時に18：56：30であった。

　事故機はほぼ水平状態で機首から尾根の斜面に衝突したが、機体は真横の姿勢で回転のエネルギーを持っており、右主翼は進行方向左側に、左主翼は右側

に、胴体部は中央部を分断され、後部胴体は右側の山の斜面を滑り落ちた。

このため後部胴体部は密集樹木でその衝撃を緩和されたに違いない。もし、直角に落下し激突していれば、機体はもちろんのこと、乗客乗員はバラバラに粉砕され、全員即死であったことは間違いない。

この水平飛行での尾根への衝突により、数十名の乗客は重傷のまま、救助を待つことになったのである。しかし、その後の自衛隊の意図的な救助活動不作為行為で「見殺し」にされ、さらに自衛隊特殊部隊の極秘命令行為で生存重傷者に対する加害行為が行われ、墜落後14時間の間に多くの重傷者が絶望の果てに死亡したのである。そして、わずか4名の生存者が上野村消防団、長野県警により救出された。結果的に4名が奇跡的に生還出来たのは高濱機長らの勇気ある行動によるものは明らかで、その英雄的な行為を表彰し勲章を授与するべきであると具申する。

自衛隊・群馬県警部隊の生存者救助活動不作為行為

自衛隊と群馬県警部隊は12日遅く上野村に入ったものの待機命令で出動せず、翌朝の8時50分〜10時15分までに墜落現場に入ったものの、生存者の捜索を行わず、遺体の回収などを行っていた。

その後、長野県警と上野村消防団は自衛隊指揮官の「全員即死」「捜索中止」の指示に反してスゲノ沢で必死の捜索を敢行し、10時54分〜11時5分の間に4名の生存者を発見している。墜落事故の実に15時間後であった。

自衛隊、および群馬県警が「乗客乗員全員死亡」の前提をいっさい崩さず捜索活動を行わなかったことは、墜落原因に自衛隊が関与していることを示唆するものである。

このような事態は自衛隊が上野村山岳地帯で日航機をミサイルで撃墜した段階で十分に予測出来たわけで、自衛隊幹部は「乗客乗員全員が即死した」と確信していたことが推測出来る。したがって、生存者救出活動を急ぐことはなかったのである。

その一方で、自衛隊機が事故機に向けて発射したミサイルの残骸の回収を秘密裏に行っていたということも十分に推測出来るのである。

急降下飛行から水平飛行に回復し無事着陸した例と垂直急降下でそのまま墜落破壊粉砕した例

ここで、同様の急降下事故から回復して無事着陸した事例を紹介する。

▶中華航空006便急降下事故（1985年2月16日）

ニューヨークへの飛行中、乱気流で第4エンジンが停止し、自動操縦で機体の傾きを修正しようとするも正常化出来ず、手動に切り替えたところ失速し、キリモミ状態で垂直降下した。高度12,500メートルから急降下し、途中で他の3基のエンジンも停止し、回復は困難であった。

高度3,400メートルで雲層を突破した段階で視界が確保出来、さらに扉が破損して着陸装置が下り、空気抵抗が増して降下速度が低下した。これによってエンジンも回復。この時、操縦士に懸る重力は5Gであったが、機長は元空軍機パイロットであったため、5Gに耐えて操縦出来たのであった。

すなわち、空軍パイロットとしての強靭な体力、空間失調症からの回復、垂直降下する姿勢での操縦技能の3つの奇跡が重なり、高度2,900メートルで水平飛行を回復し、無事に空港に着陸出来たのである。

▶パシフィック・サウスウエスト航空1771便墜落事件（1987年12月7日）

サンフランシスコからロサンゼルスに向かっていたPSA−1771便ブリティッシュ・エアロスペース146型機が、カリフォルニア中部の海岸沿いを飛行中に突然急降下し始め、カユコス近郊の農場に墜落した。

調査により、麻薬所持の疑いをかけられたこともある素行不良の黒人機内清掃員がUSエアウェイズを解雇され、その逆恨みで元上司が乗っていた1771便に拳銃を持って搭乗。元上司を射殺し、機内の嘔吐袋に遺書を書いた後、パイロットと自分自身を撃って航空機を急降下させて墜落させたものと判明した。

PSA−1771便は真っ逆さまに地上に激突。音速の壁を突破し、約5,000Gの重力加速度で落下激突した。地面は圧迫されて凹み、その後、エネルギーが解放されてめり込んだ物体が噴出するのである。爆発で燃える前に衝撃力のリバウンドで瓦礫が真っ直ぐ空中に飛び出した。機体の内部、紙など軽いものが空中に放り出され、それが風によって何百メートルも飛散した。機体そのものの姿はなく、遺体の1つも見つけられなかったのである。

航空機が真っ逆さまに地面に衝突すると、このような悲惨な状態となり、遺体はバラバラに粉砕されることを示している。

高濱機長らの奮闘と奇跡の操縦技術による水平飛行回復の実態

　機体が垂直降下していても、中華航空006便の機長同様、空軍パイロットであった高濱機長は5Gに耐える強靭な体力と自衛隊戦闘機で培った垂直降下での操縦技術により、機体を水平に回復させることに成功している。
　具体的に、垂直に落下する機体を立て直すには、まず**降下加速度5G**に耐えられる強靭な体力が必要である。そして、次のような操縦方法が考えられる。

①フラップを一杯出して空気抵抗を高め、機首を持ち上げる
②着陸ギアを出して空気抵抗を高めて機首を持ち上げる
③エンジン出力をフルにすると推力が上がり、翼の上面の静圧と下面の静圧の差で機首が持ち上がる。

　事故機も高度3,000メートルから垂直に急降下したが、高度1,500メートル付近で、高濱機長らの卓越した上記のような操縦技術により水平飛行状態に回復することが出来たのである。こうした緊急時の操作は高濱機長が自衛隊の航空機での訓練で培われた技術により実践されたものと推測出来る。
　残念至極なことに高濱機長らの遺体は何故か1片の歯骨しか残らなかったが、彼は多くの乗客乗員の生命を救ったのである。
　事故機は「一本から松」のはるか手前で水平飛行に戻ったが、機体はその後約90メートル上昇している。その後、上昇飛行中に尾根の「一本から松」に接触したのであるが、機体が30度傾斜していたことが致命傷となった。「一本から松」との接触で傾斜角はさらに増大し、高度1,620メートルでまたもや右主翼の先端を地面に接触させたのである。これも機体の傾斜角が50度でなかったら、おそらく接触はなかったものと思われる。
　しかし、地面との接触でこの傾斜はますます増大し、結果的に1キロメートル水平飛行して、真横の姿勢で御巣鷹の尾根斜面に激突したのである。
　この時間帯、ボイスレコーダーは機長の絶叫「パワー」の連続であった。その後、事故機は機体を横転させながら最後の激突地点に到達した。機体を水平

に回復した結果、パシフィック・サウスウエスト航空1771便墜落事件のような悲惨な全員即死の事態は避けられたのである。

　機首、胴体前部と尾根斜面との衝突による数百Gの衝撃で胴体前部、中央部の乗客乗員はほとんど即死で、なかには遺体が見つからない方もいたのである。

　今さら何を言っても意味がないかもしれないが、高濱機長らの必死の操縦とその結果を見る時、1人の遺族として高濱機長らの操縦技術、奮闘、勇気に敬意を表し、感謝の誠を伝えて讃えたいと考えている。

ミサイル攻撃を受けた第4エンジンと他のエンジン3基の破壊状況

　右側第4エンジンは「一本から松」に接触して脱落したとされているが、エンジンを主翼に吊り下げるパイロンやエンジンを蔽っているカウリングなど、80点もの部品の残骸が「一本から松」と墜落地点の間の300メートルにわたって散乱しており、エンジンも150メートルにわたって分散分解破損している。

　右主翼は墜落激突地点の後方、スゲノ沢方向に落下して二分していることなどから、「一本から松」との接触で第4エンジンが外れたとの事故調の見解は成立しない。事故機にエンジンは4基あり、それぞれの破損状況が事故調の報告書に記載されている。

左第1エンジン：右下方に大きな破壊。スピナ、ファンブレード、ファンケース、エンジンマウント、ギアボックス、エンジンカウリング、スラスト、リバーサは脱落、フロントコンプレッサ、ステージ、タービン部は分離。

左第2エンジン：左下方に大きな破壊。スピナ、ファンブレード、ファンケース、ギアボックス、エンジンマウントは脱落分離。No.2ローターは大破損。

右第3エンジン：上方が破壊。リアコンプレサ、ケースは亀裂分離。スピナ、ファンブレード、ファンケース、スラスト、レバーサの一部が脱落分離。

右第4エンジン：本体部分が大破。ファン、コンプレッサシャフトが分離。スピナ、ファンブレード、ファンケース、スラスト、リバーサ、エンジンマウント、ギアボックス、燃焼器部、タービンブレード、タービンスリーブ、プラグは脱落、分離。スラストリバーサ、スクリュージャキは破損、脱落。ファンフロントケースは切断。エンジン本体の左下方が大損傷。

No.4エンジンノーズカウルは上半分、右側で切断。左側は原形が見られないほど大破。すなわち、<u>第4エンジンの破損状況は他の3基に比べるときわめて大きい</u>と言える。

▶参考データ

ジャンボジェット機用エンジン：Ｐ＆Ｗ－JT9D7J
ファン直径：2.43メートル　　長さ：3.25メートル
重量：4,014キログラム　　推力：22,680kN
全4基のエンジンで総重量16トン

4基のエンジンが受けた衝撃力の比較

　事故機は最初の接地場所である「一本から松」から最後の激突点まで、速度的にも変わらず横倒しの状態で飛行している。4基のエンジンが何かに衝突したとしても、受ける衝撃力は4基とも同じはずである。しかし、第1、第2、第3の3基は地上に激突した時点で吹き飛び、その損壊状況もほぼ同じである。
　事故調が主張するように第4エンジンが「一本から松」付近で樹木と衝突して脱落したとしても受ける衝撃力は同じはずである。
　第4エンジンは右主翼にしっかりと固定されており、単に接触しただけで外れたとすれば、接触地点後方に集中して落下しているはずである。さらに右主翼部は墜落激突地点の後方に落下しており、エンジンが落下した後も破損していなかったことを示唆している。
　そこで、エンジンの損壊散乱状況、図9（P.136の残骸分布図：第4エンジン）である。
　右第4エンジンは「一本から松」で接触してすぐに落下せず、そこから約100メートルから200メートルまでの間に多数のバイロン、カウリングの破片、ファンブレード、コンプレッサブレード、タービンブレード、エンジンアクセサリ類が散乱している。
　次に約200メートルの地点から300メートルの地点までに主要部品であるノーズカウル、ファンカウル、タービンプラグ、タービンイグゾーストスリーブ、ファンハブが落下している。その後方100メートルの間にはバイロン、カウリング破片、ファンブレード、コンプレッサブレード、タービンブレード、

エンジンアクセサリが散乱。最後に第2の接地点である「U字溝」に第4エンジン本体（デヒューザケースより後部）が落下している。

こうした散乱落下現象を解析すると、「一本から松」より前の時点で第4エンジンは損壊状況にあり、「一本から松」との衝突で損壊が進み、次第に破損が進行して約300メートルにわたって散乱落下したと考えられる。

右主翼そのものも「一本から松」付近で樹木に衝突し、エンジンだけが落下したが、主翼は最後の激突地点まで本体胴体部に固定されたまま飛行している。

そんななか、第4エンジンの破壊状況は詳細に記載されており、他のエンジンの破損状況と比較しても破壊度はひどくバラバラの状態と言える。

この状況から第4エンジンは単に墜落の衝撃で破壊したのではなく、「一本から松」と接触する以前に何らかの外部からの衝撃破壊が加えられたために破壊されたと考えないと、このような破損状態を説明出来ないのである。

さらに、第4エンジンは「U字溝」付近に広範囲に分散して落下しているが、事前に破壊された部品が「一本から松」との接触により、ばら撒かれたと推測するほうが、部品の分散状況を合理的に説明出来る。

目撃証言にも「日航機の後から『流れ星』のようなものが飛んで行った。そして日航機は突然火を噴いて、煙を出して墜落した」とあるように、「**第4エンジンは『一本から松』に接触する前に、3,000メートル上空で何らかの飛行物体が激突して爆発破壊し、その強い衝撃で分解破損していた。結果的に、飛行物体が衝突して発火・炎上して落下した**」と結論付けるのが妥当なのである。事故調は単に「第4エンジンは樹木と衝突して脱落した」として済ませているが、米国NTSBの事故調査ではそのようなずさんな調査は行わない。必ず、エンジンは最後まで動いていたのか、また、エンジンに何か異常はなかったのか徹底的に調査分析するはずなのである。

また、米国では墜落事故でも事件性があればFBI（連邦捜査局）が出動する。エンジンに爆薬が付着していたとか、異常な付着物（攻撃武器の残骸）が存在していた場合など、その原因を調べることになる。日航機事故の場合、果たして捜査当局は第4エンジンに爆薬やミサイルらしき物体の破片などの付着物があったかどうかしっかりと調査したのであろうか。

奇跡の生還者である落合さん、吉崎さんの証言

繰り返しになるが、奇跡の生還者である落合由美さん、吉崎博子さんは異常事態発生と墜落の状況を次のように証言している。

◆「安全姿勢を取った座席の中で、身体が大きく揺さぶられるのを感じた。船の揺れなどというものではありません。ものすごい揺れです。しかし、上下の振動はありませんでした。前の席の方で幾つくらいかはっきりしませんが、女の子が『キャー！』と叫ぶのが聞こえました。聞こえたのはそれだけです。そして、直ぐに急降下が始まったのです。まったくの急降下です。髪の毛が逆立つくらいの感じです。頭の両脇の髪が後ろに引っ張られるような恐怖です。怖いです。怖かったです。思い出させないでください。もう、思い出したくない恐怖です」　　　　　　　　　　　　　　　（落合由美さん）

◆「お客様はもう声も出なかった。私は『これで死ぬ』と思った。真っ直ぐ落ちていきました。振動はありません。窓なんかとても見る余裕はありません。何時ぶつかるか分からない。安全姿勢を取り続けるしかない。汗をかいたかどうかも思い出せません。体全体が固く緊張して、きっと目をつむっていたんだと思います。『パーン』から墜落まで32分間だったといいます。でも長い時間でした。何時間にも感じる長さです。『羽田に戻ります』と言うアナウンスがないかな、とずっと待っていました。そういうアナウンスがあれば操縦出来るのだし、空港との連絡も取れているのだから、もう大丈夫だって。でもなかった。衝撃がありました」　　　　　（落合由美さん）

◆「機体はやがてかなり急角度で降下しだした。間もなく２、３回強い衝撃があり、周りのイス、クッション、その他が飛んだ」

（以上、落合由美さん・８月15日・日本経済新聞朝刊）

◆「やがて、飛行機は激しく揺れ出しました。ジェットコースターにでも乗っているような感じで、真っ逆さまに落ちてゆきます。窓の外の景色がドンドン変わりました。物凄く怖いですが、スチュワーデスの方は『大丈夫ですから、大丈夫ですから』と何度も言っていました。『何処か故障したので、機体は不時着するのだ』と思っていました。機体は何回かガタンと方向を下げてゆきます。長い時間だったようにも思いますし、短い時間のようにも思います。激しい衝撃がありました。黄色い煙が出て、上からバラバラ何か落ち

て来ました」　　　　　　　　　　　　　　　　　　（吉崎博子さん）

◆「乗客は次々とベルトを締めたが、機の揺れが激しく、ベルトによる胸部への圧迫から失神する乗客が続出した。この直後2、3回急激な上下動をしたと思うと、ほぼ垂直と思えるような角度で急降下、墜落した」

（以上、吉崎博子さん「文藝春秋」1985年10月号）

　ここでも一番冷静な落合さんの証言が墜落原因を推定する手掛かりになる。つまり、安全姿勢を取るのは不時着に備えての態勢である。その時、突然、「大きな揺れ」「ものすごい揺れ」が落合さんを襲っている。

　そして、この時、前の方から女の子が「キャー！」と叫ぶ声が聞こえたという。前方の席で何か異常なことが起きたのであろう。前方は主翼に近く、異変は前部で察知されたのではなかろうか。あるいは第4エンジンの破片などが機体を直撃したとも考えられる。急降下が始まったのはその直後である。髪の毛が逆立つ感じの急降下であったという。

　この証言から、事故機は安定飛行を続けている最中に何らかの衝撃を受けて「ものすごい揺れ」を余儀なくされ、それから急降下が始まっていることが裏付けられる。突然、急激な振動が起き、その後に急降下しているのである。

　不時着に備えて安全姿勢を取っている落合さんも感じた「ものすごい揺れ」を発生させた事象が墜落の直接の原因なのである。

　事故機は相模湾で尾翼部分を失ったが、それは墜落の直接の原因ではない。その後、事故機は安定して飛行しており、この御巣鷹山付近での「ものすごい揺れ」を引き起こした事象が日航機墜落の真の原因であると示唆している。

　結論としては、日航事故機の墜落の直接の原因、それは自衛隊戦闘機から発射されたミサイルであると思われる。ミサイルが事故機に激突し、爆発を引き起こしたことによって事故機は第4エンジンを失い、御巣鷹山に墜落を余儀なくされたと推測せざるを得ないのである。

日航役員が「ミサイルで撃墜された」との極秘情報を告白！

　日本の国民を守るはずの自衛隊が524名もの国民が乗った航空機に向けてミサイルを発射する——そんなにわかには信じられない事態が果たして本当に起きたのか。しかし、これまで検証してきたように、第4エンジンの損傷状態か

ら見てもそうした事態が導き出されるのは必定である。
　そして、その推測を裏付ける事態が事故直後の8月12日の22時頃に起きている。角田四郎氏の『疑惑』から、その晩に起きたことを再現してみる。

　その日の22時頃、日航機の墜落が確実になった段階で乗客の家族は日本航空対策本部（東急ホテル＝現羽田エクセルホテル東急）に急遽集合した。「日航機行方不明」の報道を受け、当然のことながら動転し、混乱し、極度に興奮し、さらに殺気立っている家族らは日航の社員や役員に詰め寄った。
　騒然として殺気立った雰囲気の中、部屋の一角で大声を出す一塊の人垣が出来た。その人垣の中央には中年の紳士が半ベソをかいたような顔で、ある乗客の家族に胸倉を掴まれて立っていた。
「はっきり言え！　いったい飛行機はどうしたんだ！　どこへ行ったんだ！」
「申し訳ありません」
　中年の紳士は日航の経営幹部（役員）らしかったが、家族の追及は執拗であった。「どうなってるんだ！」「申し訳ありません」……そんな不毛とも思えるやりとりを繰り返していたが、家族側の追及はおさまることなく口調はますます激しくなっていった。
「お前ではラチがあかん！」「社長を出せ！」。そう言って真っ赤な顔で詰め寄る人が増え始めた時、中年の紳士（日航役員）は顔を紅潮させて、唐突にとんでもないことを口走り始めたのである。
　うちの機は北朝鮮のミサイルに撃ち落とされたんだ！　今はそれしか分からん！
　乗客の家族も友人たちもその言葉の意図するところを図りかねて、一体何のことやら意味が分からず呆然とするしかなかった。問題の紳士は家族側に生じた一瞬のひるみに乗じて若い社員がスーッと会場から抱え出してしまったのであるが――実はこの<u>役員の言葉は事故の核心を衝いた真実</u>だったのである。
　真実は2つあり、1つは「ミサイルで撃墜された」との明確な表現であり、もう1つは「今はそれしか分からん」で、これは運輸省が日航に伝えた内容は「日航機は北朝鮮のミサイルに撃ち落とされた」であることを示唆している。この役員は「×××のように聞いている」と推測ではなく、断定している。
　自衛隊・政府から運輸省に連絡命令があり、事態を知っている運輸省がそのように日航幹部に明確に伝えたことは間違いない。当時、仮想敵国であった

「北朝鮮」という名前を使って、「ミサイルで撃墜された」と言ったのであり、まさか「自衛隊が撃墜した」とは口が裂けても言えないはずである。したがって、日航はこの連絡を聞いて「自衛隊が日航機をミサイルで攻撃し撃墜した」ことを認識したはずである。

　この「ミサイルでの撃墜」なる内容の言葉は重大な秘密事項の漏洩であり、「国家機密の告白」であったに違いない。当然、この内容には箝口令が出されたはずである。この日航幹部はあまりにも執拗な攻撃、殺気立った雰囲気の中で胸倉をつかまれて苦境に立ち、精神的にも打ちひしがれていたに違いない。そして、日航への責任追及に黙っておれず、つい本当のことを叫んで日航の立場を擁護、弁護してしまったと考えられるのである。

　発射したのが「北朝鮮」というのは自衛隊側が急遽作成した墜落原因連絡の内容であり、日航はそう聞かされていたのかもしれないが、大事なポイントは「日航機はミサイルによって撃ち落された」ことである。

　そして、この告白は10年後の1995年にアントヌッチ中尉が口を開いた「米軍による墜落事故発生直後に米軍輸送機による救助活動、日本側からの中止要請、箝口令要請」の内容と共に<u>自衛隊・政府の陰謀と証拠隠滅作戦を明解に指摘し、暴露した重要証拠</u>なのである。

　そして、この「ミサイルによる日航機撃墜」の事態こそ、「無人標的機の日航機への衝突」と共に、自衛隊・政府が必死に箝口令を出して徹底的に隠そうとした「国家機密」であり、「仮説X」の核心部分の1つでもある。

　それでは、このような重要な国家機密を運輸省は何故、日航に事故直後に伝えたかである。実はそれは運輸省に頭が上がらない日航への厳命である。

　自衛隊・政府は「標的機が日航機に衝突した事態」と「自衛隊がミサイルで日航機を撃墜した」ことを完全に隠蔽する謀略を決めた段階で、当然、自衛隊・政府以外に運航会社―日本航空」の協力が絶対に不可欠と考えた。真の事故原因をごまかして「嘘」の事故原因を捏造する場合、航空機事故の知識、経験が深い日航を敵に回しては成功出来ないことは明らかである。

　実質、運輸省に隷属している日航に全てを話して、むしろ、権力をにおわせて日航を取り込むことが最善だと判断したと考えられる。その上、緊急に実施しなければならないことがあった。それは日航機の尾翼部に付着している「自衛隊標的機」の残骸の処分で、回収し廃棄することを早急に実施せねばならないのである。墜落現場の尾翼部付近の自衛隊標的機残骸を選別回収すること

は、航空機材質を知らない自衛隊員に任せるわけにいかないのである。

　日航の航空機整備、保守などの技術者を早急に墜落現場に派遣して、日航Ｂ－747機の残骸に荷札を付け、見分けの付かない残骸は別の材質として、すなわち自衛隊標的機残骸として秘密裏に回収する計画であったのである。

　これを日航に迅速に要請することが運輸省の極秘謀略業務で、日航は技術者数十名をバス、車で長野県相木村に派遣したのである。

　その後、14日には13日に救助された瀕死の重傷者・落合由美さんに対して、運輸省は日航役員2名を病院に派遣して事故状況を聞き、落合さんが知っていることや機内の減圧状況について情報を収集している。

　これは乗客がどの程度、事故原因を感知していたか機内状況の確認を行い、事故原因を捏造するに際して参考にするための行動であった。これも運輸省が指示命令したもので事故の真実を隠蔽する作戦に日航を引き入れ、利用したことを示唆している。

　日航も運輸省の要請に積極的に協力せざるを得なかったのである。

　その後、日航は運輸省の最終報告書を全面的に受け入れ、事故の加害者の汚名を被っている。その後の29年間、日航は「安全啓発センター」を設立するなどして「嘘」の事故原因の宣伝に狂奔し、国民を騙し続けている。結局、日航は乗客の命より「日航という会社の存続保持」、および「幹部の自己保身」を図ったわけである。故に日航という会社が「命を運ぶ資格がない」ことは明らかなことである。かかる経過から、事故の再発防止に日航が寄与出来るはずはないことは明らかなのである。

　このような事故の真実を隠蔽する謀略活動は自衛隊・政府が計画作成したが、そのためには日航を抱き込み、隠蔽を実行させねばならない。その前提は「事故の真実を日航に明かす」ことだったのである。日航の役員が「日航機はミサイルで撃墜された」との情報を知っていたのはかかる背景があったからで、日航幹部の発言は「真実」であったことを示唆している。

　ここでミサイルについて述べると、ミサイルにはその用途からさまざまな種類があるが、ここでは空対空ミサイルについて概要を取り上げる。

　<u>ミサイルの形状</u>は長い円筒形をした本体に加え、前後中央の内の2ヵ所に4枚ほどの安定翼や姿勢制御翼を備えているものが多い。本体は前部から誘導部、弾頭部、固体ロケットエンジンなどの推進部で構成される。

　<u>空対空ミサイル</u>の多くは戦闘機から発射され、主に敵航空機の撃墜に使用さ

れる。航空機の主翼の下に搭載されている。

第2次世界大戦の中頃から開発され、1960年代から本格的に使用されるようになった。一般的に総重量：80〜90キログラム、射程：5〜20キロメートル、速度：マッハ2〜20、誘導方式：エンジン排気赤外線誘導方式、など多種多様である。

さらにまとめると、事故機に起きた異常事象は、①戦闘機の追尾、②ミサイル発射、③異常発生（炎、赤い火、黒い煙、轟音など）、④乗客の恐怖体験、⑤第4エンジンの破壊であり、墜落現場での飛行状況などはミサイル攻撃による墜落事象を裏付ける状況と一致しており、間違いないのである。

現場に到着した捜索救助隊が墜落現場を見た観察証言

◆「飛行機事故の現場とは信じられなかったね。とにかく飛行機らしい形なんてどこにもない。ジュラルミンの破片やオレンジ色のあれは座席なのかな。元の形なんかもう全然分からなくなったものがペシャッと押し潰されたような恰好で、沼の奥に埋まっている感じ」
　　　　　　　　　　　（捜索隊の道案内をした上野村の住民・8月13日9時頃）
◆「機体はアルミホイルをちぎってばら撒いたように粉々になっていた」
　　　　　　　　　　　　　　　　　　　　　　（信濃毎日新聞・8月13日夕刊）
◆「ジャンボ機の黒焦げのジュラルミン片が長さ数キロメートルにわたってバラバラに飛び散っている」　　　　　　　　　（北国新聞・8月14日朝刊）
◆「粉々に砕けて白く光る機体の破片が散らばり、破壊し尽くされた機体」
（朝日新聞社会部編『日航ジャンボ機墜落―朝日新聞の24時』1985.12.25刊）
◆「ジャンボ機が元の姿を思い浮かべようもないほど無残に破壊し尽くされた」
（鶴岡憲一、北村行孝著『悲劇の真相―日航ジャンボ機事故調査の677日―』読売新聞社1991.7刊）

日航機墜落事故の現場は以上のように凄惨なものであった。事故機の機体がばらばらに粉砕された現場で息を呑む救助隊、それは通常の墜落事故では見られない現象であった。機体の破損状態からも推測されるように、乗客もまた同じく3センチ刻みに切断されていたのである。

この状況は全日空機雫石衝突事故での事態に似ている。全日空機は自衛隊戦

闘機に尾翼に激突され、急降下して空中分解してバラバラになったのである。
　単に操縦不能で墜落したのであれば、このような悲惨な状況には決してならない。この急降下墜落は外部からの強力な衝撃力が働かない限り生じないもので、ミサイルなどのような物体による攻撃があったと考えざるを得ない。

ミサイルによる航空機撃墜事故の例

　自国の旅客機を自国の軍隊がミサイルで撃墜するなど突拍子もない暴論と一笑されそうであるが、航空機と戦闘機のニアミスやミサイル訓練中の誤射事故など決して珍しくない。
　本書を執筆中の2014年7月17日には、アムステルダムのスキポール空港を発ったマレーシア航空17便（B－777－200ER）が地対空ミサイルにより撃墜され、ウクライナ東部ドネック州に墜落するという痛ましい事件が起きている。この事件では乗客乗員298人全員の命が奪われている。
　これまで何度か触れたように、日本でも1971年7月30日に起きた全日空機雫石衝突事故においては、全日空機を「敵機」と見立てた訓練の結果、自衛隊機が衝突して全日空機が墜落している。
　また、ここ10年間を遡ってみても類似例は存在する。

➤ミサイル発射による民間機の事故例
@ 1995年11月、小松基地にて訓練中のF15イーグルがミサイルを誤射し、僚機を撃墜している。F15イーグルの唯一の撃墜事例となった。
@ 1996年6月、自衛隊護衛艦「ゆうぎり」が米空軍機A－6を誤射し、撃墜している。
@ 2001年には広島でF4ファントムによるバルカン砲の誤射により、20ミリ弾丸が188発も発射された。
　　（http://johnbenson.cocolog-nifty.com/blog/2009/03/post-3143.html）

　このように、現実では世界はおろか日本でもミサイルによる撃墜事態は発生しており、突拍子もない暴論ではないのである。
　その「証拠」とも言えるのが、乗客の小川哲氏が最後に撮影した1枚の写真である。小川氏は機内で撮った10枚の写真を残しているが、その最後の1枚

に問題のシーンが写っている。その写真については、3大新聞がこぞって記事にしているので目にした方もいることと思う。

◆「画面に光のようなものが走り、被写体は不明」
（「遺族が写真公開」10月14日朝日新聞朝刊）
◆「小さな光が散在するだけで、正体不明」　　（10月14日読売新聞朝刊）
◆「小さな点のようなものが散在し、何が写っているか不明」
（10月14日毎日新聞夕刊）

　人生最期の段階で小川氏が必死に写真を撮り、残したものは「光のようなもの」であった。光のようなものが走り、被写体が不明であるが、何らかの爆発によるエネルギーの放出のような光にも見える。
　この「光るもの」は幾多の目撃証言にもある「ピカッ！」と光ったものと一致しているかもしれない。それは噂にのぼる中性子爆弾が炸裂した瞬間であったのかもしれない。今となっては確かなことは言えないが、機長ら操縦クルーの叫びや、目撃者の証言を考慮すると、そこから導き出される結論に対して「それは間違っている」と正面切って言える人間はいないはずだ。

4 事故機の墜落に繋がる異常事態の勃発と真の墜落原因

日航事故機の墜落に繋がる異常事態と状況証拠

　18：55：45の時点で、事故機には4つの異常事態が起きている。

①**操縦クルーの「アーッ」という絶叫**。操縦室の3名が同時に異常な声を上げているのは衝撃や振動音など異常な状態を感知したからである。
②**生存者の落合由美さんが体験した「ものすごい揺れ」と前方から聞こえた女の子の「キャーッ」という叫び声とその直後の機体の急降下**。
　「ものすごい揺れ」とは何かが機体に衝突した揺れであり、直後に機体はエンジン系統が故障して停止し、失速状態に陥って急降下した。女の子の叫び声は落合さんも感じた「ものすごい揺れ」に対する驚き、またはエンジン部の異常を目撃したか、機内に起きた閃光などの異常に驚いたのかである。

③小川哲氏の撮影した写真に「光」のようなものが走り、「謎の光」が機内に起きた。
④川上村のレタス畑で作業していた石川哲氏が、「群馬県境の山尾根を越えた段階で、**日航機は黒い煙を出して飛行していた**」と証言している。

　三国山から群馬県の御巣鷹山までは正常に飛行していたが、尾根を越えた段階で日航123便は「火を噴いていた」とか、「後部から黒い煙を噴いていた」といった多数の目撃証言がある。これは外部から攻撃され、破壊されて、火を噴き、黒い煙を出したと考えざるを得ないのである。
　事故機は30回以上、旋回、降下、上昇を繰り返しており、特に川上村から扇平山、三国山での衝突回避の右旋回、左旋回、そして急上昇は機長の意図通りの操縦が確保されていることを示している。
　そして、群馬県上野村の山岳地帯に高度3,000メートル上空で安定飛行に入った後、急に機体に異常が勃発したことは、事故機自体の故障でなく、外部から強い衝撃を受けたことを示唆している。
　すなわち、外部からの大きな衝撃力による「ものすごい揺れ」があり、操縦室では驚愕的な事態を感知して悲鳴を上げたのである。同時に機外、機内では「閃光」が走った。これにより右側の第4エンジンが飛行中に、脱落落下の事象を引き起こしたのである。
　以上の理由から、日航123便の墜落した原因は次のように結論される。
「御巣鷹山付近で墜落約45秒前に追尾する自衛隊戦闘機から発射されたミサイルが後方から日航123便を目掛けて突進衝突したものと思われる。そして、ミサイルは第4エンジンに着弾して爆発。日航123便は右旋回し、降下し、傾斜し、突然失速して真っ逆さまに急降下したのである」
　主翼付近から機体前部付近にかけて撃ち込まれたミサイルの威力は、機内で相当衝撃的な出来事だったことを物語っている。

墜落状況に適合する「中性子爆弾」の可能性

　国民を守るはずの自衛隊機が524名の国民が乗った瀕死の航空機をミサイルで攻撃するという事態だけでも背筋が凍るほどの衝撃的な事態であるのに、そこに使われた弾頭が中性子爆弾ではないかという提起があることに、さらなる

身の毛もよだつほどのおぞましさを感じる。
　中性子爆弾は核爆弾の一種であり、「放射線強化型小型水爆」とも言われている。それは破壊力のある中性子を放出する強力な殺人兵器である。
　長野県側での墜落寸前の目撃証言では閃光とキノコ雲を見て、その数秒後に「バリバリ、ゴロゴロ」と落雷のような音を聞いている。これらの現象や音は小型水爆である中性子爆弾の特徴でもある。
　小川哲氏が撮影した写真の光は中性子爆弾の閃光かもしれない。
　小型水爆が爆発すると閃光が下から上に向かって扇を広げたように空中に丸く広がり、光のリングはすぐに消えてキノコ雲を発生させる。真っ黒でラグビーボールを縦にしたような悪魔のキノコ雲が低空を漂うのである。そして２、３秒後に今度は「バリバリ、ゴロゴロ」と長く尾を引く核爆発に特有の落雷のような音を発するのである。
　「中性子爆弾は人体の中枢神経と機体に衝撃を呼び起こし、爆発による人体の崩壊、および機体の瞬時溶解、蒸発をもたらす戦術核であり、その致死半径は約700メートルである。世界中で過去に数回使用されているという」
　　　　　　　　　　　　（池田昌昭著『鎮魂―JAL123便』金沢印刷）

　中性子爆弾の運搬手段は「プロペラ型飛行物体」であり、そうなってくると、数々の目撃証言から新たな真実と真相が衝撃をもって浮かび上がってくる。

◆「墜落現場で長さ４メートルのエンジンプロペラが13日10時前にねじ曲げられた状態で発見され、このエンジンプロペラも密かに回収された」
　　　　　　　　　　　　　　　　　　　　　　（８月13日読売新聞夕刊）
◆「オレンジ色の50センチメートル×100センチメートルくらいの金属破片を２名の自衛隊員が小脇に抱えて林の中に入って行った」
◆「ジャンボジェット機のエンジンより二回りも、三回りも小さめのプロペラ型飛行物体のエンジンが、13日払暁にはヘリコプターにより吊り上げられ、密かに回収された」
　　　（農家の主婦・インターネット「御巣鷹山事故ゲストブック＃1098」より）
◆「赤いプロペラのついた物体が畑の上を飛んで行き、それがJAL123便に当たって飛行機が爆発した」　　　　　　　　　　　　　　　　　（同上）
◆「雷が落ちるようなバリバリという大音響がし、２度ほどパッ！　パッ！

と光った。そのうちネズミ色のキノコ雲が上がった」

（8月13日毎日新聞朝刊）

◆「『ドーン』という大きな音がして、空が真っ赤になり、原爆のようなキノコ雲が上がった」　　　　　　　　　　　（8月13日朝日新聞朝刊）

◆「あたりの積乱雲が爆発した感じで、真っ赤に映った。5秒か10秒して真っ黒の煙が原子雲（キノコ雲）の形で突き上がった」

（地元住民・YouTube「日航機123便」より）

　中性子爆弾の熱線はもちろん地中や地表に放射線化して残存していた。
　事故の翌13日正午過ぎに到着した記者は、
◆「地肌まで熱く焼けた空気が立ち込め、残骸に近づけないほどの熱さを感じ、下草まで黒く炭化していた」　　　　　　（8月13日毎日新聞夕刊）
という。
　この事故機を狙って発射されたミサイルは、池田氏の著書にあるように相模湾の垂直尾翼破壊時に2発、御巣鷹山付近で2発という説も出ている。

中性子爆弾によるものと思われる人体の損傷例

　もし中性子爆弾であれば、前部客室の乗客の多くは瞬時に熱光線で蒸発し、遺体は残らなかったと考える。人体は1万度以上の熱光線で瞬時に蒸発し、臓器や脳を粉砕させられたのである。高濱機長の遺体が下顎の骨の半分だけであったというのも頷ける話である。
　爆風の圧力を受け、人体が一瞬のうちにバラバラになったに違いない。脳の水分は蒸発し、頭皮を突き破って脳の内容物が外へ噴出したと同時に、生きながらに身体中の水分が蒸発し、筋肉や脂肪、骨は瞬時に高温で蒸発した。したがって骨も残らなかったのである。
　爆心点から若干距離のあった客室中部から後部にかけて乗客の身体は高温で炭化していた。現場写真にあるように脳漿が沸騰し、脳味噌は頭蓋骨を突き破って外に噴出した。3センチ刻みに細切れになった遺体にはミサイルによる金属片は刺さっていなかった。カルシウム組成の乗客の骨や歯がすり潰されていたのは通常兵器によるものではなく、核兵器が原因の仕業だからであろう。人体が炭化していたのは核兵器が放出した熱線の赤外線によるもので、骨の芯

まで炭化状態となったのである。

　最年少の生存者である吉崎博子さんの娘・美紀子さんが救出されて、その夜、ICU（集中治療室）で「熱いよ、熱いよ」とうなされたのも小型水爆の「炎熱地獄」を暗示させるのである。実際、墜落現場では「熱い」「熱い」という声が無線で傍受されていたという。

　また、落合由美さんが失明したと思うほど眼球が熱くなったと言っているのも同様の現象によるものである。核爆弾の被爆者はみな呼吸困難に陥るといい、中性子爆弾も例外ではない。墜落直後、後部座席の多くの生存者が「ハア、ハア」と荒い呼吸をしていたという証言があるのも急性原爆症の症状であり、川上慶子さんの髪の毛が逆立ったというのも同じ症状である。

　墜落現場で救助隊員の顔などが黒くなったのは日焼けのせいではなく、現場に今も残る放射能の影響である。

　また、小型水爆（中性子爆弾）は強烈な電磁波を発生させ、かなり広範囲にわたって電子機器等に電波障害を惹き起こしたという。

　ミサイルに中性子爆弾が搭載されていたという推測、仮説を信じられないと思われる方もいらっしゃるかもしれないが、生存者の証言や救難活動に臨んだ群馬県警の警察官の体に起きた異変を知ると、それが単なる噂の域にとどまらない信憑性を帯びてくるのである。以下に目撃証言を記述する。

◆「上野村に進出した河村一男元群馬県警察本部長の手の平の表皮がくるりと裂け群馬県警察官の体調に異変が発生した」
　　　　　　　　　（河村一男著『日航機遺体収容―123便、事故処理の真相』）
◆「呼吸は苦しいというより、ただ　ハー、ハーとするだけです。死んでいく直前なのだとぼんやり思っていました。墜落直後の『ハア、ハア』という荒い息遣いが聞こえました。1人ではなく何人もの息遣いです。そこら中から聞こえて来ました。まわりの全体からです。『お母さん』と呼ぶ男の子の声もしました」
　　　　　（吉岡忍著『墜落の夏―日航123便事故全記録』より落合由美さんの証言）
◆「意識はときどき薄れたようになるのです。寒くはありません。身体はむしろ熱く感じました」
　　　　　　　　　　　　　　　　　　　　　　　　　　　　　　　（同上）

　生き残った方々は絶望の淵で急性放射線症による嘔吐に苦しみながら無残に

も亡くなっていったのである。

◆「墜落した後、ふと気がついたら周囲は真っ暗だった。あちこちでうめき声が聞こえ、私の両親もまだ生きていたような気がする。しばらくすると前方から懐中電灯の光が近づいてきたので、助かったと思った。そのあと、また意識がなくなり、次に目が覚めると明るくなっていたが救助の人は誰もいなくて、周りの人はみんな死んでいた」
　　　　　（川上慶子さん、http://asyura2.com/08/lunchbreak11/msg/234.html）
　川上さんの別の証言にある、懐中電灯を持ち、銀色の箱を抱えて墜落現場に現れたという人間は特殊精鋭部隊もしくは核攻撃効果測定の対処部隊であろう。

　また、犠牲者の腹部が異常に膨張していたという証言も見受けられるが、これは、酸性胃液が中性子線放射によって中性化し、胃の中の食べ物が消化されなかったものと考えられる。川上慶子さんの妹・咲子さんが今際の際に嘔吐したのもα線による被爆なのである。
　中性子爆弾の爆発で破裂し、黒焦げとなり、ほとんど表皮だけとなって木に引っ掛かっていた乗客の遺体は惨劇を物語っている。しかし、御巣鷹山の尾根の木に掛かった衣類は黒焦げにはなっていない。これは空中で核爆発が起き、乗客がほとんど表皮だけとなり、衣類だけが落下したことを示している。
◆「木の枝にはジャンボ機の部品やモーター、上着などの衣類が引っ掛かっていた」　　　　（時事ドットコム：日航ジャンボ機墜落事故　御巣鷹の真実）
　後部座席で墜落時数十人以上はいたとみられる生存者は機体の残骸破片などが掩蓋（シェルター）となり、核爆発から辛うじて生存出来たものの、残念なことに数時間後には自衛隊特殊部隊が墜落場所に到着し、生存者に何らかの手段で加害行為を加え、息絶えたのであった。
　この中性子爆弾疑惑につき、事故調、自衛隊は詳細な説明責任がある。

日航機が輸送中であった医療用ラジオアイソトープ

　中性子爆弾の使用が発覚した段階でのカモフラージュ策と思われるが、墜落から1時間半後の20時過ぎ、日本アイソトープ協会から警察庁に「日航事故機にラジオアイソトープ72個が積まれている」と届け出がなされた。

それに加えて、同機には動翼（フラップなど）のマスバランサーとして使われていた劣化ウランが使われていたのである。日航幹部によれば、「事故機の部品としてウランが使われている」ことは当局に伝えたという。科学技術庁も当初からウランについて承知していた。

　事故後、現場の地表面で最大3ミリレントゲンの照射線量が検出され、現場の土は自然界の数十倍レベルで放射能汚染していたことが明らかになっている。しかし、この数値はある程度時間が経ったときの測定であり、事故直後はもっと高い数値であったことがうかがわれる。

　さらに、事故機にウラン動翼が使われていて、これがなくなっていたことが明らかになったのは事故から8日経った8月20日のことだった。しかも、それは新聞のスクープだった。日航社内では公表すべきかどうか議論されたが、科学技術庁の意向により公表を差し控えることになったという。

　この間、救助隊や事故関係者、取材・報道関係者など数千という人々が事故現場に足を踏み入れていた。問題の事故機にもこのラジオアイソトープを含め計92個、容器を含めた約239キログラムの放射性物質が積まれていた。

　そして、事故から数年して公表されていなかった「核」の種類が判明した。その中にはプルトニウムと同様、原子力施設での取り扱いにおいて、きわめて高度の危険度を有するため、設備および量が制限されている「アメリシウム241」という放射性物質も含まれていたのである。

　　　　　　　　　　　　　（http://gooyan.kitaguni.tv/e375098.html）

　上記の記述からも、事故現場の放射性汚染や環境への影響についての論説は説得力がある。この件については科学技術庁の説明責任がある。

医療用ラジオアイソトープと中性子爆弾との関係

　今までB－747の動翼（フラップの劣化ウラン）の話は聞いたことがない。さらに、医療用とはいえラジオアイソトープなる放射性危険物を輸送する時、十分に頑丈な容器に入れて万一に備えるのが常識である。

　日航機が墜落してこのアイソトープがどうなったのか？　容器が破壊し、飛散したのかなど、明らかにされていないのも奇妙な話である。

　事故直後、救出が遅れた言い訳としてこのラジオアイソトープの件を使うことも出来たが、自衛隊特殊精鋭部隊が夜間に活動していたことが目撃されてお

り、使おうにも使えなかったのである。

　したがって、この情報は逆説的に中性子爆弾の使用をカモフラージュするものであった可能性が高いとは言えないだろうか。中性子爆弾が疑われた時、墜落現場での放射能を測定して、平均以上の高い放射能が検出された場合、それは「医療用ラジオアイソトープによるものだ」と言い訳出来るからある。

　実に用意周到な準備工作で、これは「国家機密」を隠蔽するための謀略と言えるのである。そこまで用意周到な策略を考え、短時間で実行に移せるものかと疑問を持つ方もいらっしゃるかもしれないが、そんなことは証拠隠滅に巧みな自衛隊、国家権力にとって容易で簡単な日常的な仕事でもある。

　このような観点からの考察で、中性子爆弾の使用は一層現実味のあるものと考えて間違いない。日航機事故の真実と真相を解明するためにも、御巣鷹山近辺の墜落場所の「放射能濃度」を測定することが緊急の課題である。事故調、自衛隊には　説明責任がある。

事故機に引導を渡した最新鋭戦闘機Ｆ－15Ｊ（イーグル）のミサイル

　墜落直前の目撃証言での閃光やキノコ雲、落雷音、黒い煙、遺体の状況などの事象から考えて、中性子爆弾の影響や効果は事態の説明を無理なく行うことが出来る点で非常に有力な情報で、この観点から通常のミサイルと中性子爆弾が併用された可能性が高いのである。

　事故直後、自衛隊要撃戦闘機Ｆ－4ＥＪ 2 機が緊急発進したが、途中から、新たに戦闘機Ｆ－15Ｊが加わっている。日航機の撃墜に何故 3 機もの戦闘機が必要なのかという疑問が出てくる。さらに、この戦闘機Ｆ－15Ｊが「ミサイル攻撃した」と報じられている。この点からも通常緊急発進の戦闘機 2 機が何故かかるミサイル攻撃をしなかったのかである。

　このＦ－15Ｊ戦闘機はP.174の注釈にもあるように、その戦闘能力はレーダーシステム、新鋭短距離ミサイルの点で制空攻撃能力に優れた最新鋭機である。この点から、自衛隊は確実に事故機を撃墜出来るように新鋭戦闘機を投入したと推測出来る。事故機を確実に撃墜し、乗客乗員全員の完全死亡を図るための謀略と考えると恐ろしい陰謀であり、言葉もない。

　自衛隊は急遽、最新の短距離ミサイルと精密機械走査レーダーを備えた戦闘機を投入し、確実で正確な撃墜を行ったのである。この背景を考えると何故、

F－4EJ戦闘機が攻撃をしなかったのかの回答が出てくる。

　F－4EJも要撃戦闘機として、ミサイル攻撃で日航事故機を撃墜出来る能力を持っているはずである。しかし、自衛隊としては事故機が操縦不能で墜落したことにする必要があった。ミサイルで攻撃を加える場合、撃墜方法を考慮する必要があったのである。すなわちミサイルで撃墜墜落したことの証拠を残してはいけない。その点で、1985年当時のF－4EJのミサイル誘導精度、システムは完全ではなかったのである。

　事故機の機体のどこかにミサイル爆弾が当たれば良いわけではない。例えば機体胴体部、主翼に的中した破壊痕が明確に残っていてはミサイル使用が疑われることになる。見つからない箇所に命中させることが必要であり、それはどこかというと、エンジンの排気口である。しかも内部で破壊して機能を停止させる範囲の爆発能力が必要とされる。何故ならエンジン全体を破壊してはミサイル発射疑惑に発展するからである。

　高速で飛行する旅客機の後ろから接近してミサイルでエンジン排気口に命中させるのは簡単でなく、F－4EJのミサイルでは無理だと判断したのではなかろうか。そこで、F－15J最新鋭戦闘機をミサイル攻撃機として、新たに投入したのである。

　F－15Jはミサイル誘導システムが優れた機械走査式で、精度のよい短距離誘導弾（AAM－3）を搭載しており、上記の目的に合致した戦闘機であった。この戦闘機のミサイル攻撃で第4エンジンが内部破壊され、エンジンが停止し機体は右旋回し急降下したのである。

　次に証拠隠滅のためには乗客乗員全員の死亡が不可欠であり、機体が地面に激突して全員が死亡すれば良いが、そうならなかった場合に備えて、あらかじめ何らかの保険を掛ける必要があった。

　その方策としては、殺傷力が強く証拠も残らない「中性子爆弾」が有力であり、また実験的な意味もあったと考えられる。日航機が墜落した段階でキノコ雲が発生しているとすれば、事故機の墜落に中性子爆弾が使われた可能性が高いのである。目撃証言からも、上記の撃墜状況が導き出され、間違いないことと思慮出来るのである。

　この中性子爆弾についてはどのような方法で運搬し、操作したかは極秘事項であり、国民には分かり得ないことだが、自衛隊はかかる疑惑について説明義

務がある。

▶ F－4EJとF－15Jについて
　F－4EJ戦闘機：1960年代まで大量生産され、複座2名で高航続距離飛行が特徴。要撃戦闘機で空対空赤外線ミサイルを搭載。
　速度マッハ2.2、重量26トン、全長さ19メートル、幅12メートル。
　F－15J戦闘機：1980年代の新鋭制空攻撃戦闘機、主力戦闘機。短距離ミサイル（90式空対空誘導弾［AAM－3］を搭載。当初は「AIM－9」）。
　レーダーシステム：機械走査式（その後、電子走査式に改良）

今、明らかになる事故の真実と真相「仮説Ｘ」

　本章の最後に、横田基地飛行場への着陸の願いを絶たれて以降の日航事故機の足跡を振り返ってみたい。

　以下に述べる事象は今回、新たに提唱する「仮説Ｘ」の根幹をなす重要で、衝撃的なものだが、あらゆる証拠を分析、検証した結果、これらはすべて本当に起きたことだと確信している。

①事故機は川上村レタス畑への不時着を敢行した

　横田基地への着陸を阻止された事故機は一目散に川上村に飛行し、レタス畑に着陸しようとしたが、レタス畑では多数の村人が作業しているのを視認して、高濱機長が村人への二次被害を回避するために、急遽着陸を断念した。しかし、地上スレスレでの飛行から急上昇せねばならず、眼前に迫る扇平山、三国山との衝突を回避するために急旋回、急上昇を行い、結果的に群馬県上野村の険阻な山岳地帯の高度3,000メートル以上で安定飛行状態に入った。

②自衛隊戦闘機は日航事故機にミサイル攻撃して撃墜した

　事故機は18：55：45に突然、異常事態に遭遇し、機体の安定性が破壊されて急右旋回・急降下の墜落状況に陥った。
　その衝撃はボイスレコーダーに記録された機長らクルーの絶叫や乗客の驚きの叫び声、そして、生存者である落合由美さん、川上慶子さん、吉崎博子さん・美紀子さんらが体験した「ものすごい揺れ」証言から推測出来る。それに

続くジェットコースターを上回る規模での恐怖の墜落急降下は、まさに地獄、死への片道切符であった。

この事象の原因が日航ジャンボ機123便の真の墜落原因であり、それは事故機にミサイルが衝突したためと考えられる。

その結果、機体の操縦機能は奪われ、急降下し、機首を下にして垂直に落下したが、高濱機長らが必死に機体姿勢の回復を行った結果、水平飛行することが出来たのである。しかし、右第4エンジンは破壊され、推力バランスが崩れ、十分に飛行推力が発揮出来ず、機体は右側に傾斜して飛行した結果、「一本から松」と接触、さらに地面に「U字溝」を掘り、機体は真横の姿勢で、御巣鷹山の尾根斜面に墜落した。

これにより乗客乗員520名が惨死し、4名が重傷を負ったのである。世界最大最悪級の航空機事故である。高濱機長らの英雄的操縦技術で急降下飛行から水平飛行に回復し、数十名の乗客が重傷で生き残ったものの自衛隊の意図的な救助放棄（不作為の重罪行為）で負傷乗客は死亡し、さらに自衛隊特殊部隊により、生き残った乗客の命は完全に断たれたと思われる。ただ、失神して意識不明、仮死状態の乗客だけが上野村消防団、長野県警により発見されて奇跡的に救出されたのである。

③自衛隊攻撃武器として通常のミサイルと中性子爆弾が使用された

墜落直前の目撃証言での閃光やキノコ雲、落雷音、黒い煙、遺体の状況などから考えて、ミサイルと中性子爆弾が使われた確率が高い。

以上のことから、自衛隊の無人標的機などが相模湾上空で日航機に衝突したのは「過失事故」であるが、その後、事故機は手動で操縦性が確保されており、日航機への標的機の衝突が直接の墜落原因でないことは明らかである。
日航事故機が御巣鷹山に激突して墜落した直接の原因は、自衛隊によるミサイル攻撃によるものと断定推測出来る。

自衛隊の無人標的機の衝突による尾翼損壊という事態に大きなショックを受け、最悪の事態を覚悟した乗客乗員もいたことだろう。

しかし、高濱機長らの必死の操縦によって生存の可能性というほんの一筋の光明が見えた時、再び自衛隊、つまりは同胞からの攻撃によって日航ジャンボ機123便の乗客乗員はさらなる奈落の底に突き落とされたのである。

こうして振り返ってみると日航123便の乗客乗員は自衛隊・政府から計3回の加害行為を受けたことになる。
　1回目は相模湾上空での無人標的機の衝突であり、2回目は横田基地飛行場への着陸阻止事件であり、3回目は御巣鷹山上空付近でのミサイル攻撃による**撃墜事件である。**そして、最後は次章で述べる自衛隊特殊部隊により、辛うじて生き残った重傷のほとんどの乗客、乗員の命は完全に断たれたのである。
　しかし、重傷で仮死状態であった4名だけが、救助を求めなかったためにその加害行為から免れて救助された。彼らが感じた絶望がいかほどのものであったかは第三者が想像することは不可能と言ってもいい。一度は助かる希望が見えた後の完膚なきまでの絶望、それは底の見えない果てなき暗闇に突き落とされたようなものである。
　こうして事故の詳細を再び調査検証し、分析し、虚偽や疑惑、陰謀という黒灰色の皮を1枚ずつ剥ぎ取って、隠蔽されていた「真実と真相」を明らかにして、霊前に報告し、事故の再発防止に生かすことが奈落に眠る犠牲者に報いる唯一の手立てなのである。
　日航機事故の「真実と真相」を犠牲者の霊前に供えることが本当の供養であり、遺族として、国民として、国として必然の義務、責任なのである。
　それこそが、まさしく「正義」なのである。

第3章

遺体収容に緊急出動した救助派遣部隊の全貌

――自衛隊と群馬県警の疑惑の救出活動と
米軍の救出活動を隠蔽処理した自衛隊・政府――

1 日航機事故での当事者の疑惑の言動を検証する

日航機事故と緊急救助活動での救助部隊と国の疑惑行動

　1985年8月12日18時56分、日航ジャンボ機123便はレーダーからその機影が消えた。日航機123便ボーイング－747はジャンボ機として安全神話が評判となる旅客機で、かつ520名余の乗客乗員が乗っていたことから世間は大騒動になった。

　レーダーから機影が消えるということは「最悪の事態」を連想せざるを得ない。早急に墜落場所を特定し、負傷し救出を待つ乗客乗員の救出が最優先事項である。しかし、航空自衛隊は緊急発進したにもかかわらず墜落場所の特定まで何と10時間もかかっている。上野村に緊急出動した自衛隊と群馬県警機動部隊は一向に動かず、しかも上野村消防団と猟友会の救助活動を阻害したのである。

　一方、米軍のアントヌッチ中尉は横田基地の指示に従い、墜落地点の捜索を行い、墜落から20分でその上空に到着していた。彼らは米軍の救難ヘリを呼び寄せ、2時間後の21時30分には救助降下を行っていた。しかし、その最中に基地司令から救助中止と撤収を指示された。これは日本側からの強い要請であり、その上、基地に帰還後に「箝口令」を申し渡されている。

　かかる自衛隊と群馬県警機動部隊の不自然で疑惑のある救助放棄、さらにアントヌッチ中尉らの救助活動中における日本側からの中止・撤退要請など生存者の救助を阻止する行動は、横田基地への事故機の着陸阻止とまったく同じ構図であり、相模湾上空での垂直尾翼破壊事故との関連を示唆している。

　かかる救難活動は考えられない悪業、犯罪で、救助放棄、見殺し行為に相当し、これは常識では理解出来ない事態で「謀略」そのものである。それは動機のある重大な「事件」と判断せざるを得ないのである。

　本章では、かかる謀略的行動について調査と検証を行う。

中曽根康弘総理の事故当時、およびその後の言動

　日航機事故と同じ1985年8月、イギリスのマンチェスター空港で起きた航空機事故において、サッチャー首相（当時）は訪問先のオーストリアから急遽

帰国して事故現場に直行した。そして、国の威信をかけて事故原因の究明を徹底的に行うとその場で表明した。

また、2014年4月16日、韓国珍島付近で起きた旅客船「セウォル号」の沈没事故では乗客475名の内290名の安否が不明で、捜索も難航。朴槿恵大統領は翌17日、船で現場に駆けつけ、救助隊に檄を飛ばしたのである。

そこでわが日本の首長たる当時の中曽根康弘総理の日航機事故当日の行動を振り返ってみると、その日は長野県軽井沢で身内と休暇を過ごし、17時11分に軽井沢駅を発つ特急あさま号に乗り込んだ。大宮駅には18時52分に到着し、19時15分に上野駅に到着している。

上野駅からは総理専用車に乗り込み、19時47分に官邸に到着。官邸の玄関で待ち構えていた新聞記者から事故について質問された中曽根元総理は、ありえないことに「ほぉー、どこで？」と呑気な顔で驚いたのである。

その言葉が真実だとしたら、その時間まで中曽根総理に急を知らせた側近、大臣、官房は誰一人もいなかったことになる。19：00のTV放送では重大事故として報道され、世間には重大関心事であったのである。そもそも総理たる者が2時間以上も連絡のつかない状況に置かれるなどあり得ない。しかも、総理専用車は電話付きである。緊急時には連絡が入るはずで、そうでなければ、いつ、どこで何が起きるかもしれない国際情勢の中で危機管理を行うことなど不可能になるのである。その上、日本航空は当時、半官半民の特殊法人会社である。日本政府が大株主であり、日本人だけでなく世界中の人が「赤い鶴のマークの飛行機会社は日本の国営企業」と信じていた時代である。日本国の威信に傷を付けかねない事態が起きたと言っても過言ではなく、緊急連絡が入っていたはずである。英国のサッチャー元首相、韓国の朴大統領も大事故に機敏に反応しており、国家的規模の重大事故の発生を一国の首長が新聞記者から教えられるようなバカバカしいことがあってはならないのである。

官邸に中曽根総理が入った時間には、すでに多くの国民が事故を知り、自衛隊機は2回目の現場上空飛行を行っている。海外にも重大ニュースとして特報で伝えられ始めていた。

にもかかわらず、中曽根総理に依田智治秘書官から詳細が伝えられたのはその後のことで、20時16分に駆けつけて来た藤波孝生官房長官らが官邸に入り総理と事故の件で打ち合わせを16分間だけ行っている。

その後、官邸で事故対策本部の初会合が開かれたが、これに総理が参加した

記録はない。翌13日の朝5時半になってようやく総理に墜落現場が群馬県であると伝えられたという。結局、中曽根総理は500名を超える犠牲者を出した大惨事にもかかわらず、また、墜落現場がお膝元の群馬県でありながら自ら足を運ぶこともせず、山下徳夫運輸大臣に任せきりで、13日午後に山下大臣がヘリコプターで上野村を訪れただけである。

その後も、記者会見や国会答弁で中曽根総理は「事故原因は迅速に徹底的に解明する」「人命優先で……」「遺体捜索は最後の1体まで」と話しているが、現実としては事故からわずか8日後の8月20日に古屋亨国家公安委員長が全遺体の収容は困難として捜索の打ち切りを進言している。

一刻も早く合同慰霊祭を行って事故の幕を引こうとしたのである。しかも、事故調から出された本件調査（相模湾からの残骸回収）のための特別予算計上はあっさり拒否され、その結果、早期に行うべき海底調査、残骸回収を不可能にしてしまった。世界の航空史上に残る最大級の事故を起こした金満国家・日本の政府は、調査に何ら本腰を入れることなく、それどころか、出来る限りノータッチのポーズを崩すことなく切り抜けたのである。

以上は角田四郎氏の著書『疑惑』に書かれた内容をもとに記したものだが、『疑惑』は出版された当時、「圧力隔壁破壊説」への疑問、救出遅れの指摘など、事故調の欺瞞に満ちた結論を数々の目撃証言をもとに否定したことから、事故の関係者に大きな勇気を与えたのである。

中曽根総理の視察は墜落現場が綺麗に清掃されてから

私たち遺族は、いや日本国民は思う。そして、憤る。

520名もの国民が事故で死亡しても日本の首長は全然気に留めなかったが、外国の首長は航空機事故で自国の国民が死亡すれば急遽現場に駆けつけて弔問し、生存者の救助や事故原因の究明を促すように指示を出すのである。

中曽根総理が墜落現場を初めて視察したのは現場がすでに綺麗に整理された時点である。そんな時期遅れの賞味期限が切れた視察には何の意味もない。それから29年、自民党のトップや担当大臣が上野村の慰霊式典に参列、献花したことはない。一貫しているのは国と政府（自民党政権）は知らぬ存ぜぬを貫き通しているというわけである。

しかし、2010年に行われた25周年慰霊式には民主党政権の前原誠司国土交

通省大臣が出席し、それを機に出席メンバーが大幅に変わった。前原大臣と大澤正明群馬県知事が式辞を読み、副大臣や審議官、航空局長、そして国交省と航空局の関係者など多数の官僚と群馬県議会議員が出席、献花には福田康夫元総理の名前もあった。

　大臣が出席した途端にこの有様である。自民党も対抗してのことか、福田康夫元総理を出席させている。この時、前原大臣は事故原因に関して画期的な施策を約束するなど、国交省の方針を大幅に変更させている。

中曽根総理ら政府上層部の理解不能の疑惑言動

　このように、日航機事故をめぐる中曽根総理、あるいは自民党幹部の加藤紘一防衛庁長官などの言動は奇妙で理解できないものである。

　その後、中曽根総理は「米軍アントヌッチ中尉の救出活動は知っている」「日航機事故の真相は墓まで持って行く」などと発言。これは、事故の隠蔽を行う決意と受け取ることも出来、日本国の首長としての名誉と権限を汚し、中曽根総理自身の人間性をも汚すことに繋がりかねない発言である。

　事故から29年が経過し、再び自民党政権となった今こそ、正義と日本国憲法の精神に則り、事故の「真実と真相」を国民に説明する義務責任を遂行出来るはずである。そして、民主主義は権利と義務が伴わねば成立しないのであり、遺族、国民は隠された真実と真相を知る権利を有しているのである。

　それは当時の総理大臣としての、人間としての中曽根氏の責務なのである。

隠蔽作戦に協力した日航と日航役員の疑惑の言動

　中曽根総理が官邸にいた22時頃、前述したように日航機123便が行方不明の報を知らされた乗客の家族は多数、羽田空港付近のホテルに駆け付けていた。動転し、混乱し、中には殺気立っている家族の追及に、中年の日航役員は真っ赤に顔を紅潮させて唐突にとんでもないことを口走り始めた。それが、「日航機は北朝鮮のミサイルに撃ち落された」という発言である。

　当時、この発言はあまりに突拍子もない話なので放念されていたが、事故原因の調査が行われ、数々の疑念が露呈する中で、次第に問題発言として重要視されるようになったのである。

役員のこの爆弾発言は日航幹部に危機感をもたらし、家族の殺気立った状況を変える必要もあり、日航幹部は家族らを一刻も早く別の場所に移すことを決断した。そのため、乗客の家族を墜落場所付近と目される長野県小梅に移送させるため、用意していたバスに押し込んだのである。
　しかし、ここで問題なのは13日午前1時にバスを出発させている点である。
　準備を含めて考えれば、12日22時頃にはバスを準備する必要があったはずである。しかし、墜落場所が判明するのは13日早朝5時であり、自衛隊救出部隊への命令は「13日5時まで動くな」であった。実際、上野村の自衛隊と群馬県警部隊は救出活動への出動を阻止され、5時まで待機している。
　それなのに、何故日航は勝手にそうした行動を行ったのか。墜落場所が確定してから移送するのが常識であるにもかかわらず、墜落場所を自衛隊が確定していない段階で、日航がバスをチャーターして長野県御座山付近を目指して出発した理由は謎である。
　しかも、13日早朝5時の時点で墜落場所が上野村御巣鷹山と確定したにもかかわらず、バスは目的地・小梅を変更していない。まったくムダな時間を浪費させたのである。要するに日航は家族を騙したのである。
　13日の11時頃、家族は4名の生存者がいたことを聞いているが、その後もバスは御座山方面に進み、小梅に到着している。
　なぜ墜落場所が上野村山中と判明したにもかかわらず、バスは長野県小梅への進路を変更しなかったのか？
　日本航空は深慮遠謀し、いい加減なことを絶対にしない会社である。また、一旦決めると絶対に妥協しない傲慢な会社でもある。つまり、これらの行動にはそれなりの根拠と深い計画があったはずである。
　恐らくそれは、家族の意識を日航幹部の衝撃の告白から遠ざけようとしたものではなかったか。国家機密をマスコミに察知され、問題視されるのを避けるためであったと考えられる。
　日航は事故直後から墜落の原因を知っていたし、墜落場所も知っていたと考えざるを得ないのである。
　あれから29年間も日航は遺族、国民に「嘘」を報告し、騙し続けているのである。これは遺族として看過できない行動である。

2 自衛隊および群馬県警機動部隊の疑惑の救出活動

自衛隊の日航機墜落場所の捜索、および特定行動

　事故調による自衛隊の墜落場所の捜索活動についての報告内容は以下の通りである。

8月12日

18：56　羽田、所沢レーダーから日航123便の機影が消える。
　　　　日航機が御巣鷹山の尾根に墜落。
18：57　峯岡山基地、123便消滅を松永貞昭司令官（当時）に報告。
19：05　航空自衛隊百里基地からF－4E戦闘機2機が発進。
19：21　F－4E機「横田タカン（TACAN＝電波）300度32マイル炎上中」
19：45　運輸省航空局長室に「JAL123便対策本部」設置。
19：54　百里基地から救難機V107発進。
19：58　百里基地からMU2S発進。
20：30　MU2S墜落現場到着。
20：42　V107「横田タカン299度35.5マイル」高度5,500フィート、
　　　　V107、米空軍C130Hや米陸軍UH1とコンタクト。
　　　　V107、UH1と高度入れ替わり→日本当局が正確な墜落地点を把握。
21：00　長野県警「墜落場所は群馬側だ」
　　　　群馬県警が上野村の藤村輔二郎猟友会長（当時）に道案内を要請。
21：06　朝日新聞社ヘリ「ちよどり」が墜落地点の右斜め下に赤い火を発見。
　　　　前方に数機の飛行機、ヘリの衝突防止灯を確認。
21：10　「ちよどり」が墜落現場を撮影。
21：25　「ちよどり」が羽田から304度方向60マイル、群馬側と測定。
21：30　読売新聞社ヘリ127号機、墜落場所撮影。
21：39　NHK「御座山中腹で煙発見」と報道。
　　　　警察部隊は御座山に急行。
21：50　MU2S現場撮影。
21：56　航空幕僚監部が運輸省に「御座山北斜面」と連絡。
22：03　NHK「御座山北斜面で炎上中」と報道。日航も発表。

22：05　「ちよどり」「三国山の北方5キロメートル群馬側」と発表。
22：30　長野県警「墜落場所は群馬県内と判断」と発表。
23：35　「ちよどり」が現場に自衛隊のヘリを目撃。
8月13日
00：15　「ちよどり」が「墜落場所は群馬側」と計測。
01：00　群馬県警が上野村役場に現地対策本部を設置。
01：35　日航「先遣隊」第1陣が南牧村に到着。北相木村に向かう。
02：15　読売新聞最終版「御巣鷹山付近に墜落」の見出し。
03：45　NHK「御座山南斜面」と報道。
04：39　防衛庁「三国山北西約2キロメートルで機体発見」と報告。
04：55　陸上自衛隊陸立川HU1「三国山北西約2キロメートルで機体発見」と報告。現場で映像撮影を実施。

　このように見てくると、公式発表では日航機の墜落場所が判明したのは13日の早朝4時55分である。それまで民間機が12日21時25分に「群馬県」と報告しているのに、NHKはそれ以降も「長野県御座山」と報道し続けている。自衛隊、NHKはこの民間機情報を無視し、情報操作して国民の目を長野県に釘付けにしたのである。自衛隊だけでなく、NHKも救助活動の遅延に協力したと推測出来るのである。これは重大な疑惑である。
　日航機が墜落した12日18時56分から実に10時間後のことである。さらに生存者の救出活動開始時間はそれから8時間30分後のことである。
　当然、何故このような救助活動の遅れが生じたのか問題になった。
　生存者の落合由美さん、川上慶子さんの証言にあるように、墜落した直後は数十名が生存しており、現場確認の遅れと救出の遅れが自衛隊の救助活動への疑惑を呼ぶものとなったのは当然の流れである。

航空自衛隊の初動捜索活動の疑問点

　8月12日の18時25分には航空自衛隊峯岡山基地のレーダーが日航123便の「スコーク77」（緊急遭難信号）を受信し、その後も監視している。また、日航の社用無線や東京コントロール（TACC）のやり取りを傍受しているが、これに対して公式には具体的な対策（スクランブルなど）を取っていない。

524名の乗客乗員を乗せた旅客機からスコーク77が発信されても自衛隊機が緊急発進しない理由はどこにあるのだろうか。
　スクランブル発進の費用はすべて国民の税金で賄っているわけで、当時の司令官はこの疑惑に説明責任がある。
　墜落地点の計測で、自衛隊はレーダーと戦闘機、ヘリなどでその場所を確認しているが、真の墜落場所からほぼ約5キロメートルくらいの誤差であった。計測で数キロの誤差が生じるのはやむを得ないことなのだろうか。
　しかし、ある航空自衛隊のパイロットは計測位置と地図上の位置の違いについてこう語っている。
◆「自衛隊は戦闘集団です。こんないい加減な目標地点の測定では味方陣地を誤爆することになりかねません。それでは戦争なんて出来ません。何か隠された意図があるんですよ」
　墜落場所特定行動での問題点と大きな疑惑は、生存者の救出が一番急がれる段階で、学校の地理の宿題なみの緩慢な地点確認を行ったことである。
　墜落地点（炎上中）を視認しておきながら、なぜ地図上の地名場所を測量することに熱中するのか。一番急がれるのは生存者の救助であり、いち早く救助部隊をその場所に引き寄せることではないのか。
　さらに、自衛隊、NHKはなぜか「御座山」にこだわって報道しているが、これもまた大きな疑惑である。なぜなら、自衛隊はこの地域の地理は熟知しているからである。
　群馬県上野村御巣鷹山付近と長野県御座山は直線距離で約7キロメートルと至近距離にあるが、救助隊が到着するには長野側御座山の場合は佐久から小梅を経由しなければならない。
　一方、群馬側御巣鷹山の場合は高崎市から藤岡や上野村を経由する必要があり、したがって御座山と発表して捜索に行って見つけられず、それから上野村御巣鷹山に到着するためには大変な時間が必要になる。
　道路は狭く、大型車の通行は大変困難である。我々遺族も日航が用意したバスで13日夕方に小梅に到着したが、当然ながら墜落場所が違っていたため、翌日14日朝に小梅町を出発し、藤岡に着いたのは午後のことであった。
　御座山から相木村に戻り、直線的に御巣鷹山に行く道はなく、山越えの連続で道に迷うし、大部隊の行動には困難である。ということは、自衛隊が「御巣鷹山からわずか7キロメートル離れた御座山が墜落現場だ」と発表したのは国

民の目をそらし、時間を稼ぐための謀略だったと考えざるを得ない。

航空機事故において過去に行われた謀略活動と証拠隠滅

　実際、自衛隊・政府、軍隊は同様の謀略行為を行った「前科」がある。
　前述した1952年4月に起きた日航機「もく星号」遭難事件では、米軍は日航機「もく星号」の墜落場所を意図的に変えて報道し、その間に証拠品を回収した。真実を隠蔽するために謀略工作をしたのである。
　　　　　　　　　　　　　（松本清張著『一九五二年日航機「撃墜」事件』）。
　また、軍隊は謀略を得意技とするものである。軍隊は相手を攻撃し、絶滅させるのが目的なのだから、相手の弱点を探して攻撃することで最大の成果を挙げることが至上命題である。軍隊は相手に違う情報を流して混乱させ、その最中に不意討ちを掛けるのを特殊技能としている組織である。
　今回もまた、国民の目を欺くための情報操作であったのである。
　日航機事故でNHKは何度も「御座山」と連呼し、国民やマスコミ、救助隊を騙し、時間を稼いだことになる。墜落場所が分かっているのに真の現場を報道するまで10時間もかけて、救助を求める重傷の生存者を見殺しにしたのだ。
　自衛隊が測定した位置情報に基づき、『御巣鷹の謎を追う―日航123便事故20年』の著者でフリージャーナリストの米田憲司氏が実際に5万分の1の地図にそれを落としたところ、峯岡山の計測位置（自衛隊報道）が実際の場所から西に7キロメートルも離れた御座山の北斜面になっていた。何らかの意図で場所を偽ったとしか考えられない重大疑惑である。第2次世界大戦から40年が経ち、米ソの冷戦による軍拡競争があり、戦争に備える武器や機械、装置の発展は相当のもので、日本は精密電子機器では世界のトップの技術を有し、製品もきわめて優秀である。
　誤差は生じるとの自衛隊の主張は国民を馬鹿にするものでしかない。自衛隊は莫大な税金を基に無数の優秀な武器を使っており、かかる大きな「誤差」が生じるような兵器や武器は使っていないのである。
　測量による地図上の位置と実際の位置とのズレはほとんどなく、それがために爆撃も正確に出来、かつ砲撃も正確に行え、戦争が出来るのである。
　米田氏が実際に検証したように、日航機の墜落場所は自衛隊戦闘機の測量できわめて正確に「御巣鷹山」と特定していたが、上官の命令で7キロメートル

も離れた「御座山」と、意図的に間違った場所を報告したことは間違いない。**それは測量の誤差でなく、完全な自衛隊の「謀略作戦」であったのである。**

日航機「もく星号」事件とまったく同じ図式で、自衛隊は米軍の悪しき事例を真似たのである。

しかも墜落場所は炎上しており、航空機の上空で周回飛行してヘリを呼び寄せ、救助するのが最良の方策ではないのか。なのに、なぜヘリを呼び寄せて救助降下を行わなかったのか。米軍アントヌッチ中尉の部隊が実際に墜落場所に到着し、救助ヘリを呼び寄せているにもかかわらず、日本側は救助中の米軍部隊に救助活動の中止と撤収を要請している。

空からのヘリによる救助が数人しか降下できなかったとしても、重傷者を声で励まし、力付けることによる効果は非常に大きいはずである。

もちろん、陸路からの救助も不可欠である。上野村の消防団員らは墜落地点を正確に把握しており、警察、自衛隊部隊に出動を要請したが、自衛隊側は要請をストップさせており、上官の命令だと理由を述べた。ならば、上官はどうしてそのような命令を出したのか、これもまた大きな疑惑である。

いや、疑惑でなく、これは明らかに見殺し行為、不作為の殺人行為に相当する犯罪行為であり、自衛隊幹部、群馬県警幹部には説明責任がある。

自衛隊の救助遅れ批判に対する自衛隊幹部の反論

自衛隊・政府はこうした救助遅れに対する批判に対し、「墜落地点の確定が遅れた」「困難な地勢で装備も不十分だった」などの言い訳でごまかしていたが、その後、当時の自衛隊幹部の松永貞昭指令官、増岡鼎総監、村井澄夫前統幕会議長がその理由を正式に発表した。

しかし、その説明には数々の疑問（反論）があり、併せて記述する。

「**自衛隊幹部の言い訳**」
①夜間にヘリコプターで飛行すること自体大変難しく、目標にできる灯りが見えない。月も出ていなかったので炎上している炎以外は何も見えない。眼をつむって自動車を運転するようなものである。

＊**言い訳への反論**：村井澄夫前統幕会議長は、「夜間飛行なり夜間降下などは当然日頃からやっています」と説明。陸上自衛隊の幹部も「夜間訓練は多いですよ。敵が攻撃を仕掛けてくるのは夜か朝方ですからね」と説明した。

②サーチライトの照射範囲はわずか30メートルで、光は闇に吸い込まれて何も見えない。山には高圧線や索道などもあって発見しにくい。とてもヘリで飛行できる場所ではない。その証拠に事故当夜、ヘリを飛ばして現場捜索にあたったのは自衛隊だけであった。

＊言い訳への反論：当夜、民間航空機（新聞社などのヘリコプター）が墜落現場の捜索に飛来しており、その現場写真が13日の朝刊に掲載されている。

③夜間、もし現場上空に到達し得たとしても、ラペリング（ロープを使って地上に降りる行為）して隊員を降下させるのは不可能だった。現場が40度の傾斜がある上、ラペリングするとヘリによる強風で「フイゴ」の役割を果たしてしまう。炎上している時点で相当な上昇気流を生じさせただろう。台風なみの強風を浴びて降りる隊員がどれほどいるのか。

＊言い訳への反論：12日20時50分、米軍の救助ヘリが降下の態勢にあった。

④「世界中、どこの軍隊でも不可能だった」と断言できる。自衛隊が知り得る限り、いかなる優秀な暗視装置を使用しても、あの時刻にあの地点に降下することは難しかったと思う。

＊言い訳への反論：同上。

⑤米軍の救難の申し出を自衛隊が断ったという報道がされたが、まったくのデマである。米軍からは「一般的な支援提供が可能な状態にあり、医療班を集合させ、ヘリを１機待機させている」という連絡があっただけである。米軍が横田や座間に展開させているヘリはホイスト（人を吊り上るロープを付ける機構）や大型サーチライトを取り付けたものではない。もし、出動したとしても自衛隊の救出以上の行動ができたとは思えない。

＊言い訳への反論：米軍座間基地から救難に向かったUH１ヘリの兵士は12日20時50分にホイストを使って現場に降りている。

　これら自衛隊幹部の主張は現場の地理をまったく知らない幹部の「作文」であり、しかも、自衛隊の装備や訓練方法を知らないのか、あえて知らないふりをしたのか。もし前者であればそれは失笑すべき事態であり、自衛隊最高幹部の反論内容がこの程度であるからマスコミと国民の失笑を買ったのである。

　さらに、これらの自衛隊幹部の反論は事故から10年後に明らかにされたアントヌッチ中尉の証言により根底から否定され、自衛隊の意図的な救出放棄、乗員乗客の見殺しともいえる作戦行動を自白した形になった。

もし、アントヌッチ中尉の証言が事故調の結論が出る前の1年8ヵ月以内に行われていたならば、事故調の結論は大きく変わっていたはずで、技術的、理論的に成立しない「圧力隔壁破壊説」は発表できなかったと考えられる。

　2013年に日航に「アントヌッチ中尉の救出行動」について質問したが、その回答は以下の通りである。
◆「米軍アントヌッチ中尉の証言についてですが、私自身の率直な思いを述べさせていただくと、もし、アントヌッチ中尉の証言通り、その時点で救助を開始していたら、もしくは自衛隊が夜間の内に墜落現場を特定し、救助活動に着手していたら、4名以外にも生存者の救出ができたのかもしれないと思います。しかし、その一方で、解説書には、当時の技術としては現場の特定は大変難しかったこと、ヘリコプターによる夜間の吊り下げ救助は二次災害を起こす可能性がきわめて高いとも書かれております。このような状況ゆえ、私どもと致しましては、本件に関するコメントは、これ以上はしようがないことなのです」
　　　　　（2013年7月1日・日本航空常務・ご被災者相談室長・権藤信武喜）
　事故調はアントヌッチ中尉の救出活動について言及せず、いっさい説明していない。自衛隊、事故調の説明はアントヌッチ中尉の告白で全面的に否定されたので、事故調として、また自衛隊としても、反論も、弁明も出来ないはずである。
　しかも、アントヌッチ中尉の証言は1995年8月であり、事故調の資料は1987年のものであるにもかかわらず、日航は1985年の「自衛隊幹部の言い訳」を引用して、そのまま回答してくる傲慢な態度である。日航も、自衛隊と同じ貉(むじな)なのである。
　事故遺族にこのような無礼な回答を堂々と提出する日航の傲慢な態度にはあぜんとする。日航は事故の加害者を自認しながら、何の反省もせず公然と居直る厚かましさである。犠牲者、および遺族に対するこの無礼な振る舞いには怒りを感じる。日航の言動は全然信用出来ないのである。

陸上自衛隊救助部隊の救出活動での疑惑行為

　上野村に到着した自衛隊部隊に自衛隊幹部は「13日朝5時まで待機せよ」

との命令を出している。その間の12日20時、NHKはテロップで「待機命令に反して救出を急いだ自衛隊員を射殺」という驚くべきニュースを流した。これは上野村三岐で待機していた自衛隊員の内、待機命令に反して怪我人の救出を急いだ自衛隊員1名を射殺したというものである。真実は不明である。その件は、詳細に後述する。

その後、長野県警が「数名の自衛隊員を射殺した」との報道もされている。

こうした事態はレスキュー、生存者救出活動の世界では考えられないことである。この事案は政府上層部や自衛隊幹部による「勝手に救助するな」との指示であり、意図的な救助放棄であり、負傷した乗客乗員を見殺しにする犯罪行為にも相当する。救助に走る自衛隊員を射殺する行為には、いかに命令違反とはいえ、自衛隊という組織が持つ狂気を感じるのである。それこそ自衛隊・政府が垂直尾翼破壊に自衛隊が関与した事故原因の隠蔽に強い意思を持ち、実行したことを示す事態だと考えると合理的に説明が付くのである。

負傷した乗客乗員の救助活動を妨害した群馬県警機動部隊

群馬県警本部長河村一男は12日21時、幹部に「日航機が長野に落ちたと言われているが、本県に墜落したと思って行動してくれ」と訓令し、1時間後の22時過ぎに上野村に「現地対策本部」を開設している。この県警本部長の発言はあまりにも唐突で不可解である。

その一方で、何と日航は12日夜の時点で東京都西多摩郡日の出町のメーカーに棺桶を大量発注し、群馬県藤岡市に届けるよう指示している。

群馬県警も日航も自衛隊が「墜落場所は長野県だ」と報道している段階で、すでに「墜落場所は上野村御巣鷹山」だと知っていたことになる。

この両者（群馬県警、日航）に墜落場所を教えることが出来るのは自衛隊・政府しかない。この時点で群馬県警と日航は「尾翼破壊に自衛隊が関与した事態の隠蔽作戦」の協力者、共犯者になっていたのである。

群馬県警は墜落地点である「スゲノ沢」への道路がある上野村の消防団や猟友会の現場への救助行動を阻止するために、上野村に事前に対策本部を設置したのである。

1985年当時、管轄至上主義の警察がこのように柔軟で積極的な思考を行い、実行するのはきわめて異常であり、あり得ないケースである。そして、上野村

猟友会に対して群馬県警機動隊が「中の沢」に捜索に行くための案内を要請。これに対して猟友会の堀川光太郎氏らは「音や煙で『中の沢』ではなく、もっと奥の『スゲノ沢』で間違いない」と説得進言したが、機動隊は「これは上の命令だから、『中の沢』を捜索する」と拒否して取り合わなかったという。

　上野村の猟友会、消防団が提起した墜落地点「スゲノ沢」に自衛隊、警察機動隊が直行していれば、13日1時には現場に到着できたはずである。「中の沢」と「スゲノ沢」は御巣鷹山の正反対の位置にあり、相当離れている。機動隊に命令を出した県警本部長は本当の墜落場所を知っているからこそ、違う場所の捜索の命令を出したと考えると納得できる。すなわち、謀略なのである。

　群馬県警本部長は12日21時には本当の墜落場所を知っていたのだ。
　では、群馬県警本部長に指示したのは誰なのか？　それはもちろん、自衛隊幹部か、政府権力者、要人としか考えられない。

　一方、県警はスゲノ沢に救出に向かおうとした上野村消防団に対してストップをかけた。そして、「機動隊が来るまで待て」と言ったものの、機動隊はなかなか来なかった。さらに、上野村消防団は機動隊が猟友会にも捜索案内を頼んでいると聞いて怒りを覚えたという。

　翌朝3時に現れた機動隊は「近くの御倉山を見てこい」と指示。この言葉に消防団は怒りをあらわにする。御倉山は小高い丘のようなものであり、「そこにジャンボ機が落ちたら、雷が鳴っていても分かるんだよ！」と消防団は機動隊に罵声を浴びせたという。

　そして、周囲が明るくなった頃、スゲノ沢に行こうとすると、警察は「暗くて危険だから、待て」とストップをかけた。またも怒鳴り合いになり、結局、朝の4時半頃に年長の消防団員が4、5人を連れて出て行った。長野県警のレスキュー隊と一緒に川上慶子さんを発見したのは彼らである。

　その後、消防団はすぐ後に続いてスゲノ沢に向かった。すると、機動隊もいっせいに車で乗り付けて、スゲノ沢に入っていったという。

　以上の顛末から、群馬県警機動部隊は本部長から、地元の地理に詳しく墜落場所を察知していると思われる上野村の猟友会、消防団員が救出行動を行わないよう特別の指示を受けていたと考えられる。

　その理由は前述したように、自衛隊特殊精鋭部隊が「自衛隊に関連する機材と残骸、証拠の回収、生存者壊滅」という極秘ミッションを遂行している段階で、誰も立ち入らないようにしたものと考えるとすべての事象が腑に落ち、合

理的に説明できるのである。

　以上のことから考えられることは、8月12日19時20分に日航機の墜落場所を知っていたのは自衛隊と運輸省（現国交省）、そしてもちろん政府である。その時点で群馬県警自体が知っているはずはない。
　しかし、群馬県警に大きな影響を及ぼせるのは誰なのかを考えると合点が行く。それは群馬県で絶大な人気と権力を誇る同県出身の最高位の権力者なのである。知事や県議会、警察に対して権力を行使できる立場にあるこの国会議員、総理大臣は、群馬県知事、群馬県警に事情を話して県警本部長に協力を求め、命令を下したのである。

3　米軍中尉らの救助活動と日本側の中止・撤退要請

日航機事故に対する米軍横田基地の乗員乗客救出への対応

　自衛隊は日航機墜落場所の特定に10時間もかかり、生存者の発見までさらに8時間かかったことから国民やマスコミに「意図的な救助遅れ」と批判され、そこに「重大疑惑」が巻き起こった。
　一方で横田基地の日航機墜落の事態に対する対応は以下の通りである。

◆「我々は横田基地のレーダーから日航機の機影が消え、次に輸送機から第一報が入ると、ただちに基地内にいる3人の医療関係者と500ポンドの医療装備品を用意し、いつでも飛べる状態にあるヘリの脇で待機させた。また、475ABW災害対策チームは警備官や捜索救難チーム、火災スペシャルチームのコマンドスタッフによって編成され、これまたいつでも出動できる態勢になっていた。我々は3日間待ったが、日本側から出動要請はついになかった」
（米軍関係者）

　次のような米軍関係者の話もある。
◆「19時45分、横田基地救難調整センターは自衛隊入間基地に対し、『レスキュー隊が待機中、要請あれば出動する』と通告した」
　また、横田基地のノバック中尉（当時）はこう語っている。
◆「厚木基地の軍人も動員され、30分以内にスタンバイ（出動準備完了）し

た。厚木から軍用ヘリ3機が人や資材を運んだ」
◆「もしアメリカ軍なら、火を目標に飛びますね。測量測定は人を降ろしてからで十分です。現場は消えてなくなるわけがないが、人の命は消えます」
◆「我々なら、降下困難ならそこから一番近い降下場所を見つけて降下させ、後は上空から、彼らを現場に誘導するでしょう。何もせずに基地に戻ったりしたら、笑い者になります」
◆「メイ・サバイブ、シャル・サバイブ（生きているかもしれないなら、必ず生かす）。これがアメリカのレスキューのモットーです」

(以上「週刊宝石」1985年9月13日号)

　米軍横田基地側は日本人乗客乗員の救出のために万全の態勢を整え、日本側に連絡して回答を待っていたが、何の返事もなかったのである。かかる国際的な救助申し入れに対する日本側の対応は不可思議で、国際的な信義にも反する重大な無視、怠慢であり、国際的な信用を失うことになる。
　レスキュー部隊にとっては現場に辿り着いて死んでいることを確認しない限り、犠牲者は生きていることが前提で迅速に行動するのである。
　もし現場に降りることが不可能だったのならば、なぜ上空を旋回しながらスピーカーで激励したり、ライトを当ててやったりしなかったのか。それがレスキューの基本であり、救援に来たことを知らせるだけで精神的な支援になる。
　このような救助の原則は日本側も分かっているはずで、自衛隊が不要な測量に時間をかけ、人員と航空機ヘリの投入をしなかったのは明らかに生存者を救出する意思がなかったことを示唆しているのである。
　では、時間を稼いで自衛隊・政府は何をしたかったのか？
　それは恐らく、自衛隊特殊精鋭部隊による「あらゆる証拠品の回収行動と隠滅作戦を間接的に援助する」ための時間稼ぎだったと考えざるを得ない。
　つまり、13日午前7時まで墜落地点に誰も入らないようにしたのである。

10年後の米軍アントヌッチ中尉の救助活動に関する衝撃の告白証言

　事故から10年後の1995年8月20日、事故当時、米軍横田基地の輸送機に乗務していた航空機関士マイケル・アントヌッチ中尉が「サクラメント・ビー」紙に発表した証言は、8月27日付の「星条旗（stars and stripes）」誌に転載さ

れて大きな反響を呼んだ。その内容は衝撃的なものであった。
「1985年の日航機事故の救出は拙かった——元空軍兵士は語る」というタイトルで、以下にその抜粋を紹介する。

◆「米軍は日航機が墜落した20分後、19時15分に墜落場所に到着し、海兵隊のヘリコプターを呼び寄せ、21時5分、救出するために兵士2人をホイストで降ろす作業中、日本側から『救出は日本側が行う』と米軍に中止要請をしてきて撤退した。しかし、日本側の救出作戦は行われなかった。さらに横田基地に戻ったアントヌッチ中尉ら隊員は基地司令官から『口外するな』と箝口令を言い渡された」

◆「4人の生存者がいたことを初めて知り、4人の内、落合由美さんの記事を読んでゾッとさせられた。彼女は墜落後、意識があった時に残骸の下で動けなかったが、彼女はヘリコプターを発見し、手を振って合図をしている。海兵隊のヘリコプターは落合さんが見つけられるところまで接近していたのだ」その証言通り、落合さんは「周辺で数人の子供たちの声を聴いたが、闇の中でその声は次第に途絶えていった。その後、失神したが、気が付くと男の話し声が聞こえ、もう朝だった」と話している。

アントヌッチ中尉は、「私は打ちのめされたような気がした。あの救出の時、海兵隊がホイストによる救難を許可されていたならば、さらに数人の生存者を救出できたのにと考えざるを得なかった」とまで述べている。

一方、「ニューズウィーク」誌によると、

◆「日本の当局は捜索開始命令を12日21時30分まで出さなかった」
と述べている。

◆「この時間は米軍機が墜落地点を確信した2時間後であり、米軍が救助を中止し、撤退した時間である。さらに驚くべきは最初の日本のヘリが現場に到着したのは翌13日の朝4時3分であり、その後の7時15分になって、自衛隊はレンジャー部隊をヘリコプターで吊り降ろすことを決断したのである。米軍の救難ヘリが救出のために降下を行ってから、実に11時間も経ってのことだった」

ここで救出を待っていた落合由美さんの証言を紹介したい。

◆「墜落後、自分の上に椅子が被さり、身動きできない状況だった。お腹がちぎれそうに苦しかったが、やっとの思いでベルトを外すことができた。しか

し、椅子の間に挟まり、身動きできなかった。<u>ヘリコプターが見えたので、手を振ったが、向こうでは分からない様子だった。</u>火炎は周囲では発生しなかった。やがて眠ってしまった。男の声で眼を覚ましたら、朝だった」

落合さんの証言に出てくるヘリコプターとは、米軍横田基地から手配された救援機である。救出を待つ負傷者にとっては天から差しのべられた手にも見えたはずである。しかし、残念なことにこのヘリコプターは日本側からの中止要請により引き返さざるを得なかった。

この落合さんの証言とアントヌッチ中尉の告白とは完全に一致する。したがって自衛隊の救助放棄、乗客の見殺し行為が事実なのは間違いない。

アントヌッチ証言の信憑性は以下の理由から疑いようのないものである。

①基地に帰還後、箝口令を要請されていることと、その直後、1週間沖縄に派遣されたことなどから、マスコミとの接触を防止し、米軍救出活動の事実の隠蔽をしたと考えられる。
②米国の基地で日航機事故の救難行動に対し、「空軍表彰メダル」を授与されている。すなわち、米国空軍は日航機事故をめぐるアントヌッチ中尉の対応を認めている。つまり、アントヌッチ中尉は兵士の独断で行動したのでなく、横田基地の司令に基づき、行動しているのである。
③自衛隊の最高指揮官・中曽根総理は、アントヌッチ中尉の日航機事故救出の証言に対し、「アントヌッチ証言を認めている」とテレビ番組で発言している。
④日航機事故の原因報告書でも「19：19　米空軍C130H（ラージファイア　フロム　ヨコタ　305度34マイル）」との記載があることから、アントヌッチ中尉の告白証言とその内容はきわめて高い信憑性に満ちている。真実であり、間違いないと判断できる。

この記事をスクープした米田憲司氏の著作『御巣鷹の謎を追う―日航123便事故20年』にはその詳細が記載されているので、参照されたい。

アントヌッチ中尉の証言に基づく救出活動の実態

事故当時の対策本部、自衛隊の公表内容、新聞報道など、そして、10年後のアントヌッチ中尉の証言内容をもとに時系列的に救出活動を再現してみる。
（※アントヌッチ中尉の証言は太字とアンダーラインで表示）

8月12日

- 18：12　日航機、羽田港を離陸（予定より12分遅れ）。
- **18：16　「シーパーチ（非義務位置通報点）」へ直行と連絡。**
- 18：24　日航機「ドーン」と大音響を発して垂直尾翼破壊、操縦系統破損。
　　　　日航機「スコーク77」（EMG＝緊急遭難信号）発信。
- **18：30　米空軍C130H輸送機、日航機の「スコーク77」捕捉。**
- 18：31　日航機が日航オペレーションセンターに緊急連絡。
　　　　機長「羽田に帰る」と連絡。
- 18：35　日航機「R5ドア（右側最後部のドア）、ブロークン」と連絡。
- **18：40　機長の動揺した交信を受信。**
　　　　横田基地「日航機の横田基地への着陸を許可」
- 18：54　日航機「操縦不能」「自機の位置が分からない」と連絡。
　　　　管制部が位置を通告、連絡。
- 18：55　管制部が羽田の受け入れ準備完了と連絡するが応答なし。
- 18：56　羽田、所沢レーダーから機影消える。
　　　　日航機、御巣鷹山に墜落。
- **19：00　横田基地より「墜落地点の捜索の打診あり」**
　　　　輸送機C130Hのアントヌッチ中尉らが捜索を開始。
- 19：05　航空自衛隊百里基地からF4Eファントム戦闘機2機発進。
- **19：15　米軍輸送機C130H、墜落地点で煙を発見。**
- **19：20　米軍輸送機C130H、墜落地点上空に到着。墜落場所の位置：緯度、経度を測定。**
　　　　横田基地から日本当局に連絡。
　　　　米海兵隊が救難の準備を開始。
- 19：21　航空自衛隊百里基地F4E機「横田タカン300度32マイル炎上中」
- 19：45　運輸省航空局長室に「JAL123便対策本部」設置。
- 19：54　航空自衛隊百里基地から救難機V107発進。
- 19：58　航空自衛隊百里基地からMU2S発進。
- **20：30　米空軍C130H墜落地点上空旋回。同陸軍UH1救難ヘリ（座間基地）を誘導→正確な墜落地点の把握と日本側への連絡。**
- 20：30　MU2Sが墜落現場到着。
- 20：42　V107「横田タカン299度35.5マイル」。V107、米空軍C130Hや同陸

	軍UH1とコンタクト。UH1と高度入れ替わり→日本当局：正確な墜落地点を把握。
20：50	米軍UH1が現場で兵士が降下準備。
21：00	長野県警「墜落場所は群馬側だ」と確信。群馬県警が上野村の藤村輔二郎猟友会長に道案内を要請。
21：05	UH1乗員がロープを巻きつけて降下開始。横田基地司令部よりUH1とC103Hに帰還命令。
21：06	朝日新聞社ヘリコプター「ちよどり」が墜落地点の右斜め下に赤い火を発見。前方に数機の飛行機、ヘリの衝突防止灯を確認。
21：10	「ちよどり」が墜落現場撮影。
21：20	横田司令部からC103Hに「日本の救難機が現場に向かっている」と連絡。C103Hが横田基地へ帰還開始。C103Hは墜落地点で2時間飛行旋回した。最初の日本の飛行機の到着を確認後、安心して墜落場所を引き上げた。
22：40	C103Hが横田基地に帰還。横田基地の副司令官シルス大佐に経過報告。大佐から「マスコミへの他言無用」との箝口令を受けた。

（8月13日）

13：00	アントヌッチ中尉らに「1週間の沖縄への出発指令」あり。
8月28日	アントヌッチ中尉、バンコクにて「タイム」誌で4人の生存者の記事を読む。落合さんらの「ヘリに手を振った」「数人の子供の声を聴いた」「数人の会話を聞いた」「13日の朝、男の声が聞こえた」の証言を読み、「救助ヘリが降下していればもっと多くの人を助けることができたのに」と考えた。
1987年3月	アントヌッチ中尉がマザー空軍基地（サクラメント）で日航機の捜索と救助における功績で表彰を受ける。

　この時系列表から、自衛隊・政府が「何度も現場の捜索を行い、測量して墜落場所の特定を行った」との事故調の結論は嘘であり、国民を騙したことは明らかである。実に不可解で馬鹿げた話であり、国民を侮辱する行為である。
　この謀略行為は乗客乗員の生死が掛かっている時点での言動であり、救助を待っている乗客乗員を助けに行かないことであり、自衛隊・政府の救助忌避行

動は「乗客乗員の見殺し行為」であることは明らかである。

アントヌッチ証言から導かれる救助活動の真実

　日航機事故から10年が経って公表されたアントヌッチ中尉の勇気ある証言により、自衛隊の意図的な救助放棄が証明されたのである。その意味で衝撃的な証言であった。
　前述した事故の時系列表から分かることは次のようになる。

①自衛隊・政府は19時05分に戦闘機を発進させており、少なくとも19時21分には墜落場所を確認していた。
②自衛隊・政府と米軍横田基地との交信は正常であり、確実に情報連絡が行われていた。
③自衛隊・政府は米軍横田基地に対し、公式に「救助中止」「横田への撤退」「事実の箝口令」の要請を行った。
④自衛隊・政府は「後で自衛隊が出動して救助する」と米軍に伝えたが、その約束を果たしておらず、約束を反故にして米軍に対して嘘をついた。
⑤自衛隊・政府の米軍への申し入れは自衛隊最高幹部幕僚長、または防衛大臣、総理大臣などから強引に申し入れた形跡がある。事態は「人命救助」という人道的な非常事態であり、このような非常識な内容で相手を納得させるには、政治的、権力的な立場の人間が申し入れないと米軍も納得できない。
⑥日本側、自衛隊・政府の異常な申し入れには相当な理由があると推察できる。それは、乗客の人命が失われても、国民の命を見殺しにしても自衛隊・政府として何らかの<u>特別な任務を行う必要がある</u>からと推察できる。

　それでは、自衛隊・政府が急いだ特別な任務とは何なのだろうか？
　それは日航機事故の墜落原因に関することで、自衛隊・政府がこれに関与しており、発覚すれば自衛隊・政府が非常に困る事態であると考えられる。
　つまり、非常に困ることとは「自衛隊幹部、政府権力者が責任を問われてその職位、地位を失うこと」「自衛隊の存立の危機」「自衛隊・政府への国民の信頼が失われる」ことで、具体的に言えばそれは「相模湾上空での日航機の垂直尾翼破壊は自衛隊の無人標的機が衝突したことによるもの」「事故機の横田基

地への着陸を阻止したこと」「その後、自衛隊は事故機をミサイルで撃墜したこと」であった。

　この衝突の証拠品を回収するためには極秘裏に残骸を回収する必要があり、事実を知る乗客乗員が全員死亡することが絶対に必要であり、その任務を遂行する時間帯の墜落現場にはすべてを回収する任務を与えられた「特殊精鋭部隊」以外の人間がいてはならない。そのために墜落現場の特定に時間をかけて、救助に駆け付ける上野村消防団らを足止めし、救助部隊の出動を遅らせたのである。

4 自衛隊特殊精鋭部隊の極秘隠密行動の実態

自衛隊特殊精鋭部隊の隠密緊急集合と墜落場所への急行登山

　事故後の自衛隊部隊の出動としては次の2つの部隊が目撃されている。

①遺体搬出、残骸回収の大規模な一般陸上自衛隊部隊
②証拠品の回収と乗客乗員全員への加害行為を任務とする特殊精鋭部隊

　②の証拠品回収などの特別任務を課せられた自衛隊の特殊精鋭部隊は12日深夜から活発に行動を開始しており、13日早朝4時頃には墜落現場でその姿を目撃されており、負傷者を救助することなく、証拠品をヘリで吊り上げているのであった。ここで彼らの行動を検証してみる。

　8月12日20時頃、上野村三岐に総勢100人にもならんとする自衛隊の一団が集結し始めた。彼らは何かの合図を待っているように静かに待機していた。この場所は自衛隊基地から遠く離れており、日航機墜落事故発生後、こんなに迅速に集結できるわけはなく、この集団は群馬県の山岳地帯で極秘演習していた特殊精鋭部隊と推定される。

　上野村三岐は交通の要衝に当たり、御巣鷹山付近に急行するには最適の待機地点と言える。御巣鷹山登山するには、この三岐を経由することは不可欠で、上野村消防団らの足止めもこの理由の一つである。

　そして21時30分過ぎに、日航123便墜落地点の御巣鷹山方向から信号弾が上がる。この信号弾に呼応して自衛隊特殊部隊は整然と行動を開始し、墜落現

場に登山行進を始めたのである。
　この午後21時30分とは、米軍C130Hと救難ヘリが横田基地からの連絡により生存者の救出を断念して引き揚げた時刻と一致する。つまり、米軍の引き揚げを待って、何者かが信号弾を打ち上げたと思われる。
　この部隊は13日深夜0時頃には墜落現場に到着し、それから早朝6時頃まで特別極秘任務を遂行している。
　この特殊精鋭部隊が命じられた極秘任務こそが、「日航機の墜落事故に自衛隊が深く関与していることの証拠品をすべて回収し、墜落現場からいっさいの証拠を抹消すること」であった。
　それはつまり、日航機に「自衛隊標的機が激突して垂直尾翼を破壊したこと」「横田基地への日航機の着陸を阻止したこと」「日航機にミサイル攻撃を行い撃墜したこと」の証拠をすべて回収し抹消することである。実はそのほかにも恐るべき重大な事実を隠蔽する必要があったのだが、それについては後述する。
　彼らが任された極秘任務は事故調査の基本を完全に無視し、人権を蹂躙する悪行、犯罪と言っても過言ではない。自衛隊・政府はそうした極秘行動を支援するため、人道的にも国際法的にも許されない謀略作戦を展開したのだ。
　この特殊精鋭部隊が墜落現場で誰にも邪魔されずに長時間活動するために、空白の時間が必要だったのである。そのために自衛隊・政府が画策した姑息で卑劣な謀略工作作戦を改めて検証すると下記のようになる。

①航空自衛隊は墜落場所の特定に10時間をかけて、救助活動を妨害した。
②政府・自衛隊は米軍横田基地アントヌッチ中尉らの救助部隊への救助中止要請、撤退要求、米軍への箝口令の要請。
③上野村に急行した自衛隊員への13日早朝5時までの待機命令。「救助に急ぐ自衛隊員を上官が射殺した」というNHKの事件報道（後に誤報と報道）。
④群馬県警による上野村消防団、猟友会に対する救助行動の妨害と、一般人の御巣鷹山への交通妨害、検問所による交通遮断、救助妨害。

　繰り返し言うが、こうした謀略行動は「救助を待つ生存者を見殺しにする行為」であり、人道上許されない犯罪である。さらに、命がけで救助しようとした米軍横田基地司令、救助兵士への中止要請は人道上、国際法上、重大な違反行動であり、恥ずべき日本の姿を世界にさらけ出した蛮行ともいえる。

自衛隊特殊部隊の漆黒の闇の中での極秘ミッション

　実際問題として特殊精鋭部隊が極秘任務を完全に遂行するためには隊員たちの技術や時間的制限を考慮しても無理なことは明らかである。

　特殊精鋭部隊が証拠残骸などの回収、撤去が出来ない理由としては、彼らの活動が13日深夜０時から早朝６時頃までで、真っ暗闇の中での活動となるからである。日航機の残骸、自衛隊の機材は広範囲に散乱しており、残骸の発見や特定は容易である筈はない。

　また、特殊部隊員は日航機の残骸と自衛隊の残骸の分別を行う能力も知識もないし、ましてや暗闇の中で懐中電灯やヘリからの照明だけで分別を行うのは非常に困難である。当初は意図したミッションであったかもしれないが、自衛隊の機材だけの回収を完全に行うのは実際問題として不可能である。

　こうした観点から、この特殊精鋭部隊の主任務は別のところにあったのではないかということが考えられる。自衛隊・政府は尾翼、油圧機能を失った日航事故機をミサイルで攻撃しようとしただけでなく、事後処理としてそれ以上のことを完全にしようとしていたのではないだろうか。では、それは何か？

　言葉にするのははばかられる行為であるが、日航機事故に関心をもってここまで読んでくださった方、日航機事故の遺族の方はすでにお分かりだろう。

　御巣鷹山に派遣された自衛隊特殊部隊の隠されたミッション……それは日航機墜落事故に自衛隊が関係した全ての証拠を隠滅することにあった。このミッションのポイントは「すべての」という部分である。

　航空機や標的機の残骸などの無機物も自衛隊が関係した証拠を雄弁に物語る証拠だが、それ以上に多弁な証拠とは何か？　その答えのヒントは第１章の冒頭で述べた「**事故体験生存者**」「**生存者の目撃証言**」である。

　特に操縦クルーの高濱機長と佐々木副操縦士、福田航空機関士は日航機の垂直尾翼に自衛隊標的機が激突した事態を即座に理解し、真相を知っていたのである。**特殊部隊の主な任務は操縦士クルーの「口封じ」と「操縦室（コックピット）を壊滅的に破壊し消滅させる」**ことであった。その完全壊滅行動は戦慄すべき様相であった。

　その結果、コックピット内はすべて燃え尽き、操縦クルーの遺体も見つからず、ただ一片の骨片だけが残されているのみであった。いかに事故機が激しく墜落してコックピットが破損しても、操縦クルーの遺体の一部は残るはずであ

る。そもそも、コックピット部分は燃料タンクから距離があるため、焼け爛れるような状況にはならないはずである。

　それなのに、何故コックピット内は焼けただれていたのか。残骸を見たある人は、それはまるで火炎放射器で焼き尽くされたかのようにも見えたと証言している。殺人事件においては遺体だけでなくその住居に灯油を撒いて放火し、証拠を完全に消滅させる行為が行われることもある。

　コックピット内の装置や機器を調査検証すれば、飛行状況や操縦機能を判別出来るし、さらに証拠品や書き物などが残されている可能性もある。その点でコックピット内をすべて焼却すれば、調査検証が出来なくなる。

　さらに言えば、生き残った乗客乗員の中に標的機を目撃した者がいる可能性を自衛隊・政府は否定できなかったに違いない。さらに乗員乗客は横田基地への着陸の機長指示も知っていたのである。

　自衛隊は事故機が機首を下にして真っ逆さまに墜落したが、高濱機長らの必死の操縦技術で最終的には水平飛行に戻したことを確認している。

　水平飛行で墜落すれば不時着のような形になり、乗客乗員の生存の可能性が高くなる。そうなれば自衛隊・政府が、自衛隊が関与した行動（垂直尾翼破壊、横田基地への着陸阻害、ミサイルによる撃墜など）を知っている乗客乗員が多数生存しているかもしれないと考えるのは当然の帰結である。

　そのために自衛隊・政府は特殊精鋭部隊を派遣し、すべての証拠を隠滅しようとしたのである。それはつまり、日航機事故を「乗客乗員全員死亡」といった事態で終わらせることであった。すなわち、犯罪における目撃証人の「口封じ」と同じ行動なのである。

旅客機墜落事故における「乗客乗員全員死亡」と「事故原因」の関連

　何度も述べたように、1952年4月の日航機「もく星号」墜落事故や、1971年7月の全日空機雫石衝突事故では、どちらも乗客乗員が全員死亡したため、前者は米軍が、後者は自衛隊が重要な情報を開示提出せず、真相の解明は阻害された。

　共に軍隊が関与したこの2件の事件では、乗客乗員全員が死亡することにより真相と真実は闇に葬られ、結局のところ、加害者側である軍隊、政府が申し立てた身勝手な仮説により、原因不明または一件落着とされたのである。

すなわち、乗客乗員全員死亡が加害者側にとって一番都合の良いことであり、身勝手な仮説を提示して責任を回避することが容易になるのである。

過去の事例は乗客乗員の全員死亡が「事故原因調査を阻害し、事故原因を不明に出来た」ことを証明しているのである。

事故調の嘘の「圧力隔壁破壊説」は奇跡の生存者の証言から破綻した！

しかし、日航機事故では4名の奇跡の生存者が救助された。彼女たち本人は真の「尾翼破壊の事故原因」をよく知らなかったが、事故機の飛行状況や機内状況、異常事態を体験した証言内容から、事故原因を推定するための重大なヒントを提示している。以下は、その結果、事故調の「仮説A」＝「圧力隔壁破壊説」は見事なまでに否定された経緯を記載するものである。

特に、経験豊富なスチュワーデスでもある落合由美さんは、沈着冷静に機内状況を観察しており、正確な情報証言を伝えている。その情報が「千丈の堤も蟻の一穴から崩れる」のごとくで、日航機事故の真実と真相を明らかにする上で大きな役割を果たしたのである。

事故調の「圧力隔壁破壊説」と「矛盾と疑惑に満ちた説明内容」は、落合さんの生存と正確な証言で崩壊した。また、落合さんの証言はアントヌッチ中尉が救出活動の衝撃的な告白証言を行う端緒になっており、事故調の「矛盾ある結論」の破綻はすべて落合さんらの奇跡的な生存から始まったのである。

では、もし操縦クルーの誰かが生存していたらどうなっていたか？

落合さん以上に事件の一部始終を最前線で体験していた操縦クルーであれば、日航機墜落事故の真相が一気に解明されたはずであり、それによって自衛隊・政府の人道上、国際法上許されない卑劣な行為の全貌が白日のもとに明らかにされたはずである。

その意味で、日航機事故における生存者の存在は加害者にとって絶対に避けねばならない重大な障害であり、かかる**事件では、生存者の存在は事故の「真実」と「真相」を隠蔽する上で最大の障壁**となったはずである。

そして、生存者の消滅こそ真実を隠蔽する場合のキーポイントであることは自衛隊・政府が一番よく知っていることであった。だからこそ、自衛隊・政府は特殊精鋭部隊を密かに派遣して極秘命令を実行させたのである。

すなわち、**自衛隊特殊部隊の存在理由はすべて乗客乗員死亡を完遂する上で**

不可欠な存在であったのである。

自衛隊特殊精鋭部隊の存在とその行動の目撃証言

　こうした特殊任務を遂行する自衛隊部隊の存在と行動を多くの人が目撃し、証言している。この特殊精鋭部隊が極秘活動を行うために、自衛隊・政府、群馬県警が墜落場所に誰も入れないような空間状況を作り上げたのである。
　角田四郎氏の『疑惑』で触れられているM氏もそんな目撃者の1人である。

▶M氏の目撃証言

　匿名は生命の危険回避のための処置である。M氏は海外滞在が長いので、日本での証言を行う時には当局に生命を狙われて、命の危機に遭遇している。
　M氏は大学を卒業した社会人だが、ちょうど夏休みに実家に帰省している最中に日航機事故を知り、墜落現場は南相木村の東方向と見当をつけ、オフロードバイクに乗って友人と2人で現場に向かった。
　この時には長野県警の警察官もバイクで追走して来ている。山と尾根を乗り越え、墜落地点上空を飛ぶヘリの音と光を目標に直線距離8キロメートルのところを約6、7時間かけて13日の早朝4時頃に墜落地点に到着した。
　M氏はそこで100名ほどの自衛隊隊員を目撃している。
　同時に、墜落現場では事故犠牲者とおぼしき人々の呻き声が谷にこだまし、響き渡っているのがはっきり聞こえたという。声の響き方から推測すると、少なくとも4、50人の生存者の呻き声がしたそうである。
　「実際に苦しそうな声を上げている人を私も間近で何人か見ています。自衛隊の人たちがいる以上、自分が出来ることは負傷者のいる場所を教え、早く救助して貰うことだと思い、呻き声のするあたりを探してはその場所を隊員さんに伝え、早い手当てを頼んでいました。ただ、自衛隊員さんの対応には不信感を覚えました。『下手に動かすと危険なので、後から来る部隊が手当てをすることになっている』と言うだけで何もしようとしないんです」
　その周囲ではすでに到着していた100名ほどの自衛隊員が黙々と何かを回収して大きな袋に詰めていたという。彼らの装備は暗視ゴーグルを付け、片手には抜き身のアーミーナイフ、靴は急峻な山での作業に適した短靴であった。上空にはヘリがホバリングしており、集めた袋を吊り上げていた。

M氏は生存者の中に軽傷の人も発見している。しかし、自衛隊員は一向に生存者の手当てをしようとしなかった。通常、救助に来たならば負傷者に声を掛けて励ますのだが、彼らはそうした行動を取らなかったという。彼らが救助に来たのではないことは明らかであり、M氏らが山を下りる時には生存者の呻き声はいっさい聞こえなくなっていたという。
　それから約1時間後、多数の自衛隊員が到着。彼らは山では歩きにくいブーツを履き、遺体搬出作業と残骸回収を始めたという。
　こうした目撃証言から、13日早朝に到着した自衛隊部隊は、その装備から見て特別の訓練を受けた特殊精鋭部隊であると推測できる。陸上自衛隊東部方面区北富士駐屯地の極秘特殊部隊、あるいは富士駐屯地の富士学校、大宮の科学防護隊などかもしれない。
　事故から二十数年経った頃、M氏はスゲノ沢の上流付近で携帯用VXガスのものと思われる容器（直径6センチメートル×長さ7センチメートル）を見つけている。容器には微量の液体が残っており、持ち帰る際、何重にもビニール袋で密封した。が、調査を依頼された職員2名が密封を解いた途端、2人とも気分が悪くなり、数日間にわたって寝込んだそうである。
　この容器の内容物がVXガスであるとは断定できないが、無色透明、揮発性の劇薬であることは間違いない。それが果たしていつ使われたものなのか、考えるだけで悪寒が体中を駆け抜けるのである。
　M氏の冷静かつ真摯な目撃証言から判断できることは次の4点である。

①自衛隊先遣精鋭部隊は13日未明に現場に到着した。
②M氏らが現場に到着した段階で多数の生存者の呻き声が充満していた。
③短時間の間に呻き声が消えた。
④二十数年後現場で発見された謎の猛毒液体の容器。

この部隊は救助が目的でなく、何らかの回収が目的であったのである。
　日航機事件の発生から数時間後に①の事象が発生し、②と③の間に何が行われたか？　②と③の現象をつなぐミッシング・リンクはいったい何か？
　その答えはすでに明白に提示されており、②と③をつなぐ鍵が④以外の何物でもないことは明らかである。考えるだけで恐ろしい事態であるが、自衛隊は④の液体を事故現場で使ったのか。いや、操縦クルーの遺体の状況を考える

と、それ以上の愚行が行われた可能性も否定できない。

　遺体は大勢の医師によりすべて検視されるため、たとえば、外傷はすべて調べ上げられる。そのために選ばれたのが④であるとも考えられるのである。

▶深井立命館大学教授の目撃証言

　同じ頃、夏季ゼミの合宿で長野県南牧村を訪れていた深井純一教授（当時）とゼミ生一行は、事故の発生を知ると、13日早朝4時半に車で出発し、北相木村から群馬県上野村に入ろうとした。

　しかし、群馬県警の検問に拒まれ、やむなく南相木村の川沿いの林道の終点で車を捨て、7時に入山を開始して約3時間かけて現場に到着したという。

　この時、群馬県警は道路を封鎖して入山を規制している。群馬県警は上野村の消防団、猟友会に対して行った阻害行為同様、道路封鎖を行って一般人の現場立ち入りも規制したのである。

　ここで重要な点は「群馬県警による検問、入山阻止行為」である。県警本部長は政府からの強い要請で墜落場所への立ち入りを禁じる命令を受けて、上野村消防団、猟友会だけでなく一般人、マスコミなどの現場への立ち入りを阻止するため、現場にいたる道路に検問所を設け、通行を妨害したのである。

　これは群馬県警の法律を逸脱した重大な権力乱用だけでなく、生存者救出の妨害でもある。言ってみれば生存者の見殺しに手を貸した悪魔の所業である。その点で群馬県警は明らかな「従犯」であり、説明責任がある。

　また、深井教授以外の多くの目撃証言からも、12日深夜から13日の早朝にかけて自衛隊のものらしいヘリが目撃されている。彼らが証拠品を探索し、勝手に回収してヘリで搬出しようとしていたことは間違いない。

　翌朝10時頃、深井教授ら一行が墜落現場に到着した頃、一帯はすでに静まり返っていて誰もいなかったと手記に綴っており、「南側の急斜面で自衛隊のヘリが何かを吊り上げている」とも記している。

　朝日新聞によると、落合由美さん、川上慶子さんら奇跡の生存者がヘリで吊り上げられた時刻は13日の13時29分である。

　それではM氏らが見た朝の4時頃、そして、深井教授らが見た10時頃、自衛隊空挺部隊は一体何を吊り上げていたというのか。

　事故が起きたばかりの現場から生存者以外をヘリで勝手に引き上げる行為が

許されるはずもない。それは事故証拠品を現場検証の前に勝手に持ち出すことに相当し、事故調査の邪魔をする犯罪的行為（証拠物件隠匿罪）である。

　航空機の墜落事故現場における以上のような自衛隊部隊の行動はまさに傍若無人で無法行為そのものである。自衛隊が、本来警察が行うべき現場保全の権限を独占し、しかもそこから大幅に逸脱するような行為、さらには人道的、法的に許されない行為に及んでいた可能性は日本の航空機事故史上、いや日本が法治国家として成立した近代以降最悪の「汚点」を残したのである。

➤川上慶子さんの目撃証言（島根県の祖母宅に帰った時の話）

◆「墜落した後、ふと気が付いたら、周囲は真っ黒だった。あちこちで呻き声が聞こえ、私の両親もまだ生きていたような気がする。しばらくすると、前方から懐中電灯の光が近づいてきたので、助かったと思った。その後、また意識がなくなり、次に目が覚めると明るくなっていたが、救助の人は誰もいなくて、周りの人たちはみんな死んでいた」

　これはあまりに有名な川上慶子さんの証言であるが、暗闇の中、懐中電灯で何かを探し回っているのは自衛隊特殊精鋭部隊にほかならない。

　これこそ墜落現場に特殊精鋭部隊が存在していたことを証明するものであり、同時に、**彼らの目的が生存者の救助でなかったこと**は明白である。なぜなら、生存者の救助に来たのであれば、必ず大きな声をかけて励ますからである。川上さんが自衛隊員に気付いた時間は13日深夜の2時から3時頃のことではないだろうか。先に紹介したM氏の証言の②同様、その時点ではまだ多くの犠牲者が生存しており、呻き声を上げていたのである。

　しかし、川上さんは再び意識を失い、目覚めた時にはM氏の証言③の状態に至っていたと思われる。意識を失っていたことが幸いし、助けを呼ぶことができなかった。そのため、M氏の証言④の犠牲となることはなかった。落合由美さんら他の生存者3名も同じ状況だったと推測出来るのである。

自衛隊特殊精鋭部隊の任務とその目的とは何か？

　8月12日18：24：35、相模湾上空で日航機123便の尾翼部に自衛隊標的機が衝突した事態を自衛隊幹部が確認した段階で、自衛隊・政府が決めた基本方針は「自衛隊が日航機事故に関与した事実の完全隠蔽」であった。

この自衛隊の不祥事を徹底して隠蔽するため、「乗客乗員全員死亡」にして、真実を解き明かすために必要となるような証拠物件を無機物・有機物を問わず回収と消滅を行うという命令が下され実行したのである。
　自衛隊の無人標的機が民間機を損壊したという不祥事の隠蔽のために、国民を守るべき自衛隊が結果的に「**乗客乗員全員死亡**」を完遂する作戦を実行した。国を守るためと称しながら、かつ「自己保身のため」「権力維持」「責任回避」のためには国民の犠牲は仕方がないという論理は許されるべきではない。重大で看過出来ない加害犯罪である。
　この作戦を遂行するため、自衛隊は「横田基地飛行場に着陸しようとした事故機を妨害した」だけでなく、「ミサイル攻撃を行って事故機を完膚なきまでに攻撃して墜落」させ、さらには「墜落直後に到着した米軍アントヌッチ中尉らの救出部隊の即時活動停止と撤退、そして、箝口令の要請」を行ったのだ。
　さらには航空自衛隊による不可解な墜落場所の「特定測量行動による救出活動への妨害行為」や「群馬県警の上野村の消防団と猟友会への救助活動への妨害」、「自衛隊救助部隊への疑惑の長時間の待機命令」、「救出に急ぐ自衛隊員の射殺行為」(後に誤報であると訂正された)、そしてきわめつけが「墜落場所での自衛隊特殊精鋭部隊の極悪な極秘任務行動」である。
　事故機は自衛隊によるミサイル攻撃によって垂直急降下したものの、高濱機長の必死の操縦技術で水平飛行に回復したことを自衛隊は確認しており、この時点で「乗客乗員全員死亡」というシナリオに狂いが出たため、最終手段として今度は地上で「乗客乗員全員死亡」を全うしようとしたのである。
　国民の命よりも「自衛隊の体面」と「自己保身」「権力者の責任回避」を優先した実に恐るべき計画であった。

　事故調とその背後に存在している自衛隊・政府が決めた「航空事故調査報告書」は、自衛隊・政府にとって都合のいい証拠ばかりを採用し、時には証拠を捏造してまで作り上げたもので、事実とかけ離れた妄想でしかない。
　それに対して、これまで述べてきたようにボイスレコーダーやフライトレコーダーの記録、体験談、目撃証言、状況証拠などを基に導き出された結論は、間違いのないものと思われる。事故調の結論を「仮説A」とするなら、事故の真実と真相に一番近いものが「仮説X」で、その論旨に矛盾や捏造はない。
　自衛隊・政府が立てた綿密で漏れのない非道な計画は、自衛隊関係者の緊密

な連携作業によって遂行された。**侵略してくる他国の勢力に対してではなく、自国民に対して行われた謀略作戦は自衛隊の任務としてふさわしくないことは明らかで、実に腐りきった権力者の無法行為で日本国の恥でしかない。**
　彼らに自衛隊・日本国を運営していく資格がないことは明白である。

5　群馬県警による事故証拠物件の回収と処分

乗客乗員の所有物の検閲と回収、原因究明阻害行為

　たとえ乗客乗員が死亡しても、乗客が書き遺した事故状況など墜落原因に繋がる証拠品、書き物、遺書、写真などを自衛隊・政府は回収し、処理する必要があった。これは群馬県警の証拠隠滅極秘業務であった。
　事故機の乗客乗員は不安定な飛行の中で、自衛隊が関与した事態と状況を感知したり、乗員から聞いたりして知っていた可能性が高いのである。
　そして、その内容をメモしたり、または写真を取ったり、あるいは「遺書」として書き残した可能性があった。そのため、こうした証拠となりうる遺書や書き物、写真などを秘密裏に回収し、消去する必要があったのである。
　通常の航空機事故では乗客は被害者であり、事故原因には無関係なので、犠牲者の持ち物などを警察が調査捜査することはない。
　しかし、今回の日航機事故において群馬県警は犠牲者の所持品はもちろん、書き物や遺書、写真など犠牲者が最後に残したものを徹底的に調査し、回収している。このこと1つを取っても通常の事故ではあり得ないことで、自衛隊・政府の謀略行為の可能性が窺えるのだが、実際に彼らは自衛隊の関与を示唆する写真や遺書、書き物などの証拠物件を回収している。
　この本の表紙映像は、私の家族と親戚、子供4名の搭乗直前の最後の記念写真である。この写真を撮影したのは親戚の子供の母親である。すなわち計5名が犠牲になったのである。この写真は日航から遺族に返却されたが、実際は群馬県警が遺品としてのカメラを回収して再生している。この事実から、群馬県警は残骸の中から、全ての映像、書き物、遺書などの内容を調査し、検査していることが分かる。墜落事故であるのに乗客の持ち物を全て捜索、捜査し調査をしている。この県警疑惑行動の目的は、事故調、政府の「隔壁破壊説」の障害になる証拠、資料を回収し、検閲しているのである。そして問題でないもの

は遺族に返却したのである。そして、「隔壁破壊説」の重大な障害になるものは、例えば、小川哲氏が尾翼破壊の直前に日航機の窓から撮影した「謎の飛行物体」（実体は自衛隊標的機機影であった）の写真は遺族に渡さずに群馬県警が証拠品として預かり、不起訴が決まるまで保管した経緯がある。

　群馬県警は政府からの要請により、自衛隊関与の事態を隠蔽する作戦に協力したのである。その代表的な例が、犠牲者の**小川哲氏の写真**である。

　小川氏は右側の窓に異常物体が接近する様子を撮影した。前述したようにこの写真は遺族が事故直後、マスコミに公開すると言ったところ、群馬県警は、

◆「写真週刊誌などに狙われて大変だし、これは重要な証拠書類（飛行経路の特定など）になるので群馬県警で保管する」

と主張。群馬県警が保管し、事件が不起訴と決定するまで返却されることはなかったという経緯がある。

　明らかに事故の真実の解明を妨害する群馬県警の暴挙であり、事実隠蔽作戦に協力したことは警察としてあってはならないことで、共犯者と言われても仕方がないのである。群馬県警はこの事態について説明責任がある。

墜落した機体の残骸には標的機の残骸が付着していた！

　日航機は8月12日の18：24：35に無人標的機に衝突されて、垂直尾翼の大部分とAPU（補助動力装置）を失い、破損したそれらの部品は相模湾に落下し、その後、一部は浮き上がり、自衛隊護衛艦「まつゆき」に拾い上げられている。

　それらの部品は海上保安庁艦艇に引き渡されて自衛隊基地に搬入されている。これら垂直尾翼の残骸を、写真を基に検証した吉原公一郎氏は内部破壊ではなく外部破壊であり、事故機のものとは異なる残骸の存在を指摘している。

　　　　　（吉原公一郎著『ジャンボ墜落—unable to control！』人間の科学社）。

　その後、垂直尾翼部分の残骸は事故機の飛行経路に沿って計5ヵ所で発見されているが、恐らく発見されていない落下残骸ももっと多いはずである。

　事故調の「航空事故調査報告書」によれば、相模湾一帯の海岸には残骸数十点が漂着している。特に下田付近で発見された残骸は群馬県警に送られ、群馬県警は「日航機の材質とは異なる」と否定しているが、これはおかしなことである。本来は事故調が判断すべきことだが、何故、群馬県警が判別するのかが問題である。群馬県警の行動は「事件」としての捜査に相当するからである。

相模湾の海底に沈む垂直尾翼やAPUの残骸を、政府が引き揚げを却下した話はすでに述べた。これは政府の意図的な調査妨害であり、その理由は引き揚げると真実が明らかになって自衛隊・政府が困るからである。

　さらに事故機が御巣鷹山の斜面に激突した地点から1,000メートル前に尾翼の残骸が落下している。尾翼部分の残骸の材質から外部破壊が示唆され、その残骸の数の多さからも内部破壊でなく、外部からの衝突激突の可能性が高いことは科学的にも納得できる推論なのである。

　自衛隊の無人標的機はロケット状で重量は約1トンあり、その飛行速度は時速約1,000キロメートルである。先端部には電子装置と操縦機器が搭載され、後部はジェットエンジン推進装置、外側は軽量アルミ材質でオレンジ色の塗装が施されている。そして、恐らく長い鋼鉄製の綱で吹き流しを曳航している。

　そんな物体が高速で頑丈な尾翼に激突すれば、巨大な破壊力により尾翼部に食い込み絡み付くはずである。実際、緊急発進した自衛隊戦闘機は18時30分過ぎには日航機の尾翼部に残骸が付着し、絡み付いているのを目撃して自衛隊本部に事態を報告しているはずである。

　そこで、自衛隊幹部は「自衛隊が事故に関与していること」を隠蔽するために標的機の残骸を早急に分別回収することが不可欠だと考えたはずだ。

　そのため、事故現場に派遣された自衛隊特殊精鋭部隊は極秘裏に自衛隊標的機などの残骸の回収作業も計画していたが、事実上、不可能であった。しかし、何らかの方法でこの残骸を早急に回収せねば、自衛隊が事故に関与していた事態がマスコミ、有識者に発覚するのは必然の流れであり、緊急迅速な対処が必要であった。

　そこで彼らは墜落地点に日航機の残骸が圧倒的に多いことから、その対策として、日航機の機材に熟知している日航の技術者や整備士に確認させることを考えたのである。元来謀略作戦が得意な自衛隊幹部らにとっては当然考えられる作戦であった。

　つまり、日航の技術者が確認出来るものは日航機の機材であり、それ以外は自衛隊の標的機の機材なのだから、墜落後出来るだけ早い時点で日航の技術者を現地に呼び寄せ、残骸を確認させれば分別することができると考えたのである。その結果、日航は運輸省（現国交省）からの要請で12日の事故発生直後、20時頃にはすでに機材に熟知した技術者、整備士数十名を羽田から出発させたことはすでに述べた。彼らは13日早朝には長野県北相木村に到着し、迂回

して上野村に入っている。

　そして、14日には墜落現場に入り、膨大な数の残骸の中から日航機の残骸には「荷札」を付けて名称を記入し、日航機と違う機材は、荷札を付けずに、別の場所に集積した。それを自衛隊員が回収して隠蔽したというわけである。

　吉原氏は日航機残骸群と自衛隊機残骸群を発見しており、自衛隊機動部隊員が作業している姿を目撃したと『ジャンボ墜落』に記している。吉原氏が撮影したビデオには、日航の技術者らしき「白い繋ぎ服」を着た一団が8月14日の午後に現地で作業している姿が確認できる。

　最近（2014年6月）になって日航は「この技術者、整備士の派遣と機体の確認作業を事故調から要請された」ことだと権藤信武喜常務名の文書で認めている。

　運輸省（現国交省）、および事故調が尾翼破壊事故直後、すぐにこうした計画を立て、最初から自衛隊機の材質を識別するには日航の協力が不可避と考え、かかる要請を日航に依頼したとは恐るべき用意周到さである。

　現地で日航の技術者らが残骸を調査して、日航機の機体と違う残骸を分別する作業を進めたのである。すなわち、日航は証拠隠蔽の協力を行ったわけである。そこまでなら日航も無人標的機に衝突された被害者であったはずだが、その時点から立派な共犯者になったのである。

　相模湾上空で無人標的機に衝突された日航機の残骸は広く漂流して、海岸に漂着した。その漂着場所は事故調の「航空事故調査報告書」の付図20「残骸揚収場所図」にあるように広範囲にわたり約28カ所である。この事象は垂直尾翼部は強い衝撃で粉砕され、破断面は粉々になって飛散落下したことを示唆している。

　1986年3月に下田市で発見された「アルミニウム片」を事故機のものと警察に届けたが、群馬県捜査本部は「日航機のものとは機質が違うため、無関係なことが分かった」としている。

　すなわち、

◆「日航機B-747の機質と違うものは日航機事故と関係ない」

との立場であるが、これは「外部破壊説」は考えられないとの群馬県警と事故調の方針による却下である。しかし、事故の「真実と真相」を知る運輸省、事故調は、日航の技術者に命じて墜落場所で日航機の機質と違う残骸を分別して除外し、極秘裏に回収、隠蔽したのである。

このような日航B-747の機質と違う残骸の存在は事故調の「仮説A」＝「圧力隔壁破壊」ではあってはならないわけで、それゆえ、事故調の「航空事故調査報告書」は成立しないことを証明している。

自衛隊・群馬県警による救助活動の不可解な疑惑実態

墜落現場の確定後の救助関連の動向を検証する

［8月13日］

04：55	M氏が墜落場所に到着。特殊部隊を確認。
	自衛隊・政府が墜落場所を「群馬県三国山北西」と特定。
04：00〜06：00頃	自衛隊、長野県警、群馬県警活動開始。
08：49	習志野空挺団到着「目下、生存者なし」と報告。
09：25	長野県警レスキュー部隊2名が尾翼部落下地点に到着。
09：30	陸上自衛隊松本連隊14名が現場到着。
	上野村消防団が現場到着。
	習志野空挺団73名が現場に降下。
09：54	立命館大学深井教授ら4名が現場に到着。
10：15	群馬県警機動隊が現場到着。
10：54	長野県警レスキュー部隊が落合由美さんを発見。
11：05	上野村消防団猟友会が川上慶子さんを発見。
13：29	生存者4名をヘリで収容開始。

　墜落場所が公式に確定してからヘリが出動し、レスキュー部隊員たちが降下を開始するまでの時間がかかりすぎている。
　朝早く、たとえば空が明るくなる早朝4時には出発できるはずであるが、のんびりと命令を待って早朝5時に作戦を開始したようである。524人もの乗客乗員が乗った航空機に起こった大惨事の犠牲者救出作戦であるにもかかわらず、そこには何の緊迫感も感じられない。
　なぜなら、1分1秒を争うなかでの救出遅れは意図的なもので、その理由は特殊精鋭部隊に極秘作業する時間を与えるためであったからである。現場の隊員にも朝7時頃まで近づかないように命令が下されていたのだ。

生存者の捜索発見、および奇怪な救出搬送活動について

10：54　残骸の中から手が付き出ていて、少し動いているのを長野県警の柳澤隊員が発見。接近すると、機体の破片や幾重にも重なった遺体にはさまれている落合由美さんがいた。

11：03　そこから2、3メートル離れた場所で深沢隊員が機体の間に仰向けになっていた吉崎博子さんと、そのすぐそばに娘の美紀子さんを発見。

11：05　ほかにも生存者がいるかもしれないと考えた柳澤隊員と上野村消防団員らが声をかけると、落合さんの場所から約2メートル先で足が元気よく動いた。遺体と遺体の間に逆立ちした状態で、最初は「少年」と間違えられた川上慶子さんを発見する。

12：30　日本赤十字の医師1人と看護師3人がヘリコプターで現場の尾根に到着。生存者4人の応急処置を始めた。

13：29　生存者4人のヘリへの収容が開始。

(『日航ジャンボ機墜落－朝日新聞の24時』より)

　一見すると何の疑問もないかに見えるこの一連の流れだが、実はここにも奇妙な点が見受けられる。それは何か？
　生存者の救出には医師と看護師を帯同するのが常識であり、医師と看護師を手配する時間は十分にあったはずである。ところが、自衛隊・政府は最初から医師・看護師を同行させていないのである。これはおかしなことである。
　しかし、裏に自衛隊・政府の謀略があったとすれば、医師・看護師を同行させなかった理由は明らかである。つまり、自衛隊・政府は明らかに「乗客乗員全員死亡。必要なのは遺体処理だけ」との命令を出していたからである。
　上野村消防団員も語っているように、自衛隊は最初から生存者がいない前提で墜落現場に降下しているとしか考えようがない。生存者を発見してから医師と看護師を送り込む状況は、まさに想定外で「泥縄」そのものである。
　さらにフジテレビの特別番組では、病院へ搬送するべく医師が救助ヘリの要請を自衛隊にしており、自衛隊は「動かして大丈夫ですか」との愚問を発している。重傷者は一刻も早く、設備、医師が整っている病院に搬送するのは誰でも知っている常識だが、自衛隊では重傷者は放置するのが決まりのようで、自衛隊員は重傷者にもかかる対応の教育を受けているようである。

4名の奇跡の生存者の存在は自衛隊・政府による明らかな謀略の破綻だったのではないのだろうか。彼女たちが生きていたと知った時、自衛隊・政府権力者は顔から血の気が引いたに違いない。それはまさに驚愕の悪夢であった。
　この悪夢を葬り去ろうとして自衛隊・政府が最後の足掻きとして新たに画策したのが**「航空事故調査報告書」の捏造**であった。
　さらに、念には念を入れて、事故内容を永遠に秘密のベールに包んで闇の中に閉じ込めようとしたのが**日航機事故資料の廃棄処分**である。その点で**運輸省**（現国交省）も「同じ穴の狢（むじな）」であり、重大な組織的犯罪の共犯者なのである。もちろん、**群馬県警、日航**もいわば協力者であり、事態隠蔽作戦の**実行補助者、共犯者**なのである。

遺体の収容と生存者の捜索救出──自衛隊の疑惑の救助活動

　事故現場を取材した朝日新聞社の西村氏と久保田氏は『日航ジャンボ機墜落－朝日新聞の24時』の中で次のように書いている。

◆「13日朝9時半に水平尾翼落下地点に到着した2人は、その場でしたためた原稿を送ってから10時にスゲノ沢を再び登ったという。
　すると、まわりの様相が少しずつ変わってきた。11時過ぎ、突然道が消えると、そこが墜落現場だった。まるで空からビル1杯分のゴミをぶちまけたようだったと2人は記している。乗客の鞄、下着、縫いぐるみ、そして地面から生えているように散らばった手足に思わず目を背けたという。
　その先に比較的きれいな女性の遺体が担架に乗せられているのが見えた。
　「まだ30代だな」と思って近寄ろうとした瞬間、遺体の指がピクリと動いた。「生きてる、生きてる、生きてるよ」と西村氏は何度も叫んだ。
　それが吉崎博子さんだった。続いて、眼下の谷底から3人が次々と助け出されてくる。現場には既に10体を超える遺体がシートの上に積まれていた。」

　この記事から分かる事態は深刻で奇怪である。すなわち、8時50分の習志野空挺団を皮切りに、群馬県警機動部隊らが現場に到着しているにもかかわらず、いっさい生存者を発見していないのである。

最初の生存者落合由美さんの発見は10時54分で、発見したのは長野県警と上野村消防団員たちである。この記事にあるように生存者が発見された段階では遺体だけが収容されており、自衛隊員は、ただただ遺体の回収にのみ奔走しているのである。
　すなわち、**自衛隊部隊は約２時間の間、生存者を見つけ出す行動を行っていない**。自衛隊部隊の業務は遺体の収容と現場清掃・整理と日航機残骸の搬出のみというある意味、恐ろしいものであった。
　すなわち、自衛隊指揮官は自衛隊部隊員に対し、遺体の収容は命令したものの、生存者の救出捜索の指示をしていないのである。このことからも自衛隊指揮官は「乗客乗員全員死亡」を前提として、遺体回収を指揮しているのである。
　つまり、墜落現場に到着した自衛隊部隊は負傷した乗客乗員の救出が目的でなく、死体、遺体の収容と残骸回収が目的であったのである。13日早朝に暗躍した自衛隊特殊部隊から報告を受けた自衛隊幹部は「全員死亡」を確信して、朝９時頃に到着した一般自衛隊員には「全員死亡、生存者捜索不要、遺体収容」の命令を出していたのである。
　このように日航機事故に関する自衛隊の関与は明確であり、これはいかに「証拠隠滅」に執心していたか、乗客乗員の「命」を無視し、「見殺し」にしたかを裏付ける事態である。身の毛もよだつ恐ろしさに涙も出ない。

　前述したように日本航空は14日午前にはＢ－747の機体残骸かどうかを確認して荷札を付けて回収する作業に協力し、Ｂ－747以外の残骸には何も荷札を付けず、自衛隊は極秘に回収処分を行って隠蔽した。
　これは、遺体収容作業のドサクサに便乗して事故の証拠残骸の回収、処理を行うという悪賢さで、その謀略作戦はきわめて綿密で抜け目のない作戦であった。一方で日航は無人標的機の残骸の分別識別に協力して、標的機が衝突した事態の隠蔽に協力しているが、乗客乗員の遺体の前で平然と、何の感慨も持たずにかかる極秘作業を行う日航技術者の姿に「日航は乗客の命への尊厳を持っていない」ことを確認出来、あぜんとしたのである。
　日航に「命」を運ぶ資格はない。

自衛隊指揮官は「乗客乗員全員死亡」と「捜索中止」を指示

　13日朝8時頃、自衛隊の大部隊が墜落現場に到着した。その自衛隊幹部が真剣に救助活動を行わず、「乗客乗員全員死亡、救助打ち切り」と命令したが、長野県警と消防団員らが「まだ、生きている人がいるぞ」と叫んで救出活動を続け、幸いにも4名の生存者を発見したのである。

　もし、かかる長野県警、上野村消防団の勇気ある行動がなかったら、恐らく落合さんら4名の生存者もみな死亡していたとも考えられる。

　しかも、4名の生存者が救出されたことは自衛隊・政府にとっては考えられないほどの衝撃であったと思われる。なぜなら、自衛隊・政府は墜落後、全員死亡との既定事実を現実化しようとして特殊精鋭部隊が忠実に極秘任務を実行しており、自衛隊・政府は「乗客乗員全員死亡」と確信していたからである。

　しかし、完全犯罪が成立するのは小説やドラマの世界だけで、現実社会では完全犯罪はまず不可能である。実際に4名の生存者が発見されて、自衛隊・政府の謀略活動は完膚なきまでに破綻したのである。

　数十名が即死を免れ、4名が生還できたのは、垂直落下墜落の機体を水平飛行に回復させた高濱機長らの驚異の優秀な操縦技術によることは明らかで、賞賛に値するものである。

　自衛隊・政府の「圧力隔壁破壊説」は破綻し、崩壊した。政府権力者・自衛隊幹部は人間として血も涙もあるのなら、一刻も早く事故の「真実」と「真相」を説明し、詫びるべきである。これ「**天網恢恢　疎にして漏らさず**」である。

究明されるべき墜落場所での奇怪な事象

　ようやく捜索活動が始まると、次のような不思議な出来事が起きている。

①8月13日の朝9時～10時頃、地元上野村の消防団が獣道を伝って墜落現場に登って行く途中で、沢伝いに下ってくる中年男性3人と中学生くらいの男の子の4人連れに遭遇している。墜落現場から来たというのに、挨拶しても返事もしないし、何も語らない不気味な沈黙の集団だったと消防団のメンバーは記憶しているという。

（飯塚訓著『墜落現場　遺された人達―御巣鷹山、日航機123便の真実』より）

②公式に生存者とされる4人の女性以外に、3名ないし4名の生存者が目撃されている。生存者4名の現場から、さらに200メートルの急斜面を登ったところにいた朝日新聞社の社会部記者が「今さらに3人の生存者救出！　2人は担架に乗せられているが、1人は担架が必要ないほど元気な女の子で、救助隊員に抱かれている」と無線で報告している。（朝日新聞社社会部記者）

③「1人の女の子は、担架に乗らないほど元気で、救助隊員に抱かれている。他の2人は毛布を被されているため、男女の別や怪我の程度は、はっきりしない」と元気で無事救出された女の子のことを報告。だが、その後、女の子はどうなったのか？　突然その存在が消えてしまう。

（朝日新聞社前線キャップ・木村卓而氏）

④13日午前。7、8歳くらいの小さな男の子が走り回っているところを自衛隊員に発見されているとの報告が無線でただちに流された。報道関係者もこの無線を傍受しており、「男の子発見」のニュースが流れた。「現場は惨憺たる状況です。まもなく担架に乗せられた7、8歳の少年が運ばれて来ます」と生中継している。しかし、その後、この男の子に関する情報は途絶。まるで神隠しにでもあったようにこの小さな男の子の消息はいっさい表に出てこない。

（フジテレビ「ニュースレポート」で山口アナウンサーがマイクで生放送）

以上の事象は新聞社などが確認しており、自衛隊、警察の検証が必要である。

尋常ならざる遺体写真の状況から推測出来る残酷な事態

　座ったままの状態の子供の黒焦げの焼死遺体が発見されるが、不思議なことに周囲の樹木は焼けていない。子供の頭部の輪郭は崩れるほど激しく燃えており、ジェット燃料が原因ならば、まとまった燃料が本人にかかり燃えた、あるいは近くで激しく燃えていたことになる。しかし、子供の遺体に寄り添うように生えた木立にはほとんど焦げ跡がない。

　この写真を報じた「FOCUS」誌の文面には「紙幣や書類が周囲に散乱していた」と記載されている。ジェット燃料はこの子だけを目がけて飛び散り、この子だけを燃やして火は収まったというのだろうか。この不自然な状況を説明する明確な理由はたった1つしかないのである。墜落現場の空白の時間帯で行われていたことを想像すると、身の毛がよだつほどの恐怖を覚える。

元日航客室乗務員の青山透子氏は、遺体の歯型で本人確認を行った歯科医師で群馬県警察医学副会長（当時）の大国勉氏に何度もインタビューを試みている。それに答えた大国氏の発言の趣旨は以下のようになる。
「私は群馬県警察医として1,000体ほど焼死体を見てきた。歯は煤で黒くても、裏側や一部は白いままだし、骨もそこまで燃えていない。それなのに、あの日航機事故の時の遺体は骨の奥まで炭化するほど燃えていた。まるで、二度焼きしたような状況だ」
　また、墜落現場では周囲の木々は幹の中まで燃えていないのに、遺体だけが骨の芯まで焼かれていたという。この大国氏の言葉は実に大きな意味を持つ証言ではないだろうか。
　二度焼き……この言葉はただごとではない。墜落後、生存していた犠牲者に起きたことを医学的な立場から裏付けているのである。
　さらに、生存者の目撃証言に現れる「元気な男の子」の存在も奇妙である。果たして男の子はどこに消えたのか？　おそらく男の子は13日早朝に行われた自衛隊特殊精鋭部隊の残虐行為を見ていたため、その存在が闇に葬られたのではないかと推察するしかないのである。
　（参考ウエブサイト：http//www.asaho.com/jpn/bkno/2010/0809.html）

　また、日本経済新聞8月13日夕刊などには「生存者7人発見」と題する記事が掲載された。前述した目撃証言からの報道であるが、川上さん、落合さん、吉崎さん母娘を除く3人がどうなったのかまったく不明であり、自衛隊、群馬県警の再調査、検証が必要である。

救助を急いだ自衛隊員が射殺される事態が発生!?

　前述したように事故当日の20時頃、NHKで「救助に向かおうとした自衛隊員を別の自衛隊員が射殺した」とテロップによる臨時ニュースが流れた。
　さらに事件後に撮られた現場写真には、森の中で首吊り状態にされた自衛隊員2名が写っている。
　足場がないような高い木に吊られているその様子はきわめ不自然そのものである。おそらく、彼らは勇気を出して真実を語ろうとした自衛隊員であり、それが判明したために自殺を装ってこのような目にあったのではないだろうか。

そこに隠されたメッセージは、「秘密を暴露するとこのような目にあう」という、他の自衛隊員への見せしめとしか考えられない。

また、暴露された尾翼写真があるが、その尾翼には外部から激突したと思われる赤味がかったオレンジ色の残骸が見えるのである。

こうした事象は報道関係者の写真や記事として公開されているにもかかわらず、その後いっさいが闇の中に葬られている。これらは人命にかかわる重大な事態であり、本来は事故調がきちんと調査し、報告すべきものであるはずである。しかし、自衛隊・運輸省（現国交省）・政府の傀儡組織である事故調がこれらをまったく調査しなかったのである。

失踪した男の子や自殺と思しき自衛隊員2名の消息は、国民の生命の保護を任務とする警察が対処すべき内容である。警察当局に真摯な調査を行うことをお願いしたいものである。しかし、事故原因の真相の隠蔽に協力した「群馬県警」に真実を明確にする行動を期待するのは無理かもしれない。

遺体の検視報告から浮かび上がる衝撃の真実

さらに、別の観点から生存可能だった人数の推定が報告されている。

飯塚訓氏の『墜落遺体―御巣鷹山の日航機123便』によると、飯塚氏は日航機事故の犠牲者の遺体を、完全遺体（五体が完全に揃っている場合のほか、上下顎部等の一部が残存している死体）と離断遺体とに分けている。

検視総数は2,065体であり、その内、完全遺体は492体、五体満足遺体は177体であった。この五体満足遺体の内、シートベルトでの圧迫負傷、激突衝撃、脳挫傷などで即死したのは約100体で、その後、救助されずに絶望の内に死亡した遺体が数十人、おそらく約50名がまだ生死の境にあり、救助を待っていたのではないかと推察している。

このことは生還した川上さんの証言からも推察できる。

◆「墜落後、気が付くと子供の泣き声などがざわざわ聞こえてきた。叫ぶと父と妹の咲子が返事した。しばらくして父は動かなくなった。その後、咲子としゃべった。咲子はボゲボゲと吐いてしゃべらなくなった」

◆「ヘリが見えたので手を振ったが、向こうでは分からないようであった。火災は周囲では発生しなかった。やがて眠ってしまった。男の人の声で目を覚ましましたら、朝だった」

川上さんは睡魔と闘っており、13日早朝4時頃には約50名の生存者が眠りに落ちたり睡魔と闘ったり、失神したりして生存していたと考えられる。この50名程度の乗客が生きていたとの検視結果は、前述したＭ氏の目撃証言で「50〜100名の乗客の呻き声がした」という証言と一致する。すなわち、五十数名の乗客は13日の朝5時頃には生きていたということになり、救助活動が早ければ助かっていた可能性があるということである。
　この事態からも、自衛隊、群馬県警の救助妨害行為はまさしく「見殺し」行為に相当し、準殺人行為に匹敵するのである。

　それでは、このような多数の生存者を生み出した奇跡はどうして起きたのか。
　その理由は前述したように、日航事故機が御巣鷹山で墜落した時の機体の状況にある。4名ないし数十名の生存者を生み出した原因は、ミサイル攻撃により真っ逆さまに急降下したものの、高濱機長らの必死の操縦により飛行姿勢が水平に戻って御巣鷹山の尾根の斜面（約40度）に激突したからである。
　その際、機体が真横向きで回転エネルギーを有しており、激突時点で右主翼は左に、左主翼は右側に吹き飛んで胴体中央で破断し、後部胴体部は急斜面の密集樹木をなぎ倒した結果、クッションとなって衝撃力を緩和し、後部の乗客への衝撃Ｇ（圧力）を数十程度に下げたのである（第2章参照）。
　乗客にかかる加速重力が100Ｇ程度までは生存の可能性があると言われており、後部胴体部の乗客に奇跡をもたらしたのである。したがって、この奇跡の生還は高濱機長らの優秀な操縦技術にあったことは間違いない。
　遺族、国民はかかる勇敢で優れた操縦技術で結果的に4名の命を救った高濱機長らの行為に心から感謝と敬意を表するものである。国は高濱機長らを表彰し、勲章を与えて讃えるべきと思慮し、具申するものである。

7 国家機密とされた「日航機事故の真実」を国民に暴く

事故関係者に徹底的秘密厳守を暗に脅迫した謀略作戦

　この日航機事故の真実と真相を国家機密として、「秘密厳守」「他言無用」を関係者に暗黙の内に強制したのではないかと思われる事象が1つある。
　それが1985年8月12日夜に流された「緊急情報報道」である。

前述したようにNHKの報道では12日20時に「待機命令に反して救出を急いだ自衛隊員を射殺」というニュースがテロップで流れている。これは上野村三岐で待機していた自衛隊員の内、待機命令に反して怪我人の救出を急いだ自衛隊員1名を自衛隊員が射殺したというものである。その後、長野県警の発表では「数名の自衛隊員射殺」との報道もされている。
　このニュースはすぐに「誤報」との訂正がなされた。
　しかし、このニュースを違う角度から見てみると、自衛隊員射殺事件の顛末には、単なる誤報にとどまらない謀略がその背後に隠されている。つまり、非常に巧妙な「国家的隠蔽作戦」の一環だったと考えられるのである。
　まず、8月12日に上野村に到着した自衛隊救助部隊の状況を考えてみる。彼らは「緊急災害派遣」を本職とする救助部隊であり、戦闘行為や軍事訓練を専門とする部隊ではなく、救助部隊である。現場保全や現場での残骸の回収、現場清掃の業務が専門なのである。
　したがって、彼らは武器を携行していない。一部の上官は規律上、「短銃」くらいは所持していたであろう。実際、2011年3月11日に起きた東日本大災害後の救助活動では自衛隊員は全員丸腰であった。
　日航機事故当日、救助に急いだ自衛隊員はもちろん丸腰だったはずである。たとえ上官と口論があったとしても、隊員が武器で対抗したわけでもない。
　いかなる理由があっても上官が丸腰の部下を射殺する行為は一般常識的にあり得ないのである。口論の末に制止も聞かず墜落現場に急行する自衛隊員に対し、もしかしたら「威嚇発砲」くらいはあったかもしれないし、その後、その隊員を拘束したであろうことは推察できる。
　自衛隊・政府はかかる不祥事から秘密が暴露される危険を察して、この「自衛隊が関与した日航機事故の秘密事項」が絶対に漏れないようにしなければならないと考えたはずである。自衛隊・政府が口頭で命令するには限度がある。
　さらに、関係者ら全員に伝えるのもまた不可能であり、証拠が残る可能性の高い文書で伝えるわけにはもちろんいかない。
　そこで自衛隊・政府は何をしたのか？
　NHKを利用して都合のいい情報（規律違反者は射殺もやむなし）をテロップで流したのである。もちろん、この内容は自衛隊にとって不名誉な事態であるが、後で「誤報」と修正すれば済む話である。1985年当時のNHKは現在よりもっと政府寄りであり、言いなりであった可能性が高い。それは墜落場所の

報道で、民間機が群馬県と報道しているにもかかわらず、最後まで「長野県御座山」と報道した経緯からも判断出来る。

　このNHKの文字ニュースは全国民があの当時、聞いて、見て、知っていたものであり、一般国民は単なるトラブル、情報の錯綜の1つだと思ったものだが、自衛隊員および事実を知っている関係者にとっては重大な警告であった。

　つまり、「情報を漏洩した者は国家機密漏洩の罪でひどい仕打ちを受ける」といった意味合いの脅迫・警告であったのである。

　この一件は、NHKを使っての「国家機密厳守の強要」であったと言える。巧妙にして悪質な、そして残虐な謀略作戦行動の一環だったのである。

謀略に基づく自衛隊・群馬県警の救助活動の実態と真の目的

　自衛隊・政府は自衛隊の無人標的機が日航機に激突し、その尾翼部分を破壊した事態を完全に隠蔽するために墜落現場に残るすべての証拠品を回収隠蔽し、抹消する行為を行ったと考える。

　事故調が出した結論「航空事故調査報告書」つまり「圧力隔壁破壊説」は事実とはほど遠い、自衛隊・政府に都合のいい証拠ばかりをもとに編み出した単なる仮説でしかない。それが「仮説A」であり、本書で提示するのはすべての証拠をもとに導き出された、もっとも真実と真相に近い「仮説X」である。

　この「仮説X」は以下の多くの事象に基づいている。

①航空自衛隊の日航機墜落場所の計測、特定行動

　事故機の機影が消えて墜落が確定した8月12日18時56分から航空自衛隊がその墜落場所を確定するまで何と10時間もかかっている。現場は火災で明るく発見は簡単なはずであり、自衛隊はこの場所を地図上にプロットし、場所を特定することに集中した。しかし、これは地理の学習訓練でなく、負傷者・生存者の救出という緊急の課題に対しては意図的に時間を浪費するだけのことで、「生存者の救出行動」の意思がないことは明らかである。

　自衛隊はすでに墜落場所を把握しており、この意図的な時間の浪費は墜落場所に一般国民が入らないよう場所をごまかすためであり、救助される側の事故の犠牲者にとっては「見殺し行為」「殺人行為」に匹敵する所業である。

　これは次に記載する「アントヌッチ中尉の救出行動の証言」からも容易に導

き出されるのである。

②米軍アントヌッチ中尉らの決死の救出行動についての衝撃の告白

　米軍輸送機のアントヌッチ中尉らは日航機が墜落した後、20分後には墜落地点の上空に到達し、それから2時間、上空で旋回飛行していた。横田基地の司令は米軍の救助ヘリを呼び寄せ、米軍救助兵士が救助のためにヘリからラペリング降下活動に入っていたのであった。

　しかし、この時点で日本政府から救助活動の中止と現場からの撤退を要請され、横田基地に帰還した。結局、日本側は米軍の救助活動を中止させたが、自らは救助に行かなかった。そして、卑劣にも米軍に対してこの事実の「箝口令」を要請したのである。

　その結果、アントヌッチ中尉が勇気を出して証言するまでの10年間にわたって、日本では一部の自衛隊・政府の関係者以外は、このことを誰も知ることが出来なかったのである。この事実から自衛隊と運輸省（現国交省）、政府の関係者は「自衛隊が日航機事故の加害者である」ことを国民から隠蔽するために横田基地への着陸を阻止し、日航機をミサイル攻撃して撃墜し、虚偽の場所を報道し、その間に自衛隊特殊精鋭部隊があらゆる証拠物件の回収廃棄行為（乗客乗員全員死亡事態）を行っていたことが明らかになったのである。

③自衛隊関与の証拠となるあらゆる残骸の回収と抹消

　自衛隊・政府は日航機事故での「自衛隊が加害者」という事実を隠蔽するため、「日航事故機の横田基地への着陸の阻害阻止」「御巣鷹山上空でのミサイル攻撃」「生存者救出の放棄、見殺し行動」を取ったことは多くの証拠、目撃証言により明らかである。また、墜落直後の現場で多数の乗客が生存していたことは検視に当たった医師や生存者の証言で明らかにされている。自衛隊特殊部隊の極秘任務実行の結果、4名しか生還出来なかったのである。

④上野村村民の現場への救助行動を阻止した群馬県警の謀略

　上野村猟友会と消防団は墜落場所がスゲノ沢だと認識しており、救助に急行しようとしていたものの、上野村猟友会員や消防団員の救助行動を足止めするために、政府は群馬県に影響力を持つ国の権力者を通じて群馬県警に要請したのである。

そして12日22時に上野村に対策本部を設置させ、警察機動隊を派遣させ、上野村猟友会、消防団に対して全然違う場所への案内を要請したり、虚偽の場所を捜索させたりするなど、迅速な救助行動を妨害したのである。
　さらに一般人、報道関係者などの墜落場所への立ち入りを阻止するため、不当にも群馬県警は道路封鎖のための検問所を設置し、自衛隊特殊精鋭部隊の極秘行動が目撃されるのを妨げたのである。
　しかしながら、この自衛隊特殊精鋭部隊が存在し、自衛隊証拠品の回収および抹消行為、また自衛隊ヘリへの吊り上げなど乗客乗員への加害死行為を行っていたことは数多くの人が目撃しているのである。

　こうした日航機墜落事件における「日航機の垂直尾翼への無人標的機の衝突の事実の隠蔽作戦」は自衛隊・政府が意図したもので、自衛隊部隊に命令して実行させたのである。
　これに群馬県警も協力し、加害者を装った日航も要請されて協力している。このことから、日航、ボーイング社に直接の事故責任はなく、加害者の「身代わり」と言ってもいい存在なのである。そして、彼らは事故の「発生理由」と事故の「真実と真相」を知っていたのである。

⑤自衛隊現場指揮官の命令は「乗客乗員全員死亡」と「生存者捜索中止」

　自衛隊指揮官は現場に到着後、早々に「乗客乗員全員死亡、捜索中止」との宣言と命令を出している。しかし、これに反発した長野県警、上野村消防団員らは必死に生存者捜索を行い、4名の生存している女性たちを発見した。
　早期に到着した自衛隊員は誰も生存者を捜索せず、発見していないのもかかる自衛隊員への命令が徹底していたためと考えられる。
　自衛隊指揮官は自衛隊幹部から「生存者がいない」ことを聞かされており、「乗客乗員全員死亡、捜索中止」の指示を行ったのである。自衛隊員および群馬県警は自衛隊幹部の命令に忠実に従っている。
　その意味で彼らは不作為の「生存者見殺し行為」を行ったことになる。
　こうした非人道的な指示に反発して長野県警、上野村消防団は人間の命への尊厳と愛情と人間の価値を理解できる集団であり、必死に4名の生存乗客者を発見し救出したのである。

⑦謀略作戦の国家機密漏洩を防ぐために公共放送「NHK」を利用

　自衛隊・政府は機密厳守を徹底させるため、前述したようにNHKのテレビ放送を利用して情報操作を行っている。つまり、墜落場所と異なる「御座山」だと繰り返し放送したり、「自衛隊員射殺」なるニュース速報を行い、関係者に極秘「秘密厳守」を出して警告したのである。

　こうした矛盾や疑惑、謎を不明のまま、事故原因は「圧力隔壁破壊説」だと断定して事故調が一件落着させようとした事態は事故調査の原点（事故原因の真実と真相の究明と再発防止策の実行による安全性向上を図る）に反するもので、事故調の「仮説A」は科学的、技術的、かつ論理的にも成立しない絵空事である。日本政府は「仮説A」をすぐにでも撤回し廃棄すべきである。
　民主主義国家である日本では「国民には真実と真相を知る権利」があり、国民から選ばれた行政府には「真実と真相を説明する義務・責任」が存在し、法的に義務を果たすことが原則である。これが正義であり、憲法に記された権利である。
　事故発生から間もなく30年目を迎えるが、今からでも遅くはない。「日航機事故の真実と真相」を開示し、説明することを遺族、国民は国・政府に求めるものである。何より真実と真相を求めているのは犠牲者520名と重傷者4名である。彼ら、彼女たちのために「仮説X」を捧げるものである。

"Bring the Truth to Light"
　――真実を明らかにせよ。そして、犠牲者の霊前に供えよ。

　それこそが520名の犠牲者に対する真の供養なのである。

第4章

欺瞞の事故調査と嘘の事故報告書の捏造

——事故調の「圧力隔壁破壊説」は真実を隠蔽し嘘で塗り固められ捏造された「仮説A」である！——

1 航空機墜落事故における事故調査活動について

航空機事故における日米調査機関を比較検証する！

　航空機事故史上最大級規模の乗客乗員520名もの命を奪った日航ジャンボ機123便墜落事故から2年後、公表された事故原因「圧力隔壁破壊説」は奇跡の生還者・落合由美さんの体験証言によって破綻し崩壊したのである。

　完全に事実と異なる「仮説A」を捏造した背景について追究するとともに航空機事故における調査方法の違いについて米国と日本のそれぞれの調査組織のシステムを検討し、日航機墜落事故発生後に動き出した事故調の体質と調査方法、その後に纏められた事故原因報告書に関する矛盾と疑惑を詳細に検証する。

　その前に、日米における航空機事故に関する調査機関について記す。

▶国家運輸安全委員会（NTSB＝National Transportation Safety Board）（米国）

　設立年月：1967年4月1日　　人員：359名
　年間予算：7,670万ドル（2006年）

　NTSBは米国における輸送に関連する事故を調査し、原因・対策を研究し、将来の事故を防止する目的で勧告などを行う独立した機関である。強い権限を有し、航空機操縦士、航空機関士、整備士、船舶乗務員らのための海難審判庁や裁判所に類する機能も有する。

　かつては米国運輸省と強く結びついていたが、**1967年に独立**。両者の結びつきは1975年に成立した独立安全委員会法の下に解消され、現在は完全な独立機関となった。

　設立以来、12万4,000件以上の航空機事故の調査を行っている。

　米国は国土面積が広く、交通手段は鉄道、自動車だけでは限界があり、航空機が主体となって、毎日、数千機の旅客機が飛んでいるため航空機事故も多い。NTSBは事故の原因を調査し、その対策を立案するのが主務だが、司法長官が犯罪に関連していると判断した事案については調査を連邦捜査局（FBI）に引き継ぐことができる。

　さらに米国の航空機メーカーは航空機を全世界に輸出しており、その輸出された航空機が事故を起こすと、NTSBへ調査要請がなされ、世界を股にかけての事故調査となる。そのため海外での実績も多く、調査方法も徹底している。

調査官の経験も豊富であり、調査技術、能力もきわめて高く粘り強い。質・量共に日本の事故調査とは大きな差があるのは事実である。

　1件の事故調査に派遣される人員は十数名で、現場には2、3名が派遣され、他は聞き取り調査に回る。また、目撃証言を重要視している。目撃証言から墜落時の態勢がほぼ判明し、事故直前の概要が把握出来るからである。

　前述したようにこのNTSBは強い権限を有する完全独立した調査機関で、その事故調査能力には定評がある。一方で、日本の事故調は運輸省（現国土交通省）の直属であり、独立した機関でなく調査権限もなく、その調査能力は低く大きな格差がある。

➤ 連邦航空局（FAA＝Federal Aviation Administration）（米国）

設立：1956年　管轄：連邦政府　上位組織：米国運輸省
年間予算：約160億ドル（2010年）

　米国運輸省の下部機構で航空輸送の安全維持を担当する。米国内での航空機の開発、製造、修理、運航のすべては同局の承認なしでは行えない。

　1956年、グランドキャニオン上空21,000フィートでトランスワールド航空機とユナイテッド航空機が衝突し、墜落。両機に乗っていた乗客乗員合わせて128名が死亡する事故（グランドキャニオン空中衝突事故）が発生した。この事故を受けて1958年に連邦航空法が制定され、同法に基づいて航空輸送の安全を維持する機関として設立された。

　日本の事故調査委員会はFAAと同じ体質であり、行政機関の一部門と考えられる。

➤ 航空事故調査委員会（1985年事故当時）（現運輸安全委員会）（日本）

　日本で航空機事故が起きた場合、当時は調査を行っていたのは運輸省直轄の「航空事故調査委員会」であった。この事故調が設置されたのは、1971年7月30日に起きた全日空機雫石衝突事故が契機となっている。

　全日空機事故当時は調査する公的な機関がなかったため、臨時に調査委員会が設置された。しかし、事故の加害者は自衛隊戦闘機ということもあり、委員の人選は政府が決定し、当時の佐藤栄作総理大臣の責任を回避すべく策略し、かつ加害者である自衛隊本体の責任回避を達成することができた。

この事故の反省として完全に独立した事故調の設置が決められたが、結局、

政府は今後も自衛隊関連の事故が多発することを考慮して、政府・自衛隊の責任をうやむやにするため、都合の良い原因を結論付けられるように運輸省直属の事故調が1974年に設置されたのである。

　結局、事故調査の本質を達成することよりいつでも責任を回避できるように政府は「骨抜き」の法律と組織を作ったのである。米国のFAAと同じ組織であって、NTSBのような独立した事故調査権限機能を持ち合わせていない。

　日本政府は伝統的に事後処理内閣が続いていて、重大な事故が起きるまで何もしないといった無責任な行政を行っている。2011年3月11日の東日本大震災におけるあの福島第一原発事故もまったく同じ構図である。

　この委員会の成立目的は、航空機という特殊な専門知識を有する者しか理解が及びにくいジャンルであるため、事故が起きた場合に専門的調査を行うことになり、委員は中立公正な立場の専門家の中から選ばれる。

　いずれかに有利な結論が導かれたり、何らかの圧力に屈することがあったりしてはならないはずで、事故原因の真実と真相に導くことが本質である。その意味では事故調査が政府と運輸省に属すること自体が間違っているとの指摘は多いが、今にいたるも改善されていない。

　その後、「航空事故調査委員会」は2001年10月に「航空・鉄道事故調査委員会」に改組され、2008年10月に「運輸安全委員会」に改組された。

　現在、組織の人員構成は委員長1名、委員12名（非常勤5名）、事務局22名となっており、対象事故は航空機事故、列車事故、船舶事故となっているが、1985年の日航機事故当時は航空機事故だけであった。

　委員の人選は運輸大臣（現国土交通大臣）が行い、任期は3年である。特に委員長は格式の高い大学の学長などが多く、学問や科学分野での専門家であるが、事故調査についての経験はなく素人に等しいと言わざるを得ない。

　1985年8月12日に発生した日航機事故では、事故調が動きだして2ヵ月後の10月に、委員長が八田桂三氏から武田峻氏（航空宇宙技術研究所長）に交代するといった不意打ちのような交代劇が行われた。世界でも最大最悪級の日航機事故の調査における責任者の途中交代については、真摯に事故調査を行うことができるのかという疑問を感じざるを得ない。

　事故調の委員は大学の航空工学の専門家や運輸省の役人、航空会社関係者、学識経験者という名の素人の寄せ集めであるから、互いの権威を立てあったり、譲り合ったり、年功序列で発言したりして、事故原因にはまったく迫り得

ないのである。欧米のように調査結果を徹底的にぶつけ合わないと何も解明できないのは明らかである。

　さらに言えば、事故調の委員で実際に航空機を操縦した経験のある人はいない。また、彼らは理論や学問には精通しているが、「現実」を把握し得る経験を有していない。操縦室の状況やパイロットの言動、乗員の行動や作業実態などを知らないのである。ボイスレコーダーを聞いても理解できるはずがないし、生存者の落合由美さんの証言を聞いても、整備員の話を聞いても、パイロットの話を聞いても同じである。丁寧な説明を聞いてようやく少しは理解できるかもしれないが、微妙な感触を把握できないのは明白である。

　結局、日航のパイロットや技術者などから反対意見が出ても、また、専門家や学識経験者などから反論が出されても理解できないし、逆に高いプライドと狭い知識から結局のところ反論を無視して再検討することをしないのが現実のようである。

　さらに、運輸省や航空会社出身の委員は出身母体の擁護に回る可能性が高く、真の事故原因が隠蔽される可能性は否定できない。大学教授は国からの圧力には逆らえないし、運航会社（日航、全日空）の職員は運輸省に許認可権を握られており、運輸省の方針には従わねばならないのは明らかである。

　このように事故原因の<u>調査と検討の方針、結論までも運輸省事務局が決め</u>、経験のない調査委員はこの結論に沿って難解な理論を振り回して威厳を持たせ、理解出来ない疑惑のストーリーを作り上げるのである。そうした構図が事故調の実態であり、情けないことに日本の現状、常識なのである。

事故調による「嘘」の事故原因のでっち上げの真相

　それでは、何故事故調は「圧力隔壁破壊説」を捏造しなければならなかったのか？

　恐らく委員や調査委員個人にその理由があったとは思えない。最終報告書とも言える「航空事故調査報告書」を読み上げる武田峻委員長の震える手、引きつった声、そして落ち着きを失った目と疲れ切った表情をテレビで見た。

　これが東京大学を卒業し、航空宇宙技術研究所長、日本航空宇宙学会会長という輝かしい経歴を持つエリートなのだろうかと不審に思ったのを覚えている。何かに怯えるように言葉を発する姿にエリートらしさなど微塵もなく、そ

こにあったのは苦渋に満ちた姿と、辛うじて発した報告書への言い訳であった。
　武田氏は会見の最後にこう述べた。
◆「これですべてが終わったのではなく、この報告書をもとに、さまざまな討議、検討を加えて、航空機の安全と事故の再発防止に役立てていただきたい」
　520名もの国民が墜落死した事故の報告書を発表する時に、このように自信がなく落ち着きもない、疲れ切った表情で会見をするものだろうか。
　しかも武田氏は「事故報告書の内容は1つの試案にすぎない」とか、「委員長として内容は不満である」と自白しているのである。これは、真実を究明する研究者としての良心の呵責から自然に現れ出た武田氏の苦渋の言動と見ることが出来るのではなかろうか。
　<u>事故調査委員長が自信を持って説明できない事故報告書は520名の犠牲者の霊前に捧げるわけにはいかない</u>。矛盾と疑惑のある調査報告書にその資格はないと考える。

　このように事故原因は運輸省・政府が先に決めて、後は事故調が方針に沿って調査を進め、結論をまとめるのが事故調の「業務内容」である。
　つまり、<u>日本の事故調は政府の傀儡組織なのである</u>。
　航空評論家や乗員組合の人間が「日本の航空機事故の多くは原因不明か、パイロットの操縦ミスになってしまう」と語っているのを耳にしたことがある。要するに、航空機製造会社や運航会社、その監督機関である運輸省に責任が及ぶような事故原因を公表することは出来ないのである。
　ましてや自衛隊が関与すると、その最高指揮監督権者が総理大臣であるため、国の防衛部署である自衛隊の航空機部隊による民間航空機との接触事故、または激突事故の場合、基本的に政府はその責任を絶対に認めることはあり得ない。その場合には事故原因がねじ曲げられる可能性が高いのである。
　万が一自衛隊の責任が明確になると最高指揮監督権者である総理大臣の責任が問われ、辞職に追い込まれる可能性が出てくる。それでも原因を厳しく追及し、主張する委員がいたらどうなるであろうか。
　1966年2月4日に起きた全日空機ボーイングB－727型機の羽田沖墜落事故（乗客乗員133名全員死亡）の調査中、主席調査官が2名も更迭され、委員であった山名正夫東大教授（当時）は「求めるべき結論が先に決められていた」ことに反発して、記者会見で不満をぶちまけた後に辞任している。

さらに山名氏は機体調査でエンジンの取り付け部の「ボルト」の不良に着目し、ボーイング社に同種のボルトの提出を求めたところ提出を拒否された。

　結局のところ、当時の委員長である木村秀政日本大学教授は山名氏の意見を無視し、「原因不明」といった結論を出している。しかし、その後ボーイング社は急いで「ボルト」の改修をしていたことが分かっている。要はボルトが事故原因であった可能性が高かったのである。

　事故調とは組織的にも不純な動機を持った組織であり、しかもその調査能力は貧弱そのものである。高名な研究者でありながら現場の実態も知らない人間が指揮し、事故調査の経験が少ない人がいかなる調査を行うことが出来るものなのか疑問である。

　バラバラになった機体の残骸から、突然墜落して証拠の少ない事態から、どのように調査していくのか分からないはずである。要は、事故調査委員は高名で学識高い著名な研究者で、単に事故原因なる公文書の権威を高めるための「運輸省のお飾り」でしかないのである。

　今後もこのようにずさんな事故調（運輸安全委員会）が日本の航空機事故調査を行うことになるのだが、これでは航空機事故の原因究明が安全性の向上に生かされることは決してないと断言できる（角田四郎氏『疑惑』）。

　このままでは犠牲者520名の死はまさしく「犬死」でしかない。自衛隊や運輸省、政府権力者、運航会社、製造会社の「自己保身」と「責任回避」のための事故調では、日本の空の安全が達成される日は永遠にこないことは明らかである。

航空機事故調査における事故調査の手順と進め方

　航空機が墜落するなどの大事故が起きた場合、事態の対処方法と調査は以下の通りである。

①生存者の救出

　最優先事項は生存者の救出で応急処置後病院に搬送処置する。

②墜落現場の保全

　事故原因を調査し追究する上で最大の障害は、一般人やマスコミによって現

場が荒らされることであり、重要な機体残骸などの移動や持ち去りで証拠品が紛失することである。この場合、管理担当部署は原則として警察である。

③事故現場での調査検証

機体の残骸は揃っているか確認し、分布状況を調べることは機体が墜落する直前の飛行状況を知る上で不可欠である。機体の端や先端部分（機首、主翼の先端、尾翼の先端、APU）などがすべて揃って存在しているか、これは非常に重要である。次に調査委員は残骸を見て、異常なものはないか検証する。

遺体については最後に発見された場所の位置分布を記録する。遺体の外観など特に異常な状態について検証し、検視に回す。

④ブラックボックスの捜索と回収

ブラックボックス（ボイスレコーダー、フライトレコーダー）は3,000～4,000Gに耐え、1,100度の高熱にも耐える構造になっており、墜落の衝撃が少ない後部圧力隔壁の後ろに装備されている。ボイスレコーダーは事故原因の解析に不可欠な操縦席での録音機器であり、フライトレコーダーは墜落までの飛行状況とデータを知ることができる。これらを回収して解析し、機長らの会話から事故原因を推測していく。

⑤すべての交信関係者からの事情聴取

事故機と空港の管制官との交信、および日航社内交信などを直接聞く。交信内容を含め、気象状況など関係する情報を収集する。

⑥目撃者からの証言聴取

墜落の瞬間を目撃するのは民間人であり、この目撃証言はどのような飛行状況なのか、どのようにして墜落したのか、事故原因を推測する上で非常に貴重な内容を含んでいるのでとても重要な証拠となる。特に生存したパイロットの証言はきわめて重要な証拠であり、もちろん、乗客乗員の体験証言も貴重な証拠となる。外国では目撃証言により大体の墜落の状況が把握できるため、事故原因の究明に役立っている。

⑦ブラックボックスの再生、解読、解析

事故原因のヒントはボイスレコーダーの機長らの会話から読み取れることが多い。また機内の状況も知ることができる。フライトレコーダーからは墜落した飛行機の飛行状況と主要な飛行データが読み取れて、何が問題点なのか知ることができる。これらは事故原因を知る上でとても重要で、ボイスレコーダーとフライトレコーダーを時系列的に並べて組み合わせて比較するとさらに状況は明確になる。

⑧機体の経歴調査と関係者からの事情聴取

特に事故機の整備記録は機体の「病歴」として機体自身の不備による事故では重要なヒントとなる。さらに、整備士や他の操縦士、機関士、関係者からの事情聴取も不可欠である。

⑨運航会社の調査

運航会社の運営方針や経営状況、組織運営などの調査を行う。

⑩操縦士クルーの調査

機長や機関士などの運航実績履歴と経歴、人格、性格などの調査を行う。

⑪仮説と検証

集まったすべてのデータをもとに、可能性の高い原因を仮説として設定し、その発生事象と対比検証を行い、辻褄が合うかどうか検討し、矛盾があればその仮説を「没」とし、次の仮説を考える。さらにその仮説を検証し、納得できる仮説にたどり着くのである。

2 日航機事故における事故調査の奇怪で不可解な実態

自衛隊部隊による生存者救助の不作為行動とは？

航空機事故が起きた場合、何はともあれ生存者の救出が第一に優先される。しかし、日航機事故では墜落して苦しんでいる重傷者など生存者の救出活動を

放棄し、まるで見捨てたかのような行為をしている。

　墜落場所が10時間にもわたって特定出来なかったと言い訳をしているが、実は墜落の20分後には米軍輸送機が墜落場所の上空に到着し、救助ヘリを呼び寄せて、救助兵士をロープで降下させようとしていたことはすでに述べた。しかし、日本政府は米軍輸送機に対して救助活動の中止と横田基地への撤収、および救助活動に関して他言無用といった「箝口令」まで要請している。

　この事実を事故調と政府は秘密事項としていっさい公表していない。しかもこの件は事故から10年間、米軍では「箝口令」を順守する形で秘密保全されていたが、アントヌッチ中尉の勇敢な証言により明らかになった。

　こうした事実について事故調と政府、自衛隊側はいっさい説明を行っていない。これは実に異常な対応で、もはや「疑惑」ではなく、完全な「謀略」と言える。「犯罪行為」と言われても仕方のない態度である。

　2014年4月に起きた韓国の旅客船「セウォル号」の沈没事故では船長らが不作為の殺人罪で起訴された。しかし、30年前の日航機事故ではもっと残酷なことが行われていたのである。

　米軍兵士による救助活動を中止し撤収させて、その後、日本側は救助に行かなかった。さらに、この米軍の救助活動を国民に隠蔽しているあたり、「セウォル号事件」の比ではない。**これは自衛隊による「意図的な救助遺棄であり、不作為の殺人行為」**と言われても仕方がない。こうした事故調、自衛隊、政府の言動は国民の生命を弄ぶもので決して許されないはずである。

　つまり、**日航機事故の重傷者救出では自衛隊・政府による見殺し行為であった**と考えられる。事故の原因に自衛隊が関与しており、すべての証拠は自衛隊・政府が事故原因の真実と真相の隠蔽を図るための謀略活動を行ったことを示唆している。その意味で通常の航空機墜落事故とはまったく異なる「事件」である。

　自衛隊は墜落地点が分かっているにもかかわらず、異なる場所を発表して世間の目を逸らし、時間を稼ぎ、その間に自衛隊は事故のあらゆる人的、物的証拠品の回収を行っていたのである。

墜落地点の現場保全は、原則警察の担当業務である

　墜落地点の現場保全は本来、警察が行うものだが、日航機事故の場合、何故

か自衛隊が現場の指揮権を取り、現場の管理保全を行った。

事故原因に関して黒い噂のある自衛隊が現場を管理するのは、まさに「泥棒が警官の役を務める」のと同じ理屈で、自衛隊の犯行を隠蔽するための証拠隠しと判断せざるを得ない。

また、機体の回収も手抜きである。墜落機体はバラバラの状態であり、事故原因は誰にも分からない。たとえ、パイロットがボイスレコーダーで事故原因を示唆する会話でも、それが本当の事故原因かどうか分からないのである。

したがって、今回のようなバラバラになった航空機事故では、まず、機体が揃っているかどうかを調べる。

第1段階は機体の末端部分を確認することから始まる。機首部分、主翼、後部胴体、垂直尾翼、水平尾翼を捜し、確認することである。これが事故調査の原点であり、原則である。機体が全部揃っており、欠けていない場合は次に焦点を絞るのである。

今回の日航機事故では垂直尾翼とAPUが現場で発見されておらず、その一部分が相模湾で発見回収されており、この垂直尾翼とAPU部分の損傷が事故の原因ではないかと考えるのである。

さらに日航機事故の場合、墜落の鍵を握る第4エンジン、水平尾翼が墜落地点の相当前方向に落下している。これも事故原因と何らかのつながりがあると考えられる。機体の破壊現象を調査することは重要で、そのためには残骸を回収し、調査し検証することが不可欠である。

にもかかわらず、事故調のかかる手抜き行為は事故調査の原則を無視するもので、その破壊落下した機体残骸を回収しないことは、回収すれば本当の事故原因が暴露されるので意図的に回収を行わなかったと考えるのが妥当な結論である。すなわち事故証拠品の隠蔽と真実隠しの犯罪なのである。

垂直尾翼とAPUの残骸回収引き揚げを拒否した政府の魂胆

事故調は本来、墜落場所での胴体後部と相模湾の海底から引き揚げた垂直尾翼とAPUの残骸とを繋ぎ合せて復元し、その破壊の状況を解析していかなければならない。

しかし、事故調はたった数百メートルの海底に沈んだ垂直尾翼とAPUの回収を行わず、破壊された箇所の検証もいっさいせず、最初から事故原因を隔壁

破壊による尾翼破壊に限定して事故調査を進めた。

事故調が主張する「圧力隔壁破壊説」が原因だとしても、残骸の回収は不可欠である。にもかかわらず海底から垂直尾翼とAPUなどを回収しなかった。

中曽根康弘総理（当時）は1985年10月24日、日比谷公会堂での追悼慰霊祭で次のように追悼の辞を述べた。

「事故原因の徹底的究明を通じて、かかる不幸な事故を二度と繰り返すことのないよう、全力を傾注する」

しかし、中曽根内閣は相模湾に沈んでいる垂直尾翼とAPUなどの引き揚げのための予算要求を拒否したのである。中曽根総理、山下徳夫運輸大臣は、追悼慰霊祭で美辞麗句を並べ、徹底究明の決意を表明しながら、事故原因調査に不可欠な残骸の海底捜索の費用すら拒否したのである。

これは垂直尾翼の破壊状況の調査をさせないためと、これを衝突し破壊させた「自衛隊無人標的機」の残骸を発見されないための陰謀だと推測されても仕方がないのである。結果として、中曽根総理が事故に何らかの重大関与をしていることと判断せざるを得ないのである。総理に説明責任がある。

凄惨な犠牲者遺体の調査検証を行わない事故調

事故現場の検証にしても、生存者への対応にしても事実上見殺し行為であったが、さらに犠牲になった遺体に対しても検証はされていない。墜落場所での遺体の状況は異常であり凄惨そのものであった。自衛隊員にすべて任せて一顧だにしなかった。

事故原因の調査は残骸の調査と遺体の調査から始まるものである。

事故なのか事件なのか、それを見極める眼力が調査委員には不可欠であるが、そのような検証を行ったとは聞いていない。現場観察を行ったのはマスコミや村人であり、自衛隊や地元警察、事故調が観察・調査しなかったことは驚きである。

果たして日本では航空機事故の調査手順が標準化されているのだろうか。そして、業務標準は定められているのだろうか。遺体の散乱状況とその悲惨な遺体の損傷状況を分析すれば死亡原因が分かるはずだが、事故調は520名もの遺体に対する調査検証を行った形跡がないのである。

ブラックボックスの公表を拒否した運輸省の魂胆と目的

　ボイスレコーダーの音声の公表は何故か事故から10年が経過して行われたが、その内容はきわめて不自然であり、事故調の結論に合わせて都合のいいように修正されたとしか判断できない。この根拠はすでに提示した通りである。

　ボイスレコーダーの公表拒否は機長らの個人情報保護のためと理由づけているが、そんな言い訳は事故調の責務とは相容れず、笑止千万である。それでも発表された内容から事故の真実を見つけ出すことは可能であり、嘘の内容を剥がすことが出来るのである。

　管制官の交信記録は検証されているようだが、肝心の自衛隊・政府と日航機との交信の内容はまったく秘密のベールに包まれており、公表されていない。また、横田基地との交信についての記載にしても、横田基地からの一方的な1部の通信は見られるが、日航機から、あるいは自衛隊からの返信がいっさい見られないのは奇妙である。

　なかでも、米軍アントヌッチ中尉らの勇敢な救出行動についての記述はいっさいなく、10年後に公表された際も事故調は見て見ぬふりをしていっさい訂正も説明もしないのには呆れるばかりである。無視して押し通してきた。それは責任放棄であり、国民と遺族に対する侮辱であり、御巣鷹山の尾根に消えた乗客乗員520名の命に対する侮辱であることは間違いない。

　さらに、ブラックボックスの解析は一番重要な調査事項に当たるが、事故調が主張する「圧力隔壁破壊説」に合致するように、かつ自衛隊の関与につながる音声が発見されないように適宜、修正された様子がうかがえる。よってCVRの公表内容にまったく信憑性はない。

事故原因を特定する上で重要な目撃証言を無視した事故調

　日航機事故の場合、目撃証言に関して言えば、日航事故機では垂直尾翼に自衛隊標的機が衝突した後、30分余りも飛行したことが分かっている。それだけに前述したように低空を飛行する事故機を目撃した人は多数に上る。

　それらの目撃証言は事故機の飛行状況を正確に伝えており、これを精査することは事故の原因を究明する上で不可欠だが、事故調はいっさい無視し、机上の空論でしか検証していないのが実情である。事故調査の基本を無視し、守ろ

うとしない事故調に事故調査に携わる資格はない。

　事故機の飛行状況を目撃した人の証言と同じく重要な証言は4名の生存者の体験証言である。彼女たちはまったく偶然に、奇跡的に生き延びたのではない。高濱機長らの驚異的な操縦技術により地面への激突を免れ、墜落時の強力な衝撃を緩衝した山林樹木のおかげで奇跡的に重傷を負いながら生還した。

　彼女たちはみな機体後部に着席しており、圧力隔壁部のすぐ前で「パーン」という高音を聞いている。さらに墜落した現場で、他の乗客の動静も証言している。多くの乗客が生きていたことを証言し、数十名が即死でなかったことも証言している。

　また、犠牲者の中には次のような遺書を書かれた方もいる。

◆「何か、機内で爆発したような形で煙が出て、降下し出した。どこへ、どうなるのか」　　　　　　　　（河口博次氏・52歳・大阪商船三井船舶神戸支店長）

　つまり、この時の衝撃が「爆発」のようなものであったと書き遺している。

　特に生存した落合由美さんは乗客でありながら、スチュワーデスとしての長年の経験と冷静な観察力で事故発生時の機内の状況を詳細に証言しており、事故調の仮説である「圧力隔壁破壊説」が成立しえない機内情報を証言している。

◆「後部座席56Cで雑誌を読んでいた。（18時）24分頃、『パーン』という音が上のほうでした。そして、耳が痛くなった。同時にキャビン内が真っ白になった。やがて、その霧状のモヤは消えた。ラバトリー（トイレ）の上部の天井も外れた。酸素マスクの酸素が少なくなったが、別に苦しくなかった」

　落合さんが言うところの「パーン」という音は上（尾翼方向）から聞こえており、また急減圧は起きておらず、減圧は一瞬の変化で耳が痛くなったそうで、機内に空気の動き（大量の空気の流出）もなかったと言っている。

　すなわち、圧力隔壁部が2～3平方メートルも破壊されておらず、さらに大量の空気も流出していない。つまり、圧力隔壁の破壊ではなく、外部からの破壊攻撃によって垂直尾翼とAPUが破壊されて吹き飛んだとの「仮説X」が成立するのは明らかなのである。

　また、墜落直後の米軍輸送機のアントヌッチ中尉らは危険を顧みず、生存者の救出活動に臨もうとしたが、日本政府からの要請で中止し、撤退した。後のアントヌッチ中尉の証言は自衛隊の悪行を告白したもので、きわめて重大な証言であり、ブラックボックスの改竄と捏造が白日の下に晒されたのである。

　「ブラックボックス」が信用できない以上、こうした目撃証言からの考察が真

実と真相を解明する上でとても重要である。

事故調はアントヌッチ中尉らの救出活動を完全に隠蔽した！

　国民を騙して愚弄し、かつ世界に日本の恥を曝け出した政府は、事故から10年後に公表された「アントヌッチ中尉らの勇敢な決死の救出行動」についていっさい触れようとはしなかった。運輸省と事故調がいっさい訂正どころか説明もしないことに呆れるし、それは責任放棄である。厚顔無恥なのである。

　アントヌッチ中尉らは危険を顧みず生存者の救出のために活動したが、日本政府からの要請で中止し、撤退。しかも、日本政府からの箝口令を守り通した。10年後の証言は自衛隊の悪行を告白したきわめて重大な証言であり、自衛隊・政府、事故調の陰湿な謀略が暴露され、崩れ去ったのである。

　まさに国民と遺族、何より犠牲者に対する侮辱である。自衛隊とその最高指揮監督権者、防衛庁長官、運輸省は緊密な連携の下で謀略を進めており、事故調が同調していることは自明の理である。

　アントヌッチ中尉らの救助活動にまつわる事象を事故調、運輸省は何故秘密にしたのか、何故公表しなかったのか、政府には説明責任がある。

事故調はブラックボックスの内容を修正・捏造した！

　事故機のブラックボックスは無事回収され、公表されたが、その内容は発表のたびに変更されている。さらに、原音のままの公表は10年後であった。通常の事故の場合、日航社内の航空関係者や操縦士には事故原因の解明のためと事故防止のために短期間で公表されるが、今回は「機長らの個人情報保護のため」といった愚劣な理由で公表を拒否した。520名の命を預けられた操縦士の言動にプライバシーを持ち出すのは劣悪な屁理屈でしかない。

　ボイスレコーダーやフライトレコーダーの内容も、事故調は自衛隊・政府が決めた「圧力隔壁破壊説」が成立するように修正され、捏造された可能性が高いのである。

　事故調は有識者から「圧力隔壁破壊説」の矛盾点を追及されても、ボイスレコーダーやフライトレコーダーの内容から、この結論を引き出したと反論する。しかし、それは仮説に合わせて作った内容なのだから合うのは当然であ

る。それでも説明できない矛盾点は多数あり、また、生存者の証言からも事故調の仮説が成立しないことは明白である。

　事故調は政府と運輸省、自衛隊の言いなりの組織であり、事故を調査する資格は全然ない。傀儡の事故調である以上、事故調査委員会ではなく「事故原因捏造委員会」であると言わざるを得ない。

自らの修理ミスを認めたボーイング社の真意と目的

　さらに、事故機の過去の整備点検の記録、修理記録などは事故原因につながる重要な手がかりであり、この調査は大変重要である。しかしながら、事故機の過去の「病歴」については、恥ずかしいことだがボーイング社からの指摘で「圧力隔壁部」の修理ミスが判明したのである。

　同機は1978年6月2日に伊丹空港で「尻餅事故」を起こしており、ボーイング社の指摘にある修理ミスとは、この事故の際の修理ミスを意味している。アメリカ人が自ら不利なことを告白することはきわめて稀であり、その真意は謎である。しかも、彼らは要請もされないのに事故直後に来日し、現場を調査して極秘裏に横田基地から帰国している。まさしく隠密行動である。

　その後、ボーイング社は米国政府からの強い命令があり、修理チームの免責を前提条件として圧力隔壁部に修理ミスがあったことを認めたものの、同時にボーイング社は自信を持って「修理ミスで隔壁が破壊しても垂直尾翼は破壊されない」と断言したのである。

　これによりボーイング社は修理ミスがあったB-747機だけが墜落したのであり、他のB-747機の安全性評価の信任を受けたのである。ボーイング社は修理ミスの汚名と引き換えにB-747の信頼性評価を確保できたのである。

事故責任加害者の汚名を引き受けた日航の背景と真意

　事故原因の確定には乗客の安全性か、会社の損益かの比較が1つの判定基準になる。日航は利益優先で安全整備にかける費用、人員を削減したのではないかとの調査も必要だが、事故調はこうした観点での調査も行っていない。

　日航は当時、独占的な運航会社であり、また大株主である日本政府主導の半官半民の会社でもあり、そのずさんな経営体制が批判されて民営化の過程にあ

る途中で発生した事故であった。

　このような観点の調査は必要不可欠であったが、政府と運輸省が許さず、結局、日航は事故から2年後の1987年11月に完全民営化されるもその体質は改善されず、23年後の2010年に倒産している（その後再建）。

　事故原因の調査はあらゆる観点での調査が不可欠であるが、日本の事故調は政府と権力者の傀儡組織であり、政党への大口献金提供企業である日航への介入を阻止したのである。政治権力者からの命令に反抗も出来ず、自社の安泰という条件と引き換えに、日航は事故原因の責任を一手に引き受け、いわば代理加害者となっている。

　真の責任者は自衛隊・政府であるが、政府から命令要請されたら日航は断ることが出来ななかったのである。

事故調査における「仮説」の立案と「圧力隔壁破壊説」の矛盾

　事故調は一番可能性の高い「仮説」（事故原因説）を立てて、その検証を行い、原因を特定する。日航機事故で確実なことは垂直尾翼とAPUの脱落であった。その原因は可能性として2つあり、1つは内部からの力、圧力隔壁が破壊して機内の大量の空気が流出して尾翼が破壊されたということであり、2つ目は外部から巨大な飛行物体が尾翼部に衝突して破壊したというものである。事故調は最初から前者の「仮説A」、つまり「圧力隔壁破壊説」にのみ固執し、その仮説が成立するための検証に全力を投入している。落合さん、川上さんら生存者への事情聴取は「急減圧」を引き出すために誘導尋問が行われたものの、「急減圧が生じなかった」との証言しか得られなかった。そのため、報告書はこの事実を無視し、削除している。

　事故調の調査内容はそれほど卑劣で姑息であり、見苦しい限りである。理論的な解析やいい加減な実験など「仮説A」を有利にする内容ばかりで、「外部破壊説」には見向きもせず、一蹴したのである。

　しかも「外部破壊説」の実証に不可欠な垂直尾翼とAPUの海底からの回収には応ぜず、事故調の武田峻委員長は同様の趣旨の回答を遺族に行った。しかし、恐らく相模湾の海底の証拠残骸は自衛隊により秘密裏に回収され、廃棄されているはずである。

日航機の墜落は垂直尾翼破壊が原因でなく外部破壊：ミサイル撃墜による

　日航機はその垂直尾翼を破壊され、油圧での操縦機能を失ったものの30分以上も操縦、飛行出来ていた。すなわち、「圧力隔壁破壊」「垂直尾翼破壊」「油圧操縦機能喪失」は日航機墜落の一要因だが真の墜落事故原因ではない。

　事故機は垂直尾翼を失ったが、ほぼ正常に操縦出来て飛行し、旋回し、降下し、上昇している。すなわち、操縦性は確保されていたのである。したがって、突然の機体の制御不能、墜落は別の要因である。

　それを明らかにするのが本来の事故調査であるが、事故調は油圧での自動操縦が出来なくて、迷走飛行の末、墜落したとのずさんな結論を出している。

　これに関連して、機長の思い通りの飛行が出来る事故機は何故、横田基地への着陸が出来なかったのか、何故、着陸場所のない上野村の険阻な山岳地帯に向かって飛行したのかなどを明らかにしなければ事故調査とは言えない。事故機の32分間の飛行についていっさい検証せず、操縦不能で墜落したとの結論であれば、それは低水準の杜撰な結論でしかない。

自衛隊の「隠蔽体質」が事故の「真実と真相」を隠蔽した

　その裏では自衛隊とその最高指揮監督権者、防衛庁長官、運輸省は緊密な連携のもとで謀略を進めており、事故調が同調協力していることは組織的に十分に理解出来ることである。こうした自衛隊の隠蔽体質は今に始まったことではなく、同じことが過去にも行われている。

　ここで、自衛隊の隠蔽体質の事例を検証してみる。

　そもそも組織に不利な事態を隠蔽するのは自衛隊でよくあることである。

　例えば、自衛隊員は1年間に平均80人が自殺しており、これは一般的な公務員の倍の数値である。

　2005年の護衛艦「たちかぜ」での海上自衛隊員いじめ自殺事件では調査アンケートの資料を隠蔽している。遺族は情報公開法により請求したが、自衛隊の回答は「廃棄した」であった。しかし、海上自衛隊の3等海佐がこの資料に関して、「隠蔽を止めて公開するべき」と内部告発を行ったが、何と8年間も拒否し、言い訳でごまかしてきた。

　ようやく2014年になって、海上自衛隊幕僚長がその存在を認める会見を

行った。同年4月に出た判決では、裁判所は自衛隊の意図的な隠蔽を断定し、自衛隊側は敗訴した。

一方で日航機事故の事故調は事故資料を廃棄したとしているが、この行動は海上自衛隊員いじめ自殺事件の際の自衛隊の主張と同じく隠蔽行為である。

他にも自衛隊の「いじめ自殺」については遺族からの告発が続いている。

1999年　護衛艦「さわぎり」でのいじめ自殺事件→遺族勝訴
2001年　浜松基地でのいじめ自殺事件→遺族勝訴

後者の事案では、裁判所は「指導」の域を超えた「いじめ」だと断定した。

正式な情報公開法に基づく請求ですらこのありさまであり、自衛隊の事実隠蔽の体質は根が深い。日航機事故でもまったく同じ過ちを犯していることは容易に推測される。自衛隊はその組織の重大性に鑑み、日航機事故で行った謀略計画と行動について国民と遺族に開示し、説明を行う義務がある。

そして、国民はこうした事件性のある問題に対し、自衛隊の隠蔽体質について毅然として追及し、解明することが求められている。それが民主主義の国日本のあるべき姿なのである。

3　「圧力隔壁破壊説」は落合証言により破綻し崩壊した！

ずさんな調査で導き出された事故調の「仮説A」

事故調は尾翼破壊から約32分間の飛行状況と操縦技術を総括し、墜落の事態を次のように説明した。

◆「8月12日18時24分。圧力隔壁が破壊し、その圧力空気が大量に後部尾翼側に流出して、後方のAPU全体を含む胴体尾部構造の一部の破壊、脱落が生じた。垂直尾翼の破壊が始まり、トルクボックスが損傷したため、方向舵は脱落し、4系統の操縦系油圧配管もすべて破断した。かかる機体後部の破壊によって、方向舵、昇降舵による操縦不能、水平安定板のトリム変更機能は失われ、ほとんどの操縦機能が失われ、姿勢、方向の維持、上昇、降下、旋回等の操縦が極度に困難になり、激しいフゴイド運動、ダッチロール運動が生じ、その抑制が難しく、不安定な状態での飛行の継続はできたが、機長

の意図通り飛行させるのは困難で、安全に着陸、着水させることは不可能であった。そして、墜落した」

しかし、事故調の調査手順、進め方は間違っており、このような間違った手法では間違った結論を引き出す可能性が高い。いや、最初から間違った結論を意図的に導き出すための調査手法であったのである。

事故調査の原則は最初に機体の欠損部分の確認と検証である。

そして、機体がバラバラになった航空機事故では、まず墜落場所の残骸を調査して、機体が全部揃っているかを調べる。今回の日航機事故では垂直尾翼とAPUが現場で発見されておらず、その一部分が相模湾で発見回収されており、この垂直尾翼とAPU部分の消滅、損傷が事故原因ではないかと考えられる。そのため、この未発見の機体部分を捜索し、発見することが緊急の課題であり、これを回収することが不可欠なのである。これが事故調査の原則であり、NTSBも順守実行している。

本来であれば事故調査は墜落場所での胴体後部と相模湾での回収部分、そして海底から引き揚げた垂直尾翼とAPUとを繋ぎ合せて復元し、その破壊の状況や原因を調査、解析、検証していくのである。こうした手順と手法は事故調査の原点であり、基本である。垂直尾翼とAPUの破壊は事実だが、その破壊事象を調査検証せずに「原因は隔壁破壊」との三段跳び的な飛躍した論理は技術的にも論理的にも間違っていることは明白である。

そうした論理的な究明手順に完全に反した事故調の調査の進め方は、無謀で非論理的な「欺瞞」でしかない。

ところが、事故調は海底に沈んだ垂直尾翼とAPUの回収を行おうとしたが当時の中曽根内閣は海底からの引き揚げ予算請求を拒否し、破損残骸部分の回収が出来なかったことが真の事故原因の解明を阻む重大な疑惑となっている。それは相模湾の海底を捜索することで、問題の自衛隊標的機の残骸も発見されることを避けるためであったと考えると納得できるのである。

そしてもう1点は、前述したように第4エンジンが墜落場所の手前約1,000メートル地点に落下していることである。さらに、水平尾翼が墜落場所の手前東600mに落下している。

この2点を頭に置いて冷静に眺めてみると、日航機事故が通常の墜落事故とは異なる現象であること、何らかの外部要因が関与している「事件」であることが推察出来るのである。

「木を見て森を見ない」事故調の調査手法

「木を見て森を見ない」とは、「細部ばかりを見て全体に目がいかない」という意味で、この場合は「現象を検証せずに原因を追究する」ことである。

航空機の飛行状態での異常現象は、まず操縦機能の不調として現れる。速度が出ない、方向変更が出来ない、上昇力が弱いなど、全体的な機体行動の不調状況などとして出てくる。

事故原因の調査を行う場合、ボイスレコーダーやフライトレコーダー、交信記録、目撃証言などから、機体にどのような不良や不調が発生したのか集約して、事故原因を仮説として設定して調査、解析、検証していくのである。

しかし、その前に機体の残骸の調査を丹念に行い、日航機の場合、垂直尾翼とAPUの残骸のすべての回収とその破壊現象の究明が終わっていることが前提になる。油圧がゼロとなり、自動操縦が出来ないことが分かってきて、垂直尾翼部が全壊したために中にある油圧配管が破壊されたことが事故の原因であることは必然的に導き出されるはずである。

すなわち、事実は「垂直尾翼の破壊」「APU脱落」「自動操縦の油圧がゼロ」である。圧力隔壁が修理ミス箇所で破壊したことは確認されておらず、事実ではない。日本航空の「安全啓発センター」で実物を見たが、破壊・損壊は全体的に起きているものの、事故調が指摘する箇所の凹みは未修理箇所であり、さらに墜落の衝撃で起きたか、本当に老朽化によって破壊したものかは明らかでないのである。

また、酸素マスクの落下は事実であるが、減圧現象があったかどうかについては落合さんが否定しており、生じていない。機体に衝撃が加わると酸素マスクが落下するのはよく知られたことであるからである。

2013年7月6日に中国アシアナ航空機がサンフランシスコ国際空港で着陸に失敗し、胴体後部を護岸に衝突した事故では後部胴体が破損されて圧力隔壁部がバラバラに破壊され、その時に酸素マスクが落下したことが明らかになっている。このことから、機体に強い衝撃が加わると酸素マスクが落下することは実証されている。したがって、酸素マスクが落下したから機内が「急減圧」になったとは断言出来ないのである。

事故調は必死に「機内急減圧」という現象を事実化するために生存者の落合さんを誘導尋問して、機内で急減圧現象が発生したとの証言を引き出そうとし

たが、落合さんは急減圧現象を否定。また、操縦室では酸素マスクを着用せず正常に操縦しており、急減圧は生じていなかったことが分かっている。

その結果、事故調の結論に不可欠な「圧力隔壁破壊による機内空気の大量流出による急減圧現象の発生」は成立しないことになり、**最終報告書とも言える「航空機事故報告書」の内容は虚偽報告である**ことが判明したのである。

一般に事故調査の検証では、矛盾が出ればその仮説を放棄し、次の仮説に移るのが正当な順序である。この時点で、事故調は「圧力隔壁破壊説」を断念して次の仮説に移るべきであり、それが当然の選択なのである。

それが「外部破壊説」＝「仮説Ｘ」であり、尾翼部は外部からの飛行物体が衝突して破壊されたという「外部破壊説」に調査を進めるのが事故調査の原則である。その際には海底に沈んだ垂直尾翼とAPU、そして「飛行物体（無人標的機）」の捜索、引き揚げを行うのが不可欠である。

しかし、事故調は「外部破壊説」＝「仮説Ｘ」は一顧だにしようとしなかったのである。これは事故調査の原則を無視した暴挙であり、事故調としての業務資格を疑わざるを得ない。事故調に真の事故調査能力がないなら、米国NTSBに協力を申し入れれば解決出来たのである。

「木も見ず、森も見ず」の事故調の調査実態

事故調は尾翼破壊後の操縦機能について、前述したように「上昇、降下、旋回などの操縦が極度に困難であった」と表記しており、「操縦が極度に困難であった」は「操縦が不可能であった」と同じ意味で使われているようだが、こうした表現は抽象的であり、事故調査報告として不適切である。

方向舵と昇降舵が作動せず、ほとんどの操縦機能が失われたことは分かっているが、だからといって操縦困難に陥ったというのは短絡的結論であり、技術的な見解ではない。油圧による操縦は不可能だが、手動による操縦についての言及がされてないのは完全に手抜きで間違っている。逆に「手動操縦」では操縦出来たことを事故調は隠しているとしか考えられないのである。

さらに、激しいフゴイド運動、ダッチロール運動が生じたとして操縦不可能を強調しているが、高度を下げた相模湖付近（5,000フィート）では、フゴイド運動、ダッチロール運動はなくなり、乗客の「遺書」でも落合さんの証言でも「飛行は安定している」と証明されている。すなわち、高度を下げれば、フ

ゴイド運動、ダッチロールは解消することがDFDRのデータでも証明されている。

　一般的に航空機が操縦出来るかどうかは上昇、降下、旋回が出来るかどうかで判断される。事故調も日航機が上昇、降下、旋回についてどのような操縦飛行を行っていたかを検証することが求められるが、その点を解析した記述はない。事故機の飛行状況についてボーイング社は次のように記している。

◆「FAA（米連邦航空局）の事前通知書には、油圧系統がすべて切れた場合、操縦不能になるとの記載があるが、これは正しくない。事故機は推力レバーを操作することによって操縦することができた。分析によると、旋回、上昇、降下などの操縦性が維持されていたほか、フラップ（下げ翼）を出すことも出来た。事故機は垂直尾翼や方向舵の相当の部分を失ったにもかかわらず、すべての油圧系統が切れた場合も長時間飛んでいた」

（1987年4月17日付ボーイング社文書）

　ボーイング社の見解についてはすでに触れたが、事故機は操縦性が維持されており、着陸に必要な装置も作動し、結論として飛行場に着陸できたと判断出来るのである。

　事故調の調査結論はまさしく「木も見ず、森も見ず」で、操縦・飛行状況を見ず、ボイスレコーダーとフライトレコーダー、目撃証言、乗客の遺書などを調査、分析、解析、検証していないのである。まず、結論を決めて、政府に都合の良い論理だけで説明しているだけである。

事故機の「着陸は不可能であった」との結論の嘘

　事故調は「機長の意図通りの飛行ができず、安全に着陸するのは不可能であった」と結論付けているが、これも事故報告書にあるまじき抽象的表現であって、非科学的、非論理的な調査を示唆している。

　安全に着陸する要件とは何かを示し、それを具体的に解析すべきである。事故機は上昇、降下、旋回が出来るなど十分に操縦出来ていたし、また着陸に必要な「ランディングギア」も作動したし、「フラップ」も機能している。強力なエンジン4基は健在で、逆噴射もエンジンブレーキも可能であった。長い滑走路を持つ飛行場に着陸出来たはずなのである。

　しっかりした調査をすれば、日航機は横田基地飛行場に着陸するべく大月市

の上空で旋回降下し、高度を20,000フィートから5,000フィートに下げて安定飛行を続け、横田基地まで約10キロメートルの地点に接近していたことが分かったはずである。機内ではスチュワーデスが着陸準備を乗客に指示しており、一方で横田基地側は事故機の着陸受け入れを日本側に通知している。

　第1章でも記述したように、事故機は着陸に必要な条件をすべて満たしており、実際に着陸出来たのである。

　航空機は飛行場に着陸しない限り乗客乗員には「死」しかなく、「死」が待ち受けており、機長が着陸をしないという選択肢は絶対にあり得ない。

　その点から、**事故機を追尾飛行し、監視指示している戦闘機の存在（とその背後に控える国家権力）が「着陸させない選択肢」を選ばせたと考えざるを得ないのである。**

　さらに不可思議なことに事故調が公表した飛行経路では、事故機は横田基地から24キロメートルの距離で反転しているのである。目撃証言から導き出される横田基地との距離10キロメートルとの差は歴然としており、事故調の嘘の距離表示は国民に「事故機の着陸」と「横田基地」との関連を感じさせないためのトリック（偽装行為）なのである。

「日航機は着陸不可能であった。そして、墜落した」の欺瞞の結論

　「航空事故調査報告書」に記された「日航機は着陸不可能であった。そして、墜落した」との短絡的な結論は520名の死亡に対し、責任ある調査・分析を行わなかったことを示唆している。

　「日航機の着陸が不可能であった」との結論は間違っていることは記述した。

　日航機が横田基地への着陸を諦めさせられて、一路、長野県南佐久郡川上村を目指して飛行していることはその飛行経路をみれば一目瞭然である。

　そして、川上村レタス畑で作業していた村人が南東から低空飛行して来る日航機を目撃している。それは川上村レタス畑の地上スレスレの飛行で、まるで「石を投げれば当たるほど低空を飛行した」と証言している。

　事故機が横田基地への着陸を諦めて、川上村の平坦なレタス畑に不時着を図ったことは疑いのない事態である。高濱機長が着陸を敢行するのは当然の行動であり、たとえ多数の死傷者（50～60パーセント）が出てもそれはやむを得ない事態である。何故なら、墜落すればほとんど全員が死ぬのだから。

川上村レタス畑への着陸は周囲の地理や設備、平坦な地面、救助態勢などの点から横田基地での着陸とは確実性において雲泥の差がある。かかるレタス畑に困難な着陸をしようと決断した機長の技術であれば、横田基地への着陸はきわめて簡単容易なことであったと推察出来る。
　日航機は相模湾上空で垂直尾翼とAPUを失い、自動操縦機能を破壊されたが、手動操縦で飛行が出来たのであり、となると、御巣鷹山に墜落したのは「尾翼破壊が原因でない」ことになる。

「墜落事象の真相」を真摯に調査検証しない事故調

　また、事故機が川上村への不時着を断念して緊急上昇し、三国山の斜面を駆け上って群馬県の山岳地帯に飛行した段階で、機体から赤い煙と炎が出たことが多数目撃されている。一方、フライトレコーダーには時系列的にプロットされた事故調の表の18：55：50あたりから、速度や高度、加速度、機首方位などに顕著な変化が見られる。さらに機長らは18：55：45に「アーッ」と驚愕の声を上げており、機体に何らかの異常事態が発生したことを示唆している。落合由美さんが「ものすごい揺れ」を感じたのもその頃である。
　奇妙なことに、このあたりの事象分析を事故調はいっさい行っていない。
　事故調は垂直尾翼とAPUの破壊については報告書の307〜308ページにフライトレコーダー拡大図として、18：24：31〜18：24：51の間の「気圧高度」「大気速度」「縦揺れ角」「横揺れ角」「機首方位」「加速度」「操縦桿」「方向舵」「エンジン出力」「トリム」「CMD」「LOC2」と丹念に表記しているが、何のコメントもない。
　一方、墜落時点について表記はなく、「一本から松」「U字溝」のエンジン落下について記載しているだけであり、何の分析もされていない。
　その点で事故調の調査は「木を見て森を見ない」どころか、やはり「木も見ず、森も見ず」で、「事象原因も見ず、結果も見ず」に相当するのである。
　事故調はずさんな調査・分析で間違った結論を出したというより、最初から「日航機は操縦不能、着陸は不可能で墜落した」との結論に沿って調査を行ったというのが真相だと、考えざるを得ない。

垂直尾翼破壊の原因を「内部膨張説」に変更した事故調の欺瞞

　急減圧による「隔壁破壊」から「垂直尾翼とAPUの破壊」、「油圧配管の断絶」「油圧操縦不能」の報告に関して、事故調と日航は次のように説明している。
◆「日航機事故の7年前の1978年、大阪空港での尻餅事故で圧力隔壁部が破損し、ボーイング社が下部半分を修理したが、修理ミスで強度が十分でなかった。そのため疲労亀裂が発生し、強度が低下していた」
　当初、事故調は「隔壁破壊で機内空気が流出して猛烈な衝撃波が発生し、垂直尾翼とAPUを破壊した」と説明していたが、落合さんの証言と合致せず、2011年に内部圧力の上昇による破壊（内部圧力膨張説）との説明に転じた。

①金属疲労が進展し、圧力隔壁が一気に破壊して、約2〜3平方メートルの開口部が生じた。
②与圧空気で隔壁の後方の後部胴体部分の内圧が上昇した。
③後部胴体部圧力が上昇したので空気を逃がすリリーフドア（安全ドア）が開いたが、このドアは点検ドアで面積が小さく、圧力隔壁の破壊された面積が大きく流入した空気を逃がすことが出来なかった。
④機内は急減圧となり、猛烈な空気の流出が起きた。尾翼胴体部の圧力が上昇し、まず、一番後ろのAPU部が吹き飛ばされて脱落した。
⑤いくぶん内部圧力が低下したが、排気する開口部が小さく、しだいに垂直尾翼部の圧力が上昇して、その垂直尾翼の大半を破壊した。
⑤方向舵も破壊され、油圧配管も垂直尾翼の破壊と同時に切断破壊され、油圧による操縦が不可となった。

　以上が事故調の新しい結論、つまり「仮説A′（エーダッシュ）」であるが、この「仮説A′」もまた証拠に基づくものでなく、単なる「推論」である。この場合も機内で急減圧が起き、大量の空気が流出する点では同じであり、落合さんの「急減圧は起きなかった」「空気の流れはなかった」との体験目撃証言と合致せず、成立しないのである。子供を騙す「漫画」を描いて、国民を愚弄する事故調と日航の迎合する姿勢や態度には「真実と真相」を究明するとの使命感がなく、それは完全に「自己保身」と「責任回避」のためだけの蛮行なの

である。

すなわち、嘘を嘘で塗り固めた虚偽説明で、四苦八苦の末の悪戦苦闘なのである。

修理しなかった隔壁部で巨大な破壊が起きた事象の矛盾

圧力隔壁の破壊は上部隔壁部と下部隔壁部の修理ミスをした境界部で起き、次に上部の離れた場所、中央部の隔壁部（飛び地）で大きく破壊したと結論付けている。しかし、その上部の破壊箇所である隔壁部が内部圧力で破壊されたのか、墜落時の衝撃で破壊したのかは明らかでない（図15）。

さらに、上部の隔壁破壊箇所は修理されなかった部分であり、これが破壊されるといった事態は長年にわたる亀裂の発生成長で破壊するとの見方や考察も出てくる。すなわち、修理ミスがなくても隔壁は突然破壊することを示唆しており、修理ミスによる隔壁破壊説は成立しないことを示唆している。事故調の主張の破綻であり崩壊である。

事故調の内部圧力蓄積破壊説には矛盾があり、その場合に落合さんは隔壁破

図15　後部圧力隔壁損壊図（後方より見る）

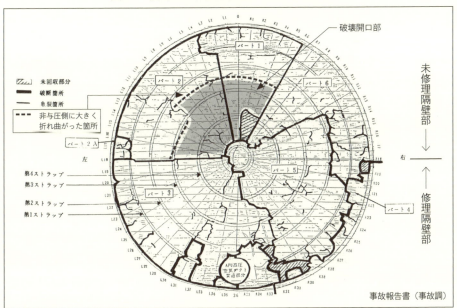

事故報告書（事故調）

第4章　欺瞞の事故調査と嘘の事故報告書の捏造　253

壊、APU破壊、垂直尾翼破壊の3回の破裂音を聞いているはずである。しかし、衝撃音は1回だけで、ボイスレコーダーの音声分析でも3回の破壊音は検出されていない。

垂直尾翼破壊に至る経緯を、事故調は隔壁破壊→APU破壊→垂直尾翼破壊と主張しているが、この破壊順序は起こり得ないのである。

事故調は内部圧力が増大して、次々に破壊が進んだと主張している。百歩譲って隔壁が2～3平方メートル破壊して後部胴体部の内部圧力が増大し、点検口が開いたとしよう。次にこの開口部の面積が十分な大きさでなく、0.1秒後に一番後部のAPUが吹き飛び、その0.3秒後に垂直尾翼が破壊されたとしている。

この0.1秒、0.3秒はその空間で圧力が1気圧まで増大する時間に相当するのである。この時点でAPUが吹き飛んだが、その入口の耐火壁や遮断壁が破壊されて脱落している。相当大きな開口部が出来たはずで、この遮断壁の断面積について、日本航空は、

◆「APU遮断壁は楕円形の形状をしており、高さが約3メートル、幅が約2メートルで、断面積は約4.8平方メートル」

(2014年6月19日、権藤信武喜日航常務の発信文書)

と回答している。

機内与圧は1気圧であり、隔壁部に2～3平方メートルの穴が開いた段階で機内空気は流出するが、その先により大きな断面積(4.8平方メートル)の穴がある場合、隔壁部とAPUとの空間で圧力が増大する可能性は科学的にあり得ないのである。よって、事故調の主張する仮説に基づく「垂直尾翼は壊滅的に破壊される」という事態は成立しないのである。

なお、前述したように2014年8月12日に放送されたフジテレビの特別番組は、基本的に事故調の主張に同調追随する内容であった。かつ音声分析に使用した「ボイスレコーダー」は事故から28年後に突然出て来た疑惑のテープであり、事故調が後日主張している「内部圧力膨張説」にも迎合する結果となっている。

また、生還者吉崎博子さんの証言では機内状況は静粛であり、急減圧も起きておらず、隔壁破壊事象ではないとの矛盾もある。こうした分析からフジテレビの特別番組の「黒幕」は運輸省と事故調であることは疑いようのない事実である。

落合さんは事故調の主張である「急減圧発生」を完全に否定した

　今回の事故で自衛隊・政府の最大の誤算は乗客乗員のうち4名が奇跡的に生還したことにある。

　事故調は圧力隔壁部が一気に破壊すると大量の機内空気が後部胴体部に流入し、機内は一気に急減圧状態になり、7秒後に機内は外部と同じ0.5気圧になったとしているが、この件に関して落合さんは以下のように証言している。

　落合さんに対する事情聴取は8月13日、15日、27日、9月17日の4度にわたって行われたが、ここで特記すべきは、質問者らが「急減圧」という言葉を頻繁に使用し、誘導尋問していることである。

<u>第3回目の質問内容</u>（事故調：森本調査官、米国NTSB：サイドレン調査官）。
◆「急減圧が起きた時、客室の『もや』は室内のどちらの方向に流れていったのか？」
◆「急減圧が起こった後でその音以外の音、雑音の類が聞こえたか？」
これに対して落合由美さんは次のように答えている。
◇「異常発生時、機内の空気の流れはなかった。すなわち、尾翼を破壊させた大量の機内空気の流れはなかった」
◇「隔壁に穴が開けば、空気が激しく流出する音が聞こえるはずだが、騒音や雑音は聞いていない」
◇「圧力隔壁やAPU、垂直尾翼と破壊が進むのなら3回の破壊音を聞いていても不思議ではないが、1回しか聞いていない」
◇「『パーン』という音は上の方向から聞こえた」

　そして、第4回目の事情聴取は事故調の委任を受けた航空自衛隊医学実験隊の小原甲一郎医官が事情聴取した。落合さんの証言のポイントは以下の2点である。

①減圧が一瞬起こったが、ものすごい急減圧ではない。
②減圧は必ず大きな空気の流れを伴うが、空気は留まっていた。

　そして、4度にわたる事情聴取で落合さんは「空気は流れなかった」「急減圧はなかった」と証言し、事故調の「急減圧発生」を根本的に否定した。

圧力隔壁破壊による急減圧・機内騒乱の実例と事故機の状況との比較

　それでは、圧力隔壁破壊による機内騒乱事態の実例として、1986年10月26日に起きたタイ航空エアバス300型機での手榴弾爆発による隔壁破壊事件（タイ航空機爆発事件）を検証してみる。

　この事件は日本の高知県の土佐湾上空を飛ぶエアバスの中で、乗客（暴力団員）がトイレで手榴弾を爆発させたことが原因である。その結果、後部圧力隔壁が破壊され機内で急減圧が発生。乗客は中耳炎となり、急減圧と機内の騒乱状況（空気の吹き抜け、荷物散乱）を目撃し、操縦士はすぐに急減圧を認識して緊急降下した。

　このタイ航空機爆発事件と日航機墜落事故の2件を比較すると、2件とも「圧力隔壁破壊」が端緒とされているが、隔壁破壊後の事象は正反対である。そして肝心なことは「隔壁破壊」といってもタイ航空機の場合はまぎれもない事実であるが、日航機事故の場合は仮説にすぎないことである。

　つまり、日航機事故での隔壁破壊状況の明確な証拠はない。しかも、事故調が指摘した隔壁破壊の箇所は修理ミスがあった箇所でなく、交換補修されなかった場所である。隔壁上部の中央部で2～3平方メートルも大破したと事故調は主張するが、本質的に大きな矛盾であり、これは落合さんが後部上方向で破壊音を聞いたとの証言に合わせて上側に決めた場所である。

　航空機の後部胴体に強い衝撃が加わった時に圧力隔壁がバラバラに分解破壊される事象は多くの航空機事故で多発しており、急減圧以外の要因でも隔壁破壊は起きるのである。

　頑丈な垂直尾翼とAPUを破壊し、脱落させた原因は2つで、内部からの空気流出によるものと外部から物体が衝突したことによるものである。しかし、事故調は後者については一顧だにせず、前者（圧力隔壁破壊説）に有利な情報だけを国民に流して情報操作し、また、圧力隔壁説が成立するような実験だけを行って、「原因は圧力隔壁破壊である」と主張している。

　なお、事故調が「外部破壊説」を調査検証することは「自衛隊関与」を意味し、運輸省や政府としては絶対に調査検討してはいけない領域なのである。

　一番可能性のある外部破壊説をいっさい調査、検討しない事故調の姿勢からは、事故調査の方針決定に強力な権力が働いたことを示唆している。

　また、容器に密閉された高圧力の空気は、その容器に開口部が出来ると、そ

の周囲の低い空気圧層に流れることはきわめて自然であり、科学的に正しい理論である。その密閉容器が破壊されると、その破壊箇所から高い圧の空気が流出し、容器内では減圧現象が起き、大きな破壊箇所の場合では「急減圧現象」が生じる。タイ航空機爆発事件ではこの自然で科学的な事象が起き、乗客らが体験し、目撃している。

一方で日航機事故では落合由美さん、川上慶子さんらは一瞬減圧を感じたが、その後、正常になったと証言し、機内の急減圧現象を否定。また、犠牲者が撮影した写真からも、機内は整然として静粛であったし、荷物の散乱などはなかったことが証明されている。

急減圧事象が起きると機内は酸欠状態になり、乗客の生命に危険を及ぼすため、圧力容器内に急減圧現象を検出する装置が設置されている。この「**減圧検知警報機**」は操縦室にあり、パイロットはこの警報を聞いた段階で、自ら「酸素マスク」を着用し、高度を下げる「急降下」飛行に移るように訓練されている。

そして、高度を下げて地上気圧（1気圧）に近づけ、乗客乗員の酸欠事態を防ぐのである。減圧検知警報機はきわめて感度が良く、2009年7月13日に起きた「サウスウエスト航空2294便急減圧事故」では高度10,000メートルを飛行中、客室の天井にサッカーボール大の穴が開き、急減圧が発生した。すると、すぐに減圧検知警報機が作動し、機長は機体を急降下させて近くの空港に緊急着陸している。

しかし、日航機事故の場合、事故調は隔壁に2～3平方メートルの穴が開いたと主張しているが、この場合、減圧検知警報機は急減圧を感知し、操縦室に警報が鳴り響いていたはずである。しかし高濱機長らは急降下もせず、酸素マスクもせずに操縦を続けている。

つまり、機内に急減圧が起きておらず、減圧検知警報機が作動していないことを示している。さらに落合さんが証言したように、客室機内では「急減圧事象が発生しなかった」「機内は静粛であった」ことが正確な状況なのである。

日航機事故の端緒が圧力隔壁破壊ならば、急減圧にならないと説明が付かないはずである。ということは、**日航機事故では「急減圧現象はなかった」が結論であり、事故調が主張する圧力隔壁破壊は起きなかったと判断出来る。**

圧力隔壁破壊による急減圧と機内の猛烈な空気流出の関連性

　科学的、かつ論理的な思考では、気圧の低い高空を飛ぶ航空機の隔壁が破壊されれば大量の機内空気が流出し、それに伴って機内は急減圧になることは容易に理解出来る。

　旅客機の機内は安全のために与圧で1気圧に保たれている。一方、機外は高度6,000メートルであれば約0.4気圧である。そんな状況下で隔壁が2〜3平方メートルにわたって破壊されると、どのような状況になるか？

　科学的、論理的には0.6気圧差による事象では猛烈な空気の流出、台風並み以上の暴風が機内を吹き抜けて、機内は急下減圧事象になる。しかし、事故調は「圧力隔壁部の前にあるトイレ、給食台部が室内の大量の空気の流れを阻害し、これらの遮蔽物を迂回して、空気の流れが天井部を通過。圧力隔壁の開口部に流れたために乗客には機内空気の動きが見えなかった」と嘘の非論理的説明をしている。

　この「大量の空気の流れが客室部分では緩やかで、わずか数メートル上では猛烈な流れがある」との説明は誠に幼稚な論理で、科学に弱い人なら騙せるかもしれないが、少し知識のある人なら到底理解出来ない。かかる暴論は科学的、流体力学的に成立しないことは明らかである。

　一般国民にとって、この気圧差と風速との関係は台風に置き換えてみると理解しやすいと考える。通常、1気圧より高い場合は高気圧、低い場合は低気圧となる。さらにより気圧が低くなると「台風（熱帯低気圧）」となる。

　過去に大惨事を引き起こした伊勢湾台風、室戸台風について、その気圧、風速、暴風域半径を見ると、次のようになっている。

最低気圧　　：895〜911ヘクトパスカル
最大風速　　：秒速60〜75メートル
暴風域半径　：320〜330キロメートル

　通常、1気圧＝1,013ヘクトパスカルである。すなわち、100ヘクトパスカルの減圧≒0.1気圧で、広範囲の地域で猛烈な風速となり、多大な損害を出している。一方、日航機事故で事故調は0.6気圧差となっていると主張しており、これでは台風以上の大暴風が発生しており、とても、トイレや給食台を避

けて風が遠回りをするような事態は起こり得ない。むしろ、トイレや給食台は隔壁部に吸い込まれ、さらに乗客も後方向に吹き飛び、隔壁開口部に吸い込まれても不思議ではないのである。

　実際、前述したユナイテッド航空811便貨物室ドア脱落事故では、B－747－122がハワイ上空7,000メートルで貨物室のドアが勝手に開いて急減圧となり、さらに、胴体部が縦5メートル×横4メートルにわたって吹き飛び、付近の乗客9名が吸い出されて死亡している。

　このように、0.1気圧（約100ヘクトパスカル）差の台風の風速と上記実例での事象からも0.6気圧（約600ヘクトパスカル）の気圧差で起きる機内の状況が静粛であるはずがない。機内が静粛であることは「急減圧」が起きなかった証拠になるのであり、「圧力隔壁破壊説」は虚構で嘘の仮説なのである。

日航機事故とタイ航空機爆破事件との相似点と相違点

　タイ航空機爆破事件に話を戻すと、この事件は日航機墜落事故からわずか1年2カ月後（1986年10月26日）に起きた大事故であり、当時は日航機事故の悲劇の記憶が生々しく残っていたため、当然、マスコミは2つの事故の対比に注目して報道した。

　前述したように日航機事故もタイ航空機事故も、圧力隔壁の破壊が最初に起きた点ではまったく同じであるが、日航機事故の場合は単なる「仮説」であり、事実ではない。しかし、タイ航空機爆破事件の場合は紛れもない「事実」である。しかし、この両事故において、隔壁が破壊したとの前提でその後の機内、尾翼の状況や飛行状況などを見ると、日航機事故とタイ航空機爆破事件では大きな矛盾と相違点があり、これを比較して調査し検証することは日航機事故の真実と真相を解明する上で非常に重要な鍵となる。

　ここで、この2つの事故について主要項目ごとに比較対比して記載する。
　事故に伴う事象として、真実であることには◎印を付け、推測、推論、仮説の事項にはすべて▲印を付けた（次ページの表1参照）。
　この比較表においてタイ航空機爆破事件はすべて◎印である。全員無事であり、機体、APU、尾翼も破壊されておらず、何より真実である。すなわち、圧力隔壁破壊が端緒の場合、破壊後の事象はタイ航空機事件が標準実事例で真

表1　日航機事故とタイ航空機爆破事件の比較表

事象・事態	タイ航空機爆破事件	日航機事故
旅客機機種	エアバス A300-600	ボーイング社 B747-SR100
エンジン	（双発）2基	4基
乗客数	247名	524名
最初の破壊箇所	◎圧力隔壁	▲圧力隔壁
隔壁部の直径	◎3メートル	◎4.2メートル
隔壁破壊面積	◎4.7平方メートル （67パーセント）	▲2〜3平方メートル （21パーセント）
機内減圧度	◎急減圧	▲急減圧（事故調） ◎瞬時減圧後、正常化 （落合さんの証言）
機内温度	──	▲マイナス40度 （落合さん否定）
急減圧警報装置	◎警報装置：作動 ◎機長、即座に認識 ◎乗客、即座に認識	作動不明（調査せず） ◎機長：認識せず ◎落合さん、川上さん認識せず
乗客の減圧被害	◎航空性中耳炎 （36パーセント）	◎異常なし （落合さん、川上さんの証言）
機内空気の流れ	◎猛烈な風が吹き抜けた ◎「プァー」と吹き抜けた	◎なし（落合さんの証言） ◎機内は静粛（同上）
機内酸素マスク	◎落下（自動的に）	◎落下（衝撃力？）
機内荷物	◎酷い散乱状態	◎散乱なし（整然たる状態）
後部尾翼とAPU	◎破損なし	◎垂直尾翼とAPU破壊脱落
破壊音	◎後部トイレ、隔壁部 ◎垂直尾翼、隔壁、APU	◎後部上方向（落合さん証言）
圧力配管の断絶度	◎3系統の内2系統	◎全系統破壊
破壊後の飛行状況	◎急降下5,000メートル	◎急降下せず
初期	◎激しいダッチロール	◎激しいダッチロール
操縦安定までの時間	◎15分（機長談）	◎5〜20分 （ボイスレコーダー、フライトレコーダー）
事故後の目的地	◎大阪空港	◎横田基地飛行場。川上村レタス畑
事故機の操縦性	◎操縦性回復	▲操縦不能（事故調）
最終着陸地	◎大阪空港	▲着陸不可能（事故調）
着陸の可否　到着地	着陸出来た	◎御巣鷹山に墜落
死傷者数	◎ゼロ	◎520名
重傷者数	◎14名	◎4名（奇跡の生還）
航空性中耳炎	◎89名	◎なし（落合さんの証言）

実なのである。しかし、日航機の場合は　隔壁破壊は「仮説」であり、尾翼とAPUの破壊だけは事実なのである。

タイ航空機爆破事件の真実が覆す「仮説A」の虚構

　タイ航空機爆破事件では4.7平方メートルもの大きな面積の隔壁が破壊されて高圧で大容量の空気が流出したが、尾翼などに損傷はなかった。
　一方、日航機事故では2～3平方メートルの隔壁が破壊（事故調の推測）し、頑丈な垂直尾翼が吹き飛び、その前段階でAPUも破壊し、脱落している。
　機内で急減圧事象が起きていないのにかかる頑丈で巨大な機械部品が吹き飛ばされることは科学的に説明がつかない怪奇な事象であり、事故調の推測、「仮説」でしかない。さらに、ボーイング社も「隔壁が破壊しても、尾翼は破壊されない」と主張。同社は「修理ミス」は認めたが、事故調が主張する事故原因「尾翼とAPUの破壊と油圧配管断絶事象」は自信を持って認めていない。
　事故調にとってタイ航空機の事件は日航機事故から1年2カ月後であり、すでに結論を「圧力隔壁破壊説」に決めていた段階であった。しかし、タイ航空機事故の内容は起きた事象が正反対であり、事故調の論拠と仮説に大きな障害欠陥となる事態であった。
　タイ航空機爆破事件では隔壁破壊は事実であり、機内には猛烈な空気が吹き抜けていたものの、垂直尾翼とAPUへの損傷はなかったのである。しかも、事故機は飛行場（大阪空港）に着陸し、全員が無事生還した。
　この2つの事件は共に隔壁破壊が事故原因である。日航機事故では「仮説」で、タイ航空機爆破事件では「事実」であり、両者は機内の状況や急減圧事象、尾翼破壊の点で正反対である。タイ航空機爆破事件を事実根拠とするなら、日航機事故の「仮説」は説明が付かず、成立しないことになる。事故調は困惑と焦燥の渦中にあったはずである。
　しかし、事故から数日後、隔壁破壊が暴力団員の手榴弾の爆発によるものと判明したために事故調は窮地を脱したのである。マスコミと世間の関心は事故原因よりも暴力団員による手榴弾爆発事件に移り、事故調の仮説への疑惑は注目が薄れ、騒がれなくなったのである。
　本来であれば、この2つの事故の比較を進めれば日航機事故の「真実と真相」に迫れたはずである。暫くしてタイ航空機爆破事件の資料を見たが、事故

発生後の機内状況や機体後部の状況、操縦状況、着陸操縦状況など肝心のことが明らかにされておらず、そこにも意図的な隠蔽工作を感じるのである。

　ようやく今、こうして２つの航空機事故の内容を比較調査し、検証した結果、日航機事故の「真実と真相」を明らかにすることが出来たのである。

　この２つの航空機事故は同種の事象でありながら、まるで正反対の事象内容となっている。日航機事故の原因はほとんど推測と推論からの結論であり、事故調はタイ航空機爆破事件の事象とまったく異なる結論説明を発表していることから、事故調の説明では、タイ航空機爆破事件を科学的、論理的に説明することは不可能なのである。

　その点からも事故調の結論には重大な「瑕疵」があると言わざるを得ない。すなわち「事故調の結論は成立しない」と帰結出来る。この２つの事件が抱える矛盾を日航と自衛隊・政府は科学的、かつ論理的に説明する義務がある。

急減圧による機内温度マイナス40度の虚構

　さて、事故調は日航機事故の異常発生、つまり、圧力隔壁が破壊されて急減圧が起こった後、機内温度は25度からマイナス40度まで下がったと結論付けているが、これは事実に基づかない推論でしかない。

　４人の生存者は１人として「寒かった」とは言っていないし、ボイスレコーダーでもそのような会話はなく、気温の低下は確認できていない。

　急減圧に伴い気温が急低下したとの事故調の主張は生存者の証言やボイスレコーダーで確認できず、異常発生後の「急減圧現象」は起きていないことが明確である。事故調が主張する事故原因「圧力隔壁破壊説」は成立しないことが証明されたのである。

尾翼部の損壊図から帰結出来る垂直尾翼とAPUの破壊原因

　事故調は報告書に垂直尾翼の損壊図や後部胴体部、水平尾翼部の損壊図も記載している。それは以下の通りである。

①後部胴体部の損壊図
　後部胴体部の右、左側面の「未回収または復元不能箇所」を見比べると、明

らかに右側面部のほうが大きく、かつ中央部に集中しており、一方で左側面部の損壊面積は小さく下部に集中している。
②垂直尾翼部の損壊図
　垂直尾翼部は約60パーセントが完全に破壊さている。残りの40パーセントは前縁部で、この部分は飛行中に強い空気流抵抗を受ける部分で、前部支柱（桁）で支えられているが、この下部部分だけが墜落地点まで付着していた部分である。尾翼の一番後ろに方向舵が付いており、油圧でその角度を変えることにより、飛行角度を変える装置である。
　この方向舵は完全に破壊されており、発見されていない。尾翼の大部分と方向舵は相模湾の海底に沈んでいるのである。
　このような損壊図から、また、吉原公一郎氏の写真解析からも圧力隔壁破壊による大量の空気流出で発生した「衝撃波」による破壊は説明出来ない。かかる損壊図から外部の飛行物体＝自衛隊の無人標的機が垂直尾翼の中央下部分とAPUに右側から斜め方向に激突したものと推察出来る。
③水平尾翼の損壊図
　水平尾翼の一番頑丈な前縁部が全面にわたって変形している。前縁のすぐ後ろの部分が破壊脱落し、「未回収または復元不可能箇所」となっている。すなわち頑丈な前縁部は変形し、その後部部分が破壊、または脱落していることは、外部からの破壊が垂直尾翼部に加えられたことを示唆している。
　さらに、この水平尾翼は可動翼で、その隙間を完全に密閉するのは不可能である。そして、この水平尾翼部と後部のAPUはほぼ同じ環境条件にあり、同様の「流出する機内空気の衝撃波」と「0.6気圧」を受ける。
　しかるに頑丈なボルトで固定されているAPUが一瞬に吹き飛び、可動する水平尾翼が破壊されず、軽微な損傷しか受けなかったことは大きな矛盾であり、説明が付かないのである。
　実際に破壊脱落した部分は垂直尾翼の大部分とAPUである。しかし、事故原因としての位置付けから、主に垂直尾翼に焦点が当てられ、APUについての調査検証がほとんどなされていない。
　APUの破壊については防火壁から後ろのAPUが全壊として示されているだけである。APUが防火壁の部分できれいに破壊脱落しているということである。胴体部との接合接続方法はボルトなどで頑丈に固定されているはずであるが、この頑丈な接続部の多数のボルトが一瞬で吹き飛ぶほどの力が働くとすれば、

いかなる強力な力が働いたのか？

　相当な重量のある飛行物体が高速で激突しない限り、一瞬の内に破壊脱落させることは不可能である。以上の損壊図の解析からも、垂直尾翼とAPUの一瞬の破壊は外部からの破壊でしか説明が付かないことは明らかである。

垂直尾翼の破壊による残骸と破片状況から推測する破壊原因

　圧力隔壁部が破壊され、その与圧空気の流出により垂直尾翼が破壊されたというのが事故調の結論である。しかし、内部空気の流出による破壊の場合と外部から物体が衝突破壊した場合の残骸や破片の形状、損壊程度には大きな差があるのは当然の帰結であると思慮する。

　まず、内部空気の流出による垂直尾翼破壊では尾翼の残骸や破片は大きな部分が吹き飛ぶはずで、粉々にはならないと思われる。一方で、外部からの物体の衝突では残骸や破片は損傷して粉々になる可能性が高いはずである。

　事故調の報告書では後部胴体と垂直尾翼の損壊図が掲載されているが、相当ひどい破損状況である。内部圧力で破壊された場合、ここまでの破壊が起きるか疑問に思わざるを得ない（事故調報告書の161～164ページ）。

　今回、事故調の報告書では「飛行経路下から回収された残骸」として、飛行経路と落下物の内容が記載されており、また相模湾での浮遊残骸揚収物の分布図もある（同上156、158ページ）。前者は5件、相模湾では28件の残骸を回収している。しかし、発見されない物はもっと多いはずである。

　すぐに落下した場合は相模湾での回収になるが、陸路では事故機の飛行経路での回収である。場所も伊豆半島の中央部2件、富士宮1件、奥多摩町1件である。恐らく発見されない残骸はもっと多いはずである。

　こうした観点から破壊状況を考察すると、激しい衝撃での破壊により細かく破壊された残骸が多数生じたと考えるのが論理的であり、垂直尾翼の破壊は外部からの物体（無人標的機）が衝突したと考えるのが適切な結論と言える。

圧力隔壁破壊が原因ならばボーイング社の責任である

　圧力隔壁部の破壊で垂直尾翼が吹き飛ぶのならば、これはボーイング社の基本的な設計ミスであると言わざるを得ない。事故調は圧力隔壁部の破壊と尾翼

の破壊に関して次のように説明している。
◆「圧力隔壁部の破壊による大量の空気流出に対して、これを逃がすためのリリーフドア（点検口）は隔壁の1ベイの大きさに対応したもので、2～3平方メートルの開口部の場合は効果がない」

後部APUの入り口遮断壁が破壊されており、この面積は2～3平方メートル以上である。この段階で後部胴体部での気圧がさらに高まる可能性が全然ないことは明らかで、垂直尾翼の破壊は起きないことは明らかである。

◆「尾翼部は外部からの力には強いが、内部からの圧力には弱く、0.5気圧の圧力で破壊する。実験でも証明された」

ボーイング社は当初から「修理ミスをしたが、尾翼破壊とは関係ない」と主張していたが、最終的には修理ミスした作業員の免責を条件に修理ミスを認めた。この結果、ボーイング社は圧力差が0.5気圧で尾翼が破壊され、隔壁部の開口面積が1ベイでの圧力解放のためのリリーフドアの点検口の大きさ（約50センチ×50センチ）だったとすると、これはボーイング社の設計、および安全対策上の対応は基本的に大きな間違いとなる。

基本的な設計思想と修理ミスの点から、今回の日航機事故の責任は全面的にボーイング社にあることは明らかである。さらに事故調がかかる主張を行う限り、B－747機はその安全性能面に大きな欠点を有するもので、欠陥航空機であると判断せざるを得ない。ボーイング社に反論と説明責任がある。

NTSBは　落合さんの事情聴取から「急減圧はなかった」と断定

前述したように米国NTSBのサイドレン調査官が落合由美さんから事情聴取している（8月27日多野総合病院。日本の事故調査官1名同行）。

質問：サイドレンに調査官、回答：落合由美さん

質問「緊急対策訓練で急減圧について、どのようなことを記憶していますか？」

回答「まず、耳が痛くなり、機内に白い『もや』がかかり、酸素マスクが落ちてくる。ベルト着用と禁煙サインが点灯する。プレレコーデッド・アナウンスが客室内に流される」

質問「異常に気が付いたのは、離陸後、どれくらい経ってからですか？」

回答「離陸後、10分～15分経っていたと思う。異常発生の時刻は18時25分だった。時計を見た」

質問「異常が発生した時、気付いた兆候について、話して下さい」

回答「上の方から、『パーン』という音がした。同時に耳が痛くなって、機内が白くなった。後は、天井の一部が落ちた。同時にプレコーデッド・アナウンスが流れた。これが急減圧の状況だと思った」

質問「急減圧が起きた時、客室の『もや』が室内のどちらの方向に流れて行ったか分かりますか」

回答「流れるという状況でなく、留まっている状況で、そう長い時間でなく、比較的、短い時間で『もや』が消えた」

図16　生存者4名の座席位置（座席番号）

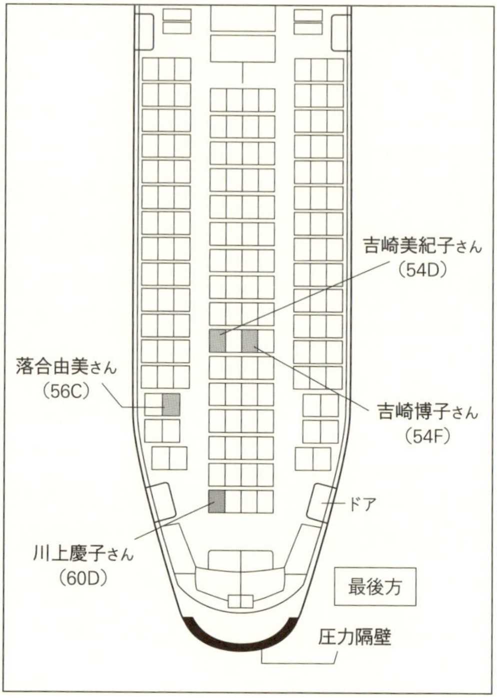

吉崎美紀子さん（54D）
落合由美さん（56C）
吉崎博子さん（54F）
ドア
川上慶子さん（60D）
最後方
圧力隔壁

質問「空気がどちらの方向に噴出するように流れるように感じましたか？」

回答「流れていない」

（写真を示しながら。証言の正確さを確認するために行う）

質問「貴方の座っていた席と、天井に穴が開いたところと、パネルが落ちたところを示して下さい」

回答「席は56のC」（その他は質問に写真上で指摘）（図16）

質問「その他、機内の構造物で、異常に気が付かれたところはありませんか？」

回答「後部トイレの上の部分が落ちてなくなり、テントのようなものが見えた」

質問「急減圧が起こった後でその時の音以外の音、雑音の類が聞こえましたか？」

回答「別にありません」

（※この資料は事故調の秘密の内部資料である。藤田日出男著『隠された証言—JAL123便墜落事故』新潮社）

図17　落合証言─衝撃音の発生場所と座席場所との位置関係

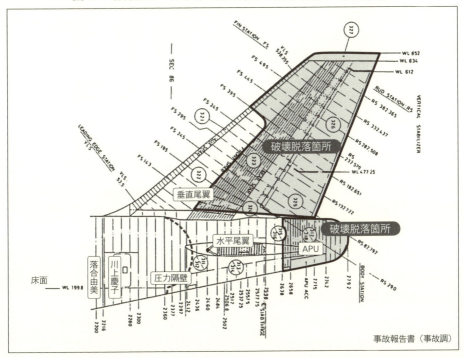

事故報告書（事故調）

　この一連のやり取りの中で、非常に重要な点が３つある。
<u>１つ目</u>は「空気の流れがなかった」という発言で、これは垂直尾翼を破壊したという空気が客室から流出したのでないということを明らかにしている。
<u>２つ目</u>は、隔壁に穴が開けば、当然そこから流出する「ヒュー」というような音が聞かれるはずだが、特に雑音がしなかったと述べた点である。この２点で急減圧がなかったことにNTSBの調査官は気が付いたはずである。
<u>最後の１点</u>は「パーン」という音が上から聞こえたことである。隔壁ならば客室の真後ろにあり、それが音源であれば後ろから音がするはずである（図17）。隔壁と尾翼と落合さんの座席位置との関係からも、上方の尾翼の位置から聞こえたことは明らかである。

落合さんへの空自の事情聴取から判明する「急減圧発生」の虚構

　その後、９月17日には航空自衛隊の小原甲一郎医官が落合さんに事情聴取

している。
小原「みなさん意識はありました？」
落合「ええ、具合が悪くなった人はいなかったです」
小原「あの、意識がっていう意味はね、要するに非常に揺れがひどいから、気持ちが悪くなって意識がなくなるということもあるかもしれませんよね、子供なんか。それから、酸素がなくなって意識がなくなる。そういうことは全然考えられませんでしたか？」
落合「ええ、そうですね。私のまわりには、はい」
小原「というのは、あの、このマニュアルにあるようにね、2万フィート相当高度の、あの、**有効意識時間**、だいたい、どの程度か憶えておられる？」
落合「えーとね、2万フィートですか。2万フィートで……そうですね、20秒くらいですか」
小原「いや、そんなに短くないけれどね。あの、1万8,000フィートだと30分くらいもつんですよ。ところが、2万フィートになると5分くらいなんですね。5分か10分くらい、ものすごく個人差がありますよ。もうちょっと上がって2万5,000になると、3分くらい。まあ、個人差はありますけれども、随分違うわけ。その、わずか2,000フィートぐらいのところで、だから、その10分しか酸素が流れなかったということが少し関係があるかなと思うので、そういう、貴方の目で見た感じでは、少なくとも、そういう感じがなかったのですか」
落合「んー」
小原「ご自分の身体はそうじゃなかった？」
落合「なかったですね」
小原「ほかの人もそんな感じ？」
落合「ええ、救命具をつけている時は、みんな酸素マスクを外してやってた状態です」
（中略）
落合「ただ、あの、耳がパッと痛くなって、パーッと機内が真っ白になってというふうに習ってますけど。それから、考えると、それほど、まあ、つまった感じはしたんですけれどね、一瞬、あのキーン。痛いって感じでもなかったし、真っ白って感じでも。モワーっていう、それもわりと短い時間でしたので、それと比べると……あの、急減圧っていうよりも」

小原「って言う感じはない」
落合「ええ」
小原「そして、もうすぐ、白いあれは見えなくなりました？」
落合「はい」
小原「それで、その後はもう普通、いわゆる普通の状態？」
落合「はい」

　この事情聴取の中で決定的なのは、小原医官が「急減圧という感じがなかった」との落合さんの言葉を引き取って、自ら述べているくだりだ。また、「有効意識時間」という概念も事故調が認識していたことがはっきりした。
　20,000フィートの高度で、人間が意識を保つことができる時間は5分〜10分である。123便は与圧なしで18分以上も高度20,000フィート以上を飛行し続けている。本来ならば、酸素マスクから酸素が流れなくなれば、全員意識が朦朧としていたはずである。なかには意識を失った人も出ていたと考えられる。パイロットもまったくマスクを着けていないで、操縦をし続けている。
　にもかかわらず、事故調査報告書には1カ所も「急減圧はなかった」との証言が書かれていないのである。どんなに重要な証言も採録、採用されなければ存在しなかったも同然である。
　しかも、「航空事故調査報告書」には「個人差があるものの同機に生じたと見られる減圧は、人間に対してただちに嫌悪感や苦痛を与えるものではない」と書かれている。これでは一種の「欺瞞」「偽証」である。あり得ないと分かっていながらこういうことを書くのは明らかな「捏造」である。
　あの凄惨な生死の境で闘ったプロの客室乗務員の体験証言は紛れもない「事実」であり、「自己保身」と「責任回避」の塊である運輸省、事故調の「仮説」は、何の根拠もない机上の空論でしかない。
　生死の境をさまよった瀕死の生還者・落合さんの証言を何度も聴取し、その内容を無視して反対の事象に置き換え、「急減圧事象」と「隔壁破壊」をでっち上げ捏造する事故調には調査する資格も権限もないことは明らかである。

米国NTSBは事故後には「日航機事故の真実と真相」を把握していた!!

　すなわち—「圧力隔壁は破壊していない」

「尾翼破壊は自衛隊標的機の衝突が原因である」
　　「自衛隊は日航機の横田基地への着陸を阻止し、乗客乗員の生存権を奪う、準殺害行為を実行した」
　　「御巣鷹山上空で自衛隊が日航機を撃墜した」
　　「米軍アントヌッチ中尉らの救助活動を妨害し、重傷者を見殺しにした」
　　「自衛隊は意図的に救助活動をせず、重傷者を見殺しにした」
　　「自衛隊特殊部隊は救助を待つ重傷者を殺害した」
などである。
　当然のことだが、この事実はボーイング社にも連絡しているはずである。

　米国は事故直後に、NTSB、ボーイング社の調査チームを急遽派遣して墜落現場に入り、尾翼、隔壁部などを調査している。この日本への入国も米軍横田基地からで、通常の羽田ルートではない。恐らく米国から事故の調査協力を申し込まれたが、日本側が拒否したので、急遽横田基地から日本に入り、現地調査して、横田基地から出国したのである。これは米国としては、航空機輸出産業の目玉であるボーイング社旅客機の信頼性に問題があれば、大打撃になることを懸念しての申し入れだと思われる。
　事故現場での調査でボーイング社の調査チームは「後部隔壁部は劣化破壊でない」ことを確認したはずである。
　さらに、横田基地の司令官から、自衛隊、日本政府の事故関連情報、横田基地への着陸を自衛隊が阻止したこと、御巣鷹山上空でのミサイルによる撃墜、生存者救助に関して、日本側が不審な言動（救助申し入れ拒否、自衛隊の見殺し行為など）を行っていることを詳細に報告されており、ほぼ事故の核心を把握していたのである。
　すなわち、事故直後に米国側は、次の状況、事態を把握していた。
①調査団は隔壁部の調査検証で「圧力隔壁は劣化による破壊が生じていない」ことを確認している。
②米国NTSBサイドレン調査官の落合由美さんへの事情聴取で「機内に急減圧事象が生じていない」「隔壁破壊はなかった」「ドーンという轟音は尾翼が破壊されて発生した」を確認している。
　　（日本側事故調担当者　同席している）記述済
③横田基地からの情報、報告で、「自衛隊飛行物体が日航機に衝突し尾翼を破

壊した」「事故機は十分に操縦飛行出来た」「自衛隊は事故機の横田基地への着陸を阻害した」「自衛隊は事故機を撃墜した」「生存者の救助を意図的に放棄した」「自衛隊、政府は事故真相事態の隠蔽工作を行っている」ことを把握している。

④ ボーイング社からの事故調査分析報告から、「隔壁が破壊しても尾翼、ＡＰＵは破壊脱落しない」「事故機は操縦出来、横田基地に着陸出来た」ことを認識している。

以上の内容から、米国側はほぼ、事故の「真実と真相の全貌」を把握していた。かかる日本政府、自衛隊の小細工は世界の航空業界を牛耳る米国、百戦錬磨の事故調査機関NTSB、世界の航空機産業のトップのボーイング社には簡単に看破し理解出来ることなのである。

しかし日本側から、事故調が捏造した"嘘"の「隔壁破壊説」への了解、協力の強い要請があり、「レーガン：中曽根」の盟友関係に基づき、政治決着を行ったのである。米国政府は、ボーイング社に修理チームに免責条件を付与して修理ミスを認めさせ、事故機のみの安全性欠如として、ボーイング社の旅客機の安全性評価を維持したのである。

したがって、恐らく「責任のないボーイング社は補償金を支払っていない」と推測出来るし、その後「犠牲者慰霊式典に参加しない」のは、このような事実、真相を知っているからと推測出来る。また米国籍の犠牲者には、相当高額の補償金を黙認する条件として、日本政府は支払っているはずである。

これで、日本政府は米国に大きな借りが出来ており、米国の言いなりの関係になっているはずである。日本は政治、経済、外交面で大きな損失を被ったことは明らかで、そのうえ、日本の権力者の異常性、北朝鮮に劣らぬ暴虐性と日本国民の政治、正義への無関心、権力者への盲従性、特攻機自爆戦闘方法（第二次世界大戦時）の発明、竹槍で機関銃に立ち向かう無謀性などの国民性、正義追究を放棄した報道機関などは、世界、米国から馬鹿にされ、嘲笑の的になっているのである。日本政府と国民は世界に莫大な恥を晒したことになる。

自衛隊、政府の身勝手で不当な「自己保身」「権力維持」のために、無辜の乗客乗員520名の大量虐殺事件の「真実と真相」を隠蔽することにより、国民を侮辱し、日本国の名誉と国民性を貶めて、かつ世界に恥を晒した中曽根康弘総理だけは、日本で最高の勲章「大勲位菊花大綬章」を授与されたのである。

内部告発者が語る事故調の「航空事故調査報告書」の嘘

　結局のところ、事故調は急減圧による圧力隔壁破壊説を捏造したのである。これは根も葉もない噂ではなく、「航空事故調査報告書」は事故調が捏造したものと主張する内部告発者が実在する。彼＝Ｋ氏は運輸省の官僚で、事故調査に関わり、元日本航空のパイロットで『隠された証言』の著者である藤田日出男氏に事故調査資料を提供した人物でもある。

　その後、Ｋ氏は職を辞職することを余儀なくされ、家庭が崩壊する危険を冒して告発を行っている。以下はＫ氏と藤田氏の会話と「結論」である

Ｋ氏「私は藤田さんにあのファイルをどう使われようと、止めたりしません。そのために渡したんですから」

藤田「ありがとう。でも、本当に大丈夫かな。あなた、役所の中で目を付けられていると言ったでしょう」

Ｋ氏「マークされてたことは事実です。でも、だからといってクビには出来ない。せいぜい、嫌がらせくらいのものです。それより、あのファイルはそんなに重要な新事実がありましたか」

藤田「もちろん。生存者の落合由美さんが救出後、数時間も経たない時点で話を聞かれています。まず、そのこと自体、驚きです。しかも、その中ではっきり『急減圧はなかった』と証言しているんですよ。もっと重大な話も含まれています。アメリカの調査官サイドレン氏が８月27日に落合さんに会っていますが、その時の証言です」

Ｋ氏「事故調は急減圧がなかったことを事故の直後、どんなに遅くとも８月27日の３回目（の事情聴取）で知っていた？」

藤田「そう、知っていた。証言しているのはプロの客室乗務員ですよ」

Ｋ氏「それを無視した」

藤田「闇に葬ったわけです」

Ｋ氏「**アメリカのNTSBも当然知っていた？**」

藤田「当然、知っていた」

Ｋ氏「驚いたな。そうしてボーイング社の名前には傷が付かなかった。じゃあ、後部圧力隔壁の破壊で噴出した高圧空気によって垂直尾翼がパンクして吹き飛んだという事故調の結論は、やはり、成立しないことになる」

藤田「そう、私が18年間言い続けてきた確証が、公式の証言記録としてあのファイルにはあったわけです」

K氏「その事実を突き付けられて、国はどう反応するのだろう？」

藤田「それはKさん、あなたのほうがよくお分かりでしょう」

K氏「そうか。反応しない。無視だ。だんまりを決め込む。しかし、藤田さん、ICAO（International Civil Aviation Organization＝国際民間航空条約機構、国連の専門機関）には条約があるんでしょう。航空法もそれに準拠すると定めてあるし」

藤田「新事実が明らかになった場合、すみやかに再調査をしなければならない。しかし、国土交通省はこれも頬被りするでしょう」

K氏「強制力がない」

藤田「そう、強制力がない。放っておけば国民は誰も気付かない。しかし、**1つだけ彼らの恐れているものがあります。世論です。ここに訴えることが、再調査への唯一の道です**」

（藤田日出男著『隠された証言－JAL123便墜落事故』新潮社）

海上自衛隊での「いじめ」で隊員が自殺した事件で、「内部告発した自衛隊幹部を自衛隊は処罰する」と主張していた。結局、海上自衛隊は裁判で敗訴し、「隠蔽があった」と自供している。運輸省においても犯罪（公文書偽造）を行っていながら、かかる告発者を辞職させようと圧力をかける始末である。

日本において、正義の告発者が政府（＝犯罪組織）から辞任や罷免などの不当な圧力を受けるのが常道だとすると、日本は民主主義国家でありながら、「正義」は擁護されないことになる。いつになれば日本は「真の民主主義国家」になることが出来るのか――恐ろしい現実に溜息しか出ないのである。

4 日航機の「垂直尾翼」と「APU」は外部飛行物体が破壊した

「垂直尾翼」と「APU」の破壊は圧力隔壁部の破壊が原因ではない

あの強固で頑丈な巨大な垂直尾翼とAPUを外部から破壊したものは自衛隊の戦闘機演習などで使われる「無人標的機」だと考えられる。この「外部破壊説（無人標的機衝突説）」が「仮説X」の重要なポイントの1つである。

無人標的機とはミサイル発射訓練の際に標的代わりに使われる、空中を高速で飛行するロケット状の物体で、無線による遠隔操作で飛行する。いわば超高性能のラジコンロケットのようなものであり、機体の表面は目立つように赤みがかったオレンジ色で塗装されている。正式には「トービー」と呼ばれる曳航標的を付随させて飛行する「標的曳航機」である。

　自衛隊における無人標的機には2種類あり、主に使われている「ファイアービー」のサイズは全長7メートル×全幅3.9メートル×全高2メートルで、自重は690〜1,000キログラム。最大速度マッハ0.96で飛行し、尾翼を破壊するには重量面、速度面ともに条件的に合致している。ちなみに1機あたり数千万円と非常に高価な器材である。

　この無人標的機が日航機の尾翼部分に激突したと考えられる。

　事故当時、自衛隊の護衛艦「まつゆき」が相模湾で運航しており、日航機の尾翼部の残骸を回収している。また、1985年12月に沼津市や翌86年に下田市の海岸でオレンジ色のアルミ素材らしき金属部品の残骸が発見されている。これらは日航機のものと「機質」が違うと群馬県警は否定しているが、その色は無人標的機の色と同じである。

　さらにこの無人標的機衝突説を裏付ける証拠として、1987年3月17日の「朝日新聞」に「財産の守りは薄い防衛庁」と題する記事が掲載されている。そこには防衛庁（現防衛省）が1985年11月〜86年10月までの1年間に出した主な損害として「高速標的機の撃墜1機1,472万円」が計上されている。

　その説明によると、「尻尾の吹き流しを狙うはずの高速標的機を実際に撃ち落とした……」とある。おそらくこの弁明は虚偽のものであり、日航123便に衝突した標的機こそ、この機体に間違いない。

　日航機事故は1985年8月12日だが、事故との関与を連想させないために1985年11月以降に計上したものと考えられる。

　こうした事象からも、自衛隊の無人標的機が日航機の尾翼に激突して破壊したことは間違いない。そして、前述したように機長や一部の乗客が目撃した物体こそ、この無人標的機なのである

　このように、日航機の尾翼に外部から衝突した物体は自衛隊の無人標的機だとする説が大多数を占めているが、一部では自衛隊で開発中であった「巡航ミサイル」ではないかと主張する説もある。

巡航ミサイル「SSM－1（88式地対艦誘導弾）」は攻撃して来るミサイルを迎撃するための半導体レーザー結合光ファイバー画像解析装置を搭載している。光学センサーでミサイルや戦闘機を瞬時に識別し、最適な攻撃手段を選択できるという当時の最先端技術を搭載したミサイルであった。

この最先端の軍事技術を国産化する開発を自衛隊が必死に進めており、米国はこの日本の電子技術を自国の巡航ミサイルに取り込み、あの「トマホークミサイル」を完成させたと言われている。

もし、巡航ミサイルの演習テスト中での衝突とすると、自衛隊としてはこの極秘情報が発覚することを恐れて隠蔽したのかもしれない。

無人標的機にしても、SSM－1にしても、いずれにしても自衛隊が発射した飛行物体が日航機に衝突したことに間違いなく、事故原因としての端緒は相模湾上空での自衛隊飛行物体の衝突事件であるという事実は揺らがない。

垂直尾翼の破壊痕から破壊のメカニズムを検証考察する

「外部破壊説（無人標的機衝突説）」を確定する前に、もう一度、垂直尾翼とAPUの損傷は内部圧力隔壁破壊によるものなのか、あるいは外部からの力による破壊なのかを検証してみたい。

なぜなら、この両者では破壊痕がまったく異なるわけで、この点も科学的な分析と検証により判断されるべきである。

ジャーナリストの吉原公一郎氏は著書『ジャンボ墜落』（人間の科学社）の中で、相模湾から引き揚げられた垂直尾翼の一部を検証している。

◆「全体として言えることは材質、構造ともに衝撃や圧力に強い部分が破損し、比較的弱い部分がそのままになっている。すなわち、前部支柱と前縁が折れ、それによってこの垂直尾翼は脱落し、相模湾に落下したのである。前部支柱（桁）は後部支柱（桁）と共に垂直尾翼で最も丈夫な部分である。また、前縁もこれには厚さ約2ミリのアルミニウムが貼ってあり、強力な風圧から垂直尾翼を守る役割を果たしている。ところが、外板は厚さ0.5〜3.0ミリのジュラルミンに、ハニカムといって蜂の巣のようになったグラスファイバーを張りつけて外圧に耐えられるようになっている。したがって、内圧に最も弱い部分である。ところが、これらの外板は支柱や前縁にそっくりつ

いたままであり、(機首方向に向かって)上部左側の薄い外板がハニカムから剥がれて大きくめくれているが、ハニカムは支柱や横桁についたままである。内側から衝撃波や圧力によって剥がれたとすれば、ハニカムも同時に剥がれなければならないが、そうはなっていない。

また、支柱や前縁が折れるほどの衝撃波が通過したとすれば、支柱に開いている穴やスパーの穴にめくれるような破壊痕が残るはずだが、それもない。そして、内圧によって頂上部が破壊したとすれば、内側から外に向かって破裂した痕跡が残るはずだが、実際に残っているのは押し潰したような破壊痕である。前縁の折れた部分も外側からの破壊を想像させるのである。これらの破壊痕は、この破壊が外側からの衝突と衝撃によって生じたことを示している」

つまり、「上部右側の薄い外板がハニカムから剥がれて大きくめくれている」ことから、右斜め上方向から加えられた衝撃によって垂直尾翼と方向舵が瞬間的に破壊され、事故発生現場である相模湾に落下したと考えられる。

その衝撃によりトリム装置のセンサーも壊され、また、金属疲労によって亀裂が進行していた与圧隔壁部に小さな亀裂をひき起こしたのである。

垂直尾翼が破壊された衝撃力は取り付け部、胴体部にも強い応力(物体に外から力が加わった時、その物体内部に生ずる抵抗力)が働き、圧力隔壁部が固定されている胴体とその後ろの後部胴体との(ネジで固定されている)継ぎ目部分に大きな力が働き、ねじれて与圧隔壁部に応力が働き、与圧隔壁に亀裂を生じさせたのである。

これにより機内は一時的に減圧状態になり、落合由美さんらが目撃したような、機内の減圧現象が発生したのであろう。

結論として、外部の物体(無人標的機)が垂直尾翼部に激突して破壊し、胴体部に強いねじれ、与圧隔壁部に亀裂を生じさせて、その亀裂から機内空気が漏れて一時的に減圧状態になったとする説が最も合理的である。

この「外部破壊説(無人標的機衝突説)」は落合さんの目撃証言と完全に一致し、その信憑性はきわめて高く、事故調の「圧力隔壁破壊説」では、かかる日航機垂直尾翼の「破壊痕」を科学的に説明出来ないのである。

日航機の機体材質と異なるオレンジ色の金属片が混在

　もう1つ、「無人標的機衝突説」と結論付ける上で見逃せない証拠があり、吉原公一郎氏は「週刊ポスト」（1985年9月20日号）に掲載された記事の中でこう指摘している。
「日航123便の機体と明らかに違うオレンジ色の金属片が、垂直尾翼が発見された墜落現場にあった」
　このオレンジ色の塗料が付着した金属片こそ、日航機に衝突した物体の正体を解く鍵になるのである。吉原氏の記事を続ける——。
「それは垂直尾翼と水平尾翼が発見された墜落場所にあったのだが、明らかに垂直尾翼の外板でない。縦160〜200センチメートル、横50〜60センチメートルで、3列にわたってリベットの穴がびっしりと並んでいる。入手した写真には、現場に散乱した部品や遺品を集めている機動隊員2名がこの金属片を見つけ、運んでいるところも写っている」
　このカラー写真を詳細に観察すると、金属片には白い塗装と赤みがかったオレンジ色の塗装がされていて、地上を引きずられたような傷がついている。
　しかも、1ヵ所に集められた日航機の他の残骸と違い、不思議なことに機体の位置を示す「荷札」も付いていなかった。当初は後部胴体の外板の一部かもしれないと考えたが、日航機にはオレンジ色の塗装が使用されていない。
　垂直尾翼に残されていた外部からと思われる衝撃痕と合わせて考えると、浮かび上がってくるのは前述したオレンジ色の「無人標的機」の存在である。

　事故後、14日に、墜落現場では残骸を荷札の付いた日航機の機体残骸群と、荷札の付いていない日航機の残骸と異なる残骸群とに日航技術者により分別されていたことが目撃されている。そこでは日航機の残骸と違う金属片、つまり自衛隊機材の残骸があったということであり、自衛隊員が極秘の内に回収し、隠蔽したのである。これは隔壁破壊説では説明が付かない現場残骸状況であり、明確な目撃証言および写真である。

日航技術者が日航機残骸と自衛隊機残骸の分別・選別に協力した!?

　吉原氏のこの目撃情報は非常に重要である。オレンジ色の金属片もさること

ながら、この分別はいったい誰の指示で誰がやったのかである。日航機の機体残骸を確認し、その部品名や名称を荷札に記入できるのは日航の技術系社員しかいない。自衛隊員には絶対にその識別能力はないはずである。

そして、吉原氏の目撃証言を裏付ける確実な状況証拠を日航が認めている。

日航の先遣技術隊数十名が13日午前1時に長野県南牧村に到着し、北相木村に移動したことはすでに述べた。彼らは翌14日に墜落現場に到着。日航も徹底した隠密極秘作戦であることを知っていながら、乗客の遺体の収容も終わっていない段階で、日航の技術系社員が平然と無頓着に「白いつなぎ服」を着て後部胴体、尾翼付近の機体残骸に群がっている姿が写真撮影されている。

日航社員は顧客の遺体が散乱している中で、平然かつ素知らぬ顔で機体残骸に群がる行動を行っていたのである。まさに**心が凍りつくような残忍で陰湿な行動であり**、これを命じた日航幹部の姿勢に遺族も国民も驚愕する。

このことからも日航は犠牲者の遺体に対する礼儀と尊敬を払わないだけでなく、事故責任を感じていないことが明確なのである。すなわち、日航は運輸省から、社員派遣とこの選別作戦を行う前に事故責任がないことを告げられていたことは明らかである。そうでなければかかる残酷で、非情で非常識な命令を日航が簡単に即座に要請を受けて実行することは、いくら心の伴わない日航といっても了解出来ないはずである。

日航はこの運輸省からの派遣要請と選別作業の事実を文書で認めている。

◆「事故現場には運輸省航空機事故調査委員会からの要請に基づき、14日午前から機体残骸などの確認のため、数十名の社員を派遣しました。当時、現地においては、そのつど指定された者だけが警察の警戒線から中に入り、事故調から指示された作業のみを行い、指定された作業以外の行動や振る舞いはいっさい許されないという状況でした」

（2014年6月19日・権藤信武喜日航常務執行役員・安全運航担当）

しかし、後日、日航に対して「事故調から指示された作業」とは何かと聞いたところ、日航は「非公開」「極秘」として回答を拒否している。旅客機墜落現場で不審な動きをしている人間がいたら、疑われて当然のことであり、きわめて奇妙で不可解で理解できない行動である。

いずれにしても日航の技術者や整備士らが墜落残骸の確認作業をしていることを日航も認めており、それは「事故機の残骸の部品の名称を確認して荷札に

記入した」ことを意味している。ということは、彼らは日航機の残骸と異なるものは分からないので、それらを別に集積して荷札を付けなかったのだ。

　つまり、墜落現場には事故機の残骸とは異なる残骸が存在していたことは事実なのであり、吉原氏が見た写真の機動隊員らは日航の技術者が分別したそれらの残骸を極秘裏に運んで回収していたのである。

　この行動からも、事故原因は「圧力隔壁破壊説」でなく「外部破壊説（無人標的機衝突説）」であることが証明されたと言えるのである。すなわち、事故直後に日航は運輸省から連絡を受けて、「自衛隊の無人標的機が日航機の垂直尾翼を破壊した」「日航機ミサイルで撃墜された」ことを知っていたことが証明されたのである。

産経新聞がスクープした自衛隊ヘリが吊り上げたオレンジ色の残骸

　事故直後の８月14日、産経新聞記者が墜落場所での取材中、自衛隊ヘリがオレンジ色の残骸を吊り上げている瞬間を写真撮影して本社に送り、スクープ記事にした。この事態は運輸省が知るところとなり、急遽産経新聞に圧力をかけて事態の隠滅を図った。当時の鹿内春雄会長は社員に「事故現場でのオレンジ色の残骸吊り上げ写真報道はなかったものとする」と宣言し、社員に厳重な箝口令を命じた。

　この事実から、自衛隊は墜落現場から最初に重要証拠品である「自衛隊の演習用機材＝無人標的機」の残骸をヘリで吊り上げて回収していたことが分かる。前項での吉原公一郎氏の目撃情報をさらに補完するもので、墜落現場では次のことが行われていたことが認められる。

①日航技術者の機体残骸の分別選別行動
②吉原氏による「オレンジ色の自衛隊残骸回収作業」の目撃証言
③産経新聞記者による「ヘリによるオレンジ色残骸の吊り上げ」作業の目撃撮影、報道

　この３つの事象は見事に繋がっており、重要な事故証拠残骸の隠蔽行為を証明する事態である。すなわち、墜落現場には日航機の残骸以外のオレンジ色の残骸が存在し、それを自衛隊が吊り上げて秘密裏に回収し、運輸省が報道マス

第４章　欺瞞の事故調査と嘘の事故報告書の捏造

コミと日航に圧力をかけて隠蔽したことを示唆している。

　この箝口令は、アントヌッチ中尉らの生存者救出活動に関する横田基地司令官への箝口令要請とまったく同じパターンである。

　そして、この箝口令は自衛隊、日航、群馬県警などに徹底されたことは容易に推察出来る。もちろん、30年後の今もなおこの箝口令は厳守されているのである。

日航機尾翼部に衝突した自衛隊無人標的機について

　それでは、日航機の垂直尾翼部分に外部から破壊をもたらした自衛隊の無人標的機について詳しく説明する。

　無人標的機は前述したように遠隔操作で操縦され、高度10,000メートルまで飛翔でき、航空機と同じく音速に近い速さで飛行することが可能である。当時、自衛隊で使われていた無人標的機には2種類（ファイアービーとチャカⅡ）があり、どちらも赤みがかったオレンジ色で塗装されている。

　ここで、無人標的機2種についてその詳細を記載する。

▶ファイアービー（FIREBEE）
　仕　　様：全長7メートル×全幅3.9メートル
　重　　量：690〜1,000キログラム　最大速度：マッハ0.95
　上昇限度：15,000メートル　航続距離：1,000キロメートル
　製造会社：テレダイン・ライアン社（米国）　ライセンス生産：富士重工

▶チャカ2（CHUKAR II）
　仕　　様：全長3.8メートル×全幅1.7メートル
　最大速度：マッハ0.79　上昇限度：13,700メートル
　航続距離：600キロメートル
　製造会社：ノースロップ社（米国）　ライセンス生産：日本電気

　日航機事故当日の8月12日、伊豆半島の南西約100キロメートルの遠州灘沖にある航空自衛隊の訓練空域「R144」内で、ファイアービーを使用して空対空のミサイルの訓練を行っていたことが判明している。

その訓練の際、飛行管制システムの故障か何らかの不調によってこのファイアービーが迷走飛行し、相模湾の方向に飛行した可能性が高いのである。
　その後、ファイアービーが日航機123便に激突して垂直尾翼を吹き飛ばし、その衝撃力で圧力隔壁部に亀裂を発生させたに違いない。その亀裂から機内空気が瞬間的に漏れたことで、機内に一瞬の減圧を生じさせたのである。
　墜落現場での「吉原氏による目撃証言」と「日航幹部が技術部隊派遣と機体残骸の確認作業を認めた」ことと、産経記者による「ヘリによるオレンジ色残骸の吊り上げ」作業の目撃撮影、報道から、自衛隊無人標的機の衝突事故はかなりの確率で間違いないことが考えられる。
　自衛隊は軍事機密との言い訳で簡単には真実を明らかにしないだろうが、乗客乗員520名もの死傷事件となれば、それは完全に警察による捜査に移行して真実を明らかにするのが法的規約であり、それこそが「正義」である。
　政府や日航が口を揃える「機密保持」との言い訳とは次元が違う事態であり、無人標的機が日航機事故の原因であることは確信を持って言えるのである。
　ただし、「無人標的機衝突説」に対し、自衛隊は、無人標的機には訓練支援艦が必要であり、事故当時、支援艦「あずま」は、広島県呉港に係留されており、指摘は間違いだと自衛隊は否定している。しかし、標的機発射装置は簡単に取り付け可能であり、未納入艦「まつゆき」に設置し、実験発射した可能性が高い。
　しかし、自衛隊が日航機を破壊して、その後も加害行為を行いその機密を隠蔽しようとした背景を考えると、自衛隊の関与は間違いのないことで、さらに、機密度の高い秘密機材の可能性も見えてくる。
　それは、前述したように巡航ミサイル「SSM－1」のプロトタイプ、すなわち爆薬を搭載しない演習用ミサイルではないかと考えられる。SSM－1は地上、航空機両方から発射できて、空中では電子戦訓練機EC－1、海上では護衛艦「まつゆき」がコントロールする。
　このSSM－1の可能性としては、事故直後、日航役員が「日航機は北朝鮮のミサイルによって撃ち落とされたんだ」と叫んだ告白内容と一致するのである。もちろん、そこに箝口令が敷かれていたのは言うまでもない。

標的機の衝突と雫石衝突事故との対比、落合証言との整合性

　絵空事のように思える自衛隊標的機と航空機の衝突事故だが、実はそう非現実的な出来事ではない。その意味で、自衛隊機が尾翼に衝突して墜落し、162名全員が死亡した全日空機雫石衝突事故と日航機事故の諸元事象を比較してみる。

	全日空機雫石衝突事故	日航機123便墜落事故
旅客機	B－727－281	B－747－SR－100 （貨物機仕様）
機長×幅（m）	46×32	70.5×59.6
離陸重量（kg）	95,000	412.8トン
エンジンメーカー	プラット＆ホイットニー	GE
エンジン型式	JT8D×3	CF6－80C×4
基数×場所	3基（T字形尾翼）	4基（主翼部）
エンジン出力（LB）	12,300～17,000	53,000～63,000
客席数	180	550
衝突高度（m）	8,500	7,200
衝突機体	戦闘機F－86F	無人標的機
衝突機体重量（kg）	6,300	690～1,000
激突後の機体状況	エンジン3基全壊 尾翼部全壊	垂直尾翼とAPU全壊
操縦機能	操縦不可。墜落	手動操縦で飛行可

　こうした比較表からも機体重量、エンジン推力、エンジン基数とその設置場所、衝突物体重量などに大きな差が存在している。
①機体の大きさ、機体重量、離陸重量：日航機は約4倍の大きさ
②エンジン出力：日航機は約5倍の大きさ
④衝突機体重量：戦闘機は日航機の標的機の10倍の大きさ
⑤衝突した場所：日航機は垂直尾翼。一方、全日空機はT字形尾翼部で、エンジン3基がすべて装着された場所

　以上のことから衝突時の衝撃力の差が歴然としており、破壊の大きさに反映されている。つまり、全日空機事故では旅客機は小さくて衝突した戦闘機は大きい（標的機の約10倍）。一方で日航機事故では航空機の離陸重量は全日空機

の4倍である。

　逆に衝突した標的機の重量は小さく、かつエンジン部に関係ない広く頑丈な垂直尾翼部に衝突したため、日航機を墜落させるほどではなかった。かつ全日空機のエンジン3基はT字形尾翼の垂直尾翼に集中して付いていて、戦闘機は尾翼部に衝突している。エンジン3基は全壊の状況で、推力、揚力を喪失して金属の塊になって急降下し、音速を超えて地面に激突して全員粉砕され、悲惨な死亡を遂げたのである。

　一方、日航機は尾翼部がほぼ全壊であるが、機体は貨物機仕様で頑丈で、水平尾翼も健在であり、健全な主翼と強力なエンジン4基で強力な推力、揚力を維持し、フラップも作動出来た。たとえ油圧機能が働かなくてもエンジン推力の微調整で旋回出来て、機長の思い通りに飛行出来たのである。

　かつ衝突した無人標的機の重量は最大1トン程度で、日航機の機体全重量は約250トンである。なおかつ広く頑丈な垂直尾翼部に衝突しているため、尾翼部だけの限定的な損傷で済んだ。

　尾翼部重量は離陸時の機体重量の2パーセント程度と小さく、日航機の損傷度が小さかったことから飛行能力へ影響度も小さかったと思われる。操縦、飛行共に出来て機体を墜落させるほどの破壊力ではなかったのである。

　しかも、B－747のエンジン1基だけでB－727－281の3基のエンジン出力より大きく、B－747－SR－100は3基のエンジンが停止しても1基だけで飛行出来ると言われるほど、強力なのである。

　結論として、日航機事故では尾翼部を喪失したが、強力なエンジン4基と広大な主翼面積510平方メートルの揚力と安定性で十分飛行出来たのである。

　日航機の垂直尾翼部に自衛隊標的機が衝突した時、圧力隔壁の枠に応力が集中して、圧力隔壁のどこかに亀裂が生じたのである。その小さな亀裂により、機内に一瞬気圧の変化が起きて、白い霧状の「もや」が発生したのである。

　しかし、この亀裂は小さく、少しずつ空気が流出したと考えられる。この程度の空気量は強力なエンジンからの与圧により補充されたのである。

　後部座席に座っていた落合さんは、尾翼の破壊音に続くこの機内の状況を経験豊富な客室乗務員として冷静に、かつ正確に観察しており、彼女の証言内容とこれらの事象は完全に合致している。

事故の8年後に出版された角田四郎著『疑惑』が導き出した結論

　事故から8年後の1993年12月28日、精力的かつ慎重に調査を行ってきた角田四郎氏は驚愕の結論を発表している。それから約20年経って、私はようやくほぼ同じ結論に達した。角田氏の先見性と洞察力に敬意を表する。ここに、その内容のポイントを掲載する。

◆「日航123便、JA8119号機は相模湾上で、試運転中の未納入護衛艦艇のさまざまなテストのために飛ばされていた自衛隊の標的機が衝突。垂直尾翼に重大な損傷を受け、風圧またはフラッター現象同様の作用が発生し、垂直尾翼は一瞬にして、後方へ大きく倒壊した。この時、垂直尾翼の胴体取り付け部の前方において機体を上方に引き千切る力が働き、後方において、下方に押しつぶす力が働いたものと推定できる。
　これにより、前方取り付け部胴体構造物であるT字柱を破断し、さらに、その直下に取り付けられている与圧隔壁上部周縁部を引きちぎった。後方では垂直尾翼に押しつぶされたテールコーン（尾部）全体が大きく破壊され、APUともども海中に落下したのである。同時に、胴体後部で集結している油圧パイプの4本をすべて破断し、垂直安定板および方向舵の損失に加え、ほとんどの油圧での操縦機能を失ったのである。
　操縦者は事前に飛行物体の接近を知ったが、あまりの小ささに、その特定や高度、飛行コースの判断に手間取り、回避することはできなかった。客室内では隔壁周縁部で起こった亀裂破損により小規模な減圧が発生したが、それ自体は人体に大きな影響を及ぼさず、尾翼倒壊の終焉と共に胴体のひずみは原形に戻り、隔壁の破断部もごく細い隙間のみで、与圧空気の漏れはごくわずかとなった。このため、4つのエンジンから送り込まれる与圧酸素系はかなりしっかり客室内を与圧し、低酸素状態に至らなかったのである。
　ただし、衝撃により酸素マスクが落下したため、客室乗員の指示によって、これを着用した。しかし、操縦室ではこの少しの減圧は感知されず、マスクを使用しないまま正常な身体で事に対処し続けることができた。その後、いわゆるダッチロールによる機体のねじれが大きく、隔壁の破断部も口を開いたり閉じたりを繰り返し、その周期で減圧と加圧を繰り返しながら、徐々に与圧度は減少していったのである。

また、破断面も少しずつ成長し、開口部の隙間も少しずつ大きくなった。しかし、この頃には高度も下がり始めて低酸素症を呈する乗客はほとんどいなかったと推定できるのである。その後、自衛隊戦闘機２機の誘導を受けながら、米軍横田基地への着陸指示に従い、八王子インターチェンジ方向からの南アプローチへ向かっていた。しかし、なぜか横田基地緊急着陸の方針は変更され、五日市町（現あきる野市）東方上空で、左旋回を命じられる。この時、日航機はぐんぐん高度を下げ、横田基地へわずか10キロメートル足らずの地点にあった。

　横田基地は他の米軍機の離着陸を中断し、消火隊、救難隊をスタンバイさせて緊急態勢を整えていた。横田基地内にはかつてベトナムで傷付いた兵士を収容した大病院があり、その軍医スタッフもスタンバイしていたと米軍の友人から聞かされて唇を噛んで悔しがったものである。

　自衛隊は民家の少ない北からのアプローチを指示し、日航機は一転して北西へ進み、さらに高度を下げ、山（おそらく御岳山）へ衝突しそうになり、必死で回避し、スピードを上げて横田から遠ざかった。このあたりから自衛隊機の誘導が減り、ACC（東京航空交通管制部）との交信に再び応じ始めた。山への急接近で横田基地北アプローチコースへのオンに失敗し、そのまま北西に向かい、三国山を越えたあたりで川上村への不時着を決めループ飛行降下を試みたが、再び、横田基地を目指すため、急旋回して、東南へコースの変更を試みたが、何らかの理由で右旋回に転じた。

　機首を北に向け、川上村から南相木村に入った頃、何故か右エンジンが火を噴き、大きく右に傾いた。機首を北東から東に向けて弧を描いて落下、さらに、南そして西に機首を向けた時、一本から松に右主翼のエンジンで接触、続けてU字溝を作った峰に激しく接触し、機体を二分しながら最終激突地点へ突っ込んだのである」

◆「そして、12日夜から13日朝にかけて、特捜部隊（自衛隊特殊部隊）が現地に入り、機動隊や日航の整備員服でカモフラージュして朝までに回収物をヘリコプターに吊り上げたのである。この間、民間人の目を北相木村の御座山方向に引きつける工作がなされたと推測した」

（角田四郎著『疑惑』早稲田出版）

　——角田氏はこうした結論を出すにあたって、「検証を進めれば進めるほど

事故調の『航空事故調査報告書』から遠ざかり、また、報告書を否定する材料ばかり出てくる」ことに苦悩したという。

第1章の冒頭にも書いたように、日航機墜落事故は単なる「事故」ではないのだ。明らかに「事件」と呼ばれるべき要素を内包しているのである。事件である以上、そこには「犯人」が潜んでいる。

角田氏は、「ボーイング社、日本航空、運輸省航空局が少しずつ罪を犯しており、それゆえに520名を殺した大罪を問うことが出来ないなどという理屈が、どこの法治国家に通用するであろうか」と締めくくっている。

角田氏は後に公表されたアントヌッチ中尉の救出活動と日本側からの救助中止と撤退、箝口令徹底要請などの事実関係を知らずにかかる結論に達しており、「自衛隊・政府関与の事件」と核心を突いた結論には敬服するしかない。

遺族と国民はかかる提案に耳を傾けることなく、傍観した経緯に深く反省を行わねばならないのである。

この角田氏が提案した「日航機事故の疑惑」は21年後の「仮説X」の源流であり、科学的、かつ論理的な調査と検証、目撃証言や生還者証言を組み合わせ、真摯に検証し、考察すれば同じ結論が導き出されることを示している。

その意味からも事故調が出した調査結果「圧力隔壁破壊説」は権力者と国の決めた結論が成立するように事実や目撃証言などを無視し、非科学的、非論理的な思考により辻褄が合わず、事象を説明出来ない暴論である。自衛隊・政府は520名が死亡した事件の調査報告書を公然と捏造したのである。

さまざまな事象の解析から導き出される推論と「仮説X」

私は相当な確信を持って事故原因「仮説X」を提起した。

理工系の学部を卒業し、長年研究者、技術者として技術的業務や製造現場管理に従事してきた私は、事象を原理原則から観察し、科学的、かつ論理的な思考と推論で解析して結論を得る習慣を培ってきたと思っている。

日航機事故においても、「仮説X」に至る推論過程はまったく同じであり、まずは対象である航空機の航空技術や操縦技術、運航関連知識、人間工学、組織（自衛隊、警察、公務員、大臣、国の行政システム、運輸省、事故調、法律など）、人命救助レスキューの詳細などの知識が不可欠である。

そして、日航機事故で発生した事象を当てはめて比較することでその瑕疵や

乖離する点、不可思議な点を抽出するのである。このプロセスが推論に至る考察過程であり、非常に重要である。そして、この集約した可能性の高い推測を「仮説」と命名したのである。

　すなわち、物事や人間の思考、行動の原理原則を知ることが大事であり、発生した事象を科学的、技術的、論理的なプロセスで検証して推測を行い、事故原因として一番可能性の高い推論を「仮説」として提起し検証するのである。

　そして、発生した事故事象が「仮説」で合理的、科学的に説明出来るか解析、検証する。その際、科学的、論理的、経験的に事象が説明不可の場合はその仮説を「没」として次の仮説に移る。こうしたプロセスで調査し、解析し、検証しない限り、事故原因は解明されないことは歴然とした原理原則である。

　この手順は研究開発、あるいは警察の捜査などでも広く行われるもので、高い視聴率を誇ったアメリカの人気テレビドラマ「刑事コロンボ」も実はそうした手順でドラマが展開され、犯人が突き止められていく。「刑事コロンボ」の骨子はさえない刑事のコロンボが事故、あるいは自殺と思われる死亡事故が実は殺人事件であったことを知らしめるというストーリーで、その捜査手法とプロセスをじっくりと描いたものである。

　コロンボ刑事は事故の現場調査におけるわずかな瑕疵や疑惑事象を物事の原理原則との乖離から推測し、判断し、科学的、技術的、論理的、人間工学的な捜査思考に基づいて検証し、隠された動機と事件の真実と真相を暴き出す。

　私が辿ったのも同じ経路で、単に机に座って推測したのでなく、発生現場や目撃証言の現場、対象物（航空機、事故残骸、航空工学的知識など）を確認し、加害者の日航や運輸省関係者、有識者に面談してきた。

　そして、有識者の著書を丹念に熟読し、さらに事故調査報告書を検証して、なおかつ事故事象を墜落までだけでなく、その後の救助関連事象、事故調の調査方法、情報操作プロセス、矛盾する事故報告書、運輸省の事故資料廃棄事件など全体を鳥瞰し、事態を分けて検証し、考察し、さらに過去の航空機事故の内容を調査、および考察してみた。

　その結果、事故調が出した結論の対案として、かつ最も事故原因に近い「仮説X」を結論として提起するものである。

　その過程では、過去に起きた航空機事故の報告書と実際の映像、NTSBの事故調査の進め方と過去の事故原因なども非常に参考になるし、重要なヒントを得ている。いかなる航空機事故・事件においてもその目撃証言や生還した乗客

体験証言の価値は高く信憑性があり、事故原因の究明でこれを無視することは絶対に許されないことである。

幾多の事故調査のプロセスを見る時、かかる法則と原則に従って進められていることは現実であり、NTSBの手法もまったく同じであり、それ以外はあり得ないのである。

今回の事故原因「仮説X」への帰結はかかる推論過程から引き出されたもので、通常の事故原因の著作では書かれていない内容までも敢えて相当に詳しく記載したものである。なかには重複した箇所もあるが、お許しを頂きたい。

日航機事故の報告書では、事故調は「報告書以外はすべて国家機密」であるとして開示を拒否。しかも、事故直後に日航の技術者を極秘裏に墜落場所に呼び寄せて機体残骸の識別分別作業を「指定業務」として実行させている。

さらに、墜落までの間に落下した重要部品である垂直尾翼とAPU、および右第4エンジンなどは事故原因と密接な関係を持つ証拠品にもかかわらず、回収し、組み立て、復元して検証する手順を意図的に無視している。

かかる手順を無視して、運輸省と政府はいきなり「圧力隔壁破壊」なる愚説を提起し、国民に対して情報操作して国民を騙してきたのである。奇跡の生還者・落合由美さんの「急減圧はなかった」との体験証言を無視して、「破壊による大量の空気流出により、巨大で頑丈な尾翼とAPUを吹き飛ばした」「ものすごい急減圧が生じた」と屁理屈を並べ立てた。

まさしく滑稽な非科学的なフィクションでしかない。死の崖っぷちに直面し、なお冷静に事象を観察した落合さんの証言内容に嘘偽りがあるはずがない。これを無視して反対の事象と原因を捏造する事故調の姿勢には殺された520名の犠牲者への責任を全うしようとの決意も覚悟も見ることは出来ない。

事故機は尾翼を失いながら32分間も飛行したが、その航跡やボイスレコーダーとフライトレコーダー、目撃証言の調査、検証もせずにただ操縦不能で墜落炎上したとしか説明しない事故調の態度から、事故調には事故調査の基本的能力がなく、その資格もないことは明らかである。

生存者の「救助遅れ」は物理的で不可能な障害による事象を意味するが、今回の日航機事故では人為的、かつ意図的な不作為による放棄であり、これは「見殺し事件」であり、れっきとした犯罪である。

「人命最優先。1秒でも早く駆け付け、救助する」との重傷者の人命救助やレスキューの原則からは考えられない事態で、世界から嘲笑を受けている。まし

てやアントヌッチ中尉らの決死の救助活動を中止させ、撤退を要求し、その事実を米軍に「口止め」する事態に至って、もはや日本の政府、自衛隊は自国の国民の命を守るどころか、国民を「自己保身」と「責任回避」のために殺害するに等しい行為なのである。

そして極めつけともいえる事故資料を廃棄する行為は、行政が実施内容を記録し、後世にも残すとの原則を破壊する非常識な日本の行政体質によるものであり、世界の顰蹙を買う暴挙である。

以上の事態から、事はもはや事故調査のレベルを超えた問題であり、もはや日航機事故は完全に「日航機撃墜事件」と言っても過言ではないのである。事故調や運輸省、政府、自衛隊は必死に何か重大なことを隠蔽していることを示唆しているといえる。

国民と報道関係者はかかる事態について真摯に考えれば、いや少し冷静に考えれば、いかに国と自衛隊の言動が暴挙であるか分かるはずである。報道機関は真実を追求し、真相を報道するのが使命であるはずである。

真実を知ること、真相を明らかにすること、それこそが「正義」であり、人間としての信義であり、それは日本国憲法でも保証されている。行政機関が犯した重大な「あやまち」を指摘し、修正するために報道機関や司法機関、警察機関の奮起を願うものである。

5 軍隊の総合戦力は戦闘力と戦意と謀略作戦から成る

謀略こそ軍隊に不可欠な要素であり、得意とする作戦である

事故調が主張する「圧力隔壁破壊説」が事故の端緒でもなく、事故原因でないことは証明した。そして、別の原因としての「仮説X」を導き出した。「仮説X」とは外部から強力な物体が尾翼に衝突して破壊したとする説であり、それこそが「外部破壊説（無人標的機衝突説）」である。

日航機123便に自衛隊の無人標的機が激突して垂直尾翼を破壊した事態の隠蔽のために、自衛隊は壮大な証拠隠蔽謀略作戦を遂行したのである。

8月12日の18時24分に飛行物体が日航機に衝突して大きな衝撃音と共に垂直尾翼とAPUが破壊されたことは紛れもない事実であると断言できる。この「無人標的機衝突説」は「仮説X」における事故原因であり、「仮説X」の根幹

をなす部分ではあるものの、それが全てというわけではない。そこに「仮説X」の恐ろしい真実がある。

日航機事故が起きた原因は、空中を高速で飛行して来た自衛隊の無人標的機が日航機の垂直尾翼に衝突したことである。まず、「仮説X」における事故原因は「無人標的機衝突説」であり、ボイスレコーダーの記録、落合由美さんの体験証言、朝日新聞の報道などからそれは真実と断言して間違いない。この「無人標的機衝突説」が正しいであろうことは、墜落事故の後、救助活動における自衛隊の奇怪な行動からも推測できる。

無人標的機が日航機に激突した時点で、自衛隊幹部は事態の重大さに驚愕し、1971年7月の全日空機雫石衝突事故の事例を思い起こして自衛隊関与の事態の完全隠蔽方針を決定し、実施実行したに違いない。

この結論は陸、海、空の自衛隊幕僚長が決断したはずだが、文民統制組織規定の背広組である防衛庁長官、そして、最高指揮監督権者である総理大臣が最終的に承認しなければ実行出来ないことは明らかである。

その点で、この完全隠蔽謀略作戦は以下の3つの事項から成り立っている。

①無人標的機、ミサイルの残骸の回収、隠蔽

実施担当部署：航空自衛隊、陸上自衛隊
協力者：日本航空

御巣鷹山付近で自衛隊機は事故機をミサイルで撃墜しており、無人標的機の残骸のほか、ミサイルの残骸やエンジンなどに付着したミサイルの破片、火薬などの証拠残骸の回収と隠滅が行われたはずである。

②「乗客乗員全員死亡」作戦の遂行

実施担当部署：航空自衛隊、陸上自衛隊
協力者：群馬県警

自衛隊が日航機事故に関与したという事態を察知、認識して知っている全員の目撃証言をなくすため、「乗客乗員全員死亡」で終わらせる作戦計画の立案、実行。救助活動開始を遅らせて、生存者救出活動の妨害をした。

③事故調査での事故原因の捏造

実施担当部署：運輸省、事故調査委員会事務局
宣伝担当：日本航空（代理加害者）
　自衛隊関与の事態を隠蔽するために目撃証言を無視して非科学的、非論理的な調査思考を進め、嘘の事故原因を捏造した。

　この３点以前に事件の端緒となった日航機への標的機衝突事態の責任部署は海上自衛隊であることは間違いない。各事象については記述した通りであり、こうして壮大な作戦が完全に実行されたが、思わぬところで破綻が生じた。
　自衛隊は「乗客乗員全員死亡」を図るべくミサイルで撃墜したにもかかわらず数十名が生存していて、続いて自衛隊特殊部隊を極秘裏に派遣して更なる「乗客乗員全員死亡」を図ったが、最終的に４名が奇跡的に生き延び、救助されたのである。
　恐らく全員が死亡していれば落合さんらの体験証言はなく、また、アントヌッチ中尉の救助活動の衝撃的な告白もなく、全日空機雫石衝突事故と同じくうやむやにされて自衛隊・政府の思い通りの結果に繋がったはずである。
　特に落合さんの沈着冷静で正確な目撃証言は、事故調の急減圧と隔壁破壊の仮説の成立を阻んだのである。
　落合さんら４名が奇跡的に救助されたのは、高濱機長らの勇敢で優秀な操縦技術により地面への激突を回避し水平飛行に回復させた英雄的行為によるものである。事故機を手動操縦して横田基地への着陸が出来るように飛行機能を回復し、乗客に生存への希望を与えたことは絶賛に値する英雄的行為であった。
　その結果、４名の尊い命を助け、また日航機事故の真実と真相への糸口を与えた功績はまさに勇敢さ、豪胆さとパイロット魂の賜物である。卓越した操縦技術と人間愛に基づく高濱機長ら操縦クルーの奮闘に対して、520名の犠牲者に代わり、また遺族として、<u>彼らの英雄的行動に敬意と感謝を捧げる</u>ものである。
　日本政府に少しでも良心が残されているなら、2015年に迫った上野村での事故後30周年慰霊式典の節目に、時の政権は事故の真実と真相を明らかにし、説明し、高濱機長ら操縦クルーを表彰し、最高の勲章を授与すべきであり、そのことを請願するものである。

代理加害者である日航の謀略作戦への協力と実行

　以上のように、日航機事故は圧力隔壁の破壊が原因ではないと判明した。
　したがって日航に加害者責任はないはずだが、何故か「日航は加害者だ」と認め、責任を取って対処したのである。事故調の「航空事故調査報告書」以降、日航は何故か事件の責任を取り、「慰霊の園」設立に金銭を提供して実質的な運営に尽力し、「安全啓発センター」を設立して自ら事故調の「偽りの結論」を広く国民に宣伝し、国民を騙し、広告宣伝塔の役割を積極的に果たしている。
　毎年、慰霊式典には日航役員らが多数出席している。表面的には犠牲者や遺族への対応は慎ましく謙虚な姿勢であるが、それでもなお日航は加害者でなく「代理加害者」であるという図太い姿勢を隠そうとしない。
　たとえば、日航に事故原因を尋ねても、自ら社内に事故調査委員会を発足させて調査を行ったにもかかわらず、まるでオウム返しのように事故調の結論と同じ答えを表明するという徹底ぶりである。それは事故調と一心同体に感じるほど足並みを揃えており、実に不可思議である。
　事故発生後の日航の言動をよく観察すると、日航は「真の事故原因」を熟知しており、同時に自衛隊関与の事態の隠蔽に協力していることが歴然としている。時系列的にその言動を具体的に述べる。

① 8月12日20：00頃

　日航「先遣隊」第1陣（技術者、整備士ら）数十名が長野県小梅御座山へ向けて車で急遽出発。13日午前1時35分に南牧村に車で着くにはこの時間帯に出発しなければならない。
　この第1陣の件で、日航に「誰の命令、指示で行動したのか？」との問い合わせたところ、日航は「事故調からの要請で、残骸の選別だ」と回答した。
　また「派遣構成人員、目的、行動内容など」に関する問い合わせには、「現地派遣団の行動に関しても非公開としております」と回答。さらに、日航は「御巣鷹山事故に関する社内の各種記録は、社外へはすべて非公開としております」と釘を刺している。その対応は、常識では考えられない異常さである。

②8月12日22：00頃

　日航役員が羽田ホテルで乗客家族（後の遺族）に「日航機はミサイルで撃ち落とされた」と告白証言している。

③8月13日1：00頃

　乗客家族数十名がバスで小梅に向けて出発。
「墜落場所も不明の段階で、なぜ拙速に家族を小梅に出発させたのか」といった質問に対し、日航は「一刻も早くご家族の方々を事故現場にお連れすることが先決だと考えた」と非論理的、矛盾の回答をした。

④8月13日1：35頃

　日航「先遣隊」の第1陣が南牧村に到着。北相木村に向かう。これは公式記録で日航も認めている。

⑤8月13日14：00頃

　日航が手配した霊柩車70台、棺桶800個が群馬県藤岡市に到着。
　霊柩車と棺桶の数から考えても12日中に手配しなければ到着できないことは明らかである。日航は12日夜の早い段階で墜落場所だけでなく、「乗員乗客全員死亡」となることを知っていたという証拠である。公式には墜落場所は13日の早朝5時に上野村御巣鷹山と特定された。

⑥8月14日

　日航「先遣隊」第1陣の現地での作業内容に関しては、前述したように「運輸省事故調査委員会からの要請で数十名の社員を派遣し、事故調から指定された作業のみ（残骸の選別）を行った」と回答している。

⑦8月14日10：00頃

　救出から20時間後、瀕死の状態の落合由美さんを日航役員2名が見舞いと称して強引に面談して事情聴取を行い、機内での急減圧について誘導質問を行った。日航は誰かの要請で落合さんに機内の状況を聴取し、急減圧についての感度を把握しようとしたのである。

第4章　欺瞞の事故調査と嘘の事故報告書の捏造

以上の7点からも日航の疑惑は増すばかりであるが、特に技術者数十名の現地派遣には首をかしげざるを得ない。日航機が墜落した時に急がれるのは生存者の救出である。救出に駆け付けるのは墜落場所近くの警察と住民有志であり、山岳地帯では消防団と猟友会が地の利を知っており、率先して出動する。
　距離的にも墜落場所から数百キロも離れた東京羽田から日航が社員を急遽派遣する必要はまったくないし、日航は事故機の運行会社として事故責任の嫌疑を一番受ける立場にあり、技術者を急遽派遣する立場にない。
　しかるに日航は事故発生直後の12日20時頃に急遽技術部隊を派遣し、<u>自衛隊残骸の選別分離と回収作業を行い、隠蔽作戦に協力しているのである</u>。

遺体収容現場での代理加害者・日航の不適切で不謹慎な言動

　日航は墜落事故の状況はまったく知り得ない立場にあり、さらに詳しい状況が不明の段階で自ら行動を起こすような会社でないのである。
　日航の長野県御座山への技術社員派遣の理由が生存者救出のためではないことは明らかであり、「事故原因に関係する機体残骸の確認のため」といった派遣理由は極めて奇妙なことで、理解できることではない。これは重大な疑惑である。
　事故原因に関する調査は事故調の範疇であり、それは死亡犠牲者の遺体が全部収容回収されてから行うのが原則である。
　ならば、何故日航はそんなに急いで現地に社員を派遣したのか？
　しかも、遺体の収容が行われている最中に加害会社の人間が素知らぬ顔で平然と機体の確認作業に従事している事態など人道的に許されるものではなく、まさしく証拠隠滅行為と取られても仕方のない状況であることから、社会的にもこのような蛮行を行うことはきわめて不適切、不謹慎なことである。
　日航が要請された事故残骸の確認とは、日航機の機体材質と自衛隊の無人標的機材質、あるいはミサイル材質の判別選別をすることである。そのためにB-747の機体材質を熟知した技術者による判別が不可欠だった。
　事故後、マスコミなどの取材により機体の残骸以外に無人標的機、あるいはミサイルの残骸が明らかになると大問題となり、自衛隊の事故への関与が浮かび上がり、当初の目的である自衛隊関与の隠蔽作戦が達成できなくなる。
　したがって遺体収容の混乱に紛れて出来るだけ早く、無人標的機、ミサイル

の残骸を分別して極秘裏に回収しようとしたのである。しかし、陸上自衛隊員は無人標的機の残骸やミサイル材質そのものには詳しくなく、分別作業を指示できないし、また、そのような命令は秘密を暴露するのと同じであるから表明できないのである。

　その点、日航の技術陣はＢ－747の機体を熟知しており、その名称と部品名を荷札に記入し、日航機の残骸と違うものは分別してこれを不明備品として仕分けし、自衛隊員が極秘裏に回収し、処理したのである。

　つまり、日航は事故調に協力して「嘘」の圧力隔壁破壊説の証明、確立を図っただけでなく、「共犯者」と呼ばれても仕方のない言動をしたのである。

　そして、事故調の「嘘の結論」＝「仮説Ａ」に従い、日航は代理の加害者として認定され、その役割を引き受けたのである。遺族に対してはボーイング社と共に代理加害者として振る舞い、慰霊式典には加害者として出席して謙虚に反省した振る舞いで対応している。そして、「安全啓発センター」に事故残骸を陳列し、嘘の事故原因を記述し、国民に嘘の原因を報道している。

　それは乗客犠牲者への背徳行為であり、遺族に対しても平気で嘘を言い、誠意のない言葉を投げかけて顰蹙を買っているのである。

垂直尾翼破壊事故と自衛隊関与事態の完全隠蔽方針の決定経過

　もう一度、日航機123便に無人標的機が衝突した経緯を振り返ってみる。

　自衛隊は実験演習中の標的機が18：24：35に日航機の垂直尾翼に衝突したことを即時に察知した。自衛隊幹部まですぐに報告がいき、幹部らは大騒ぎとなったはずである。自衛隊戦闘機が緊急出動して日航事故機の様子を観察した結果、垂直尾翼とAPUを失い、フゴイド運動とダッチロールする不安定な飛行を見て、これは間もなく墜落すると驚愕して幹部に報告した。

　この重大事態の報告を受けて、自衛隊幹部はさらにその後の事故機の様子を注意深く観察することを指示した。

　何度も繰り返すが、この時、自衛隊幹部の頭に浮かんだのは「全日空機雫石衝突事故」であったに違いない。あの事故では衝突された全日空機は急降下して空中分解を起こし、乗客乗員162名全員が悲惨な最期を遂げた。しかし、政府は最後まで一方的な事故調査を行い、自衛隊本体の責任を回避したのである。自衛隊には極度の隠蔽体質があり、自衛隊幹部は事故機が墜落して全員が

死亡すれば事故の真実を葬り去れると考えたと思われる。きわめて緊急を要する事態であり、自衛隊としては絶対に極秘扱いにして処理することにしたのではないかと推測できる。

要するに<u>自衛隊幹部は、日航機事故に自衛隊が関与したことを徹底的に隠蔽する方針を決定した</u>と考えられるのである。

日本における軍隊と民間航空機との衝突墜落事故の例

自衛隊は日本国を守り、国民の生命と財産を守る強い戦力を有する国営の武装集団組織であり、陸海空25万人強の隊員を維持するために膨大な国民の税金（約5兆円）が毎年投入されている。

自衛隊の指揮命令者は防衛庁長官であり、最高指揮監督権者は内閣総理大臣（文民統制）となっており、行動はすべて法律「自衛隊法」に定められている。自衛隊の活動と運営の基本は命令により活動するもので、隊員は命令に絶対服従が原則であり、命令に背くと厳しい罰則が科せられる。

この「命令服従の原則」が自衛隊員を敵と戦い、敵を殺す行為を滞りなく実行させることになる。また、自衛隊員は自衛隊機密と国家機密を漏洩しないことを宣誓しており、これに違反すると処罰される。

自衛隊においては過去にそういった戦闘経験事実はないが、当然、一国の軍隊が外国の敵を殲滅し、勝利すると英雄的行為として賞賛される。が、その逆に自国の国民に加害し、死亡殺戮させるという不祥事事態を引き起こすと、国民からの強烈な批判と攻撃を受け、軍隊という組織は存亡の危機に陥る。

そのため、自衛隊が重大な不祥事、例えば国民を死亡させるような事故を引き起こすと、必死にこれを国民の目から完全に隠蔽しようとするのである。ここで一部重複するが、軍隊が絡んだ代表的な航空機事故について検証する。

▶ 日航機「もく星号」墜落事件（1952年4月9日）

羽田空港を7時40分に出発した日航の「もく星号」はわずか十数分後に行方不明になり、米軍管制は静岡県沖に不時着し全員無事であると発表した。

しかし、その後、12時間以上も消息が分からず、結局、伊豆大島の三原山の山腹に墜落し、37名全員の死亡が確認された。この事故原因は米国占領下での出来事で、米軍の管制官のミス、米空軍の攻撃による墜落などが考えられ

るが、米軍は黙秘し、真実は分かっていない。

　これは1つの**謀略**である。米軍は日航「もく星号」の墜落場所として虚偽の場所を報道し、その間に証拠品を回収した。すなわち、その真実を隠蔽するために謀略工作をしたのである（松本清張『一九五二年日航機「撃墜」事件』角川文庫）。日航機事故でもこの事件同様、違う事故墜落場所を報道し、その間に前述したような隠蔽任務を行ったのである。

▶全日空機雫石衝突事故（1971年7月30日）

　自衛隊戦闘機2機が撃墜演習中、全日空旅客機B−727の尾翼部に衝突し、破壊し全日空機は音速域を超えて、空中分解して地上に激突し、乗員乗客162名全員が死亡し、遺体はバラバラになった大惨事である。

　一方で自衛隊パイロットは脱出して無事であった。

　佐藤栄作総理（当時）は臨時の事故調を発足させ、事故調査を開始した。

　この事故は自衛隊が計画したずさんな戦闘撃墜訓練計画によるもので、自衛隊側に全面的に責任があるが、奇妙なことにパイロットの「見張り義務違反」としてパイロットだけを有罪とし、自衛隊幹部の責任訴追は雲散霧消している。佐藤内閣は辛うじて総辞職を免れたが、国会は紛糾した。

　乗客乗員162名全員が死亡したこの事件の責任は戦闘機のパイロット2名だけに押し付けられ、結局、執行猶予処分となった。自衛隊本体の責任や佐藤総理の責任を問われることもなかった。

　ここで、この事件を改めて振り返ってみたい。

　まず、事故原因としては、自衛隊戦闘機が訓練空域を逸脱したことが挙げられる。教官機と訓練機は撃墜訓練をしていたが、教官機の全日空機の視認が遅れ、訓練機は教官機を撃墜するためにその動きを確認することに熱中するあまり、全日空機への視認が遅れたため、衝突という事態にいたった。

　教官機のパイロットは、

◆「航路を考えて飛んでいるが、上の方にジェット機、下の方にはプロペラ機が飛んでおり、いちいち考慮していては訓練にならない」

と証言している。自衛隊側は教官機と訓練機との交信、教官機と松島基地との交信記録を何故か提出せず、真の事故原因を追及できなかった。

　さらに、防衛庁は運輸省との間に結んだ「緊急発進に関する自衛隊機の航空優先権」に関する協定を極秘扱いにしたのである。法的に決定すべきことを官

庁間の闇取引で行うことによって自衛隊機を優遇して処理してきたのである。

会見では「自衛隊機が**民間機を仮想敵**として訓練している事実」が判明。

実際、自衛隊の文書には「在空のプロペラ機、民間機を敵機と見なす」と記載されている。ここで「自衛隊が民間機を仮想敵機と見做し、『標的』『敵機』として訓練している」との問題が顕在化した。

このことに関連して、教官機の隈太茂津一尉が全日空機の接近に伴って「ボギー」と叫んでいることが判明。「ボギー」という言葉は米国空軍の呼称をまねて航空自衛隊のパイロットたちが通常使っている隠語で「不明機」、あるいは「**敵機**」という意味である。このことから、訓練中に一般の航空機を文字通り「**仮想敵機**」と見立てているのは明白である。

ただし、米国空軍のパイロットの訓練と自衛隊の訓練の違いとして、米国の軍隊は絶えず外国で敵軍と戦っていることがあげられる。それだけに米国空軍では世界の警察官として常に実戦力の向上への努力がなされている。

特に1980年代はソ連との緊張感に満ちた「冷戦時代」真っただ中である。映画『トップガン』で描かれたように、優秀なパイロットを集めてその操縦技術の向上を図る試みが「スーパー・パイロット」養成で、優秀なパイロットが「トップガン」と呼ばれる教官に撃墜実戦訓練を受けるのである。

当時の戦闘機でもミサイル射撃の照準をONにすると撃墜されたと同じ事態になる。敵機の後ろから撃墜するのは比較的簡単かもしれないが、後ろからの攻撃を振り払い、逆転して後ろに回り込み、これを攻撃するのは至難の技であった。しかもこの訓練では制約条件があり、訓練域は「飛行高度に上限と下限」が決められ、「飛行面積」も決められている。この範囲を外れると、たとえ撃墜に成功しても点数はもらえない。戦闘中でも自機の位置を把握していることが必要なのだ。

これは戦闘中に相手の空域に入ると、国際法的に問題が生じるからでもある。一方、自衛隊でもこの米国のシステムを訓練に取り入れており、全日空機雫石衝突事故では教官機と訓練機も自衛隊訓練域から外れてジェットルートに入って、結局、全日空機に激突している。これは操縦技術以前の問題であって、自衛隊側の訓練計画に重大な欠陥があることを示しているのである。

さらに、映画『トップガン』でも、米軍パイロットは空中戦を行っているソ連の敵機を「ボギー」と呼んでいるが、航空自衛隊のパイロットが米国空軍を真似て「ボギー」なる言葉を使うのはまったくナンセンスである。

その訓練の本質を真似てこそ意味があるわけで、こうしたずさんな訓練計画とその実行が全日空機雫石衝突事故を引き起こし、162名の尊い命を奪ったのである。かかる重大な事故から自衛隊・政府は何の反省も教訓も感じず、自衛隊もその後の飛行訓練に生かせなかったことが日航機事故に繋がったのである。
　事故後の調査もずさんで、責任回避を図った結果、再発防止に生かせなかった。事故原因を明確にして再発防止に生かせないのならば、事故調査の原則を無視するに等しい蛮行であり、事故調査を行う資格はない。

自衛隊機と民間機のニアミスと大事故は紙一重の差で頻繁に起きている

　自衛隊・政府は真摯に全日空機事故の「真実」と「真相」を明らかにして説明し、犠牲者、遺族に詫びるべきであり、完全な再発防止策を実行に移すべきであった。これを無視したことが今回の日航機墜落事故に繋がったのであり、事故後は原因を明確にして対策徹底を図ることが重要である。
　全日空機雫石衝突事故当時、佐藤総理は次のように談話を発表した。
「このような事故を再び繰り返さないように、航空管制の根本的再検討をはじめ、安全確保のため万全を期す。この事故が自衛隊機の訓練中に発生したことに鑑み、今後、訓練の過程で国民生活に不安を与えることがないように厳に処置していく」
　この言葉を形にするため、「中央航空交通安全対策会議」を設置し、民間航空路と軍用空域の分離、特別管制空域の拡充、ICAO（国際民間航行機関）の勧告に従い雲上有視界飛行の禁止、運輸省と自衛隊の秘密協定の白紙化を決定した。
　結論として、民間航空路と軍用空域の完全分離と自衛隊に与えられていた優先権も運輸省に便宜を与えるとして民間優先にした。この内容は事故の原因は航空行政と軍用空域、およびジェットルートでの自衛隊の横暴飛行にあることを示している。

　それから十数年、意図的に醸成されたソ連脅威論を背景に進められた日米同盟化への過程で、軍用空域は3倍に近い31カ所に増え、日本列島の上空は軍用空域に覆われることになった。
　民間機はその間隙を縫って運航しているのである。このような状況ではいつ

第2の「全日空機雫石衝突事故」が起こっても不思議でないと言われていたが、それが現実になったのが日航機事故なのである。
　事実、ニアミス事件を検証すれば、その危険性は明らかである。
　ここで1981年下半期から1982年に北海道・東北空域で発生したニアミス事件までを下記に示す。

1981.7.4	秋田	全日空B-727と他の航空機
1981.7.5	秋田	全日空機と軍用VFR機
1981.8.3	戸井	全日空機同士
1981.9.22	札幌	DH6型と軍用VFR機
1982.4.28	千歳	東亜DCと軍用VFR機
1982.7.19	美幌	自衛隊F4機と東亜DC9期
1982.10.13	青森	全日空機と自衛隊T33型機
1982.10.21	秋田	自衛隊YS11機と全日空機
1982.12.24	三沢	全日空機と軍用VFR機

　このようにわずか1年半で9回ものニアミスが発生している。これらをたかがニアミスと考えるのは間違っており、いわば紙一重で大事故につながりかねない危険な事象なのである。
　自衛隊組織の訓練、管制、運航などに関してはその機密性が優先されることによって情報公開が十分にされず事故調査を阻害しており、民間機を敵機と見なして訓練していることなど安全性への配慮がないのである。
　また、自衛隊の訓練、管制、運航については　緻密で毅然としたプランがなく、精神的な行動規範が優先であることも分かっている。これらの事項は航空機事故を引き起こす重大な原因となっている。
　そのためには自衛隊組織の運営について根本的な見直しが不可決である。特に幹部が真摯に反省して組織運営を検証し再生し、真に国民の負託に応えることができる体制の見直しがなければ、自衛隊は国民の支持を失うことと認識すべきである。

自衛隊が民間輸送機関に加害衝突する事故

　航空機事故が起きると、数百人規模の死者が出る重大事故を思い浮かべ、そのような航空機事故はあまりたびたび起きてほしくないと考えがちである。
　しかし、そのような重大事故が起きる可能性のある航空機事故は頻発しており、看過するのは危険である。

▶事故多発企業＝日航の実態

年月日	機種	場所	事象	死者・負傷者（人）
1957.9.30	DC−10	大阪	高度維持不能	0
1966.8.26	CV−880	羽田	滑走路逸脱、炎上	5
1967.10.5	BEECH	山形	地上物に激突、炎上	4
1972.5.15	DC−8	羽田	滑走路逸脱	16
1972.6.15	DC−8	インド	滑走路手前に墜落	89
1972.9.24	DC−8	インド	着陸失敗、炎上	10
1972.11.29	DC−10	ソ連	離陸時墜落、炎上	76
1975.12.17	B747	米国	誘導路下へ	11
1977.1.14	DC−8	米国	離陸時墜落	5
1977.9.27	DC−8	マレーシア	森林に墜落、炎上	79
1982.2.9	DC−8	羽田	滑走路前に墜落	174
1982.9.17	DC−10	中国	緊急着陸、オーバー	27
1985.8.12	B747	群馬	隔壁破壊、撃墜	524

　日航はその事故数の多さから事故多発会社と言われており、1957年以降、日航機事故まで計20件もの事故を起こしている（上表で7件は省略）。
　事故については「ハインリッヒの法則」なる統計が非常に有名である。
　これは「**1つの事故**が発生した場合、その背景には事故に至らなかった**29のインシデント（事件）**があり、さらに、その背景にはインシデントに至らなかった**300のイレギュラリティー（異常）**があり、さらにその陰にはおそらく**数千に達する不安全行動と不安全状態**が存在する」というものである。
　日航機事故のような大事故を例にとる場合、「1件の大事故の背景に、29件の事件と300件の異常が存在した」と読み替えることができる。

さらに、機体の不良により飛行できない事態として、1985年11月～1986年1月の3ヵ月の間に13件もの異常が発見されている。これらは日航労組の指摘により明らかにされたもので、このような異常は普段は表面に出ていない。

この比率でいくと年間52件の異常発生となり、10年間では520件、30年間では1,560件となる。まさしく「ハインリッヒの法則」は生きているのである。(日航機事故真相追及プロジェクトチーム『日本航空連続事故－内部からの提言　安全飛行への道はあるか』水曜社より)

このように、大事故は少ないものの規模の小さな異常事態の件数は多く、日本の空は決して安全でないことを銘記すべきである。

航空自衛隊機と民間機との衝突・接触事故

次に、航空自衛隊機と民間旅客機との事故についてその背景を考察する。

1983.5.24　　南西航空(現日本トランスオーシャン航空)のB－737が那覇空港を離陸中、航空自衛隊のF104戦闘機が頭上を追い越し、あわや衝突というニアミスが発生した。
1985.5.28　　那覇空港で着陸走行中の全日空機B－747に滑走路に進入してきた航空自衛隊の救難機MU 2が接触。自衛隊機は離陸許可も取らずに飛び立つこともあるという。
1960.3.16　　名古屋空港に着陸した全日空のDC－3が地上滑走中に航空自衛隊F－86戦闘機が衝突し、3名が死亡する事件が発生。自衛隊側は「安全を確認して飛んでいない。安全より作戦を第一義としている」と説明した。軍民共用の空港では民間機は超短波無線(VHF)、軍用機は極超短波無線(UHF)で発信し、管制塔はその両方で発信する。そのため、軍用機の返信は民間機には聞こえず、進行しつつある緊急事態を回避できないのである。
1971.7.30　　全日空機雫石衝突事故。この事故については前述した通り。

海上自衛隊艦船と民間船舶との接触衝突事故

こうした民間機と自衛隊機の接触事件と同じような現象は海の上でも起きて

いる。2014年1月15日には広島沖で自衛隊艦船「おおすみ」と小型船「とびうお」が衝突し、小型船「とびうお」の2名が死亡、2名が負傷した。「おおすみ」は全長178メートル、重量8,900トン、乗組員135名、建造費500億円である。

　両艦は平行して進んでいたが、「とびうお」の右側と「おおおすみ」の左舷部が激突し、「とびうお」が左側に転覆したのである。

　小野寺五典防衛大臣（当時）は「事故の真相解明は海上保安本部が行う。防衛省は全目的に協力する」と述べている。そして、国交省輸送安全委員会の調査員が現場に急行しているとの報道があったが、何故自衛隊が関与すると国交省が調査するのか理解できない。

　この事故も多くの目撃証言があり、また生存者の証言もある。しかし、事故原因の調査が行われても自衛隊側に有利な結論が出るような予感がするのは何故なのか。全日空機雫石衝突事故、日航機事故と同じく自衛隊側に有利な事故原因が出されるような気がするのである。

　小野寺防衛大臣は15日に早くも「通常の航行の態勢を取っているので、私どもとしては何かそこで問題があるとは報告を受けていない」と発言して、自衛隊に責任がないとの煙幕を張っているのである。

　事故原因の調査も始まっていない段階で、早くも防衛省のトップがこうした発言をするのには「自己保身」、「責任回避」、「組織防衛」の姿勢が丸見えであり、担当大臣として節操がないのは情けない次第である。

海上自衛隊艦船が関わった主な衝突事故

　何故、自衛隊をめぐる事故が絶えないのか、ほかにも過去の事例を示す。

1988.7 　神奈川県横須賀港沖で潜水艦「なだしお」と大型釣り船「第一富士丸」が衝突。釣り客ら30名死亡。
2004.1 　広島県呉市の呉基地で沖合に停泊していた大型輸送艦「くにさき」から、基地に向かって航行中の作業艇が防波堤に激突。乗組員13名全員が病院に搬送され、うち4人が重傷。
2008.2 　千葉県房総半島沖でイージス艦「あたご」と漁船「清徳丸」が衝突。漁船の親子2人が死亡。

2008.10　関門海峡で護衛艦「くらま」と韓国籍のコンテナ船「カリナスター」が衝突。乗組員は軽傷。
2013.9　山口県上関町八島沖で掃海母艦「ぶんご」と漁船「勉栄丸」が衝突。怪我人なし。
2014.1　広島沖で自衛艦「おおすみ」と小型船「とびうお」が衝突。死者2名。

　これらの事故について、「朝日新聞」（2014年1月18日）の社説はこう主張した。
◆「何故自衛艦をめぐる事故が絶えないのか。2008年の『あたご』事故では海自の事後対応が問題視された。防衛省への報告が遅く、状況説明も二転三転した。『あたご』事故当時、防衛省が独自調査を先行させ、捜査妨害と批判されたことを強く意識して、今回は発生の約20分後に防衛省に報告が入った。捜査や運輸安全委員会の調査への配慮は必要である。『あたご』事故では、自衛隊艦側の責任をめぐって、海難審判と刑事裁判で判断が遅れた。しかし、『多くの船が行き交う海で、どう事故を防ぐのか』という肝心の課題は未完のままである」
　日航機事故が原因不明で未解決の段階で、国民を守るはずの自衛隊をめぐる事故に関心が高まるのは当然である。
　「第一富士丸」事故についても防衛省も見張りの態勢はどうなっていたのか、釣り船をいつ発見し、どういう措置を取ったのか、自衛艦の中での交信記録など事実関連については進んで公表していく姿勢が求められる。
　「あたご」事故では2名の国民が死亡している以上、軍事機密は通用しない。情報公開法に基づき、きちんと事実関連を公表することが不可欠である。
　海上保安庁や港湾管理者などと連携して、海の安全策をもっと練っていくべきである。そして、特に海自の再発防止策が機能していたのか、しっかりと検証しなければならないのである。
　いずれにしても、自衛隊が事故を起こすと必ず責任者が「責任回避」の発言をして軍事機密として情報の開示をせず、また、事故に関与していても国民に分からなければ事態を隠蔽しようと画策するのは、伝統的に、体質的に自衛隊の慣習になっているように感じるのである。

事実の隠蔽・改竄・捏造は公務員の常套手段である

最近では「厚労省の国家プロジェクト（J－ADNI＝ジェイ・アドニ）の臨床データ改竄事件」（2014年1月）、「JR北海道の鉄道レール幅データ捏造事件」（2014年2月）など不祥事が頻発している。

たとえば、J－ADNIプロジェクトの研究データ改竄を指摘する内部告発メールを厚労省の担当者が無断で告発対象である研究チームの責任者に転送した問題では、田村憲久厚労相（当時）は「許可を得ずにご本人の名前を出して確認行動を行った。大変申し訳ない対応であった」と謝罪した。

これは2013年11月18日に告発書が届いたが、翌年1月4日に朝日新聞の取材を受けるまで、改竄疑惑の調査に動かず、告発メールの漏洩については朝日新聞の指摘を受けて調査に乗り出し、やっと厚労相が謝罪したのである。

不正な事態の告発という勇敢な告発者の名前を挙げ、対象部署に知らせて告発者に圧力をかけるという卑劣な対応、そして、これを隠蔽し、発覚するまで何の対応も取らない厚労省、さらには謝罪すれば済むと考える大臣……これが公務員の隠蔽体質であり、国会議員である大臣ですらこの無様な対応である。

日本では真面目に国を憂う告発者を擁護し、表彰するシステムもなく、ただ告発者をいじめて辞任を求める風土しかないのである。厚労省がこの事態についていかなる基本的改善策を講じるのかが問題である。

日航機事故の事故原因もまた、真実をねじ曲げて捏造したのである。

しかも、国民が情報公開法を旗印に情報公開を請求しても、文面のほとんどが黒塗りされた資料を公然と送ってくる。その隠蔽体質は大きな問題である。

一方で、自衛隊には秘密保持に関する法律が厳然として存在し、自衛隊員は漏洩に関して厳しい処罰を受けるのである。

2010年9月7日、尖閣諸島で中国漁船が海上保安庁の巡視船の警告を無視して体当たりを行い、巡視艇は損傷し乗員も怪我をするという事件が発生した。

これなどはまさに乗員の命の危険性がある立派な犯罪行為であり、仮にロシアの巡視艇に日本の漁船が同じことを行えば、銃撃され撃沈される可能性も否定できない。船長や乗員は逮捕され刑務所に収監されることは必死である。

しかし、日本において海上保安庁は中国人船長を逮捕して処罰すると豪語したにもかかわらず、すぐに釈放して飛行機で送り返している。帰国した船長は英雄になっているほどで、誠に奇妙な政治的判断である。

国民は何が何だか分からず困惑したものであるが、この時、海上保安庁の職員が一部始終を撮影した映像がインターネットの動画サイトに投稿された。この映像を見て国民は拍手喝采し、政府の無能を非難すると同時に、何故この映像が秘密扱いになったか追及した。
　政府はおそらく中国政府からの強烈な脅迫に屈し、釈放したのではないか。政府は困惑して言い訳に苦しみ、海上保安庁は映像を漏洩させた匿名の乗員を探し出した。その結果、内部告発者は職を辞したのである。
　映像を秘密にしたのは政府の指示であったが、海上保安庁では公然の秘密であり、政府高官など誰でも見ることが出来たのである。こうした機密事項を政治的に使って正しく中国に対応すれば良いが、相手側の圧力に屈して卑屈にも犯人を逃がし、国民に何の説明もしないのであれば、それは海上保安庁の職員にとって承服できないことは明らかである。
　こうした情報はいかなる機密に相当するのか、理解に苦しむ。政府は機密事項の決定を公然としており、「特定秘密保護法」などの法律はまったく必要がないのは明らかである。

公務員はいずこも同じ隠蔽・捏造組織である

　これまで行政部門の役人は業務内容の開示には原則として応じてこなかった。密室での会議や種々の事業投資による企画実施、結果についてほとんど公表はされなかったのである。
　当然、年金資金を使って膨大な規模のレジャー施設や宿泊設備を造った公務員はその損失の責任を誰も取らされていない。その経緯もまったく不明であり、調査すら行われていない。これがやりたい放題の公務員の実情と実績である。
　行政部門の役人は国民の税金で給料をもらって国民のために働くのが原則であるが、このような巨大な組織では身近な組織のために働くという「錯覚」のもとに仕事をしている。彼らの多くは法律や規則に従い組織、つまり役所に忠実に尽くすのが仕事の原点であり、国民のために余計なことをすると仲間から組織から顰蹙、反感を買うのである。
　法律や規則の解釈通りに仕事を行うのは当然だが、上司の命令や指示に従うことで自分の立場も安全なのである。自分の仕事が「組織のため」と「国民の

ため」と一致したものであれば良いが、一致しない場合は「上司」の命令通り組織に忠実に従うことが習慣になってしまうのである。

このように隠蔽とか改竄は組織＝役所の上司や権力者の命令によるものであり、すなわち上司や権力者の「責任回避」と「自己保身」のために出される命令に無条件に従う習慣的なものが身に付いていくと考えざるを得ない。

あのJR北海道の社長・会長を務めた方は官庁からの天下りであり、「レール幅データの改竄」の発覚で密かに自殺している。誠に無責任であり、権力者としての真実と真相を告白して批判を浴びることこそ、権力者としての責任の取り方ではないのか。

それでは、国を導く権力者に国民は何を期待出来るのかである。

中国・明代末の碩学・呂新吾は『呻吟語』の中でこう綴っている。

深沈厚重ナルハ、是レ第一等の資質
磊落豪雄ナルハ、是レ第二等の資質
聡明才弁ナルハ、是レ第三等の資質

そして、次のような解説を付け加えている。
「厚重深沈ナルハ、是レ第一等の資質ナリ。天下ノ大難ヲ収ムルハ、此ノ人ナリ。天下ノ大事ヲ弁ズル者ハ、此ノ人ナリ。剛明果断ナルハ、之ニ次グ。其ノ他、浮薄ニシテ、好ミテ任ジ、能ヲツマダテテ、自ラ喜ブハ、皆、行、逮バザル者ナリ」

日本の政治権力者のほとんどは、この「第三等の資質」の人である。聡明才弁の人は知識が豊富で頭の回転が良いが、真に本来の目的である「国家」「国民」のための政治を第二義的とし、ただ自己保身を優先する凡人でもある。

第一等の資質の人は身命を賭して国家、国民のために働く人なのである。およそ権力者が真に日本国家のため、日本国民のために全身全霊を捧げて尽力するのが深沈厚重の資質なのである。この基本を忘れて「権力の維持」のために、「自己保身」のためにその権力を行使する時、国家、国民の禍となり、国を滅ぼすことにつながるのである。

事故調の「事故調査報告書」は真実をねじ曲げた捏造疑惑の書

　このように、運輸省や政府の言いなりになった事故調が辻褄合わせの結果、生み出された「圧力隔壁破壊説」に対しては、その論理的証拠や技術的証拠、そして目撃証言などからその矛盾や欠陥を指摘して「成立しない」「間違っている」と、多くの論者が主張している。

　本章でも同じように問題点や矛盾点を指摘し、検証した。

　しかし、日航機事故は事故調が主張するように「後部圧力隔壁が破壊し、操縦不能となり、墜落した」だけの論点だけで済ませるのは重大な過誤であり、むしろ、国民に対する裏切り行為である。

　角田四郎氏は著書『疑惑』で、墜落事故の原因調査で膨大な目撃証言などの分析により、この一件は単なる「事故」でなく、「重大事件」だと論破した。

　すなわち、航空機事故では日航機事故においても、その事故原因の究明では事故機の製造設計から整備状況や運航状況、パイロットの人格や経歴の調査、事故機の残骸、遺体の回収・検証、目撃証言、科学的な検証などを行い、生存者の救出活動の実態、警察・自衛隊・政府の行動、そして、その後の関係当局の活動や事故資料の廃棄などすべてを検証することが大前提である。

　そして、こうしたデータが一貫しているかどうか、矛盾がないかどうかを確かめて検証しなければならないし、矛盾が出れば理由を明らかにしなければならないのである。欧米における事故調査はこうした手順で行われており、合理的に矛盾が解消するまで調査は続くのである。

　大きな矛盾があっても、また論理的にも技術的にも説明できなくても、平然と「事故原因は圧力隔壁破壊である」との主張を変えないような事故調では誰も信用しないのは当然の結果である。

　例えば日航機事故では、油圧操縦機能が不能となった事故機がその後32分間飛行した事態の検証が不可欠であり、横田基地に着陸できたのか、川上村に不時着しようとしたのか、そして、なぜ事故機はあのような険阻な山林に向かって飛行し、墜落したのかも明らかにしなければならないはずだが、事故調は「機長の意図する飛行ができず、墜落した」としか説明していない。脆弱で不可解で、非科学的、かつ非論理的で理解出来ない「愚論」「暴論」である。

　また、アントヌッチ中尉の救出活動の中止・隠蔽事件や自衛隊部隊の意図的生存者救出放棄、生存者見殺し事件について詳細な分析が行われていないのは

意図的な完全な手抜きである。何度も言うが、これでは事故調の調査報告書は捏造されたと言われても仕方がないのである。

　事故調査がこのようなずさんな調査で矛盾に満ちた結論を発表し、日航を代理加害者として形式的に責任を押し付け、いわば一件落着として処理するのは520名の犠牲者、4名の重傷者および国民に対する重大な侮辱である。

　ましてや遺族の説明要求に対して「国家機密」を盾に説明を拒否するのは事故調と政府が自らの謀略加害行為を自白するに相当するのである。事故の「真実と真相」を説明する義務を果たすことが最低の責任の取り方なのである。

「仮説A」と自衛隊・政府の行動の間に成立する矛盾と二律背反

　ここで事故調査での「事故原因」と「関係当局の行動」について、その論理的な矛盾について検証する。

　まず、事故調が公表した事故原因は「圧力隔壁破壊説」である。これはボーイング社による修理ミス箇所で亀裂が成長したことにより一気に破壊し、垂直尾翼を吹き飛ばしたとの説である。これにより日航とボーイング社は共同責任を問われるも不起訴になったが　その責任を認めて補償金を支払っている。

　この事故原因を「論理A」とする。

　つまり、「論理A」では日航機事故はJA－8119号機の整備不良が事故原因である。この原因であれば、事故責任に関係ない自衛隊と群馬県警部隊は常識に従い、迅速に生存者の救出に全力を挙げて行動できるはずである。

　しかるに事故機は垂直尾翼破壊、自動操縦不可の状態でも手動操縦で横田基地に向けて飛行している。横田基地は事故機と自衛隊・政府に対し、「横田基地は事故機の緊急着陸を受け入れる」との連絡を行っているが、事故機に対して緊急着陸を行うように政府や自衛隊、救難本部が連絡した記録はない。

　さらに横田基地のアントヌッチ中尉らが墜落から20分後に墜落地点に到達し、横田基地が救助ヘリを急行させて救助隊員を降下させている。その最中、自衛隊・政府は救助行動の中止と撤退を要請し、米軍は救助を中止して自衛隊航空機が現場に到着するのを見て撤退した。かつ米軍に対して事態の隠蔽のために箝口令を要請して、米軍はこれを順守している。

　しかし、何度も言うようにこの事態は10年後、勇気あるアントヌッチ中尉は生存者や犠牲者に対する自衛隊の対応が意図的な救出放棄であると感じて米

国の空軍機関紙「星条旗」誌に真実を暴露している。

　米軍輸送機が墜落現場の上空で2時間も旋回飛行している中、自衛隊戦闘機などが何回も捜索飛行を行っているが、場所の特定（地図上の位置）に10時間もかかっている。その間、目撃証言が多数寄せられるがいっさい無視し、墜落場所は長野県との虚偽の情報を流し、情報操作して国民を欺いた。

　一方、自衛隊部隊は上野村で13日朝5時まで待機命令が出され、同時に群馬県警は上野村消防団と猟友会に対して違う場所の捜索案内を指示し、墜落場所に急行しようとする消防団員を足止めしている。

　こうした自衛隊と群馬県警部隊の行動は生存者救出を意図的に放棄し妨害する行為であり、極論すれば生存者の見殺し行為に匹敵する。さらに、相模湾の数百メートルの海底に沈んだ機体の残骸の回収も、当時の中曽根内閣は予算要求を否決して海底からの回収を阻害し調査を妨害している。

　一方、墜落時から救助部隊が現場に到着するまでの14時間の空白の時間に謎の特殊部隊が現場に入り、何らかの回収作業を行い、ヘリに搬入している姿が目撃されている。その後、事故調はかかる日航機事故の重要資料を情報公開法の施行期日の直前に廃棄するという暴挙を行っている。

　これらの行動内容を「論理B」とする。

　以上の事態から分かることは、「事故調の事故原因」＝「論理A」と「自衛隊、群馬県警の行動」＝「論理B」は明確な「二律背反の事象」に相当する。

　どういうことかというと、「論理A」が正しいとしたら「論理B」は成立しないし、逆に「論理B」は事実であるので「論理A」の仮説は崩れる。

　このことから「論理A」、つまり事故調が出した事故原因「圧力隔壁破壊説」＝「仮説A」は間違っていることが明らかである。

　この二律背反を納得させる論理はただ1つだけあり、それは「自衛隊の無人標的機が日航機に激突し、その尾翼を破壊した」というものである。そう考えれば二律背反の矛盾が解消されて、自衛隊と群馬県警の行動が論理的、かつ科学的に理解できる。そして、それこそが「仮説X」なのである。

遺族と国民の正義の請願は「事故の真実と真相の開示と説明を！」

　2014年1月21日、オウム真理教が起こした地下鉄サリン事件で死刑が確定している教団元幹部の中川智正は、東京地裁での目黒公証役場事務長の仮谷清

志氏の監禁致死事件の公判において遺族に対して謝罪した。
　さらに、仮谷さんのご遺族に「真相を話す義理がある」と語った。
　日航機事故では乗客乗員520名が無残にも殺された。この事故に関係した当事者は犠牲者と遺族に対し、その真実と真相を話す義務がある。
　いかなる地位にあろうとも、日航機事故の真実と真相を知っている関係者は正義と憲法に則り、真実と真相を語る義務があるはずである。そして、すべての国民はそれを知る権利があるのだ。
　民主主義の理念に則って「正義」が行われるためにも、すべての事故の「真実と真相」の開示、説明をここに請求するものである。

第5章

偽情報誘導操作と
重要資料廃棄処分

──事故調は身勝手な情報を漏洩して落合証言を無視し
「隔壁破壊説」を捏造し、資料を廃棄し隠蔽した──

1 事故調査過程での自衛隊・政府・運輸省の疑惑の連携

事故発生後、理解不能の言動を取った運輸省・自衛隊・政府

　航空機事故が起きた時、事故を調査して真の原因を明らかにし、再発防止のための対策を示すことが事故調の役割である。

　しかし、前述したように日本の事故調は1974年に設置された段階から、その体質や内容、位置付けなどにおいて幾多の問題点を提起されてきた。その結果、日航機墜落事故においても数々の疑惑ある言動を取ったのである。

　ここまで述べてきた「仮説X」の内容をあらためて簡単に説明すると、自衛隊・政府は無人標的機が日航機に衝突して以後、次のような用意周到な謀略作戦をきわめて迅速かつ極秘裏に冷静に行った。

①事故機の横田基地への着陸阻止（準殺害行為）
②川上村レタス畑への誘導と着陸命令
③事故機をミサイルで攻撃して撃墜
④アントヌッチ中尉らの救出活動を中止、撤退要請と箝口令の要請
⑤生存者救出活動の阻止と妨害工作
⑥自衛隊特殊精鋭部隊による証拠回収作戦
⑦「乗客乗員全員死亡」計画の実行
⑧事故資料の廃棄

　以上が、自衛隊・政府が遂行した極秘ミッションの全貌である。
　そのため、墜落現場で長野県警や上野村消防団らが必死に捜索して4名の生存者を発見し、病院に収容したことに自衛隊・政府は驚愕したはずである。自衛隊・政府は4人の生存者から事故の「真実と真相」が発覚することを恐れて必死に巧妙な対策を講じたのである。
　いかに生存者の目撃証言の公表を封じるか、あるいは、誘導尋問して証言内容を修正し、「圧力隔壁破壊説」の裏付けとなる「急減圧現象」証言を引き出すかに、必死に策を講じたのである。そして、真の事故原因と異なる「嘘」の事故原因を捏造し、国民に信用させることが自衛隊・政府の最優先事項となった。
　その結果、見苦しい謀略行動が粛々と行われ、その後、多くの矛盾や説明不

可の事態を指摘されても無視するだけで、詰問されると「国家機密」だからと回答を拒否している。つまり、日航機事故の真実は「国家機密」として厳しい箝口令が関係者に出されていたのである。

　さらに事件から15年後、情報公開法が施行される直前の1999年に、何と日航機事故の資料を大量廃棄するという暴挙に出たのである。

　いまだ疑惑と矛盾にあふれた事故報告書にもかかわらず、その関係資料を廃棄したとの報道に、遺族だけでなく国民は目を疑ったのである。世界最大級の航空機事故の重要資料を「情報公開法」の実施直前のドサクサに紛れて廃棄するなどという違法行為は、遺族にとっても国民にとっても当然許されないことである。

　本章では、この疑惑の事故調の言動について言及し、事故調の調査行動の矛盾と事故原因を国民に浸透させるためにどのように情報操作を行ったか、垂直尾翼破壊原因の調査を放棄した言動、さらに事故資料を廃棄した蛮行、そして、「国家機密」を盾にした説明回避行動などについて検証する。

「全員死亡」前提での自衛隊出動と奇跡の生存者への残酷な対応

　ここで生存者の救助活動を振り返ると、8月13日10時54分、長野県警と上野村消防団がスゲノ沢で4名の生存者を発見。墜落から発見まで16時間もかかっており、自衛隊は救出行動を取らず見殺しにしていた可能性が高い。同日13時29分、4名の生存者をヘリに吊り上げる。

　時間経過からも分かるように、自衛隊部隊は何と重傷の生存者を現場で2時間30分も放置していた。こんなに時間がかかるのは重大事態である。

　時間がかかった理由は、「乗客乗員全員死亡」が前提のために医師や看護師も連れず、生存者搬送用のヘリも用意していなかったからである。

　同日14時13分、生存者を藤岡市の多野総合病院に収容する。

　翌14日の10時15分頃、落合由美さんと日航役員が面談する。日航役員の松尾芳郎氏と真弓義康氏の2名が「見舞い」と称して院長を騙して落合さんに面談し、事情聴取を行って事故原因や機内の急減圧などの様子を訊ねた。

　この時、落合さんは病院に収容されて、まだ20時間も経過していない。

　骨盤骨折や左上腕と前腕骨折、全身擦傷という重傷で、顔も腫れており体中に包帯を巻かれていた状態であった。

落合さんとの面談は群馬警察の許可なしには出来ないはずであり、しかも、日航は事故の加害者の立場でもあるのだから、このような形での面談行為は罰則もののはずである。この面談は事故調とは別の部署が日航に指示して行わせたと考えられるが、それは恐らく運輸省（現国土交通省）の指示だと考えられる。

　運輸省は日航に命じて、落合さんがどのようなことを知っているかを確認したのであり、日航はこの謀略に加担したのである。これは後に事故原因を捏造する際に、どのような事故原因にするか参考にするためであったに違いない。

　この面談で日航がメモを取ったことが記者に知られ、記者らの要求によって日航が発表したのが「第1回目の落合証言」である。この内容は8月15日の朝日新聞などが報道している。

　しかし、この内容について落合さんは、「私はあんなことを言った覚えはないです」と後日証言している。

　また、日航のあるパイロットも「まったくの捏造です。日航の誰かがやったことです」と断言している。さらに川上慶子さん、吉崎さん母娘の体験談も事故調の「圧力隔壁破壊説」を否定するものばかりであった。

「圧力隔壁破壊説」以外の有力な「仮説」の内容と棄却理由

　こうした事故において、原因を調査する段階ではいろいろな「仮説」が導き出されるものである。

　その仮説を飛行状況や飛行データ、ボイスレコーダーとフライトレコーダー、交信記録、証言などによって検証し、合致しない時にはその仮説は「没」になるのである。こうした行為の繰り返しが事故調査での標準手順である。

　ここで、調査の過程で可能性が疑われた事故原因を紹介する。

①リンク金具破損説

　これは日航が提起したもので、リンクとは垂直尾翼と胴体部を接合する金具である。日航は機体構造に一番精通しており、落合さんの証言の中の「天井の穴」を説明するのに適切として提起したものである。

　つまり、リンク金具が破損すると垂直尾翼がもぎ取られる可能性があるということである。その上、垂直尾翼の倒壊がリンク部を上方へ引き上げる力を生

じさせ、その結果、客室天井板をも破壊することがあり得るということを教えてくれたのである。

つまり、「圧力隔壁破壊説」では説明がつきにくい客室天井の破損を、垂直尾翼の倒壊が最初に発生したと考えると説明できるとした仮説である。日航は落合さんの証言からこのような仮説を考えたのである。

その点において、事故当初は垂直尾翼の破壊が最初に起きて、落合さんの証言通り、少しだけ隔壁部に亀裂が発生したとするものであり、この仮説は適切なものであるといえる。

しかし、この仮説は「外部破壊説（無人標的機衝突説）」を間接的に支持する形になるため、事故調として絶対に容認出来ないものであった。結果として、いつの間にかうやむやにされて消えてしまったのである。

②外部破壊説

日航機事故では相模湾上空での垂直尾翼とAPUの破損、そして油圧配管断絶の事実だけが確認されている。明確な現象としては、あの巨大な垂直尾翼が破壊されたことだけが明確な事実なのである。

一般に航空機が墜落した時、墜落場所にその機体部品が全部揃っていない時は墜落以前に落下した部品を探し出し、原形に復元して、その破壊現象を調査することが事故調査の基本的手順である。

あの巨大な垂直尾翼が破壊される事象としては2つしか原因はない。1つ目は外部からの飛行物体との衝突であり、2つ目は内部からの力による破壊である。垂直尾翼は高さ9.6メートル×下辺11.4メートル×上辺4メートルで、内部は2本の鉄骨で支えられている。

おそらく、この巨大な垂直尾翼を内部からの空気流出で吹き飛ばすのはいささか無理な話であり、これを破壊できるものは外部からの高速の飛行物体と考えるのが常識的な判断でもある。

いずれにしてもその両方の仮説を検証するわけだが、その前に海底から垂直尾翼とAPUを引き揚げて、墜落場所に残された垂直尾翼や胴体部とつなぎ合わせて破壊状況を調査し、外部からの破壊か、内部からの破壊かを明らかにするのが重要である。しかるに事故調はこうした手順を踏まず、推論だけで破壊原因を決め付けて結論としたのである。

さらに、時の首長である中曽根康弘総理は、遺族に対して徹底的な調査を約

束しながら、海底からの尾翼部などの引き揚げ予算を拒否した。これでは尾翼の破壊は外部の力か内部の力なのか、不明のまま、推論だけで事故原因を決めてしまおうという政府と事故調の魂胆が明らかである。

このような事故調査を進めたということは、そこに「重大な疑惑」が存在することを示唆している。このような状況下で事故調の結論「圧力隔壁破壊説」を信用しろと言われても、それは無理な話である。

あの強靭な垂直尾翼がなぜ壊滅的に壊れるのか、これは通常の物体の衝突ではあり得ない現象である。可能性を挙げるなら、ミサイル、隕石、無人標的機などが思い浮かぶが、消去法でいっても一番有力なのは無人標的機である。

このように考えられる推論はすべて考察され、実証的に検討されて初めて否定されるべきである。しかし、事故調の報告書は「外部からの力によって垂直尾翼が破棄したとは考えにくく……」と論じているにすぎない。この点を検証するには相模湾から尾翼破片を回収して検証する必要があるが、前述したように中曽根総理は引き揚げ予算の計上を拒否し、事故調査を妨害したのである。

③フラッター現象説

「フラッター」とは異常振動を意味する専門用語で、この現象が垂直尾翼に発生した場合、一瞬のうちに壊滅的破壊が起こるというものである。

この説は尾翼の倒壊や胴体後部などの破壊と破損のメカニズムにはよくなじむのだが、一方で、「垂直尾翼が破壊されるほどのフラッター現象が起きたら、尾翼が吹き飛ぶ前に猛烈な振動で乗客は脳をやられ、目が見えなくなって気絶する。とても遺書を書けるような状態ではない」との指摘がある。

④APU爆発説

前述したようにAPUとは補助動力装置のことで、事故機ではAPU防火壁から後部のすべてが脱落している。しかも、APUの空気取り入れダクト以外、何1つ発見されていない。このAPUが爆発し、その破壊力で上にある方向舵、ひいては垂直尾翼を破壊したとするものである。

APUは1,100馬力の巨大なエンジンで昔のゼロ戦と同じ馬力である。1分間に6,000〜10,000回回転するもので、このAPUに異常が生じると尾翼破壊の原因となる可能性が強調されている。しかし、APU本体も機体との接合部（ボルト止め）も行方不明のままであり、そこに欠陥があったのかないのか、APU

の爆発等の異常が発生したか否かもいっさい不明となっている。APUを回収しない限り、真相は明らかに出来ないのである。

⑤方向舵の欠陥説

　これは垂直尾翼の方向舵の取り付けヒンジ（蝶番(ちょうつがい)）が取れたという単純な点検ミスだが、方向舵を回収しない限り推測に留まり、検証の手段はない。

　以上5つの仮説についても事故調は徹底した検討を加えることなく、「推論にすぎない」と語り、最終報告書といえる「航空事故調査報告書」でも実験・調査はいっさい行われた様子はうかがえない。しかも、相模湾の海底の捜索には熱意を示さず、ただ事故後に必要性を指摘しただけで、一応、形式的に手段や海底の深さ、広さなどが不十分な程度の浅い捜索しかしていない。
　すなわち、垂直尾翼とAPUの残骸を必死に捜索して回収しようといった姿勢は見えないのである。相模湾は海底300メートルもの深さであるが、事故調は単に海底カメラを17ヵ所に入れただけである。
　一方で本書の冒頭で記したように、日航機事故と同じ1985年6月、アイルランド沖の大西洋上でインド航空のジャンボ機が墜落した際、英国政府は国の威信に掛けて原因究明に乗り出した。小型潜水艇まで使用し、ついに海底1,800メートルの深海で機首部分を発見している。
　しかし、事故調は相模湾の海底捜索を意図的にやりたくなかったと考えざるを得ないのである。政府にしても日本国の威信に掛けて、単独では世界最大の航空機事故の原因究明を行う気持ちがなく、予算請求を拒否したのである。
　自衛隊・政府はこの海底捜索を行い、自衛隊の標的機の部品が尾翼部に付着しているのを発見されることを恐れて拒否したのである。事故調は真摯かつ真剣に「仮説」を検討し検証した経緯は見えず、与えられた結論を成立させるために理解出来ない愚論を展開しただけであり、こうした調査経緯からも事故調の「圧力隔壁破壊説」を信用することはできないのである。

2 虚偽の事故原因「圧力隔壁破壊説」の捏造経過を検証

すべて「圧力隔壁破壊説」に国民を誤誘導するための事故調の情報操作

　高々度を飛ぶ航空機の機内には与圧が必要である。与圧とは機内を地上並みの1気圧にすることであり、乗客はもちろん、乗員・パイロットが活動するためには与圧が必要である。

　もし与圧された機体に穴が開けば空気は一気に流れ出てしまう。その結果、機内は「減圧」されて外気圧と同じ約0.5気圧となり、酸欠症状が起きる。しかも、そこはマイナス40度の極限世界であり、命に関わる事態である。

　操縦クルーの交信に「R5ドア　ブロークン（破損）」との報告があるが、このドアは墜落場所で損傷がない状態で発見されており、「R5ドア破損説」は立ち消えになった。次に4名の生存者の証言にある「ドーン」の音の直後の機内の「白濁現象」である。その直後、酸素マスクが落下している。

　墜落現場での検証は14日から始まり、16日には事故調の委員から「空気噴出説」なる事故原因説が出てきた。これに関して同日付の東京新聞夕刊では、「回収物の外板が、内側から圧力を受けて外側にめくれ上がるように湾曲している部分があった。このため客室後部トイレ天井付近に生じた亀裂から垂直尾翼、テールコーン（胴体最後部）などの非与圧部に空気が爆発的に流れ込み、垂直尾翼などが一瞬で膨張、圧力に耐え切れずに破壊されたとの見方をしている」といった内容の記事を報じている。

　こうしたあまりにも拙速な報道は、事故調が意図的に流した情報流出操作であると思われる。以後、このような情報流出操作によって、事故原因が「急減圧」「圧力隔壁破壊説」なる結論へと導かれていくのである。

　また、同じ頃、日航が提起した「リンク金具破損説」について、日航と運輸省で意見が対立していることも報じられている。

　この段階で事故調の原因究明は早くも「圧力隔壁破壊説」1本に絞られていく。そして、それに見合った発見や発表が何故か矢継ぎ早に登場する。

　その第1の矢は8月17日の夕刊各紙に載った「日航機の前科」である。

　前述したように事故機は7年前の1978年6月、大阪空港での着陸時に機首を上げすぎて機体後部を滑走路にぶつける「尻餅事故」を起こしている。この

時、機体後部下方を調査した結果、下部外板に幅1メートル×長さ17.4メートルにわたってスリ傷が生じていた。内部の圧力隔壁の取り付けフレームなどに歪みが生じたことから圧力隔壁の下部が変形したのである。

　そこで製造元のボーイング社の専門スタッフをアメリカから招いて隔壁下半分の取り替え修理を行い、運輸省の検査をパスして再び就航していたのである。新聞各紙は、この時の修理ミスや古傷が残っており、7年間の間にキズが成長して隔壁破壊へと進んだのではないかと報じている。

　第2の矢は事故調の藤原洋次調査官（当時）が17日の記者会見で発表した「与圧隔壁の形状」に関する報告である。

　藤原調査官は「与圧隔壁は蜜柑の皮をむいたように内部からめくれている。さらに隔壁には6本の亀裂があり、これが減圧の原因としか考えられない」と断言し、日航の「リンク金具破損説」でいうところの垂直尾翼の付け根部分の外板には損傷が少なく、「必然的に圧力隔壁が疑わしい」とも発言している。

　また、事故から1週間後の8月19日に発表されたボイスレコーダーの内容を解析した結果、「ハイドロプレッシャー（油圧）全部ダメ」との発言があり、スチュワーデスは「荷物の収納スペースが落っこちている」と報告。油圧システムは隔壁後方に集結しており、この損傷は隔壁部からの空気流入が直撃したことが原因とされた。

　これらの情報リークはあまりにも拙速で、早急に「圧力隔壁破壊説」を国民に浸透させようという情報操作による誘導ではないかと推察できる。

　こうした情報はきちんと検証し、間違いないことを報道するのが筋であるが、事故調はもとから事故原因を「圧力隔壁破壊説」1本に絞り込み、犯人にする手段を取っていたのは明らかである。これではまるで戦前の特高警察や戦後の袴田事件のように、事件が起きた時に警察が逮捕した相手を最初から犯人だと決めつけ、かたよった情報を流して自白を強要するやり方と同じである。

国民世論を誤誘導する事故調の情報操作とボーイング社の否定宣言

　この時点での事故調の報告は「隔壁破壊が事故の主因である」とする説明に力点を置いたものであった。しかし、これには多くの異論や疑問が出た。

　まず、ボーイング社の修理ミスがあったという報告に関しては、8月18日にボーイング社が「圧力隔壁破壊説」をきっぱりと否定している。さらに9月

7日の時点で「修理ミスは事故の原因とは関係ない」ともコメントしている。
　修理ミスの状況についてボーイング社は次のように発表した。

「修理は隔壁の円形部分の下半分のすべてを交換した。すべて現場での手作業であったが、まず下部胴体との接合を行い、次に隔壁中央部との接合になるが、うまく接合できないことが判明し、1枚板で修理すべきものを2枚のつぎ合わせで行った。修理箇所にはその上からシールを張ってあり、このミスには日航も運輸省の検査官も気づかなかった」

　米国の大企業が自社の修理ミスを自ら認める声明を出すことなど通常あり得ない。逆に言えば、ボーイング社自身が「修理ミスが墜落原因でない」ことを知っていたから修理ミスを認めたことは明らかである。
　また、修理した隔壁部の金属疲労について9月10日の朝日新聞朝刊に「事故調は圧力隔壁残骸から採取した破断面のレプリカ（隔壁部に合成樹脂を流し込み固めて作る）を電子顕微鏡で調べたところ、ミクロ単位の金属疲労痕が確認された」という内容の記事が掲載された。
　金属疲労は製造した直後から何らかの応力や時間経過に伴い必ず起きる現象であるが、それが亀裂や破断に発展するか否かは科学的に証明できない。この程度の金属疲労は航空機ではどの部分でも見つけ出せるとも言われている。
　また、9月10日のサンケイ新聞（現産経新聞）には、「機内のグラスウール（ガラス繊維でできた綿状の素材）が水平安定板に付着した」という記事が掲載された。
　事故調は「墜落現場に落下していた水平尾翼の水平安定板に、与圧隔壁の客室側を覆うグラスウールの断熱材の切れ端が無数に付着していたことが確認された」と発表。日航のパイロットも現場で立ち会っているが、「無数にあったなどの事実はない。小さな破片が1つ、2つあったにすぎない」と証言している。よく考えてみれば、これもまた事故原因を「圧力隔壁破壊説」と認めさせる誘導作戦なのである。
　そして、9月14日に事故調の第2次中間報告が出された。
　事故調は「修理ミス」や「金属疲労」に加え、ボイスレコーダーの「ドーン」という音の音響分析結果を公表。それが事故調の「圧力隔壁破壊説」を補完するものであったことは疑いようのない明白な事実である。

そして、12月19日に事故調の第3次中間報告が出される。
事故前に隔壁にすでに計29センチメートルの亀裂があったと報告されており、しかも、亀裂は修理ミス部分に集中している。

1986年3月28日、聴聞会用の「報告書案」が公表された。新たに「タバコのヤニ」が発見されたという報告があった。修理部分の5カ所で客室側から後部へ漏れ出たタバコのヤニを発見。事故前から隔壁に亀裂があったことを示す物証である。また、油圧系統のポンプ6台のうち4台は油切れになっており、与圧空気がパイプ系統を引きちぎったと推定出来ると発表した。
事故調は事故原因の解明に当たってきわめて重要な「垂直尾翼とAPU」の回収もせず、「急減圧はなかった」との落合、川上さんの証言を無視し、ずさんな論理で隔壁は破壊し、大量の空気が流出して、尾翼を破壊したとの「圧力隔壁破壊説」を強引に導き出している。こうした情報流出誘導操作は事故調査の原則を無視したものである。「圧力隔壁破壊説」は落合証言が否定しており、この仮説が成立出来ないことは明らかである。

最終報告書を発表する事故調の武田峻委員長の不可思議な態度

そして、1987年6月19日に最終報告書「航空事故調査報告書」がついに提出された。
しかし、その報告書を記者団の前で読み上げる武田峻委員長の手は震え、声は引きつり、目は落ち着きを失い、きわめて疲れ切った表情をしていた。その姿を私はテレビで見ていたが、その時、これが東京大学を卒業し、航空宇宙技術研究所長、航空宇宙学会会長を歴任した輝かしい経歴を持つ工学博士なのだろうかという疑念に襲われたのを今も覚えている。
武田委員長は会見の最後で次のように述べた。
「これですべてが終わったのではなく、この報告書をもとにさまざまな討議、検討を加えて、航空機の安全と事故の再発防止に役立てて頂きたい」
520名の国民が墜落死した事故の報告書を発表する時、このように自信がなく落ち着きもない、疲れ切った表情で記者会見に臨むだろうか。
さらに、武田委員長は報告書の内容に不満を持っているも同然のようなコメントを発している。事故調査委員長が自信を持って説明できないような事故報

告書は520名の犠牲者の霊前に捧げるわけにはいかないのである。

前橋地検検事正の「航空事故調査報告書」に対する見解と判断

　事故調による「圧力隔壁破壊説」を技術者や有識者が検証すると、当然のように数多くの矛盾や疑問が噴出する。にもかかわらず、前述したように事故から3日も経たないうちから「圧力隔壁破壊説」にとって都合のいい証拠ばかりを出してきた事故調のやり方には大きな疑惑を持たざるを得ない。

　1990年7月17日、前橋地方検察庁は群馬県警から業務上過失致死傷容疑で書類送検されていた日航、運輸省、ボーイング社関係者20人と、遺族側から告訴・告発されていた3者の幹部12人を不起訴処分にした。

　前橋地検の山口悠介検事正は遺族に対し、不起訴にした理由を次のように説明している。

　「最終報告書を読んだが、修理ミスが事故の原因かどうか分からない。事故調の報告書も『あいまい』だと思う」

　このように検察も「圧力隔壁破壊説」を疑問視しているのである。そして、「それ以上のことは法学部出身の検事には分かるはずがない」とまで明言。すなわち、「圧力隔壁破壊説」に疑問がある以上、提訴されている日航やボーイング社、運輸省を確実に起訴できないというわけである。

　航空技術に素人の検事正にとってですら、「圧力隔壁破壊説」は正確で精緻な辻褄の合う論理ではなく、疑問点や疑惑ばかりで信用できないものなのである。

代表的な有識者の意見・反論

　ここで、「圧力隔壁破壊説」という疑惑と矛盾に満ちた論旨を採用した、いや、させられた事故調の「仮説A」＝「航空事故調査報告書」に対する有識者や関係者の発言を雑誌などに掲載された記事をもとに要約して紹介する。

◆「ボーイング社が自信ありげに修理ミスを発表したのは、ボ社はジャンボ機の耐久テストでギロチンテストを行っているからです。これは気圧をかけて上空にいるのと同じ状態を作り出し、そこで隔壁にナイフを入れて亀裂を生じさせる。テストでは隔壁がバラバラになったり、爆発したりとの結果は出

ていないのです。（中略）ある構造力学の教授はジャンボ機の設計図を見て、その尾翼部分の内部構造を指して、『ピストルのサイレンサー（消音器）にそっくりだ』と言ったんです。ということは、隔壁爆発が生じても衝撃波の力は減少して尾翼に損傷を与えるまでに至らないということでしょう」
（近藤恭平元東京大学教授。航空学科、弾性力学。「週刊新潮」10月10日号）

◆「圧力隔壁犯人説は原因と結果を取り違えていると思います。私は逆に、まず何かの衝撃で垂直尾翼がやられ、その衝撃で隔壁がやられたと判断しています。尾翼が隔壁破壊の衝撃波でもぎ取られるなんてあり得ません。いいですか、高度24,000フィートは0.4気圧です。機内は0.8気圧程度でしょう。これは高度3,000メートルに相当します。そこで、穴が開いても、そもそも空気はどんなに速くても音速（マッハ）以下でしか流れないものです。それに0.8気圧が噴出しても、一瞬のうちに圧力は0.6気圧ぐらいに下がってしまいますから、その衝撃はさらに弱まります。超音波の衝撃波なんてとんでもありませんよ。（中略）隔壁が壊れて機体尾部に空気が充満して、その圧力に耐え切れずに垂直尾翼が分解したというのも、機体の尾部には空気が逃げ出す穴（点検用ドア）がちゃんとついていますからあり得ないことです」
（内藤一郎元航空大学校教授。京都大学航空学科卒業、操縦歴40年。「週刊新潮」10月10日号）

　また、『ジャンボ墜落』の著者・吉原公一郎氏は◆「機体尾翼破壊は外からの衝撃によるもの」とし、垂直尾翼片の破断面の写真で説明している。
　このように、有識者は隔壁破壊はあり得ないという点で一致している。

日航機尾翼破壊脱落した異常発生時の機内の状況

　もし圧力隔壁が破壊されて機内が急減圧となった場合、大量の空気が流出することから、次のような現象が生じる。

①機内に急激な空気の流れが発生する。
　　日航機の発生現象：圧力隔壁が大きく破壊すると急激な空気の流れが発生し、機内の物が外部に吸い出されるはずだが、実際は機内は静粛でそのような事象は生じていない。
②人体への影響としては、熾烈な耳鳴りや強い耳の痛み、鼓膜破損の障害が起

きて気を失い、酸素欠乏症から失神にいたる。

日航機での発生現象：そのような事象は起きていないと落合さんが証言。

③計器が感知して操縦室内の客室高度警報音が鳴り、客室の酸素マスクが自動的に落下し、緊急アナウンスが作動する。

日航機での発生現象：生存者は、酸素マスクが落下し、装着するようアナウンスがあったが、マスクを外しても苦しくはなかったと証言している。つまり、酸欠状態ではなく急減圧の状態でもなかったのである。酸素マスクが落下したのは強い機械的な衝撃が原因であった。

④機長ら操縦クルーの危機管理手順として減圧を感知した際には頭上の酸素マスクを手で引き寄せて着用するよう徹底的に訓練されている。さらに自動操縦装置を解除して手動に切り替え、人体に危険のない高度まで急降下することが義務づけられている。

日航機での発生事象：機長らが酸素マスクを着用した事実はない。また、警報も鳴らなかったし、酸欠の症状もなかった。乗客乗員が減圧状態に陥るのを防ぐために機体高度を下げる必要があるが、日航機の高度は下がっていない。

一方で事故調は、操縦士がマスクを付けなかったために低酸素症の病状を呈し、「会話が少なくなった」「日航の呼びかけに応答していない」との主張をしている。何が何でも急減圧状態にしたいための主張と思われるが、こうした事故調の主張は技術的、論理的に成立しないことは明白である。

生存者の落合由美さん、川上慶子さんも低酸素症になっていないし、操縦士らの会話も18時45分頃から急激に回復している。これは医学的に不合理であり、操縦士らは低酸素症の病状を呈していないことは明らかである。機内での状況は急減圧による事象とはまったくかけ離れたもので、事故調の隔壁破壊説は破綻し崩壊したのである。

事故調が主張する「隔壁破壊」による与圧空気流出の破壊力

そもそも事故調が採用した「圧力隔壁破壊説」は次のような技術的推論を基に成り立っている。

◆「隔壁の開口部から与圧のかけられた空気が爆風のように機体後部に吹き付

ける。そこにある計器類や油圧パイプを破壊しながら尾部へ向かい、さらに機体後部と垂直尾翼の唯一の開口部である点検孔（点検時に整備士が尾翼内に入る通路）から垂直尾翼内に流入する。その結果、空気流（学術的には気速流と呼ぶ）が音速（マッハ）を超えるときに出る衝撃波や、内部からの強いふくらみの力（圧力）によって、垂直尾翼と機体尾部を破壊した」

この尾翼破壊についてはすでに述べたように、専門家各氏は「隔壁の内外の気圧差がそれほど大きくなく（0.4気圧差）、破壊されても空気流が音速を超えたりしない」いう見解がほとんどである。

しかし、事故報告書の「ドーン」という音は空気流がマッハを超えた時に発生した衝撃波であり、約1秒後に尾翼などの破壊音がしたとしている。この説では科学的な論拠や実証的な裏付けも希薄なままにもかかわらず、「ドーン」という音だけを頼りにマッハを超える空気流があったと結論付けている。

事故調査でいかなる仮説を立てるかは自由であるが、科学的な論拠を明らかにし、かつ実証しなければ誰も信じないのである。

そして、破壊された垂直尾翼の残骸から、その破壊は内部からのものか、外部からのものかの検証も出来るはずであるが、事故調には海中の残骸をすべて回収も復元もせず、かつ検証しようという意思がいっさいない。しかも、こうした「仮説による現象」は生存者の証言にいっさい適合していないのである。

以上のことを考慮すると、事故調の「仮説A」が不合理であり、科学的でない点は次の5項目であるが、その前に機体後部の構造を説明する。

機体後部の構造を説明すると、圧力隔壁の約4～5メートル後方に巨大なAPUがあり、圧力隔壁から約1メートルの位置から90度上方に垂直尾翼が佇立している。その入口には整備士が入る開口部がある。

さらに圧力隔壁部から約1メートル後方の下側に人間が後部胴体部の点検に入る「点検口」がある。これは0.1気圧の圧力がかかると自動的に開く機構になっている。すなわち圧力リリーフバルブ（安全弁）の役割を持っている。さらに後部機体から左右に張り出す水平尾翼は左右一対のもので、後部を貫通している。しかも、可動翼で前後に移動するため、大きな開口部に近い状態の部分が左右にある。

そこで、事故調の「仮説A」が不合理で科学的でない理由は次の5項目である。

①空気流によるマッハを超える衝撃波は直進する。空気流は90度方向転換して上方に進み、垂直尾翼を破壊するとの説明は不合理であり、成立しない。衝撃波は曲がる段階で破壊力を失う。

②強力な空気流がマッハの衝撃波になって直進し、後部APUの前の断熱板を突き破り、APUを吹き飛ばしたと考えられる。この時点の直前に圧力リリーフバルブがあり、点検口は開いているはずである。衝撃波がAPUを吹き飛ばした時点で衝撃波の威力はすでに失われているはずである。

③APUを吹き飛ばした時点で衝撃波は消滅し、たとえ続いてエンジンから空気を供給しても、APUの前の開口部断面積は隔壁破断面積より大きく、内部圧力が膨らんでも垂直尾翼の大破壊を引き起こすほどの力はないはずである。同時の破壊はなく、APUが1秒の何分の1でも先に吹き飛べば、もう他方を吹き飛ばす力は残らないのである。

④ボイスレコーダーには、まず隔壁部の破壊音、次にAPUの吹き飛ぶ音、さらに上部垂直尾翼の破壊音の3つが記録されるはずだが、1つしか記録されていない。人間の耳には分離できない音でも科学的に音声分析すれば3つの音は容易に検出され、解析出来るのであるが、そのような分析解析もされていない。

⑤垂直尾翼は内部からの圧力に弱いとのボーイング社の回答がある。その内部構造は想像を絶するほど複雑で、まさにピストルのサイレンサーの構造そのものである。高さ10メートル近くもあり、中は幾重にも仕切られた構造になっていて、単純に空気が瞬時に駆け上るなど考えられない。空気の流れは撹拌され、減衰してしまうはずである。

　さらに、このサイレンサー状の内部構造は幾重もの仕切り板（グラスファイバーのハニカム）である。胴体部に取り付けられた垂直尾翼の内部で、もし下部から大量の空気流が駆け上った場合、この仕切り板は破壊されてしかるべきであるが、吉原氏の『ジャンボ墜落』に掲載されている写真を見る限り、相模湾から引き揚げられた垂直安定板は外側のスキンだけがめくれ上がり、仕切り板のハニカムには何の損傷もない。

　つまり、垂直尾翼の中を空気流が駆け上った形跡はないとしか考えられない。これは技術的、論理的な矛盾で事故調の「隔壁破壊説」は成立しない。

隔壁後部の非与圧部に圧力がかかった場合の安全弁の面積と役割

　後部胴体の非与圧部に圧力がかかる場合、考えられるケースとしてまず1つ目はAPUの爆発であり、もう1つは隔壁破壊である。ボーイング社がそのいずれも想定しなかったはずはない。それを想定した上で、どの程度の開口面積があれば圧力をどこまで低下させることができるのか、構造力学的に、また模型実験を繰り返して決定されたのがこの安全弁（点検口）だと考える。

　この点検口は整備士が後部の空間に入る入口でもあるが、安全目的での点検口でもある。点検口は文字通り人が出入りできる程度の四角形の開口部で、事故後、対策としてこの蓋が大きくなったり、他に圧力を逃がす処置が施されたりしたとの話は聞いていない。

　ボーイング社も事故調もこの程度の面積で十分と結論付けているのである。

「圧力隔壁破壊説」が正しいとすれば、事故原因はボーイング社にある

　1978年当時、ボーイング社はこの点検口の面積について圧力隔壁に亀裂が発生しても、1ベイに止まってバタバタするし、与圧は徐々に抜けるので、垂直尾翼が取れて油圧配管が断絶するなど考えていなかった。

　しかし、大きな穴が開くことが分かったのは1983年にFAA（米国連邦航空局）のトム・スイフト博士の「マルチサイト・クラック」という考え方が出てからだ。亀裂があっても、その中だけに止まるという考え（1ベイ・フェールセーフ設計思想）があったが、マルチサイト・クラック説によると補強版があっても亀裂と亀裂が手を結ぶことが分かった（『旅路―真実を求めて［8.12連合会］21年の歩み』8.12連絡会編より）。

　この論理からすると、この開口部面積は小さすぎるのである。日航機事故の原因として事故調の「圧力隔壁破壊説」は捏造された仮説であり、科学的にも論理的にも成立しないことは証明したが、万が一、成立するとの前提ではボーイング社の設計思想は航空機のフェールセーフ設計思想に適合していないことは明らかである。

　だとすれば、事故調の結論は「日航機事故の全責任はボーイング社にある」である。ならば、全世界で飛んでいるB－747機に対して早急に運航停止命令を出して改善処置を取ることが要求されるはずである。しかし、何の命令も改

善要請もされていない。この観点から、事故機は隔壁破壊を起こしておらず、事故調の「圧力隔壁破壊説」は成立しないことを示唆しているのである。

事故調が出した結論に基づく日航への改善命令の偽善と嘘

　事故調は「日航機事故の原因は圧力隔壁部の破壊によって2平方メートルの開口部から大量の空気流が噴出し、猛烈な衝撃波となって垂直尾翼を破壊し、その中の油圧配管を断絶した」と結論付けた。
　さらに、「油圧配管が断絶して中のオイルが流出し、自動操縦機能が使えなくなって墜落した」とも主張している。
　この事故原因を基に、再発防止策として異例の早さで改善されたのが「垂直尾翼の点検口入口にドア（蓋）を取り付けること」であった。これが改善処置の一番手でもありすべてでもあった。つまり、例の衝撃波が流れ込んだ胴体部と垂直尾翼の開口部に安全のために新たなドアを付けて、万が一圧力隔壁が破れても空気流が垂直尾翼に入らないようにしたのである。
　これで今後は隔壁が破壊されることはなく、垂直尾翼の安全は保証され、再発防止策が取られたということなのである。そして、この取り付け作業を日航は1985年の12月までに迅速に保有するジャンボ機すべてに完了した。
　仮に事故調の事故原因の結論が正しいとしても、このような改善措置や再発防止策は正しいものなのか不明である。
　適切な改善処置としては、圧力隔壁部の構造を強化するか、または隔壁が破壊した場合にその胴体後部の内部圧力を下げるために開口部の面積を大きくするとか、尾翼構造の強化改造が本来の対策のはずである。
　つまり、事故調と日航は抜本的な対策を取らず、単に垂直尾翼への開口部に蓋をするという姑息で、効果のない措置を取ったのである。
　これでは、今後、圧力隔壁が破壊されることがあるとすれば、垂直尾翼部に流入する空気の行き場がなくなった分、すべて後部胴体部の負担になる。例の胴体後部の下部の点検口の圧力抜きだけが頼りとなってしまったのである。同規模以上の隔壁破壊が起これば、今度は水平尾翼もろとも後部機体全部が吹き飛ぶ理屈である。それは結果的には垂直尾翼をも失うことを意味する。
　この安価で手回しの良い意味のない事故対策は、同様の隔壁事故が起きた際に垂直尾翼どころか水平尾翼も吹き飛ばしてしまう可能性を生んだことになる。

もう1つ大きな問題点は、こうした安価で手回しの良い処置が日航以外の国内外のボーイング社ジャンボ機で実施した例を聞いていないことである。

　これでは日航以外の国内外のジャンボ機は安全性に大きな問題を抱えて飛んでいることになり、世界的な航空安全の見地からはきわめて不可解な現象である。日航以外の世界の航空会社は日本の事故調の結論を信用していないので同じ処置を取らないことを意味している。

　しかも、事故調は米国NTSBの了解のもとで製造元のボーイング社に対して改善命令を出すことが不可欠だが、いっさいそのような要請も行われていない。米国のNTSBは事故調の結論および改善対策を認めていないのである。これはNTSBが事故調の結論に合意していないことを明確に示唆している。つまり、こんな杜撰でいい加減な安全対策から考えると、事故調の事故原因は世界的な見地からすれば「嘘」と評価されたに等しい。実際、事故調の圧力隔壁部の破壊状況は、最初は上部隔壁と下部隔壁の接合部としているが、最大の破壊箇所は修理されなかった上部隔壁部の中央付近約2平方メートルである。

　これは落合由美さんの「上側の方向から衝撃音が聞こえた」といった証言内容に一致させた結果なのである。だとすると、隔壁破壊は修理されなかった部分で起きており、世界中を飛んでいるB-747のすべての機体で同じ事故が生じる可能性が高い。したがって、ボーイング社は世界中を飛ぶB-747で対策を取らないと安全は維持されないのであり、この論点からも事故調の結論が間違っていることは明らかである。

「航空事故調査報告書」は政府権力者の圧力により捏造されたもの！

　世界最大級の航空機事故という不名誉な事故であれば、事故調査は万全の態勢で、慎重な調査に基づくものでなければならないのは明らかである。

　──1985年10月24日、東京・日比谷公会堂で行われた追悼慰霊祭で、当時の中曽根康弘総理はこれと同じ内容の言葉を「追悼の辞」として捧げている。しかし、事故調の調査内容を見る限り、総理の言葉がいかに白々しいものか、尾翼部分の引き揚げ予算の拒否などからも読み取ることができる。

　総理の言葉はともかくとしても、日航機事故のような悲惨な事故が2度と起きないように再発防止策の作成を指示して国民に安心を届けるのが事故調の目的であり、事故調査委員の使命である。

事故発生から墜落の瞬間まで、その後の自衛隊や群馬県警、上野村消防団、マスコミ、一般市民、航空関係者などの目撃証言は、その質・量ともに膨大であるが、そこから導き出された事故調の結論は一般国民にとっても、また有識者の見解からみても矛盾に満ちており、疑惑に包まれたものであった。

　事故調の言動に注目するにつけ、それは密室でいい加減な想定と先入感・偏見に基づき、事実や証言、科学的な見識、航空学を無視した非常識きわまるものであると言わざるを得ない。そして、世間や市民を誤誘導し、科学的な知識を悪用した「嘘」丸出しの最終報告書であった。

　そんななか、事故から2カ月後に出版された吉原公一郎氏の『ジャンボ墜落』は、角田氏の『疑惑』と同様、事故調査のずさんさとカラクリを見事に暴いている。米軍アントヌッチ中尉の証言など知るはずもないのに、アントヌッチ証言を予期していたような結論に至っているのは自衛隊・政府の万全の謀略作戦に大きな破綻と漏れがあり、目撃証言が事実を伝えていることを示唆している。

　その後、自衛隊の救助遅れの言い訳もアントヌッチ中尉の証言で見事なまでに論破されて崩壊しており、墜落現場で乗客乗員全員の見殺し作戦、自衛隊が関与するすべての証拠を隠滅する極秘作戦が行われていたことも明確にされた。

　現在は吉原氏、角田氏ともに沈黙を守っている。それはおそらく2人の主張が自衛隊・政府の逆鱗に触れ、厳しい脅迫を受けたからと思われる。

　お二方だけでなく、「日航機事故に自衛隊・政府が関与しており、それを隠蔽するために謀略活動が行われた」と指摘した有識者らは何らかの脅迫を受けて、沈黙を守らなければならない立場に置かれていることは公然の事実である。

事故原因の徹底的な調査究明を心から訴える遺族の叫び

　その一方で、事故から数日で都合のいい仮説が立てられ、その仮説を実証するために全力を尽くして邁進する事故調の姿勢は、事故原因を究明しようとする事故調の本来の使命を忘れたものとしか映らない。

　結論から言えば、事故調の調査は自衛隊・政府の命令により「圧力隔壁破壊説」を与えられての調査であり、この結論に沿うように調査を進め、辻褄を合わせなければならなかったのである。そのため科学的、論理的な矛盾が出てくるのは当然であり仕方がないのである。

「航空事故調査報告書」を読み上げる武田峻事故調査委員長（当時）がマスコミの面前で泣き言を言っていたのも見苦しい限りである。

　少なくとも山名正夫氏が1966年2月4日の全日空ボーイング727型機の羽田沖墜落事故の原因の究明に当たり、結論が先にあって、それに辻褄を合わせていく調査方針に不満をぶち上げて調査委員を辞任したように、潔く事態をぶちまけて辞任すべきだったのではなかろうか。

　今からでも遅くはない。当時の調査委員は日航機事故の「慰霊の園」慰霊式典に参加し、事故の「真実と真相」を開示して犠牲者に詫びるのが急務であり、責任の取り方ではなかろうか。犠牲者は草葉の陰でじっと待っている。

　2014年8月12日にフジテレビが特別番組「日航123便墜落　32分間の全容再現」を放送したことはすでに述べた。
　その中で遺族の谷口真知子さんは「事故原因は何かということが未だに解明されていない。事故原因が分からなければその責任がどこにあるかも分からない。徹底的な事故究明システムの確立を図って欲しい」と訴えている。
　2015年8月12日30周年を迎えるに当たって、政府権力者と自衛隊幹部はこの声に答える義務がある。

3　日航機事故関連資料を廃棄処分した運輸省の目論み

情報公開法施行の混乱に便乗して事故資料を廃棄した運輸省

　1999年11月、運輸省は日航ジャンボ機墜落事故に関する貴重で膨大な資料や証拠など実に総重量1,160キログラムを廃棄した。
　しかも、そのタイミングたるや同年5月14日に制定されて2001年4月1日に施行される情報公開法の施行前である。法律制定からわずか6カ月後、事故調はなぜ急にこのような蛮行に出たのか。その真相を追及する。
　まず、日本で情報公開法が必要となった背景には、中央および地方自治体の財政状況やHIV薬害事件などによって1990年代に危機的な状況に陥った官公庁の「密閉性」に対して国民の目が厳しくなり、国や自治体の情報公開法制の整備や説明責任の確保が求められるようになったということがある。
　ちなみに米国の情報公開法の制定は1966年であり、日本は米国に遅れるこ

と実に33年である。政府の国民に対する情報公開への対応はかくも怠慢だったのである。しかも、日本の民主主義のレベルは今にいたるも低く、国会議員も国民には行政の実態を知らしめないよう努力して、官高民低状態を継続しようとしたのである。

　当時は自民党の天下が長く続き、派閥抗争で総理大臣の席を奪い合い、真の国会の改革や国の体質向上への努力はおろそかになり、国民の政治への関心も低調で「経済一流、政治三流」との国際的な評価になっていた時代である。

　この、いわゆる情報公開法には次のような条文がある。

第1条（目的）
この法律は国民主権の理念にのっとり、行政文書の開示を請求する権利につき、定めること等により、行政機関の保有する情報の一層の公開を図り、もって政府の有するその諸活動を国民に説明する責務が全うされるようにするとともに、国民の的確な理解と批判の下にある公正で民主的な行政の推進に資することを目的とする。

第37条（行政文書の管理）
1．行政機関の長は、この法律の適正かつ円滑な運用に資するため、行政文書を適正に管理するものとする。
2．行政機関の長は、政令で定めるところにより、行政文書の管理に関する定めを設けるとともに、これを一般の閲覧に供しなければならない。
3．前項の政令においては、行政文書の分類、作成、保存および廃棄に関する基準その他の行政文書の管理に関する必要な事項について定めるものとする。

　このように、情報公開法の目的は「諸活動を国民に説明する責務を全うすること」であり、「公正で民主的な行政の推進に資する」ことと明記されている。国会議員や行政の公務員らがこれらを順守することが求められている。
　さらに、この情報公開法の精神を完遂するには第37条の「行政文書の管理」に記載されているように、行政文書の保管や保存についての規則を制定し、同時に行政文書の管理を行うことを求めている。
　つまり、情報公開法が機能するには業務内容をきちんと文書に記載し、その文書の管理と保管、保存の規則や規定などを各部署で制定することが不可欠で

あると説いている。しかし、未だに公務員や官僚らは文書議事録を完全に作成する義務を怠っているのである（3.11福島原発放射能漏れ事故での政府の対処議事録は、殆ど作成されていない）。

情報公開法の成立で責任回避のために文書廃棄に走った公僕たち

　この情報公開法の成立により、官僚や公務員の間に戦々恐々ともいえる衝撃が走った。法律に基づく情報開示請求により、自分たちの業務内容が明らかになり、責任を問われることを恐れたのである。

　それは何故か？　日本の行政、つまり官僚や公務員の世界は概して業務を進める場合の計画や結果などの議事録がきちんと作成されていない。たとえば2011年3月11日に発生した東日本大震災やその後の福島第一原子力発電所事故に関する対策会議、官邸での会議などの議事録がきわめてずさんだったことは新聞報道で明らかになった。

　これに対して外国、特に中国、米国では記録の重要性が認識されており、たとえ専制君主制の時代でもその記録は緻密に取られている。中国では2000年以上前の記録も文書や竹書（竹の札に古代文字で書かれた書簡）などで残されている。

　この情報公開法が正常に機能する前提は「文書管理保管規則」がきちんと機能しているかどうかにかかっている。業務の記録を残すことにより、業務の計画から実施、結果までの内容を知ることができて、後でチェックすることもできて、また、誤りがあったとしても再発防止に活用できるのである。

　しかし、現状の情報公開法は形こそできたものの、魂まで入れられたかというと決してそうではない。

　まずは業務記録を残すことと、それを文書管理規定で保管を完全に行うことを総理大臣が自ら大臣や官僚、公務員に順守させることが不可欠である。

　実際、この情報公開法の成立に伴い、官僚や公務員は一斉にそれまであった文書や資料の大量廃棄処分を行ったということである。

　つまり、彼らは行政結果や歴史を闇に葬り、自分らの責任回避と自己保身に走ったのである。これについて総理大臣が何らかの指示や命令を出して牽制し、是正したとの報道はない。誠に無責任な権力者であり、行政機関である。運輸省（現国交省）においてもこの流れにうまく便乗して日航機事故資料の大

量廃棄処分を行ったと考えられる。
　運輸省、および国土交通省の文書管理規則の変遷は次の通りである（肩書きはすべて当時）。

1965年	運輸省「文書管理規則」の制定
1999年5月14日	「情報公開法」の制定
	総理大臣：小渕恵三（中曽根康弘元総理と同じ群馬県吾妻郡中之条町出身）
	総務庁長官：太田誠一（福岡県福岡市出身）
	運輸大臣：川崎二郎（三重県伊賀市出身）
1999年11月	日航機墜落事故資料の廃棄
	総理大臣：小渕恵三
	運輸大臣：二階俊博（事故調の統括責任者）
2001年4月1日	「情報公開法」の施行
2002年4月1日	運輸省「文書管理規則」の廃止
	国交省「行政文書規則」の制定

　なお、この国土交通省が制定した「行政文書規則」は全部で53条からなる膨大な規則である。重要度第1類のもので最高保存期間30年となっている。しかし、不思議なことに「永久保存」の分類がないのは理解出来ない。しかも、保存期間は延長できるものの、文書担当者の判断に任されている。
　さらに必要なものは国立公文書館に移管されると記載しているが、その判断は誰が決めるのか。また、秘密、極秘文書の分類があり曖昧至極である。
　この「文書管理規則」は2002年から2009年までの7年間に計16回の改正を実施している。これは年2回以上のペースで、その文書管理規則への取り組みは異常であり、いかに情報公開に神経を使っているかが分かる。
　しかし、内容は膨大であるが、情報公開法に基づいて開示を要求してもうまく言い逃れができるように書かれている。これは情報公開法を骨抜きにする国交省幹部官僚の悪知恵で「仏作って魂入れず」に相当する事態である。
　とにかく、議員という存在は法律を作ることが仕事であるが、日本の国会議員はせっかく作った法律から魂を抜いてしまうこともまた大得意なのである。そして官僚はその悪知恵を貸して昇進するのである。

日航機墜落事故資料を廃棄した運輸省の意図と背景と黒い影

　日航機事故当時、運輸省が日航機墜落事故の資料を廃棄したのは、調査報告書の「嘘」を発覚させないことが目的であるのは間違いない。

　このように卑劣で卑怯な蛮行は、事故調の「圧力隔壁破壊説」と事故原因の「真実と真相」に大きな乖離と矛盾があることを発覚させないために行われたと考えられる。つまり、情報公開法が施行されて国民から開示請求された時にその真実と真相が明らかになり、事故調の事故原因が間違っていることが明らかになることを避けるためにも廃棄、焼却処理を行ったのである。

　このような行為を平然と行う姿勢は完全に国民を侮辱し、馬鹿にするものである。日航機墜落事故は単独機としては世界最大の犠牲者520名死亡という最悪の記録を持つ事故であり、いまだその真実と真相が不明になっており、再調査が不可欠な事故なのである。

　にもかかわらず、**日航機事故の資料をいっせいに廃棄したということは多くの謎を明らかにせず、技術的な問題点も明確に出来ないまま強引に再調査の機会を奪うものである**。こうした大事故の資料は大切に永久保管するのが当事国である日本の責務のはずである。

　情報公開法の目的である「政府が有するその諸活動を国民に説明する責務を全うするとともに、国民の的確な理解と批判の下にある公正で民主的な行政の推進に資する」ことに違反する法律違反であり、重罪なのである。

　しかも、情報公開法が制定され、制定からわずか6ヵ月後に突然、日航機事故の資料を大量に廃棄するという蛮行に出るのは、明らかに事故の「真実と真相」の隠匿が目的であることは間違いない。

　事故発生時点の事故調の委員がすべて交替している段階で、1999年の事故調査委員らが廃棄する理由は見当たらない。

　こうした指示を出せるのは運輸大臣（現国交大臣）であるが、大臣もまた1985年の事故の詳細について深く認識している立場になく、もっと別の責任者、つまり、1985年の事故発生当時の大臣や閣僚が指示を出したものと思われる。具体的に言えば、事故の「真相と事実」を熟知しており、その事態の隠蔽を命じ、米国との談合で嘘の事故原因を米国に説明し、合意を得てまとめられた人間である。

　事故の隠蔽作戦を裏で糸を引いていたともいえるその人物とは誰か？

それは当時、米国のレーガン大統領と「ロン、ヤス」と呼び合うなど、きわめて親密な関係を築いた「あの人物」以外に考えられないのである。

しかし、たとえ証拠資料が焼却されても、真実は自分たちの脳裏に深く刻み込まれているはずである。恥を知り、道徳をわきまえ、正義を尊ぶ日本国の指導者として、事故発生からちょうど30年後の2015年8月12日までに日航機事故原因の「真実と真相」を告白説明することを要求するものである。

4 「国家機密」を盾に回答を拒否する事故関係者の欺瞞行為

「航空事故調査報告書」に書かれた内容以外は国家機密の欺瞞

本書でもこれまで「国家機密」という言葉を何度も使ってきたが、一般的な航空機事故に国家機密が存在するというのも考えればおかしな話である。

ごく普通の人間が国家機密という言葉に触れる機会など、映画や小説の世界くらいである。外国のハンサムなスパイが世界を駆け回って命懸けで守るような絵空事の世界にふさわしいのが国家機密である。

もちろん国民1人ひとりにも秘密があるのは確かで、他人には簡単に開示しない秘密もある。その秘密の基準は各人によってさまざまである。

そこで、国家機密について語る前に、まず国家とは何か考えてみる。

国家とは領土とそこに住む国民によって構成され、統一した理念のもとに運営されている限定された世界である。そして、国家の運営は日本の場合、選挙で選ばれた国会議員によって行われる。

国の運営上、あるいは外交上の理由で国民にやむなく秘密にしておきたい情報があり、それを開示するより秘密にしておいたほうが有効であるようなケースも時としてある。そんな時にはその情報を秘密にすることが選択される。

前述したように、日航機墜落事故の調査においては「国家機密」なる言葉が頻繁に出てくる。ということは、そこに国民に知らせたくない真相が隠されていることを自ら明かしているようなものである。事故調の結論は誰が見ても間違っており、多くの矛盾にあふれている。しかし、世の有識者が正論を言って矛盾や疑惑を指摘しても事故調はいっさい無視したままである。

国民の意見を無視し、放置しておくのが権力者、大臣、官僚の常套手段であり、結果的に時間の経過と共に風化してしまう状況を待っているようである。

その上、遺族が事故調に対して説明を求めると、報告書以外の内容や事項は「機密情報」だから回答出来ないと拒否するのである。遺族らは日航機事故に一体何が起きていたのか、さらなる重大な疑惑が膨らむだけである。
　日航機事故は国内で起きた事故であり、常識的に考えれば機密情報などあるわけがない。それを国家機密として隠蔽するということは、国と政府に説明できない都合の悪いことがあると考えざるを得ない。報告書の内容は「機密内容とはまったく逆の関係」にあるわけで、すなわち、機密内容は真実であり、報告書の内容は「嘘」であると自白しているようなものである。
　遺族にとって日航機墜落事故は事故ではなく、事件であり、犯罪行為であるとしか考えられないのである。
　その事例として、日航機事故関係者の言動を記す。

①1985年8月12日の夜、基地で待機していると「相模湾で魚雷が行方不明になったので探せ」との命令があり、僚友を含む数機が飛んだ。僚友は見つけられなかったが、「別の機が海上の浮遊物を発見した」と語った。
　　　　　　　　　　　　　　　　　　　　　　　　　（元航空自衛隊パイロットの証言）
※自衛隊に出動の確認を取ったところ、これもまた「機密である」との返答で、具体的な回答はなかった。
②「いずれ分かると思うんだけど、123便の事故は本当は○○隊が××させたんだよ。当時、訓練で標的機を飛ばしていて、それが操縦不能になって行方不明になって、その時、近くを飛んでいた123便にぶつかったんだ。墜落現場には標的機のオレンジ色の残骸があったけど、誰もいないうちにヘリで回収したんだ」　　　　　　　　　　　　　　（自衛隊パイロットの告白）
※これは事故から数週間も経たない時に、後の日航機事故の遺族会「8.12連絡会」の役員に対して語られた言葉である。その幹部は「今考えても彼が嘘をつく理由もないし、ただ自分が知っていることを誰かに話したかったんだと思います。その後、箝口令が出て『国家機密』になりました」と語っている。
③「8.12連絡会」は事務局長を中心に、真の墜落事故原因を究明するべく活動している。ある時、関係省庁などに救助活動などを質問したところ、「国家機密だから話せない」と断られている。遺族は、航空機事故が何故「国家機密」なのか、誰も理解できないでいる。
④事故の2年後、吉原公一郎著『ジャンボ墜落』に書かれているオレンジ色の

塗料の物体について「8.12連絡会」の遺族が事故調に質問したところ、事故調は「自衛隊の塗料は関係ない。その他は『機密情報』だから教えられない」と回答した。

⑤事故から10年後に「8.12連絡会」の遺族が事故調に、救難救助が遅れたことの詳しい説明を求めたところ、事故調は「事故調査報告書にある以外は『機密情報』だから答えられない」と回答した。

⑥マスコミを通じて防衛庁に「救難時の投入機材」について質問したが、回答はなかった。　　　　　　　　　　　　　　（「8.12連絡会」幹部の証言）

⑦1990年に米司法省に「なぜボーイング社は修理ミスをしたのか」との情報公開を求めたが、「情報公開制度では応じられない」と文書で回答があった。　　　　　　　　　　　　　　　　　　　　（「8.12連絡会」幹部の証言）

⑧2011年7月、国交省運輸安全委員会事務局長が日航機事故の解説書を作り、遺族に説明した。この時、事故発生直後の夜、ヘリコプターによる吊り上げ救助がなされなかったことについて、事故調は「夜間は火災の恐れもあって、照明弾を投下できず、非常に危険だった」「二次災害の恐れがあった」と説明した。　　　　　　　　　　　　（「8.12連絡会」幹部の証言）

※アントヌッチ中尉の証言と全然異なる説明であり、いまだにこうした矛盾に満ちた説明を平気で言う高慢さである。この回答内容は事故直後の自衛隊幹部の言い訳と何ら変わらず、アントヌッチ中尉の証言で「嘘」が判明している。

⑨事故資料の廃棄が決まった時、マイクロフィルムでの保存を事故調に要望したが、回答はなかった。　　　　　　　　　　（「8.12連絡会」幹部の証言）

⑩2011年頃、事故調に対して「8.12連絡会」の遺族は事故の再調査と事故資料の保存の要望を提出したが、回答はない。　（「8.12連絡会」幹部の証言）

　以上のように、事故調は日航機墜落事故の真実と真相を「国家機密」だから開示できないといった理由で拒否する。事故報告書以外の内容が機密であっても、それを説明するのが事故調の本来の姿であり、使命のはずである。
　つまり、その機密内容こそが日航機事故の真実であり、真相であると考えざるを得ないのである。ということは、**発表された事故調の結論「圧力隔壁破壊説」は「真っ赤な嘘」であると自白しているようなものであり、矛盾と疑惑に満ちた報告書は国の公式文書として失格と言わざるを得ない。**

こうした主張に対する運輸省（国土交通省）と事故調の反論と説明を求めるものである。

「国家機密」こそ事故の「真実と真相」で事故調の結論は「嘘」

ここで、国家機密なるものの定義を明確にする必要が出てくる。

日航機が墜落して乗客乗員520名が死亡し、4名が重傷を負った重大事故が、何故国家機密に相当するのかである。

まず、国民にとってこの事故が絶対に国家機密ではあり得ないことは断言できる。次に政府と国にとって日航機事故がなぜ国家機密なのかである。墜落したのはごく普通の民間機であり、一般常識的には国家機密と関係のないことである。だから、事故調査は公正な立場で事故調が行ったのである。

にもかかわらず、国が日航機事故関連の情報を国家機密にする理由や背景として考えられることは「国にとって都合の悪い、または知られたくない事実があるから」だと推測できる、いや、それしか理由はないのである。

つまり、この重大事故には「国」が何らかの形で関わっていることを自ら証言しているようなものなのである。そして、関わっている省庁は航空行政担当の運輸省はもちろんだが、それ以上に航空機や艦船、飛行武器などを有する自衛隊としか考えられない。

さらに、実務的に現場活動を行う自衛隊は1971年7月の全日空機雫石衝突事故のように過去にも民間機との接触事故を多発しており、かつ世界的にも軍用航空機が民間機と接触、または撃墜している事例が多く報道されている。

しかも、日航機事故の犠牲者は死者520名＋重傷者4名＝524名と、単独機としては世界最大級の航空機事故である。

たとえ原因が過失によるものであったとしても一大不祥事であり、単に自衛隊演習部隊担当者の責任だけでなく、自衛隊本体の関与も含めて調査し、責任追及すべき事態のはずである。

当然のことながら、自衛隊の運用と管理は文民統制の原則から防衛庁長官（現防衛大臣）、そして、総理大臣が管轄している。総理大臣は自衛隊の最高指揮監督権者として「自衛隊法」にもきちんと規定されている。このことから、当時の総理大臣である中曽根康弘氏に説明責任があるのは当然のことである。

しかし、国は自衛隊の不祥事を国民に知られたら困るので、事故の真実と真

相を求める国民に対して「国家機密」なる言葉で開示を拒否し、かつ良心ある、真実を知る関係者にまで箝口令を出して事実の漏洩を封じたに違いない。

こうした推論は日航機事故に関する資料や状況証拠、目撃証言、有識者の分析などから容易に導かれる結論であり、間違いないことを示している。こうした隠蔽工作も暴く「仮説X」は今のところほぼ間違いないものと言える。

前述したように、事故調の推論的結論と実際の事故事象は二律背反の関係にある。つまり、事故調の結論である「圧力隔壁破壊説」を「事象A」とし、日航機の横田基地への着陸阻止、御巣鷹山でのミサイル攻撃、自衛隊の意図的な救助放棄、アントヌッチ中尉らに対する救助活動の中止、箝口令の要請と隠蔽工作、事故資料の廃棄などを「事象B」とすると、この「事象A」と「事象B」は二律背反の関係にあるのだ。

具体的に考えると、「事象A」、すなわち事故原因は圧力隔壁破壊にあり、それはボーイング社の整備ミスと老朽化によるものであるとするならば、自衛隊や事故調、および群馬県警などが「事象B」のような阻害殺害行為、救助放棄行為、資料の廃棄などを行う必要はいっさいないはずである。

この二律背反の論理からも事故調の結論が間違っていることは明らかであり、意図的に真実を隠蔽して「嘘」の結論を捏造したと判断出来るのである。

5 「代理加害者」を演じる影武者・日航の偽装疑惑行為

日航機事故当時の日航は国が大株主である半官半民の会社で、完全なお役所体質の会社であった。事故直後から日航はさまざまな疑惑ある言動を取っており、事故調に「加害者」と認定されてからは公然と虚偽の事故原因を国民に宣伝し、遺族や国民から顰蹙を買っている。

事故の反省もなく、事故から25年後の2010年1月、日航はずさんな経営により倒産した。現在では赤い鶴のマークが復活し、顧客の命の尊厳を理解しようともしない日航が虚栄の「安全運航の堅持」を旗印に人間の命を運んでいる。しかし、そもそも日航に人の「命」を運ぶ資格はないのである。

数多ある日航の疑惑の行動を以下に述べる。

(1) 自衛隊が日航機を撃墜した事実を告白した日航役員

　事故当日1985年8月12日午後10時頃、乗客の家族が集まった羽田空港の東急ホテルで、殺気立つ家族を前に日航の役員らしき1人の中年紳士が「うちの機は北朝鮮のミサイルに撃ち落とされた！」と叫んだ話はすでに述べた。つまり、相模湾上空で自衛隊の標的機が衝突し、その後、御巣鷹山近辺で自衛隊機からのミサイル攻撃によって撃墜されたことを告白したのである。
　これは重大な秘密事項の漏洩であり、「国家機密」の告白でもあった。
　自衛隊・政府は自衛隊の関与の事実関係を日航に打ち明け、機体残骸の選別確認の協力を要請し、かつ国家機密として箝口令を出していたのである。その件を彼は迂闊にも口を滑らせてしまったのである。

(2) 乗客家族を長野県御座山・小梅へ移送した日航の不可解な行動

　日航が加害者側の立場にある状況下、乗客の家族にとっては乗客の安否確認と救助が最優先事項のはずであった。乗客の家族らは墜落場所が確定してから輸送するのが原則であるにもかかわらず、13日午前1時に勝手に墜落場所と違う場所（御座山・小梅）を目指してバスを出すのは疑惑を深める謀略行為である。
　13日の午前11時頃、バスに「4名の生存者がいた」との放送が入り、上野村山岳地帯が墜落場所との報道があったが、その後もバスは御座山方向に進み、小梅に到着している。お盆の時期、しかも深夜に不確定の場所に家族らを送り届けるなどという行為は、日航役員の真実の告白をごまかし、記憶から削除させ、忘れさせるための日航の謀略作戦としか思えないのである。
　日航は、運輸省から正確な墜落場所を聞いて知っていた。

(3) 墜落現場の自衛隊残骸証拠品の選別作業に協力した日航技術部隊

　日航は12日20時40分に事故対策本部を設置している。これは運航会社としてあまりにも遅い処置である。しかし、21時25分に「先遣隊」と呼ばれる日航の技術者や整備士など85名を長野県に向けて送り出している。
　公式記録には13日深夜1時35分に「日航第1陣数十名が南牧村に到着。北

相木村に向かう」とあり、日航も認めている。

　こうした日航の緊急迅速なる行動は奇異であり、疑惑を感じる。日航が墜落場所とした長野県の県警が「当県にあらず」との確信を持っている段階で、なぜ日航は事故直後、加害者と疑われる立場にもかかわらず長野県に向けて出発したのか。実はこの先遣隊は救援隊などではなく、自衛隊関与の証拠物件を分別回収するための行動要員であったのである。

　事故発生直後の混乱した状況の中で、日航がこんなに早くに技術者集団を送り込むのは何かの魂胆、あるいは極秘の目的があるはずである。後にこの集団は、墜落場所で垂直尾翼や圧力隔壁部が発見された場所付近に集まっているのを目撃されている。事故現場の保全管理を行う事故調や自衛隊、群馬県警はなぜ日航の現場立ち入りを許したのか。加害者的な立場の日航関係者を簡単に墜落現場に入れてはいけないことはすぐに分かりそうなものである。これは事故調査の原則を無視した行為と言えるほどの大きな疑惑である。

　日航の「先遣隊」がどこから何名が出発し、交通手段が何であったかは明らかでないが、夏のお盆時期のため交通は大渋滞であり、長野県へは中央高速を使っても5、6時間はかかったはずで、きわめて早く出発しないと13日深夜1時に南牧村には到着できないのではないだろうか。

　だとすると、墜落事故発覚直後に出発しないと南牧村には着かないはずである。日航幹部は事故直後に真の事故原因を知らされ、何らかの要請や圧力を受けて行動したと考えざるを得ず、この点も日航には説明責任がある。

　この日航先遣隊の技術集団は白い繋ぎ服姿で、彼らが墜落場所の垂直尾翼や圧力隔壁部に集まっているのがテレビで何度も放映されている。

　それにしてもなぜ、このような勝手な行動が許されるのだろうか？

　少なくとも自分たちが死に追いやった乗客乗員の屍の前で、その日航の社員が平然と機体の調査を行っている姿からは乗客の命に対する尊厳のかけらすら感じ取ることはできない。何かおぞましいものを見た時と同じ感覚に陥る。

　しかも、通常は現場から遺体の回収を行った後に機体の検証を行うのが順序であり、こうした原則すら守ろうとしない事故調や群馬警察、日航の言動は三者間に流れる疑惑の秘密協力関係の存在を自ずと示唆している。

　日航はこの派遣行為に関して運輸省から要請されたものだと認めていることは前述した。つまり、政府は日航に対して自衛隊が日航機尾翼破壊事故に関与したことやミサイル攻撃したことを説明した上で、残骸の分別回収に協力を要

請したことは間違いない。

その点で、日航は真の事故原因の隠蔽作戦に協力したのであり、この分別回収作業の真実を遺族や国民に対して説明する責任がある。

（4）見舞いと称して無許可で重傷の落合さんに事情聴取する日航役員

事故の翌々日の14日午前10時半頃、2人の日航役員が生存者が移送された多野病院を訪れ、院長には「顔を見るだけ」と言って落合由美さんに面会を申し込み、事情聴取を行った。その時、落合さんは救出から24時間も経っておらず、顔は腫れ、包帯でグルグル巻きにされるなど絶対安静の状態にあった。そんな時間に警察や事故調を差し置いて面会した日航とはなんという非情で残酷な会社なのか。

後に発表された面談内容は日航が作成したものだが、驚くほど詳細かつ整然としている。生死をさまようほどの大けがを負った生存者が救助されて24時間後にあれほど詳しく正確に話せるだろうか。先ほど紹介した日航のパイロットが落合さんから聞いた通り、「あれはまったくの捏造」に違いない。

日航のこの残酷な面会の目的は落合さんが経験した内容を把握すること、落合さんに事故原因は圧力隔壁の破壊で、それにより急減圧が生じたなどを吹き込むことの2点にあると考える。

前述したように、この時点で日航はすでに事故原因を「自衛隊標的機の衝突が端緒で、直接の墜落原因はミサイル攻撃」であると知っていたのである。その後、日航は「安全啓発センター」を設置し、嘘の事故原因の広告宣伝塔の役割を果たし、遺族だけでなく国民を騙し続けているのである。**日航は嘘の事故原因による代理加害者として犯人の身代わりの重責を引き受け、遺族や国民に対し、日航が加害者であると振る舞っているのである。**

その点で同情の余地はあるが、命を奪われた乗客にとっては背徳行為にあたる。日航は権力に盲従し、加害者という仮面を被ってピエロの役割を果たしてきた。「**加害者と認めたものの、これには事情があり、実は冤罪である**」という**傲慢な虚栄心**を持っていることが遺族には簡単に看過できる。

日航は自らの存続が第1であり、乗客乗員の命を二の次にした会社なのである。数年に1度、多数の乗客乗員が事故死しても保険金で賄えばすべて問題解決ということに慣れた会社になっていたのである。

そして、恐ろしいことに事故慣れした日航は遺族対応や犠牲者の処置に優れた対応と実施手順を確立し、他社の手本となってその手法を教示しているのである。

（5）犠牲者遺骸用棺桶を群馬県藤岡市に納入させた日航の疑惑行動

大型バスに乗った事故機の乗客家族は13日朝になって群馬県上野村に移動し、その後、碓氷峠を迂回して藤岡市の手前でなぜか3時間も待たされた。藤岡に入ったのは13日の14時過ぎであったが、その時、家族が見たのは50～70台ものおびただしい霊柩車の列であった。

これについて日航は「東京周辺の葬祭店から棺桶約800個を用意し、藤岡市へピストン輸送した。現地で注文しなかったのは同一の規格のものが用意できなかったためだ」と説明している。

そこで棺桶を発注し用意する時間であるが、12日の夜、群馬県藤岡市のある葬儀店に地元の警察から、「突然のことだけど棺桶はどれくらい用意できるか」といった電話があったという。この電話の疑問点は12日夜という時間と、最初から藤岡市の葬儀店に依頼している点である。

一方で、東京都西多摩郡日の出町の葬祭具メーカー、協和木工所の社員は「12日夜、棺桶をトラックに積んだ。そのトラックは藤岡市に向かった」と証言している。つまり、群馬県警も日航も12日夜の時点で遺体を収容する場所は藤岡市であると認識していたのである。このことから12日夜の時点で群馬県警と日航は墜落場場所が上野村の山間部であることを知っており、しかも、遺体の収容先は藤岡市と決まっていたことを暗示している。

12日夜、自衛隊が墜落場所は長野県御座山だと報告する一方で、群馬県警、日航は墜落場所が群馬県上野村だと知っていたのである。自衛隊が墜落場所を偽って報道したことは明らかであり、日航はこの事実を説明する義務がある。

（6）事故直後に日航が提起した「リンク破壊説」は「外部破壊説」

日航は事故直後、前述したように「リンク破壊説」という事故原因の仮説を提起している。リンクとは垂直尾翼と胴体部を接合する金具である。日航は機体構造に一番精通していることから、落合さんの証言にある「天井の穴」を説

明するのに適切として提起したものである。

　もう一度説明すると、リンク金具が破損すると垂直尾翼がもぎ取られる可能性があるということで、垂直尾翼の倒壊がリンク部を上方へ引き上げる力を生じさせ、ひいては客室天井板を破壊することがあり得るというわけである。

　つまり、圧力隔壁破壊説では説明がつきにくい客室天井の破損は、垂直尾翼の倒壊によって説明できるとした仮説である。すなわち「外部破壊説」である。

　日航は落合さんの証言からこうした仮説を考えたのである。

　最初に尾翼破壊が発生した後に隔壁部に亀裂が発生したとするもので、「圧力隔壁破壊説」とは破壊の順序が真逆になるのであるが、これに関して日航の着眼点は正しいと言える。しかし、日航は後に一転して「圧力隔壁破壊説」が事故原因であると主張し始める。何故、日航は「リンク破壊説」をあっさりと撤回したのか説明する責任がある。

(7)「事故調査資料」の公開要求に対する日航の理解出来ない回答

　事故後、日航は社長が委員長を務める「事故調査委員会」を独自に設置し、事故原因を究明して再発防止策に生かすことを明言した。さらに、事故責任を認め、加害者であるとの認識を持ち、遺族に謝罪して補償金を支払った。

　ということは、加害者である日航が事故原因を調査した内容を遺族に公開する義務が存在するはずである。一方で、「安全運航の堅持」を社是とする日航は、遺族に対して「誠心誠意の対応」を約束している。

　そんな日航は事故原因を事故調の結論と同じ「圧力隔壁破壊説」であると主張している。ならば日航の事故調査資料を出しても何ら問題はないはずある。

　しかし、遺族として調査資料の開示を要求したところ、次の回答を得た。

「日航におきましては、社内事故調査報告書は非公開としております。社内事故報告書は事故調の事故報告書と比較し、事故原因を含め、内容的には実質、相違はないことを申し添える」

　これは筋の通らない言い訳であり、その立場をわきまえない傲慢な態度である。おそらく外部に出せない内容だと推察できるのである。日航は調査資料を公開しない正当な理由根拠を説明する責任がある。

(8) 虚偽の結論「圧力隔壁破壊説」についての日航の見苦しい見解

　日航は事故調が出した事故原因に対して、次のような見解を回答している。
◆「垂直尾翼やAPU防火壁の破損は、圧力隔壁の開口部から流出した空気の勢い、流速でなく後部胴体の非与圧域に充満した空気圧力の高まり（静的なもの）によるものと事故調報告書では説明されている。先にまずAPUが吹き飛ばされ、その後、また空気圧力が高まり、次に垂直尾翼が破壊されたとしている」（事故調報告書の通り）　　　　　（2013年8月9日社長書簡）

　この返答内容は日航としての事故原因の見解ではなく、事故調の仰せの通りの内容である。この仮説では、「圧力隔壁部の破損」「APUの脱落、破壊」、そして「垂直尾翼の破壊」の3回の衝撃音がボイスレコーダーに記録されているはずであるが、音声分析でそのような現象は確認されていない。

　この時間差を隔壁破壊からAPU破壊までは0.1秒、それから垂直尾翼の破壊まで0.3秒と計算している。この時間差は、音声分析で十分に分離、検証できる時間である。この事故調の仮説は完全に成立せず、「圧力隔壁破壊説」は完全に間違いであると断言できる。

　この考えでは、圧力隔壁が破壊されても開口部は胴体下部にある点検口と最後部のAPUの開口部、そして、垂直尾翼への点検口の計3ヵ所がある。まずAPUが完全に破壊されると、APUの開口部は隔壁部の開口部より相当大きく、もはや、尾翼を破壊する力はないはずである。それでも垂直尾翼が破壊されるほど与圧空気量は大きいなら、その前に水平尾翼を吹き飛ばしても不思議ではないはずである。

　さらに日航は、落合さんの証言を重視して尾翼と胴体部とを接合する金具が破損したとして「リンク破壊説」を主張し、運輸省と対立していた。尾翼部に何か異常が発生してリンクを破損させたとしており、それは「圧力隔壁破壊説」とは相容れないものであった。

　落合さんの証言を真摯に理解すればするほど、「圧力隔壁破壊説」はあり得ないことなのである。

　一方で日航はAPUの脱落破壊事象について次のように説明している。
◆「フライトレコーダーには約11トンの前向き外力に相当する前後方向加速度が記録されています。これは、外気より圧力の高い与圧室内にあった空気が圧力隔壁およびAPUの防火壁を破壊し、胴体後端部のAPUを分離させて

噴出したものと考えられます」　　　　　　　　（2013年7月1日書簡）

　これは日航の2013年8月9日書簡での「APUと垂直尾翼の破壊は空気の勢い、流速でなく、空気圧力の高まり（静的なもの）である」といった説明とは相容れない全然異なる事象になる。完全に矛盾している。このように事故調と日航は落合さんの証言に合致するように食い違う矛盾した説明をそのつど行っており、辻褄合わせに必死である。要するに「圧力隔壁破壊説」が成立しないことを自白しているのである。

(9) 同じ後部胴体内の水平安定翼が破壊されなかった理由の説明

　垂直尾翼とAPUが「空気の勢い、流速でなく、圧力の高まり（静的なもの）により破壊された」という事故調の説明であれば、なぜ水平安定翼が破壊されなかったのかが疑問になってくる。

　場所的には水平安定翼は垂直尾翼より先に破壊される場所に存在するからである。破壊の順序としては「圧力隔壁→APU→水平安定翼→垂直尾翼」となるはずである。これについて日航は次のように回答している。

◆「水平尾翼が破壊されなかったことに関して『航空事故調査報告書』には明確な説明はありません。これにつきましては、水平尾翼には垂直尾翼にあったように、水平尾翼の設置された区画の耐圧がAPU防火隔壁の耐圧よりも高かったことなどが理由であると想定されます」。

　ボーイング社は、水平尾翼、APU耐火隔壁の耐性は、設計時に決めており分かっているはずである。

　きわめていい加減な解説であり、結局のところ説明できないのである。

　事故調の「圧力隔壁破壊説」では説明できない事態が多すぎるし、理解できない説明しかないのである。したがって、事故調の「圧力隔壁破壊説」は日航機事故における垂直尾翼破壊の原因ではないと結論できるのである。

(10) 隔壁が破壊された場合の機内騒乱の状況に関する虚偽説明

　落合さんの証言では「『ドーン』という音の後、機内に白いもや状の物質が発生したが、すぐに消えた。機内に空気の流れはなかった」となっている。

　「圧力隔壁破壊説」では大量の空気が流出し、機内は台風並みの猛烈な空気流

で大荒れの状況になるはずである。この矛盾に事故調および日航は説明が出来ないため、大変困っていたように思われる。

しかし、2009年7月13日に米国で35,000フィートを飛行中のサウスウエスト航空2204便（B-737）の機内で、客室の天井に約0.135平方メートルの穴が開き、急減圧が発生して同機はすぐに緊急降下して着陸するという事故が発生した。この時、乗客は大きな破裂音や風切音を聞いたが、耳の痛みはほとんどなく、機内に大きな風の動きはなかったと証言している。

この例をもとに事故調は「上空で機体に穴が開くと、映画等のイメージでは穴から猛烈な勢いで空気が機外に出て行きますが、機内は必ずしも映画のような状態にならず、穴から少し離れると、客室内での風はそれほど激しく吹かず、寒さもあまり感じられないということである」と説明し、「圧力隔壁破壊説」でも落合由美さんの証言に合致すると胸を張った。

この事故調の説明内容にならって、日航も同じ内容で遺族に追加説明を行っている。サウスウエスト航空機の天井部の穴はわずか0.135平方メートルとサッカーボールほどの大きさであり、緊急降下で気圧差を解消している。

しかし、日航機事故では約2平方メートルもの大きな穴が開いて、巨大な垂直尾翼とAPUを吹き飛ばしている。しかも、その状態で30分も高い高度で飛んでいる。隔壁破壊ではかかる事象を説明出来ないのである。

また、他の航空機事故で機体に大きな穴が開いた場合、必ず強烈な空気流出が生じて人間が吸い出されるケースも見られる。

この非論理的、かつ非技術的な推測に対して、実際にB-747の機体を使って隔壁にナイフで亀裂を作り、与圧空気を噴出させて実証することを提案したものの日航は拒否している。米国の砂漠にある航空機墓場に放置されたB-747を使えば実験は簡単なはずである。「安全運航の堅持」を社是とするなら、520名の死亡事故の真実を明らかにするために疑惑のある仮説の実証実験を行い証明する責務があるのである。この申し入れを拒否するのは、隔壁破壊が嘘だと認めることに相当する。

（11）アントヌッチ中尉らの救出活動の中止・撤退要請に関する日航の見解

前述したように、アントヌッチ中尉は日航機事故から10年後、米軍機関紙

「星条旗」誌に日航機事故の際の救助活動の実態を掲載して国民に大きな衝撃を与えた。しかし、これについて事故調、自衛隊・政府はいっさい黙秘し、何の説明責任も果たしていない。

では、この証言に対して日航はいかなる見解を持っているのだろうか。

日航にしてみれば、自社の守るべき乗客の命を助けようとしなかった自衛隊・政府に対し、当然抗議し、その責任を追及する立場にある。

この点について2013年7月、日航に質問を行い、さらに群馬県警機動隊が上野村消防団や猟友会の救助活動を妨害し、多くの生存者の命を見殺しにしたことに対する日航としての見解を求めた。

なお、アントヌッチ中尉らの救出活動は横田基地からの命令で行っており、一軍人の判断によるものではない。他基地からの救助ヘリの招集はもちろん横田基地の司令官の判断によるものである。もし、日本側からの非常識な中止要請がなければ、彼らの救助活動により多数の乗客乗員が助かったはずであり、まさに「勲章もの」の行為であった。実際、アントヌッチ中尉は米空軍から表彰を受けているのは紛れもない事実である。

日航の回答は以下の通りである。

◆「アントヌッチ中尉の証言については、新聞報道等に記載されていますので、弊社といたしましてもその存在は認識しております。しかし、アントヌッチ中尉の証言内容について判断いたしかねることから、内容に関する意見を申し述べることはできません。なにとぞ、ご了承頂きたくお願い申し上げます」

◆「弊社といたしましては、救助活動に携わられた関係機関には、最善を尽くして頂いたものと確信しておりますが、個別の対応内容や判断などにつきましては、事実関係が確認できないことから、弊社としての見解などを申し述べることはいたしかねます。また、小田様がご指摘されている政府.自衛隊対応の内容につきましても、その事実関係に関する十分な情報がないことから、判断できかねますことについて、ご了承賜りますよう、宜しくお願い申し上げます」

◆「これらの事故後の救助活動に際しての関係機関による対応内容や判断などにつきましては、小田様から弊社としての見解やコメントなどを求められている箇所と認識いたしております。アントヌッチ中尉の証言通り、その時点で救助を開始していれば、もしくは自衛隊が夜間の内に墜落現場を特定し、

救助活動に着手していたら、あるいは4名以外にも生存者を救出ができたのかもしれないと考える部分はございます。一方、航空事故調査報告書の解説書には、当時の技術としては現場の特定は大変難しかったこと、ヘリコプターによる夜間の吊り下げ救助は二次災害を起こす可能性がきわめて高いとも書かれております。このように、一般論は申し上げることはできても、事実、データに基づいた検証、解析が行えないことから、弊社といたしましては、本件に関する見解やコメントはお示しできないことにつきまして、なにとぞご理解を賜りたく、宜しくお願い申し上げます」

(2013年8月9日付権藤信武喜日航常務の書簡)

　すでに述べたように、日航が乗客乗員の命に対し、このように「無責任」な方針の社是しか持ち合わせていないことは明らかである。日航の言い訳は「航空事故調査報告書」の解説を引用しているが、この内容は事故直後の自衛隊幹部の言い訳であり、この言い分は10年後のアントヌッチ中尉の証言により、まったくの「嘘」であることが判明したのである。

　救助を待つ乗客＝顧客や自社乗員を助けに行かなかった自衛隊・政府に対し、日航は怒りをもって抗議するのが当然の行為だが、何の抗議も行わないのは顧客や自社社員の命に対し何の感情ももっていないのと同じであり、これは異常な感覚だと判断せざるを得ない。

　日航は「命」を運んでいるにもかかわらず、「命」に対し尊厳を感じない会社であることが証明されたようなものであり、非道・非情な会社であると糾弾せざるを得ない。

　事故以降、遺族に対して「誠心誠意」という言葉を持ち出して約束した日航だったが、それがまったくの嘘であったことが明らかになったのである。

　日航は乗客乗員520名の犠牲者、4名の重傷者への加害事件の「従犯」であることは明確である。もちろん、「主犯」は政府権力者や高級官僚、自衛隊長官、そして幕僚長・幹部らであることは間違いない。

(12) 自衛隊標的機の残骸の認識について日航の不遜極まる傲慢回答

　相模湾から拾い上げられた事故機の残骸に、一部黄色がかったオレンジ色と思われる残骸部品が付着していたことはすでに何度か述べた。恐らくそれは事故機に激突した自衛隊の無人標的機の残骸なのである。さらに日航の先遣技術

部隊は14日、現場で日航機の残骸と「赤みがかったオレンジ色塗装の自衛隊残骸」を選別確認しているはずである。

そこで、日航に2013年、次のような質問状を送った。

◆「その物体は護衛艦『まつゆき』が回収したもので『黄色い塗装部品』が混在しており、写真もあります。日航123便には『黄色く塗装した部品』がありましたか？　その後、この部品は処分されたようでいっさい出てきておりません。処分したのか焼却したのか、あるいは隠蔽したのか日航は知りませんか」

この質問状に対する日航の回答は以下の通りである。

◆「関係当局から弊社に返還された部品などの中に、<u>黄色の塗装がなされた標的機の一部と思しきものはありませんでした</u>」

私は日航に対し、日航123便の「オレンジ色の残骸の有無」を聞いているのであって、事故調がそのような自衛隊残骸を日航に引き渡すはずはないのである。これが日航の常套手段であり、上辺だけを取りつくろった回答である。

日航が事故直後の14日から墜落現場で事故機の機体残骸と標的機、ミサイルの残骸の分別作業を行っていたことはすでに述べた。日航は事故調から返還された残骸はないと言っているが、14日からの分別作業での見解を回答すべき義務と責任があるはずである。

また、回答の文言からも分かるように、<u>「黄色い塗装部品」は自衛隊標的機の部品との認識をすでに持っており</u>、すなわち知っているのである。自衛隊側が標的機やミサイルの残骸を日航に分別させて廃棄しているのである。この回答は日航が隠蔽工作に協力したことを自白していることに相当する。

（13）突如浮かび上がった機内に積まれた「医療用ラジオアイソトープ」

墜落から1時間半後の20時過ぎ、公益社団法人日本アイソトープ協会から警察庁に「日航事故機にラジオアイソトープ72個と重量約239キログラムの放射性物質が積まれている」との届け出がなされたこともすでに述べた。

事故後、現場の土は自然界の数十倍規模で放射能汚染していることが明らかになっている。しかし、この数値はある程度時間が経ったときの測定であり、事故直後はもっと高い測定値であったことがうかがわれる。

さらに8月20日、事故機に使われていたウラン製の動翼バランスウエイト

第5章　偽情報誘導操作と重要資料廃棄処分　353

がなくなっていたことが明らかになった。日航社内で公表すべきかどうか議論されたが、科学技術庁の意向により公表を差し控えたという。福島第一原発の爆発時の政府対応と同じく、救助部隊や関係者への放射能汚染の危険性を公表しない日航および関係者の言動は無責任な行動と言わざるを得ない。

　この件について事故調や科学技術庁はもちろん、日航も説明責任がある。

(14) 日航「安全啓発センター」の展示に対する修正提案と日航の不逞な回答

　事故調の委員長を務めた武田峻氏は会見の最後で「これですべてが終わったのでなく、この報告書をもとにさまざまな討議、検討を加えていただきたい」と締めくくったことはすでに述べた。

　その後、日航は羽田空港の社内に「安全啓発センター」を設置し、日航機事故の概要を展示し、安全運航の宣伝を行っているが、内容に間違いがあるので2013年にその是正を要求した。その内容と回答は以下の通りである。

①事故原因「外部破壊説」の併記を要求

要求：安全啓発センターの「事故調の報告書の要約」に「日航機事故では、後部尾翼部に外部物体が衝突したとの反対意見がある」との追記を求めた。
回答：事故原因につきましては、さまざまなご意見があることは承知しております。航空事故調査委員会から発行されました航空事故調査報告書に記された事故概要並びに推定原因について、十分信頼に足るものであると判断しております。よって、安全啓発センターのパンフレットや説明文などは、1987年に公表された事故調査報告書に記された事実関係に基づいたものとさせていただいております。

　矛盾だらけの事故調の報告書を擁護する姿勢は「安全運航の堅持」を社是とする日航の取るべきものでない。いい加減で間違った事故原因から「安全運航の堅持」は達成出来ないことは誰でも理解できる真理である。

②アントヌッチ中尉の生存者救出活動について内容修正要求

要求：生存者救助活動について、米軍アントヌッチ中尉らの輸送機は19時15分に現場上空に到着し、その後米軍救助ヘリは20時50分に到着し、救助

しようとしたが、日本政府は「日本側で救助する」と言って、米軍の撤収を要請した。しかし、日本側自衛隊は救助に行かなかった。したがって、完全な見殺し行為であることを明記するよう求めた。
回答：ご指摘されている内容については、その事実関係に関する十分な情報がないことから、弊社といたしましては判断できかねますので変更できません。

しかし、別の機会に「アントヌッチ中尉らの救出活動」に関して問い合わせた際の日航の回答では、「アントヌッチ中尉の証言通り、その時点で救助を開始していれば、もしくは自衛隊が夜間のうちに墜落現場を特定し、救助活動に着手していたら、あるいは4名以外にも生存者を救出ができたのかもしれないと考える部分はございます」と答えている。

アントヌッチ中尉の言動は米軍も認めたものであり、日航も一方では認めながら、もう一方では十分な情報がないから認められないとしている。このように、日航の回答は矛盾だらけで支離滅裂である。要はアントヌッチ中尉の救助活動の事実を認めると、自衛隊・政府の見殺し行為に波及するので知らぬ存ぜぬで通し、「4名以外の乗客が助かっていたかもしれない」などと矛盾と疑惑に満ちた無責任な回答をするのである。

③運輸省の日航機事故資料の廃棄事件に対する記載要求

要求：「事故調は日航機事故の資料を情報公開法の施行前に突然廃棄した。これによって事故の真相と真実は永遠に闇に葬られた」との内容を新規記載されるよう申し入れた。
回答：事故資料の廃棄につきまして、弊社といたしましては、航空事故調査委員会から発行されました航空事故調査報告書に記された事故概要並びに推定原因について十分信頼に足るものであると判断しており、廃棄に至ったことについて意見を申し述べる立場にはございません。

事故の「代理加害者」として、事故資料が廃棄されることは日航の無実が証明される機会が失われる最悪の事態である。だから、運航会社としては、520名の乗客乗員が死亡した単独機としては世界最大の航空機事故の資料だけに永久に保存されるべきであるとの意見が出てもおかしくない。それなのに、「意見を申し述べる立場にない」とは情けないことである。

そんな恥ずべき状況でありながら「安全運航の堅持」なる会社方針を掲げても絵に描いた餅でしかない。日航は言動が一致しない、人の命を軽視する会社であり、権力者にすり寄る道化者会社でしかない。

④事故犠牲者数と重傷者と衝撃Gについての追記修正要求

要求：「520名は亡くなられ、4名が重傷を負いながら救出された」と記載されているが、事故調の報告書にもあるように、忠実に「数百Gの衝撃を受けた520名は全員即死したものと考えられる。生存者4名は後部胴体部に着座しており、数十Gの衝撃を受けたと考える」と追加記載を要求した。

回答：航空事故調査報告書127ページ「4.1.9 乗客・乗組員の死傷」には以下の記載がございます。「4.1.9.1　前部胴体・中部胴体内にいた乗客・乗組員は墜落時の衝撃の数百Gと考えられる強い衝撃および前部・中部胴体構造の全面的な破壊によって、全員即死したものと考えられる。4.1.9.2　後部胴体内にいた乗客・乗組員のうち、前方座席の者は墜落時の100Gを超える強い衝撃でほとんどが即死に近い状態であったと考えられる。後部座席の者が受けた墜落時の衝撃は数十G程度の大きさであり、これによってほとんどが致命的な傷害を受けたものと考えられる」。つまり、救出された4名以外にも生存者がいた可能性を否定しない記述となっております。以上のことから、弊社といたしましては航空事故調査報告書に記された事実関係に基づき、最終的にお亡くなりになられた方の人数および生存者の数だけを記載させて頂いております。

事故調の報告書では4名の生存者以外は全員即死との表現である。しかし、実際は生存者を見殺しにするという謀略作戦を隠すために「数十Gの衝撃で致命的な傷害を受けた」と断言しており、4名が生き残ったのは奇跡だと主張したいのである。

現在、航空機事故での死傷の衝撃としては、100Gでも生存の可能性があるとされている。したがって数十Gであれば生存率は高くなることは確実であり、それは落合由美さん、川上慶子さんの証言からも証明されている。

これら4件の修正申し入れの回答から、日航の事故に対する立場と考えがあらためて確認できる。日航は自らを加害会社だと認め、もっぱら責任を取るべ

く控えめな姿勢を取っているが、この回答にもあるように、その隠された魂胆は事故調や自衛隊・政府とまったく同じなのである。

　日航機事故に対して真摯に向き合い、真の事故原因を究明して、再びこのような事故を起こさないといった決意も方針も日航にはないのである。

　こうしたやり取りから分かることは、日航は事故のこともまるで他人事のように考えているということである。日航はお客様を航空機で運んでお金をいただいているにもかかわらず、お客様を大切に輸送しているとか、お客様の「命」を預かり、それを守るといった義務感と責任感は全然見えない。

　お客様である遺体のすぐ横で機体の調査を行うような無神経さであり、死者への尊厳などまったく持ち合わせていないのである。

　<u>これでは日航は「命」を輸送する資格はないと言える。</u>

　以上の内容から、日航が123便墜落事故に対してどういった考え方で何をしたかがよく分かるのである。**当事者であり、加害者面をしながら実は「代理加害者」である日航、いや、日航は自分たちも「被害者」であると考えているに違いない。**そんな日航という無責任で無慈悲、残酷な会社の矛盾点と行動を整理すると、日航は事故の真実と真相をすべて知っており、積極的に「自衛隊・政府の隠蔽作戦」に参加協力していたのである。

　すなわち、以下の内容はすべて真実であると判断できる。

①事故機の垂直尾翼は自衛隊の無人標的機に破壊された。
②垂直尾翼破壊は自衛隊による事故であり、日航とボーイング社には責任はない。
③事故機は手動操縦出来、飛行出来た。
④事故機の横田基地への着陸は自衛隊が阻止した。
⑤事故機は自衛隊機のミサイル攻撃で撃墜された。
⑥墜落事故原因は油圧配管の破壊ではない。
⑦日航は12日夜の時点で墜落場所は上野村の山間部と知らされていた。
⑧運輸省からの要請で日航は技術部隊を派遣して自衛隊残骸を分別回収し、証拠隠蔽に協力した。
⑨日航は顧客の遺体の面前で、これを放置して「事故残骸の分別作業」をしたことを恥ずべき行為だと思っていなかった。

⑩自衛隊と群馬県警の救助放棄は意図的で乗客乗員の見殺し行為である。
⑪自衛隊特殊部隊は乗客乗員全員死亡を目的とする作戦を実行した。
⑫事故調の事故報告書は嘘であり、捏造された。
⑬日航は米軍アントヌッチ中尉の救助活動の中止、撤退、箝口令要請を知っていた。
⑭事故の真相の隠滅作戦は自衛隊・政府の陰謀である。
⑮政府は事故資料を全て廃棄した。

　日航はこうした事実をすべて知りながら、真の事故原因の隠蔽作戦に協力していたと考えざるを得ないのである。そして、自ら進んで、あるいは政府の圧力を受けて、いわゆる「代理の加害者役」を引き受けたのである。
　百歩譲ってみれば、引き受けざるを得なかったのかもしれない。しかし、遺族や国民を騙して「事故加害者」を装い、かつ日航も被害者だと居直りながら、一方では虚偽の事故原因を「安全啓発センター」で公然と宣伝している態度は理解できない。虚偽の事故内容を多くの国民に意図的に報道するのは明らかに犯罪行為であり、社是「安全運航の堅持」に反する行動で看過出来ないし、絶対に許せない行為なのである。
　かかる姿勢と態度では日航は社是「安全運航の堅持」を謳う資格もないし、絶対に達成出来ないことである。
　日航機事故の慰霊式典で日航は主役を演じ、役員が全員喪服を身にまとい、恭しく献花し、さらに恭しく慰霊登山をしているが、本当に犠牲者と遺族の心情を考えれば、かかる行動が取れないことは明らかである。日航の社員は俳優ではなく現実の人間である。実社会での真実の行動を取るべきである。
　遺族の誠心誠意の要求に応じて、日航はまず事故の「真実と真相」を告知し、詫びるべき事態になっていることを認識すべきである。
　遺族にとって日航の思わせぶりな姿勢と表面的な「誠心誠意」の言動からは「本当は真の加害者ではないが、やむを得ない事情で加害者を演じている。日航もまた被害者なのだ」といった傲慢な心情が見え隠れするのである。
　その点を遺族は「心眼」で透視判断出来るのである。

6 捏造された事故報告書のおぞましくも残酷な内容

偽造・捏造された事故調の「航空事故調査報告書」

　これまで述べてきたように、事故調の「航空事故調査報告書」の内容はまったくの「嘘」であり、事故調が自衛隊・政府の圧力により、ほとんど調査らしい事故調査も行わず、結論を与えられて捏造したものである。

　自衛隊・政府にとって都合のいい事故原因として「後部圧力隔壁が破裂破壊し、大量の機内空気が噴出して、垂直尾翼とAPUを噴き飛ばし、油圧配管を断絶して自動操縦機能を奪い、そして、墜落した」との結論を出した。

　繰り返し述べてきたように、この結論は次の点で間違っている。

①後部座席の圧力隔壁部のすぐ前に座っていた落合由美さんの冷静な観察による目撃証言と一致しない。また、圧力隔壁部が2平方メートルも破裂破断した証拠もなく、墜落時の衝撃で破壊されたことの可能性のほうが高い。垂直尾翼の構造からも内圧による破壊は考えられないし、設計上からも不自然である。科学的、技術的にもこの仮説は適切でなく成立しない。
　落合さんは3度の破壊音を聞いていないし、また機内に急減圧事象は起きておらず、機内は静粛で、白霧の発生はあったが、それはすぐに消えたと証言している。

②「圧力隔壁破壊説」については、技術的に素人である前橋地方検察庁の検事正ですら、「圧力隔壁の破壊が事故原因かどうか相当疑わしい」「事故調の報告書はあいまいだ」と不起訴理由にしている。事故調の結論は明らかに嘘であり、捏造されたものである。

③事故調の「圧力隔壁破壊説」は、その後の自衛隊・政府の行動とは相容れない矛盾と疑惑が一杯である。事故機が事故発生後30分間も飛行し、横田基地に着陸しようとしたのを自衛隊が阻止したこと、川上村レタス畑に着陸しようとしたこと、自衛隊機がミサイル攻撃撃墜したこと、墜落後、アントヌッチ中尉の輸送機が救助活動を行い、救助ヘリを呼び寄せ、ホバリングして救助隊員が降下している最中に日本政府がこれを中止させ、撤退させたこと、そして、米軍に箝口令の厳守を要請したこと、自衛隊と群馬県警の救助放棄による乗客乗員の見殺し行為、自衛隊特殊部隊によるあらゆる証拠品の

抹消・回収行為など一連の行動とは相容れないのである。

　また、ボーイング社の修理ミスによる不都合が原因ならば、なぜ自衛隊と群馬県警が必死に「乗員乗客全員死亡」の事態に執心したのか疑問である。修理ミスであれば率先して乗客の命を助ければ良かっただけの話である。これは明確な「二律背反」で論理の矛盾である。

　このことから日航機事故の端緒は自衛隊の無人標的機が日航機の尾翼に激突した事故であると考えられるのである。

④自衛隊の現場指揮官が現場で生存者の救出を行わずに「乗客乗員全員死亡」を宣言しているのは、自衛隊・政府の間で「全員死亡」との認識で合意していたからである。では、なぜ「全員死亡」なのか。それは自衛隊・政府が「全員死亡」を、尾翼へ自衛隊標的機が衝突した直後から、謀議し計画し、実行していたからにほかならない。

　自衛隊特殊精鋭部隊に課せられたミッションは最終的に「乗客乗員全員死亡」を完遂させることが目的なのである。生存者の川上慶子さんが墜落後、救助部隊と思われる人間を確認していることはすでに述べた。

　彼女は夢を見たのでない。彼女が声を上げて助けを求めていれば最悪の事態にいたっていたことは疑う余地はない。彼女は失神していたからこそ、悪魔の手から逃れ、助かったのである。

「国家機密」を盾にした説明拒否と事故の「真実と真相」との関連

　国語辞典には「国家機密」なる言葉があるが、民主主義国家・日本に「国家機密」なる「秘密」は存在しない。それに該当するのが、安倍政権が強引に強行採決して2013年12月に成立させた「特定秘密保護法」の「特定秘密」である。

　よって、日航機事故の説明拒否の理由に使われる「国家機密」との言葉は本来拒絶理由として使われるものでないのである。**さらに国民が旅行や観光のためにたまたま乗った旅客機が墜落した事故で、その事態が「国家機密」事項に相当するのは理解出来ないし、そんなことはとうていあり得ない。**これは突つかれると痛いところを隠すためのまやかしであり、その本当の理由は「責任回避」と「自己保身」「権力維持」である。

　自衛隊・政府が「国家機密」として説明を拒否する理由は、明らかになれば非常に困る、国と権力者が自身の地位を保全し責任を回避したいからである。

つまり、それが日航機事故の真実であり、真相なのである。

したがって、**国家機密を口にするということは必然的に事故調の結論は間違っていることを自供しているようなものである**。だから、政府は真実が記録されている事故資料を廃棄し、国家機密と称して事故の真実の説明と回答を拒否するのである。

事故に伴う自衛隊部隊の行動や事故調の調査過程での情報操作、政府の垂直尾翼の引き揚げ予算の拒否、アントヌッチ中尉らの救出活動の完全隠蔽事件など、多くの疑惑や矛盾を考えると、すべて合理的に説明できるのである。

結論として、「事故調査委員会の事故報告書は真っ赤な嘘である」と断言出来るのである。

第6章

日航機墜落事件の
警察捜査へ

――自衛隊の失態を隠蔽するため卑劣な隠蔽作戦を画策。
日航機事故は事故調査と事件捜査の両面で追及すべし――

1 事故調の「航空事故調査報告書」の矛盾と疑惑の内容

事故調による「圧力隔壁破壊説」と事故報告書概要

　航空機の墜落事故は何らかの過失を原因とする「事故」ばかりではなく、なかには加害者が存在していて、加害者の動機、または目的によって起きることもある。2001年9月11日に発生したアメリカ同時多発テロ事件の際のハイジャック事件や2014年7月24日にウクライナ軍の戦闘機によって撃墜されたマレーシア航空17便など、非常にまれな事態ではあるが航空機をめぐる「事件」も現実に起きている。

　これらは加害者の過失でなく故意によるものなので、「事故」でなく「事件」である。

　本章では、事故から2年後の1987年に公表された「航空事故調査報告書」を基に、日航機事故の「事件性」について考えてみたい。

▶事故原因とされる事象

①日航123便は18時24分、高度24,000フィートまで上昇した際に後部圧力隔壁の疲労亀裂が進展し、強度が著しく低下していたことから、外部との差圧に耐えられず、一気に大きく破断したものと推定される。圧力隔壁の疲労亀裂の発生と進展は日航機事故の7年前に同機が大阪空港で尻餅事故を起こした際、ボーイング社による不適切な修理に起因しており、また、日航での点検検査や整備では発見できなかった。

②破断が進行して開口面積は2～3平方メートルとなり、その開口部から流失した膨大な客室与圧空気により、後部胴体の内圧は上昇し、APUが破壊され、その後方のAPU全体を含む胴体尾部構造の一部の破壊と脱落が生じた。

③この破壊と同時に垂直尾翼の破壊が始まり、トルクボックスの破壊に至り、方向舵が脱落し、4系統の方向舵操縦系統油圧配管もすべて破断した。

④圧力隔壁が開口したため、操縦室と客室の与圧は数秒間で大気圧0.6気圧まで急減圧した。これに伴い25度あった客室の気温が異常発生後の6秒後には操縦室も客室もマイナス40度にまで下がった。

⑤前記の機体の破壊により、方向舵や操縦舵による操縦不能、水平安定板のトリム変更機能は失われた。この結果、横方向の安定性が極度に劣化したた

め、姿勢や方向の維持、上昇、降下、旋回等の操縦が極度に困難になって激しいフゴイド運動とダッチロール運動が生じた。その抑制は難しい状態で、不安定な状態での飛行の継続は出来たが、機長の意図通り飛行させるのは困難で、安全に着陸、あるいは着水することはほぼ不可能であった。そして、墜落した。

⑥乗客乗員の死傷について、墜落時の数百Gと考えられる強い衝撃および前部、中部胴体構造の全面的破壊によって全員即死したものと考えられる。本事故における生存者は4名であり、いずれも重傷を負った。4人とも後部胴体後方に着座しており、数十G程度の衝撃を受けたと考えられる。

この「航空事故調査報告書」は論理的、技術的な説明において大きな矛盾をさらけ出した。その矛盾を多くの有識者や遺族が指摘し、修正と再調査を要請したが、事故調はいっさい応じず無視し続けている。しかも、公正な事故調査をする立場にもかかわらず、反論に対する説明責任も果たしていない。

「事故原因は圧力隔壁破壊ではない」と判断した前橋地検

　1989年8月12日、日航機墜落事故の遺族らは国民26万人余の賛同を得て、検察審査会に申し入れを行い告訴したが、検察審査会が「不起訴不当」と判断したため、前橋地検に再捜査を申し入れた。翌年7月17日、不起訴処分についてこの案件を担当した山口悠介検事正は次のように語った。

◆「1989年9月、日航機事故の捜査をすることになった。この時、すでにNHKは『検察庁、不起訴か』との報道をし、どうなっているのかなと思った。捜査会議を開いたら、部下の検事（8人）は全員、『この事件は起訴出来ない』と言ったが、いろいろな角度から捜査をした」

◆「捜査の結果、『修理ミスが事故の原因かどうか相当疑わしい』ということだ。タイ航空機の時には乗客の耳がキーンとしたという声があったが、今回はない。圧力隔壁破壊などが1度に起こったかも疑問である」

◆「ボーイング社が修理ミスを認めたが、この方が簡単だからだ。落ちた飛行機（日航機）だけの原因ならいいが、他の飛行機（B-747）まで及ぶ他の原因となると、全世界のシェアを占めるボ社の飛行機の売れ行きも悪くなり、ボ社としては打撃を受けるからだ。そこでいち早く修理ミスということ

にした」

「事故調査報告書もあいまいだと思う。皆さんは我々が本当に大切なものの資料を持っているように思っているが、事故原因についての資料は事故調の報告書しか分からない。それを見ても真の事故原因は分からない。それ以上のことが、法学出身の我々にわかるはずがない」

「我々が調べたのは乗っていた人の調書、日航の調書、飛行機の破片、遺体の資料など。キャビネット20本以上あり、それを見た。でも、何も分かりませんよ」

遺族としては「ボーイング社の修理ミス」「日航の整備責任」についての告訴であったが、以上の内容から前橋地検は事故原因について「修理ミスで墜落したのではない」としており、基本的に日航機事故の原因は「圧力隔壁破壊ではない」ことを前橋地検の山口検事正が結論付けている。

つまり、事故調の事故原因はまったくの「嘘」なのである

事故調査委員長の疑惑の言動

事故原因は運輸省（現国交省）と政府が先に決めて、その後は事故調がそれに合致するように都合のいい調査を進めて、小手先だけで結論をまとめたというのが真実なのである。

事故調の武田峻委員長が政府に垂直尾翼とAPUなど残骸の引き揚げを要請した会談について質問した時の回答は、

◆「いくら金がかかっても、たとえ5億円かかっても引き揚げたい。しかし、相模湾から尾翼などの残骸を引き揚げたら、事故原因が覆ることになる」

であった。この発言は、自衛隊の無人標的機の激突が事故の原因であると知っていたことを示唆している。

報告書を発表する時、武田委員長があれほど自信も落ち着きもない疲れ切った表情で会見するということは、「航空事故調査報告書」の内容に引け目を感じている、あるいは不満である、そして、最終的には報告書は間違っていると自ら告白しているようなものである。

事故調は事故原因を「圧力隔壁破壊説」として、操縦不能で墜落したと言っているが、それでは数々の事象が説明出来ないことは第1〜4章で詳細に説明

した。圧力隔壁破壊が「嘘」であり、その後の自衛隊などの行動は常軌を逸した残酷な犯罪行為であることは明らかである。すなわち、日航機事故は謀略の痕跡の見える「事件」であることを示唆している。発生事象を説明出来ない場合はその仮説を「没」として次の仮説に移るべきであり、それが事故調査の原則なのである。

事故調が自信と確信をもって説明できないような報告書を遺族は認めることはできないし、520名の犠牲者の霊前に捧げるわけにはいかないのである。

さらに、墜落事故の中にはハイジャック事件のように加害者が存在していて、加害者の動機、または目的によって起きることもある。これらは当然のことだが、「事故」でなく「事件」である。

2 1件の「事故」と9件の「事件」からなる「仮説X」

日航機事故の「真実と真相」を明らかにした「仮説X」

1987年に「航空事故調査報告書」が出されて以降、生存者の証言やアントヌッチ中尉の証言によって判明した救出活動の中止と撤退、および箝口令要請、そして、多数の目撃証言や自衛隊特殊部隊の残骸回収行為、生存者への加害行為、自衛隊・群馬県警による救出活動の阻害行為、遺体検屍分析、政府関係者の「国家機密」発言、重要な事故関連資料の廃棄処分など、多くの有識者らの考察や検証によって日航機事故の「真実と真相」が次第に明らかになった。

事故調の結論を「仮説A」＝「圧力隔壁破壊説」とするなら、事故から約29年を経て「真実と真相」に最も迫ったこの推論を「仮説X」とする。「仮説X」は「仮説A」の対立論理として提示するものであるが、結局のところ、いずれの「仮説」が事故の事象を矛盾なく説明できるかが真の事故原因としてのポイントとなる。

反論も大いに結構であるが、逆に事故調が従来のように無視し反論しない場合は「仮説X」の正しさを認めることにつながり、事故調の仮説の崩壊である。すなわち事故調・政府の仮説、推論は「嘘」であることが証明されるというわけである。

事故原因「仮説X」は1件の事故と9件の事件で成り立つ

　ここまで日航機123便墜落事故を検証してみたところ、この事象は1機の航空機に降りかかった1件の「事故」と、事態の真実と真相を隠蔽するための9件の加害行為、つまり「事件」によって構成されていると考えられる。
　すでに何度も述べてきたが、本章では最後にもう一度事件を整理して、日航機事故における隠蔽行為や加害行為、犯罪行為の実態を明確にして検証する。

▶事故①：日航機123便自衛隊標的機衝突事故

　8月12日18時12分に羽田を離陸した日航123便は、そのわずか12分後に自衛隊が演習で発射した無人標的機が操作ミス、あるいは機器不良のために日航機の垂直尾翼を直撃し、油圧配管を破壊して自動操縦不能の状態に陥った。この事実を知った自衛隊演習部隊の責任者はただちに防衛庁幹部に報告し、対処方針の指示を求めた。そして、こうした状況では日航機は間もなく墜落するとの予測を付け加えた。

▶事件①：自衛隊標的機衝突事態の隠蔽工作指示

　自衛隊幹部は政府首脳と緊急密談を行い、全日空機雫石衝突事故同様、すぐに日航機が墜落するとの認識のもと、相模湾上空で自衛隊標的機が尾翼に衝突した事態を徹底的に隠蔽することを自衛隊に指示し、かつ関係部署に「国家機密」として箝口令と情報漏洩禁止令を出した。

▶事件②：自衛隊戦闘機による援護不作為行為

　事故機は「スコーク77」の緊急事態信号を発信。これに応じて自衛隊戦闘機2機がスクランブル発進し、追尾して周囲から様子を視認。その結果、垂直尾翼とAPUが破壊され、また、自衛隊標的機の部品が付着していること、さらには予想に反して手動操縦が可能であることを自衛隊・政府に通告した。
　自衛隊・政府は事故機の監視を続け、高濱機長と交信して機体破損とその原因を知っているかどうか確認を求めた。また、事故機の手動操縦能力の状況の把握を行うよう指示。一方で自衛隊機パイロットには標的機が衝突した事態の隠蔽方針を伝え、順守を命令した。

▶事件③：事故機の横田基地への着陸阻止と脅迫行為

　高濱機長らは必死の努力で手動操縦技術、事故機を上昇、降下、旋回させる技術を習得した。これを習得した時点で機長としての緊急任務と取るべき行動は「早急に最寄りの飛行場に着陸すること」であった。

　そこで、大月市上空を過ぎた時点で横田基地方向に進路を取り、乗客乗員に着陸態勢を取るよう指示している。そして、大月市上空で360度ループ旋回飛行して徐々に高度を下げ、着陸高度まで下げることが出来た。

　その後、着陸条件が整い、横田基地に着陸するとの指示を乗員に伝えた。横田基地側も事故機の着陸を許可して救難受け入れを日本政府に通告しており、すでに着陸に備えて救護態勢を整えていたのである。

　しかし、これを察知した自衛隊機は自衛隊・政府の隠蔽方針に基づき、着陸を阻止するよう事故機に命令。自衛隊機のパイロットは幹部の指示通り、操縦が不安定な事故機が着陸に失敗すると付近に住む住民を二次被害に巻き込む恐れがあるため、もっと住民の少ない地域で着陸を行うこと、そのために広大で平坦な長野県川上村レタス畑への不時着を指示命令した。

　高濱機長は何度も横田基地への着陸を懇願したが、自衛隊機はこれを拒否。さらに「着陸を強行する場合は撃墜する」との脅迫も行った。高濱機長は断腸の思いで横田基地着陸を断念し、東京都八王子市美山地区で左旋回して、一路、川上村レタス畑を目指して飛行した。

▶事件④：自衛隊機による事故機へのミサイル撃墜事件

　事故機はすでに30分近く飛行しており、3人の操縦クルーは精神的、肉体的に疲労の極限に達しており、時刻も19時近くなって空は暗くなり始め、視界の点からも早く着陸する必要があった。

　高濱機長らは川上村レタス畑方向に飛行し、そこに着陸を敢行しようとして乗客乗員に着陸態勢姿勢を取るよう指示している。山間部への不時着は飛行場の場合に比べて乗客の死傷率は高くなるが、それでも墜落に比べれば低くなるので機長は敢行せざるを得なかったのである。

　高濱機長らが機体を地上数十メートルまで降下させ、着陸態勢を取ったところ、レタス畑では多くの村人が農作業をしており、村人を危害に巻き込む可能性が高かった。そのため、不時着を中止・断念せざるを得なかったのである。

　しかし、着陸態勢で低空飛行していたため、そのままでは前面の扇平山に激

突するので右旋回上昇したが、今度は三国山が迫り、これを回避するために左旋回、急上昇して衝突を回避することができた。事故機はその後3,000メートル以上の高度に達し、水平飛行に入ったのであった。

事故機が命令に逆らって川上村レタス畑への不時着を回避したのを見た自衛隊機は、事故機が水平飛行に移った段階で上層部の指示通りミサイルを事故機に向けて発射したのである。ミサイルはエンジン部に命中して右第4エンジンが損傷、一瞬にして事故機は完全に操縦不能に陥った。

機体は急降下したものの、高濱機長らの必死の操縦により高度1,500メートル付近で機体の姿勢を回復させて水平飛行に戻った。しかし、右第4エンジンが作動不可のために機体の傾斜を修正できず、樹木と地面に激突して傾斜角が大きくなり、真横向きの姿勢で御巣鷹山の尾根に激突した。機体は中央で真っ二つに折れ、後部胴体部は山の斜面を滑り落ち、樹木をなぎ倒して衝撃が緩和され、スゲノ沢に留まった。

4人の奇跡の生存者は全員後部座席に座っていた。いったん水平飛行に戻ったことで機首を下にした急降下激突から解放され、衝撃が緩和されて数十名が即死を免れたのである。高濱機長らの努力が全員即死の惨状を救った。

まるで絵空事のように思われるかもしれない撃墜事件だが、その証拠を実は日航自身が認めている。それが8月12日、事故当夜20時頃に乗客の家族が詰めかけていた羽田空港のホテルで日航役員が言い放った「日航機は北朝鮮のミサイルによって撃ち落とされたんだ！」との発言である。

▶ 事件⑤：自衛隊の虚偽の墜落場所報道による救助活動阻害事件

当然、事故機には無人標的機の残骸やミサイルの破片が付着しており、この回収を秘密裏に行う必要があった。その役目を任されたのが自衛隊の特殊精鋭部隊であり、その回収時間として12日23時～13日午前7時頃まで墜落現場に誰も入れないようにする配慮が必要だったのである。

そのために虚偽の墜落地点を何度も報道して、時間を浪費したのである。また、上野村の陸上自衛隊部隊および群馬県警部隊に対して、自衛隊指揮官は「13日5時まで待機せよ」との命令を出している。

仮に早朝5時に出発しても墜落場所に到着するのは8時頃となり、証拠回収部隊に時間的な余裕を与えられるからである。さらにいち早く駆け付ける可能性の高い上野村消防団や猟友会の行動を阻害するため、政府権限にて群馬県警

に命じ、県警本部長は墜落場所が長野県との報道にもかかわらず、急に対策本部を上野村に設置したのである。

そして、派遣された群馬県警の機動隊は全然異なる場所を捜索すると称して猟友会に案内を依頼し、消防団にも違う場所の捜索を命じたのである。同じ頃、群馬県警は違法にもかかわらず墜落地点への道路を封鎖し、検問所を設置して墜落場所への交通を遮断した。

この時、上野村消防団員らは墜落場所が御巣鷹山のスゲノ沢だと確信し、救助開始を進言したが、自衛隊指揮官は拒否して救助活動を阻害し、助かる乗客乗員の命を見殺しにしたのである。

また、「待機命令」に反して救助に駆け付けようとした自衛隊員数名が射殺されたとのNHKの報道もあったが、これなどは命令に背いた者は射殺もやむなしと、自衛隊員に対して秘密厳守を守らせるための意図的謀略報道だったのである。

そこまでして救助活動を遅らせ、自衛隊が関与した証拠を隠滅しようとしたのであり、かかる行動は「生存者の見殺し行為」に相当する犯罪事件である。

▶事件⑥：日本政府は米軍に救助活動の中止・撤退・箝口令を要請

自衛隊の捜索活動開始は墜落から10時間も経った13日の早朝4時50分であった。しかし、米軍輸送機のアントヌッチ中尉らは墜落から20分後の12日の19時15分に現場上空に到着し、2時間にわたって旋回しながら救助ヘリを呼び寄せ、救難降下の態勢に入っていた。

しかし、これを知った日本政府は横田基地司令に対し、救助中止と撤退を要請。さらに米軍に秘密厳守を要請し、米軍指揮官はアントヌッチ中尉らに救助活動に関する「箝口令」と「他言無用」を命じている。この重大事実は日本の公式記録から削除され、公表されなかった。事故調による明らかな事実証拠隠蔽行為といえる。

事故から10年後の1995年8月、アントヌッチ中尉の勇気ある証言でやっと事実が暴露された。つまり、**日航機事故において行われたことは自衛隊の救助遅れでなく、正しくは自衛隊・政府による生存者の見殺し行為**である。この点で**日航機事故は間違いなく殺人行為に匹敵する「事件」**である。

日本政府がこのように非情で残酷な要請を米国に伝えた目的は、自衛隊特殊精鋭部隊の極秘任務を秘密裏に遂行するため、墜落場所への他者の立ち入りを

排除するためであったことは間違いのない事実である。

▶事件⑦：自衛隊特殊精鋭部隊による非人道的全員死亡の極秘任務の遂行

　8月12日22時から翌朝7時頃まで、墜落現場上空には自衛隊のヘリが多数飛行しているのが目撃されている。この間、特殊精鋭部隊約100名は自衛隊の無人標的機、およびミサイルの破片部品をヘリに回収し、自衛隊・政府上層部から命じられた極秘作戦を忠実に実行していった。
　その目的は相模湾上空における「日航機への自衛隊標的機の衝突」と「ミサイル攻撃」といった自衛隊が関与した証拠となるものすべてを有形無形問わず隠蔽すること、つまりは「乗客乗員全員死亡」「全員の口封じ」を完遂することであった。
　そして、自衛隊特殊精鋭部隊全員は13日7時頃までに、まるで忍者の如く姿を消している。

▶事件⑧：「調査報告書」を捏造した事故調の公文書偽造事件

　運輸省は事故調に対し、真の事故原因を隠蔽させるべく虚偽の事故原因を捏造させ、「急減圧による圧力隔壁破壊が原因」との報告書を作成し、それが成立するようにボイスレコーダーやフライトレコーダーの記録を修正。また、重要証拠品である相模湾に沈んだ垂直尾翼とAPU、および自衛隊標的機部品などの引き揚げ回収を行わず、事故調査の基本原則を無視して結論を導き出した。
　これでは「事故調査委員会」でなく、「事故原因捏造委員会」と呼ばれても仕方のないやり口である。その後、事故原因について疑問や反論、疑惑の意見、見解が出されているが、事故調はいっさい沈黙しており、2005年には止めを刺すように「再調査の予定はない」と豪語している。
　これまで何度も触れてきたように、この事件は真の事故原因である「無人標的機衝突事件」の隠蔽工作に端を発することは明らかであり、政府に重大な「捏造罪」が科せられるにふさわしい事件なのである。

▶事件⑨：事故調による事故関連資料の廃棄行為

　1999年に国民の政府、行政の言動を知る権利を認めてその業務内容を公開する義務を法制化した「情報公開法」を国会が成立させたことから、運輸省（現国交省）はその法律施行開始直前に日航機事故関連の資料をすべて廃棄さ

せたのである。

　おそらく事故当時の責任者の鶴の一声で決まったものと思われるが、このように重要な国民の財産である事故資料の廃棄行為は日航機事故の真実と真相を隠蔽するためであり、再調査を妨害するためとしか考えられない。
　重要証拠の隠滅行為は立派な犯罪「事件」であり、このような事故資料廃棄事件は日航機事故の機密に潜む「真実と真相」を隠蔽するものである。

　以上の10項目（1件の事故と9件の事件）からなる事故調の虚偽・隠蔽工作は、事故原因の「真実と真相」に迫る「仮説X」である。
　この「仮説X」は私だけが提起するものではなく、多くの有識者や航空機事故の安全を願う人たちもまた、すでに同様の結論に至っており、それを提起していたのである。角田四郎氏、池田昌昭氏、吉原公一郎氏、吉岡忍氏、米田憲司氏、藤田日出男氏なども事故調の結論に異議を唱え、上記同様の「真の事故原因」の仮説を提起している。
　いたずらに事故調の結論に悶着を付けるのでなく、遺族の立場で520名の犠牲者の霊前に事故の「真実と真相」という「華」を捧げるべく、真摯に証拠や目撃証言、航空機事故の調査分析、機体の調査、状況証拠……を根気よく積み重ねて再検証し、隠された資料と事実を推測しながら辿りついた結果である。

　なかでも『疑惑』の著者・角田四郎氏は、真っ先に事故調の結論を否定し、「自衛隊・政府による謀略事件」との衝撃的な結論を発表したが、一方で苦渋の発言を行っている。
◆「検証を進めれば進めるほど、事故調の報告書から遠ざかり、また、報告書を否定する材料ばかり増すのである。日航機墜落事故は言われているように単なる『事故』ではないのだ。明らかに『事件』と呼ばれるべきものを内包しているのである。そこには加害者『犯人』が潜んでいる」（『疑惑』より）

　事故調は自衛隊・政府が決めた「圧力隔壁破壊説」を結論付けて一件落着としたが、前述した10項目に及ぶ疑問点を検証する限り、このような事態は残酷な殺害犯罪行為以外の何物でもない。
　ということは、本来、日航機事故の調査を担当すべきは事故調ではなく、警察が担当して真相を明らかにするのが一番なのではないだろうか。

このように、何の調査も検証も行わない事故調はその責任を放棄していると言われても仕方がない。もっとも、運輸省と政府は事故調にそのような調査を行わせないよう権力行使を行った可能性がきわめて高いのである。

3 不祥事の隠蔽工作を引き起こす自衛隊の黒い闇

自衛隊・政府の不祥事隠蔽体質と権力者・組織幹部の思考

それにしても、このような悲惨で驚愕すべき謀略事件がなぜ起きたのか。
その背景や土壌を検討することは今後の再発防止対策を考える上で非常に重要であり、また、不可欠ともいえる。
そこで、日航機墜落事故の「真実と真相」を闇に葬り去った背景にあるもの……自衛隊の特質・経過や政治の経過・現状、政治家の資質、日本人の政治への関心度などについて考察する。

前項（1件の事故と9件の事件）の内、一番重要な項目は事件①の「自衛隊無人標的機衝突事態の隠蔽工作指示」である。自衛隊の無人標的機が日航機尾翼に衝突するという不祥事にどのように、自衛隊・政府が対処するかを決めるのは組織の最高権力者であり、責任管理者・幹部である。
「自衛隊の不祥事」の報告に対する処置や対応には以下の2つしかない。

①事態を認めて公表し、最善の処置と対策を講じる。
②徹底的に隠蔽する。

自衛隊は隊員の「いじめ自殺事件」でも徹底的に隠蔽し、証拠品があっても「廃棄した」と居直り、結局10年以上も裁判で争ったのである。自衛隊は結局事実を認めて敗訴しており、すなわち、**自衛隊組織は基本的に完全な「隠蔽体質」が組織を支配しており、権力者や責任者、幹部はそうした体質を引き継ぎ、支配し、運営している**のである。
組織の支配者や権力者、幹部は長年の努力でその地位を獲得し、権力権限を謳歌しているのである。隊員の不祥事の影響が軽微な場合は比較的低位の責任者や幹部が責任を取れば良いが、影響が甚大な場合、例えば、組織の存続に及

ぶ不祥事の場合は最高権力者や最高責任者の責任が問われる事態になる。

　最高権力者や最高責任者らは自らの地位と権力の「保全と保身」のためにこの不祥事を完全に隠蔽し、闇の中に葬ろうとしたのである。

　日航機事故は「自衛隊の無人標的機が民間機の垂直尾翼に衝突し重大な損壊を与えた事態」であり、かつ「日航機は操縦不能で墜落し、乗客乗員524名の命が失われる」という重大な危機状態と自衛隊は判断したのである。この時点で、自衛隊幕僚長らは当然ながら自衛隊関与の事態を完全に「隠蔽」すると決めていたはずである。

　自衛隊は「スコーク77」の緊急信号を受けて戦闘機2機を緊急発進させ、日航事故機を追尾並走して、「垂直尾翼に自衛隊機材が付着している」こと、「事故機は手動で操縦し、飛行している」こと、さらに「横田基地に着陸を敢行しようとしている」ことを確認している。

　自衛隊最高幹部らは驚愕し、多くの乗客が無事生還すると「自衛隊関与の衝突事態」の隠蔽が不可能になるのは明らかなので、急遽、戦闘機パイロットに「横田基地への着陸を絶対に阻止すべし」との命令を出したのである。

　以降の「自衛隊不祥事の隠蔽」のための計画や作戦は自衛隊・政府や運輸省幹部が相談し、協議して、完全で漏れのない計画を謀議作成したのである。

　その際、実行部隊は自衛隊員で、命令に忠実に従い実行したのである。それは、「ミサイル攻撃」「救助不作為」「アントヌッチ中尉らの救助活動を中止、撤退させ、米軍に箝口令の要請」「自衛隊特殊部隊への極秘殺害任務命令と実行」「事故報告書の捏造」「事故資料の廃棄」であった。

　日航機事故では自衛隊の無人標的機が垂直尾翼に激突した時点での自衛隊最高幹部や政府権力者の対処と判断がすべてを決めたのである。この事件の主犯はかかる自衛隊・政府の最高責任者であることは明白な事実である。

理解出来ない不可解な自衛隊派遣と事故現場の保全と管理

　日航機のミサイルによる撃墜は当初の謀議計画に基づき航空自衛隊の戦闘機が簡単に行ったが、問題はその後、秘密裏に残骸処理と乗客乗員の処置を実行する上で、墜落地点の管理や管轄権を占有し、誰も立ち入らない対策が不可欠になったことであった。

　事故直後、自衛隊は13、14日に迅速に現場に駆けつけて遺体収容作業を行っ

ており、私も遺族の1人としてその速さと機敏な出動に感謝をした次第である。しかし、この自衛隊の迅速な行動、かつ現場管理は自衛隊の法的管轄権からも、組織運営上からもきわめて異常であり、あり得ない状況なのである。

　<u>墜落現場の管轄権は警察にある</u>のは明白で、交通事故でも災害時でも警察は国民の生命と財産を保護するために出動することが「警察法」で定められている。したがって警察の固有の仕事なのである。一方、自衛隊の任務は「自衛隊法」の第3条に「自衛隊は、我が国の平和と独立を守り、国の安全を保つため、直接侵略及び間接侵略に対し我が国を防衛することを主たる任務とし、必要に応じ、公共の秩序の維持に当たるものとする」と書かれている。

　出動してもあくまでも「災害派遣」であり、補助的な立場であることは明白で、<u>法的には明らかに事故現場の管轄権は警察にある</u>ことを証明している。

　墜落事故が発生した時点で「警察庁」と「自衛隊」の間で猛烈な激論があったと聞いている。しかし、いくら自衛隊が頑張っても勝ち目がないのは明白であった。自衛隊が墜落現場で自衛隊自身が管轄する正当な理由を出さない限り、話にならない。しかし、ここで自衛隊が運輸省に説明し、運輸省が日航に告げた内容がそれを正当化させたのではないかと考えると、辻褄が合うのである。

　それは8月12日22時頃、日航役員が乗客の家族に告白した衝撃的な言葉である。すなわち「日航機は北朝鮮のミサイルで撃ち落とされたんだ」との言葉である。この言葉について私は長い間、その真の意味は、または裏の背景は何かと思い悩んだのである。私は単純に「日航機はミサイルで撃墜された」としか、判断出来なかった。

　北朝鮮は当時も今も常に攻撃的で、韓国の要人を爆殺しようとしたり、日本の国民を拉致したりする異常な国で、何をするか分からない国である。日本にとって仮想敵国であり、「北朝鮮のミサイルが日航機を撃墜した」との事態であれば、自衛隊がこの墜落現場を管理保全して北朝鮮のミサイルの残骸を調査し、対策を立てる必要があるとの主張も一応筋が通る。しかし冷静に考えると、北朝鮮がミサイルで攻撃するとの事態はあり得ないことは容易に分かる。

　空対空ミサイルであれ、巡航ミサイルであれ、近くに戦闘機や艦船がいなければ発射出来ないのである。そのような不審な艦船や戦闘機が日本近郊に近づけば、日本の防空監視網には必ず探知されるはずで、また米軍がこれを見過ごすはずはない。

自衛隊と警察庁との現場管轄権争いは、自衛隊側が「北朝鮮のミサイル」説を持ち出しても自衛隊の主張に勝ち目がなかったが、結局、事態の真相を知っていて、事態隠蔽作戦を了承した自衛隊の最高監督権者：総理大臣が自衛隊側に墜落現場の管轄権を与えることを裁定したのである。
　この決定で、自衛隊は陸上自衛隊救助部隊を急遽派遣し、秘密裏に証拠残骸を回収して隠蔽し、さらに乗客乗員全員の死亡事態を図ったのである。
　ここに、自衛隊が「北朝鮮のミサイル」との狼少年の嘘を持ち出した理由が見事に論破出来たのである。しかし、こうした「北朝鮮」との主張は一時しのぎでは役に立ったが、結局のところ、日航機はミサイルで撃墜された事実を認めたことにつながり、決定的な致命傷になったのである。

自衛隊に「災害派遣」を要請したのは誰か？

　自衛隊の主務は我が国の平和と独立を守り、国の安全を保つため、直接侵略および間接侵略に対して我が国を防衛することにある。
　さらに、自衛隊法第83条には次のように記されている。
◆「都道府県知事その他政令で定める者は、天災地変その他の災害に際して、人命または財産の保護のため必要があると認める場合には、部隊等の派遣を防衛大臣またはその指定する者に要請することができる。（中略）ただし、天災地変その他の災害に際し、その事態に照らし特に緊急を要し、前項の要請を待ついとまがないと認められるときは、同項の要請を待たないで、部隊等を派遣することができる」
と規定されている。
　災害派遣の目的は災害による人命または財産保護のために部隊等を派遣することであり、派遣は知事などの要請によって行われることになっている。
　事故当日の8月12日深夜の時点で、自衛隊部隊が群馬県上野村に災害派遣されている。日航機墜落で現場に派遣された自衛隊部隊はこの自衛隊法での「災害派遣」に相当する。
　自衛隊部隊は墜落場所が不明の段階の12日20時頃には出動しているが、長野県知事の要請でもなく、また群馬県知事が要請したものでもないことは明らかである。両県とも警察部隊が現場に向かっているからである。しかし、自衛隊特殊部隊は12日20時頃には上野村三岐で待機しているのが目撃されている

し、多数の自衛隊部隊も12日23時過ぎに上野村に到着している。

　自衛隊法では、自衛隊自身が要請を待たずに出動することができると規定されている。しかし、自衛隊の地区の司令官が29年前も現在でもかかる判断を独自に行い、派遣することはあり得ないのである。司令官も官僚と同じく独自の判断は出来ないし、また実行するはずはない。

　あの米軍横田基地のアントヌッチ中尉ですら勇猛果敢な救出活動を行ったと思われているが、彼1人が単独で判断して実行したわけではない。アントヌッチ中尉はすべて横田基地からの指示命令で行動したのであって、あの貨物機の乗員全員が後日米国で表彰されているのである。

　軍隊はもちろん、自衛隊でも命令なしで自らの判断で行動することはあり得ない。さらに、派遣された自衛隊部隊は救援のためであり、屈強な労働力を多数提供することで、あくまでも補助である。

　その点で、国民の生命と財産を守る担当部署は「警察」であり、自衛隊部隊は警察の指揮下に入ることが原則なのである。

　では、かかる迅速に自衛隊部隊を派遣したのは誰か、である。

　それは、自衛隊トップの幕僚長や幹部の指示命令としか考えられない。自衛隊関与の事態の完全隠蔽作戦を立案した責任者が自衛隊部隊に出動命令を出したと考えると辻褄が合うのである。すなわち、自衛隊不祥事のすべてを知っている者しか、かかる自衛隊部隊の緊急派遣を命令出来ないのである。

　謀略計画を立案し、実行命令したのは自衛隊幕僚長らであると断定出来るのである。

日航と群馬県警を隠蔽作戦に協力させたわけは日航役員の暴露発言

　自衛隊は墜落時点から、「北朝鮮のミサイルが日航機を撃墜した」との極秘表現で隠蔽作戦を誘導実行したと考える。

　この言葉は「警察庁」との管轄権争いでも使用したし、その後も隠蔽作戦で使っている。日航に対しても「日航機は北朝鮮のミサイルで撃墜された」と連絡し、その残骸を至急回収して調査するので整備技術者を現場に派遣し、選別を行うように要請したと考えられる。この時点で日航はB-747機墜落の責任は日航自身にないと判断し、作戦に協力したのである。

　群馬県警には同じく「北朝鮮のミサイルで日航機が撃墜された。その調査を

行うので誰も部外者を入れないように。特に上野村の消防団と猟友会には絶対に近づけさせないように。ミサイルには放射能物質が存在している可能性あり、道路封鎖して一般部外者の立ち入りをさせないように」などの指示を行ったと考えられる。

このように「北朝鮮のミサイル攻撃」なる言葉は非常に巧妙な謀略表現で有効であった。しかし、この言葉はすぐに「嘘」だと分かったはずだが、真実を知った段階では日航も群馬県警も黙認了承せざるを得なかった。自衛隊はこの虚言や暴論、愚言を悪用したようだが、かかる「嘘」は必ず、嘘をついた自分自身に降り掛かって戻ってくるのである。

こうした言葉は一時しのぎになったが、その帰結は、自衛隊が「日航機はミサイルで撃墜された」を認めたことになり、すなわち、「自衛隊が日航機をミサイルで撃墜した」を自白したに等しい自滅行為で、真実はそこにあるのである。

事故調の捏造結論「仮説A」と真実と真相の「仮説X」との比較

事故調の「圧力隔壁破壊説」＝「仮説A」は科学的にも論理的にも、かつ瀕死の重傷を負って生還した落合由美さん、川上慶子さんらの体験目撃証言により完全に否定されているのは明らかである。

これにより機体の老朽、整備不良による破壊はあり得ないことが明確にされ、あの巨大で頑丈な垂直尾翼部分が機内空気の流出で吹き飛ぶという滑稽な仮説は誰が考えても事故調の捏造以外の何物でもないことが分かる。

無人標的機による垂直尾翼破壊後、自衛隊は積極的に事故証拠の完全隠蔽処理に参加し、さらに意図的に救助遺棄やアントヌッチ中尉らの救出活動の隠蔽、上野村での救助部隊の待機命令など不可思議で非人道的な言動を取っている。しかし、これらはみな事態の隠蔽のためと考えれば納得できるのである。

確実な証拠残骸や状況証拠、科学的、論理的な推測からもこの結論、自衛隊の「無人標的機衝突説」が導き出されるのである。

さらに万が一「仮説A」が正しいとすると、垂直尾翼破壊後、墜落後における自衛隊の数々の疑惑の行動が説明出来ない。この２つは<u>完全に二律背反の関係</u>にあり、このことからも「仮説A」の虚偽を露呈するのである。

一方、「仮説X」は垂直尾翼破壊から事故機の飛行経路や意図的な救出遺

棄、生存者の見殺し行為、アントヌッチ中尉の救助活動の隠蔽、特殊部隊の極秘加害行為、事故資料の廃棄処理など一連の自衛隊・政府の行動を矛盾なく説明できる。

その結果として導き出される答えは明白である。「仮説A」ではなく「仮説X」こそが真の事故原因であり、日航機事故の「真実と真相」である。

4 自衛隊の本質と行動規範についての考察

自衛隊による撃墜が受け入れがたい日本人の感情的な障壁とは？

このように「仮説X」はきわめて合理的にすべての事象を説明できるが、現実問題となると、どうしても一般の人には受け入れがたい常識的な感情の「障壁」なるものが存在するのもまた事実である。

それは「国民を守るはずの自衛隊が国民を攻撃し、殺害するはずがない」というきわめて自然で素朴な感情である。実際、誰であれそう思っているはずである。私自身、1998年に刊行された池田昌昭氏の『御巣鷹山ファイル2―JAL123便は自衛隊が撃墜した』を読んだ時、激しい衝撃を受けて一時思考を停止したのである。

かねてより疑問に思っていたさまざまな事象がことごとく腑に落ちる内容であったためだが、その一方で、日本という国に誇りを持ち、日本を信じるがゆえに信じがたい思いに駆られたのも事実である。だから、多くの日本国民も遺族も同じ感情を抱くのは当然のことと考える。

しかし、それから15年以上が経った今思うことは、自衛隊員らは実際に「仮説X」の通りに行動したに違いないということである。

それでは、この「仮説X」に対する大多数の日本人の感覚的障壁を融解除去するため、そして、この「仮説X」が広い理解を得るために、まずは日航機事故で重要な役割を果たした現実の自衛隊の体質と行動規範について考察する。

自衛隊の行動と思考を規制する「自衛隊法」と命令・秘密厳守体質

まず、自衛隊の発足経過と自衛隊法について記述し、その後に日航機事故における自衛隊の言動について考察する。

①自衛隊発足の経緯と現実状況

　日本の自衛隊は1950年に始まった朝鮮戦争の余波を受け、憲法の規定に触れるにもかかわらず急遽設立された。しかし、その頃の日本の社会背景としては、国民の自衛隊に対する関心は薄く、あくまでも自主防衛に徹するために実戦の機会はなく、ほとんど災害救助や救援、復興業務が主体であった。

　それでも現在の日本の自衛隊員の資質は高く、世界でも有数の実力を持つ隊員である。一方で、自衛隊の司令官たる防衛庁長官（現防衛大臣）には自衛隊をよく理解していないような資格のない人が選ばれ、しかも短期間に交替する。

　その中でただ1人、中曽根康弘元総理だけは第2次大戦での高級将校出身であり、戦後、復員して政界に入ったために自衛隊への思い入れは強く、米国に対して「日本列島は不沈空母である」と豪語するなど軍備増強に力を入れた功労者である。

　自衛隊の戦力も士気も高く、隊員の資質も優秀であるが、問題は自衛隊の組織運営や管理システムが不十分であり、幹部や指揮官の知識や能力、経験などに問題があることは明白である。要は自衛隊が憲法にきちんと記載されることが緊急の課題であり、国民的な議論で詰める必要がある。

②「自衛隊法」で規制されている自衛隊の言動

　巨大な戦力を持つ日本の自衛隊は法律で厳然と規定されている。

第3条（自衛隊の任務）
自衛隊は、我が国の平和と独立を守り、国の安全を保つため、直接侵略及び間接侵略に対し我が国を防衛することを主たる任務とし、必要に応じ、公共の秩序の維持に当たるものとする。
※「自衛隊は国民の生命と財産を守る組織」とは明記されていない。
第7条（内閣総理大臣の指揮監督権）
内閣総理大臣は、内閣を代表して自衛隊の最高の指揮監督権を有する。
第8条（防衛大臣の指揮監督権）
防衛大臣は、この法律の定めるところにしたがい、自衛隊の隊務を統括する。
第57条（上官の命令に服従する義務）
隊員は、その職務の遂行に当つては、上官の職務上の命令に忠実に従わなけれ

ばならない。

第59条（秘密を守る義務）
隊員は、職務上知ることのできた秘密を漏らしてはならない。その職を離れた後も、同様とする。

第83条（災害派遣）
都道府県知事その他政令で定める者は、天災地変その他の災害に際して、人命または財産の保護のため必要があると認める場合には、部隊等の派遣を防衛大臣またはその指定する者に要請することができる。（中略）ただし、天災地変その他の災害に際し、その事態に照らし特に緊急を要し、前項の要請を待ついとまがないと認められるときは、同項の要請を待たないで、部隊等を派遣することができる。

※災害派遣の目的は「国民の命または財産の保護」である。

第122条（秘密漏洩での罰則）
防衛秘密を取り扱うことを業務とする者がその業務により知得した防衛秘密を漏らしたときは、五年以下の懲役に処する。防衛秘密を取り扱うことを業務としなくなつた後においても、同様とする。

第123条（懲役）
（中略）
第七十六条第一項の規定による防衛出動命令を受けた者で、次の各号の一に該当するものは、七年以下の懲役または禁こに処する。
三　上官の職務上の命令に反抗し、またはこれに服従しない者

　これらの規定から、自衛隊の最高指揮監督権者は内閣総理大臣であり、自衛隊は上官の命令には絶対服従の組織であること、さらに自衛隊が行った事象や事態についての厳しい秘密厳守の誓約規定があることが分かる。
　そして、これは意外と知られていない、あるいは誤解されていることだが、**自衛隊はわが国の平和と独立と安全を守ることが主任務であって、そこには国民1人ひとりの命と財産を守るとは書かれていない**。国民の命と財産を守るのは、第83条にあるように災害が発生した時だけなのである。
　そして、自衛隊員が行動した結果がどんなものであっても、一般の自衛隊員に何の責任もなく、すべて上官の責任である。なぜなら、個々の自衛隊員はいっさい何の考えも持たないで行動することを訓練されているからである。

だからこそ、命を懸けた危険な戦争に飛び込んでいくことが出来るのである。

③「命令に絶対服従」システムのメリットと問題点

　以上のように自衛隊は強力な武装集団であり、外敵に対峙し、その脅威を取り除き、自国の安全を担保するのがその目的である。そして、前述したようにこの組織が機能するには上官の命令に忠実に服従することが不可欠である。そのため、自衛隊員は自身の危険を顧みず、日本国の安全と国民の生命を守るべく戦うことが求められている。

　しかし、これには1つの前提条件がある。下される命令が公正、つまり正しい命令であるということである。

　自衛隊員は命令に忠実に服従して真摯に実行するように猛訓練を受け、反射的に実行するという、いわばロボット的な行動を取るように慣らされているのである。それは、逆に言えば自分で考えることをストップさせることに等しい。もし、卑劣で悪しき命令が下された場合、その結果は甚大な被害を生み出し、自衛隊の評価や位置付けに大きなマイナスになる場合もある。

　たとえば、戦前の二・二六事件がこの範疇に入る。軍事クーデターにより政府が転覆して新しい政権が誕生するが、これはあってはならないことである。

　しかし、それに近いことが日航機事故で起きていたのである。日航機事故で自衛隊員は何らかの不純な命令に絶対服従して、悪魔的ともいえる結果をもたらしたのである。その命令とは「乗客乗員全員死亡」という完全なる隠蔽作戦である。

　要するに自衛隊員は上官の命令には絶対服従なのである。したがって、問題は命令の内容が正義・憲法に合うものかどうか、誰がそのような命令を出したのかが常に問題なのである。さらに言えば、問題ある言動があった場合、自衛隊の軍事法廷で裁かれるはずだが、そんな話は聞いたことがない。

④「命令に絶対服従」を徹底させるための階級制度

　そして、命令に絶対服従するシステムが完璧に機能する上で必要不可欠なのが「階級制度」である。現在、自衛隊組織では戦争アレルギーの国民の反発を避けるため、戦前とは違う新しい名前を付けているが、要は実質同じなのである。

　すなわち戦前の大将、大佐、大尉でなく、上から将官（将、将補）、左官

（一佐、二佐、三佐）、尉官（一尉、二尉、三尉）、準尉、曹士（曹長、一曹、二曹、三曹）、士（士長、一士、二士）といった階級制度で機能させている。

　名称こそ戦前とは異なるものの内容はまったく同じで、この階級のもとに自衛隊での行動基準「命令には絶対服従」の機能が確立しているのである。

⑤自衛隊員の「秘密順守義務」条項の問題点および隠蔽体質

　前述したように、自衛隊法第59条に「秘密を守る義務」とある。

　自衛隊組織の運用や兵器、作戦、演習などの情報で、秘密としての位置づけにあるものを漏らしてはならないのは当然のことである。昨今、安倍晋三政権は必死になって「特定秘密保護法案」を強行採決して成立させたが、そもそも自衛隊においてはすでに規制されており、この法律は必要がない。

　しかし、この条項を悪用すると、ささいなことでも「臭いものには蓋をする」の手段に使われる可能性が出てくる。

　東日本大震災における災害派遣で自衛隊は何千人もの人員を派遣して何がしかの成果を挙げたが、そこに国家秘密なるものはいっさい存在しないはずである。もし、災害派遣の内容が国家機密扱いされるとするならば、自衛隊・政府は何か都合の悪いことを隠していると考えざるを得ないであろう。

　現実に災害派遣は国家機密ではないが、日航機事故での災害派遣が国家機密だというその差はどこにあるのか詳しい説明を求めたい。

　それは国家機密の漏洩防止といった高尚なものでなく、むしろ不祥事の隠蔽を行っている可能性が高いのである。

　この自衛隊の隠蔽体質が表面化するのは「いじめ事件」においてである。

2004年10月27日	海上自衛隊横須賀基地所属、護衛艦「たちかぜ」の一等海士がいじめにより飛び込み自殺。
2005年	遺族が情報開示請求。海自は「原本は破棄」と拒否。
2013年12月	ある三等海佐が「海自は文書を隠している」とする陳述書を東京高裁に提出。海自は再調査し、「破棄した」との回答を撤回。
2014年4月23日	東京高裁は海自で起きた「いじめ自殺」を認め、「海自が調査した文書を隠した」ことも認定して、国といじめをしたとして告訴された上官自衛隊に7,700万円の賠償金を科した。

こうした自衛隊の隠蔽体質ともいうべき防御姿勢は相当な恐怖を感じさせるものである。自衛隊の隠蔽体質は日航機事故においても、その「真実と真相」の隠蔽に真価を発揮していると考えざるを得ない。アントヌッチ中尉のように勇気ある事実の告白を行う自衛隊員や関係者の出現を祈るだけである。

5 日航機事故において自衛隊が関与実行した隠蔽行為

日航機事故において陸・海・空の自衛隊が関与した行為

ここで、日本を守るべき陸・海・空、それぞれの自衛隊と、自衛隊を統括する責任者が日航機事故においてどのような活動を行っていたか検証してみる。

▶陸上自衛隊

① 陸上自衛隊は8月12日22時頃上野村に到着したが、「13日5時まで待機命令」を出して救助を遺棄した。その結果、意図的不作為で重傷者を死に至らしめた。
② 「待機命令」に違反して救助に急ぐ自衛隊員を射殺したとNHKが報道。後に誤報と訂正されたが、この事象には何らかの謀略行為が働いていたと思われる。
③ 12日夜から13日6時頃まで自衛隊特殊部隊が自衛隊機激突の残骸回収と、救助を待つ「乗客乗員全員死亡」を完遂する極秘任務を秘密裏に実行した。これは明白で意図的な加害犯罪行為である。
④ 自衛隊証拠残骸を選別してヘリで吊り上げ、隠蔽した（航空自衛隊の可能性も）。これは証拠隠滅罪に相当する。

▶海上自衛隊

① 海上自衛隊機が相模湾上空で無人標的機の誤作動、あるいは制御不能により日航機の垂直尾翼に衝突させて垂直尾翼とAPUを破壊し、重要な油圧配管を断絶させて日航機の自動操縦機能を破壊した。

➤ 航空自衛隊
① 航空自衛隊は緊急遭難信号を受けて発進した2機の戦闘機は、事故機の被害状況を観察し、幹部に報告して対処の指示を求めた。
② 事故機の横田基地への着陸を妨害し阻止した。これにより乗客乗員全員が助かる唯一の道を意図的に閉ざした。太平洋の真ん中で浮き輪にすがって漂流中の人から浮き輪を取り上げる行為に等しく、意図的な加害犯罪行為である。
③ 上野村の険阻な山岳地帯でミサイルを発射して事故機を墜落に追い込み、520名を死に至らしめて4名に重傷を負わせた。明白な加害行為である。
④ 米軍アントヌッチ中尉から墜落場所を連絡されたが、米軍に「自衛隊が救助に行く」と約束しながら、救助活動に出動しなかった。意図的不作行為で、助かる命を死に至らしめた犯罪行為である。
⑤ 10時間もかけて日航機の墜落場所を特定。意図的な時間浪費により救助活動を阻害し、意図的な不作為により救助を待つ重傷者を死に至らしめた。

➤ 自衛隊幹部と政府高官
① 米軍横田基地司令官に対し、米軍救助部隊の行動中止と部隊の撤収を要求し、さらに米軍救助部隊の救出行動に関して箝口令の徹底を要請した。これは意図的不作為行為であり、救助を待つ重傷者を死に至らしめる行為である。

➤ 各自衛隊の時系列に見る行動経過分析

時刻	推定担当部署	実施内容
8月12日		
18:24	海上自衛隊	演習時、無人標的機が日航機尾翼に衝突。垂直尾翼とAPU破壊、自動油圧操縦不能。
18:30	航空自衛隊	戦闘機2機緊急発進。日航機の追走、事故機の状況観察。状況報告。
18:35	自衛隊幕僚長ら幹部	日航機事故の処理方針決定。標的機衝突事故の完全隠蔽を決断。
18:40	航空自衛隊	事故機の横田基地への着陸阻止を指示。実行。
18:55	航空自衛隊	自衛隊機が事故機をミサイル攻撃。撃墜。
19:15	(米軍貨物機)	墜落現場に到着(アントヌッチ中尉ら)。

20：55	政府幹部	米軍横田基地司令官に救助中止と撤退要請。
21：06	（米軍ヘリ）	救助隊員が降下開始。
		落合由美さんが救助ヘリを目撃。手を振る。
21：30	（米軍貨物機）	墜落現場上空から撤収し、横田に帰還。
21：30	自衛隊特殊部隊	墜落現場に向けて上野村三岐を出発。
23：00	（群馬県警）	上野村に対策本部設置。
		消防団と猟友会に待機指示。救助遺棄指示。
24：00 ～13日6：00	自衛隊特殊部隊	墜落現場にて極秘任務遂行。
8月13日		
1：05	（日航技術部隊）	長野県南牧村に到着。
1：30	陸上自衛隊	長野県北相木村に到着。
1：35	（家族第1陣）	南牧村に到着。
	陸上自衛隊	部隊員に13日5時まで待機命令。
		「救出を急ぐ隊員を射殺した」と速報。
4：55	航空自衛隊	墜落現場を特定。

　これらの行動を分析すると、陸・海・空の各自衛隊部隊がその垣根を越えて、連携良く迅速に行動を起こしていることが分かる。では、この陸・海・空の各自衛隊間の連絡や交渉はどのように行われていたのだろうか。

　陸・海・空の各自衛隊の制服組のトップの幕僚長が協議して指示したのか、それとも文民統制の立場にある防衛庁長官（現防衛大臣）、あるいは自衛隊の最高指揮監督権者である総理大臣が指示したのであろうか。

　もう1点重要なことは、横田基地司令官に対し、救助中止と撤収、箝口令を要請したのは誰なのかということである。

　この謎を解く鍵は自衛隊の組織にあるかもしれない。

自衛隊最高責任者＝幕僚長の権限と任務とは？

　自衛隊の最高指揮監督権者は内閣総理大臣である。そして、戦闘部隊としての組織の長（自衛隊としての隊務の指揮）は防衛庁長官（現防衛大臣）である。この総理大臣、防衛大臣に直属するのが陸・海・空の各幕僚長である。

主力戦闘組織として陸上自衛隊、海上自衛隊、航空自衛隊があり、この各自衛隊を統括する最高責任者が幕僚長である。各幕僚長は防衛大臣の下、各自衛隊員の任務と服務を監督し、かつ最高の専門的助言者として大臣を補佐する。
　日航機事故発生時点での幕僚長は以下の通りである（カッコ内は任期）。

陸上幕僚長　中村守雄　（1984.7.1～86.3.17　退職）
海上幕僚長　長田博　　（1985.8.1～87.7.6　退職）
航空幕僚長　森繁弘　　（1983.4.26～86.2.5　第16代統合幕僚会議議長に就任）

　この陸・海・空の各幕僚長の上の職位でこれら3つの組織を指揮、監督する責任者はいない。この3人の幕僚長の決断が組織としては最上位の命令で、彼らが実施した結果を国は事後承認せざるを得ないと考える。もしくはその上の最高指揮監督権者である総理大臣が明確な命令を出して、3人の幕僚長に業務を行わせたかのどちらかである。
　また、日航機事故において自衛隊は延べ5万人の人員と車両約7,400台、航空機約900機を投入したと自衛隊幹部は強調し、マスコミからの救助遅れの批判に反論した。しかし、自衛隊はこうした大規模な出動をボランティア精神で行ったのではない。命令により出動したのだから相当の費用がかかったはずであるが、それらは国民の税金で賄われているのである。
　日航機事故における自衛隊の出動は第83条（災害派遣）に相当する行動であった。しかし、自衛隊法による出動要請を長野県、群馬県の両知事は要請していない。自衛隊自身で緊急派遣出動を決めているのである。
　だからこそ、この決定を誰が行ったのか明らかにする必要がある。さらに第83条（災害派遣）の目的は「国民の命または財産の保護」である。しかし、出動した自衛隊は極秘行動を取り、なおかつ乗客乗員の生命や財産を守る行動でなく、それとは真逆の行動を取っている。
　自衛隊はなぜ、そのような蛮行を行ったのか、説明責任がある。
　こうした大規模な出動の場合、各自衛隊の幕僚長は事態の正確な情報と出動の必要性を十分に認識していて、適切な命令を出さない限り自衛隊員は動かないことは間違いない。つまり、各幕僚長は日航機事故の「真実と真相」について一番良く知っていたと考えられる。
　参考までに日航機事故発生前後の陸・海・空の3軍を統括する<u>最高位者・統</u>

合幕僚会議議長を記しておく。しかし、統幕議長は指揮監督権を有せず、軍事的な意味での指揮官でない。代表権のない会長と同じようなものである。

第14代　村井澄夫　　（陸自・1983.3.15 〜 84.6.30）
第15代　渡部敬太郎　（陸自・1984.6.30 〜 86.2.5）
第16代　森繁弘　　　（空自・1986.2.5 〜 87.12.10）

　実質的には陸海空の自衛隊を統括する「幕僚長」が各自衛隊のトップである。したがって陸・海・空の横の調整は各幕僚長が直接行うことになる。統合幕僚会議は単なる定例的な会議であり、その会議では議長に権限がない以上、強制力がなく、緊急時に開催する必要はまったくないことは明らかである。
　日航機事故の緊急時にこの統幕会議が開催されたとは考えられない。すなわち、統幕議長の事後承諾はあったとしても、統幕議長の関与がない状況で各自衛隊は幕僚長の指示の下、お互い緊密に連携して行動したと推測できる。
　なお、第14代村井澄夫統幕議長が自衛隊幹部の救助遅れの言い訳を否定したことは、唯一の救いがあった。そして、それは自衛隊の言い訳は嘘であることを証明している。

6　自衛隊は国民の生命・財産を守る組織なのか？

法律による「自衛隊の任務」の規定とは？

　日航機事故の原因を追究してきた結果、事故原因は最初に自衛隊の無人標的機が日航機に衝突し、垂直尾翼を破壊したことにあると断定した。その後、自衛隊はこの事実を隠蔽するために「乗客乗員全員死亡」を画策し、事故機を撃墜し、すべての証拠の抹消を図ったのである。さらに墜落場所では証拠残骸を密かに回収した。それが「仮説X」のポイントである。
　この「仮説X」は事故の事象を科学的、かつ合理的に説明できるのだが、一般的に、国民の命を守る自衛隊がそのような蛮行をするのだろうかといった感情的な齟齬が生じて、受け入れがたい思いに駆られる方も多いはずである。
　私も含めて、多くの国民が自衛隊は国民の生命と財産を守るものだと考えている。しかし、この考えは常識的には納得出来るものだが、実は重大な誤解で

ある。そのあたりの温度差を説明することにする。

◆「今でも、自衛隊は国民の生命と財産を守るものだと誤解をしている人が多い。政治家やマスコミもしばしばこの言葉を使う。しかし、国民の生命と財産を守るのは警察の使命であって、武装集団たる自衛隊の任務ではない。自衛隊は　国の独立と平和を守るのである。『警察法』と『自衛隊法』に書いてある。
　　この場合の国とは我が国の歴史、伝統に基づく固有の文化、長い年月の間に醸成された国が天皇制を中心とする一体感を共有する民族家族意識である。決して個々の国民を意味しない。もし、個々の国民を指すとすると、自衛官も守られるべき国民であるから、生命を犠牲にすることは大きな矛盾である」　　　（栗栖弘臣著『日本国防軍を創設せよ』小学館文庫　2000.4.1）

　栗栖弘臣氏は元大日本帝国海軍軍人で、第10代統合幕僚会議議長（1977.10.19～78.7.27）を務めた人物である。
　この発言（いわゆる超法規的発言）により来栖氏は統幕議長を辞任しているが、実際は更迭である。しかし、この発言は決して間違ってはおらず、自衛隊制服組の幹部や実務責任者が恐らく同じ考えであることは間違いない。政治家も適宜、いい加減に解釈して発言するし、一般国民やマスコミにいたっては単純に考えているが、実は重大な「誤解」であり「間違い」なのである。
　続いて、自衛隊と警察の活動内容について比較する意味で、それぞれを律する法律の重要な条文を紹介する。

警察法
第2条（警察の責務）
警察は、個人の生命、身体及び財産の保護に任じ、犯罪の予防、鎮圧及び捜査、被疑者の逮捕、交通の取締その他公共の安全と秩序の維持に当ることをもつてその責務とする。
2．警察の活動は、厳格に前項の責務の範囲に限られるべきものであつて、その責務の遂行に当つては、不偏不党かつ公平中正を旨とし、いやしくも日本国憲法の保障する個人の権利及び自由の干渉にわたる等その権限を濫用することがあつてはならない。

自衛隊法
第3条（自衛隊の任務）
自衛隊は、我が国の平和と独立を守り、国の安全を保つため、直接侵略及び間接侵略に対し我が国を防衛することを主たる任務とし、必要に応じ、公共の秩序の維持に当たるものとする。

　これらの条文からも分かるように、**自衛隊は国民の生命と財産を守る存在といった認識は間違っており、国民の生命と財産を守るのは警察の責務であって、自衛隊の責務でないことは明らかである。**
　こうした重大な誤解が日航機事故の真実と真相を明らかにする上で重大な障壁となり、「仮説X」の理解と容認を阻害しているのである。しかし、この条文を頭に入れておけば障害となる前提条件は排除され、「仮説X」が素直に納得できるはずである。

自衛隊法第3条から日航機事故での言動を検証する。

　自衛隊幹部としてはこの法律に真摯に従い行動するのは当然であると思われる。すなわち、自衛隊は国を守るためにあるといって間違いではない。
　自衛隊の役割は国民の生命と財産を守ることでなく、その役割は法律でも規定されているように国の平和と独立を守り、国の安全を保つため、直接侵略と間接侵略に対し国を防衛することにある。
　自衛隊は多数の人員を有し、強力な武器と処理能力を持っており、大きな災害が起きた場合には地区の知事などの要請で災害派遣されて、国民の困窮を救援することが規定されている。
　独自の判断でも災害派遣が出来るが、実質上、独自に判断を行って自衛隊が出動したケースは過去にない。なぜなら自衛隊員は公務員であり、独自の判断で自衛隊が災害派遣を行うことは公務員の体質ではあり得ない。
　さらに、自衛隊は強力な武装組織であり、国を守るための軍団である。自衛隊員は命を懸けて戦うために上官の命令に絶対服従を義務付けられており、日夜猛烈な訓練を受けて、この「絶対服従」を体で覚えるのである。
　前述したように自衛隊の行動原理は絶対服従と命令至上主義であり、すべての責任は命令を出した自衛隊幹部上官、または防衛大臣や総理大臣などの監督

権者にある。また、こうしたシステムを完全にするために厳格な階級制度が設けられており、命令の徹底を図っている。

　陸・海・空の自衛隊はそれぞれ独立した組織になっており、各幕僚長が指揮監督し命令を発している。この陸・海・空の３軍をまとめて統治し、指揮監督する指揮官、たとえて言うなら統括幕僚長のような存在はいない。

　これらを統括するのは防衛庁長官（現防衛大臣）と総理大臣となっているが、軍事の専門家でない防衛大臣と総理大臣には技術や経験、知識、実戦経験などから言っても適切な資格がないのは明らかであり、彼らが軍事的、実践的な行動についての命令を出すことはきわめて困難である。

　しかし、通常の軍事行動ではこの３軍の協力や合同作戦は不可欠であり、３軍が個別に動いていたのでは自衛隊の戦力が大幅に劣ることは明白である。このシステムは３軍の戦力を分断して軍事的な反乱を防ぐことが目的かもしれないが、このシステムの重大な欠陥を早く改善しなければ、自衛隊組織の脆弱さは戦力的にも大きな弱点になりかねない。

　読売新聞は「陸海空自　連携はまだ途上」の自衛隊特集を掲載した。
　「日本周辺の安全保障環境の悪化に対応するため、陸海空３自衛隊を一体的に運用する『統合機動防衛力』構想が示されて１年が経過した。
　　防衛力向上に不可欠となる３自衛隊の連携強化だが、システムや装備、組織間の意識の隔たりなど、克服すべき課題はなお山積する。
　　３自衛隊の一体運用の重要性が叫ばれるのは、それだけ従来は連携が不十分だったということなのである。作戦計画や装備品の規格、用語に至るまでバラバラだった。限られた予算を奪い合うライバル関係にもあり、『最後に国土を守のは我々』と陸上自衛隊が胸を張れば、『領空や領海で侵攻を食い止めれば、陸自は減らしてもいい』と海自、空自と言い放つ根深い対抗意識を覗かせる」
　　　　　　　　　　　　　　　　　　　　　　（平成26年11月25日朝刊）

　この記事を読んだ時、私は激しい衝撃に襲われた。日本には三つの軍隊があり、それぞれ独立して、競合して対抗している。日本には一つの軍隊があり、その中に３部門の陸海空の部門があると考えていたのが根本的に間違っていたのである。

　すなわち、３部門陸海空自を統括し、制御し、統率する指揮官がいない組織は、まさに日本の悲劇である。こんなバラバラの組織では、総合戦力を発揮出来なくて、これでは抑止力どころか、侵攻外敵との戦争は出来ないし、また勝

てるはずはない。

　30年前、かかる組織環境はもっと酷かったはずである。国民も無関心であるし、国会議員も、政府も自衛隊の管理、統制に無頓着、無関心で多額の税金を投入し、無秩序でバラバラの戦力の発揮出来ない自衛隊にしてしまったのである。国の権力者の怠慢である。

　陸海空自の連携を向上させるのでなく、3自衛隊を統率し、管理する、例えば「統合幕僚長」のような存在がなくして、どうして自衛隊を運用し、総合戦力を向上出来るのか。陸海空自がバラバラでどうして日本の軍隊と言えるのか。

　集団自衛権との議論以前の重要な問題であり、早急な解決は必要ではなかろうか。

　日航機事故、いや日航機墜落事件の根幹は、案外かかる自衛隊組織への無関心に基づく放任のせいかもしれないと思わざるを得ない。

①災害派遣の目的と自衛隊が実行した言動との真逆

　自衛隊は日航機事故において主導的な立場と権限で行動している。すなわち、救助関連や墜落場所の保全と救助の指揮監督権を獲得して行動している。

　日航機事故では墜落後、乗客乗員の生命を守ることが最大の急務である。しかし、長野県警は、自衛隊が意図的に間違えた墜落場所である長野県御座山に急行し、捜索を行っている。つまり、航空自衛隊は意図的に異なる場所の情報を流して救助活動を阻害し、肝心の墜落現場では陸上自衛隊の部隊は乗客の捜索救助活動を行っていない。

　自衛隊法第83条（災害派遣）の目的は「国民の命、または財産の保護」である。しかし、**出動した自衛隊は極秘命令で極秘謀略行動を取り、その内容は隠蔽されており、かつ乗客乗員の生命と財産を守る行動とは真逆の行動を取っ**ている。自衛隊は日航機事故での災害派遣の際の行動や極秘命令の有無、事故の真実と真相についての説明責任がある。

②自衛隊が墜落場所での警察の管轄権を奪った不当な理由と目的

　事故直後、救助関連の指揮監督権をめぐって警察庁と自衛隊との間で激烈な論争があったことはすでに述べた。結局、事実を知る最高権力者の裁定で自衛隊が指揮監督権を獲得したと言われている。なぜ、自衛隊は本来の任務とは異なる「現場の指揮監督権」を警察から奪おうとしたのか？

そこには何らかの目的があったはずであるが、その後の残酷な行動を考察すると、自衛隊部隊の不可解な行動が理解できる。

自衛隊は「救助遅れ」などと言ってごまかしているが、墜落現場に誰も人を入れず、その間に証拠となる残骸（無人標的機やミサイル）を回収していたことは間違いのない事実である。自衛隊に課せられた主たる任務は国を守ることだが、普通に考えて、なぜ自衛隊が警察の管轄である国民の生命と財産を守る業務を行おうとしたのか理解できないのである。

公務員が管轄外に手を出すことは厳禁であるし、そんなことをすれば大問題になるはずである。外務省が財務省の仕事を横取りするのと同じことだが、そのような事態は絶対に起こり得ない。自衛隊が主たる業務（国を守ること）ではないことに強権を発動し、上部の権力者の賛同を得て墜落現場の指揮監督権を強奪した理由はそこにあると考えるとすべてが理解できる。

実態としては自衛隊がすべての指揮監督権をもって行動し、矛盾と疑惑のある行動で世間の疑惑と顰蹙を買っているのである。さらに、この疑惑に対して何の説明責任を果たしていない。<u>自衛隊部隊の行動は「自衛隊法」に違反して</u>いることは明らかであり、その説明責任を求めるものである。

③群馬県警が自衛隊の不祥事隠蔽作戦に協力した実態

長野県警は管轄する御座山の捜索では墜落場所が見当たらず、墜落現場は長野県内でないと断定。その後、群馬県上野村と判明したため、上野村への応援捜索に出動している。長野県警の行動は国民の生命を守るという警察本来の任務を誠実に果たしているのである。

一方で群馬県警は実に不可解な行動を取っている。

群馬県警は上野村に到着したが、なぜか一刻を争う時に墜落場所への行動を待機させている。あまつさえ上野村消防団と猟友会に対し、まったく異なる場所への捜索を指示して時間を稼いでいる。

さらに、消防団にいたっては墜落現場がスゲノ沢だと確信しており、早急に出動を提案したものの、県警はこれを拒否し、上官の命令という理由で待機するように指示。消防団との間に激論が交わされたのである。

群馬県警は乗客の生命を守る立場にあり、早急な救助活動が必要のはずだが、なぜか救助放棄とも考えられる行動を取っている。これは救助不作為による「生存者の見殺し行為」であり、警察の責務に反する重大な違反である。つ

まり、群馬県警は警察法に違反しているのである。

　また、群馬県警は墜落現場が長野県側であるとの情報が流れている段階で群馬県上野村に対策本部を設置し、機動隊を配置したが、命令した県警本部長はどうやって墜落現場が上野村と知ったのであろうか。これは大きな疑問である。

　こうした警察法に違反する行動は重大な不祥事と言わざるを得ない。しかも、救助を待つ重傷者の命を死に至らしめる無慈悲な「見殺し行為」に相当する。群馬県警は一連の行動について釈明し、説明する責任がある。

④緊急信号を受けて自衛隊戦闘機2機がスクランブル発進した

　事故機が垂直尾翼を失い、「スコーク77」信号を発信した段階で自衛隊戦闘機は緊急発進している。

　日航機が相模湾上空で垂直尾翼を失い、操縦系統に重大な損傷を受けたにもかかわらず、何故か事故調、その他の公式記録には自衛隊戦闘機が緊急発進したことは記載されていないし、当然、公表されてもいない。

　事故機は油圧機能を失って操縦系統に重大な損傷を受け、緊急信号「スコーク77」を発信している。要するに助けを求めているのに対して航空自衛隊の幹部は冷酷にも「32分間、墜落するまで見守っていた」と国会で言い訳をしている。520名もの国民が乗っている旅客機が墜落するまで何もせずにただ見守るだけとは、航空自衛隊は重大な職務違反である。

　しかも、事故調は戦闘機が緊急発進したことを認めておらず、この32分間における事故機の飛行状況は闇に包まれており、不可解な「謎」である。

　自衛隊の戦闘機2機が緊急発進して日航機を追尾し、尾翼破壊状況を確認していて、ここから、不祥事隠蔽作戦が始まったことはこれまで記述した通りである。

　この自衛隊戦闘機の緊急発進行動が日航機事故の重大な鍵を握っている。この事実を認めると、その後の事故機の様子や飛行状況を報告せねばならず、そのために「嘘」を言ったとしか考えられない。かかる戦闘機発進ですら隠蔽するということは、事故原因に自衛隊が関与していることの証なのである。

事故原因解明の端緒は無人標的機の残骸の確認にある

　事故調の結論である「圧力隔壁破壊説」＝「仮説A」は圧力隔壁の真前の座

席に座っていた「生き証人」である落合由美さんの体験証言で破綻し崩壊したとすでに述べた。しかし、ご存じのように事故調は、落合さんの証言をいっさい無視し、圧力隔壁が破壊されて生じた急減圧によって垂直尾翼が破壊されたという仮説を導き出して結論とする暴挙を行っている。

　その一方で、「外部破壊説」＝「仮説X」は垂直尾翼の破壊は自衛隊標的機の衝突が端緒となっており、事故の事象を論理的に説明でき、また、事故に関連する事象を説明する上ですべて合理的に辻褄が合うのである。

　もし、相模湾上に停泊していた未納入艦の護衛艦「まつゆき」が無人標的機を発射した艦だとすると、当時、「まつゆき」は試運転中であり、種々の機器のテスト中だったことから、その試運転記録を公表して真実を明らかにすべきである。また、「まつゆき」は未納入艦であることから、当時はまだ製造元である石川島播磨重工の製品であり、また、無人標的機を納入した業者は富士重工か日本電気であり、当然どちらかの会社の担当者が同乗していたはずで、事態の顛末を知っていたはずである。

　こうした関係業者は「秘密順守誓約」を行っているが、石川島播磨重工、富士重工、日本電気を調査すれば、それは軍事機密でなく墜落事件での目撃者なのであり、事件を証言する責任がある。彼らを調査、あるいは捜査すれば必ず真相が明らかになるはずであり、訓練での情報を開示し説明する責任がある。

　さらに前述したように1987年3月17日付朝日新聞のスクープで、「自衛隊が高速標的機の損失計上（1472万円）」を報道している。1985.11～86.10の間での損失であるが、「実際に撃墜した」とその損失理由を記載。このことからも無人標的機の存在とその顛末は明らかになると考えられる。

　「仮説X」が真実に最も近い説であるとすれば、自衛隊が「事件」の可能性を必死に隠蔽するのは当然であり、無人標的機に衝突された日航機の損傷状況を把握するために自衛隊戦闘機を緊急発進させたことは事実で間違いない。

7　自衛隊制服組を統括する文民統制政府の責任者の言動

陸・海・空の自衛隊の謀議による隠蔽作戦と政府権力者の承認

　「仮説X」では陸・海・空の自衛隊の協力で事故機の横田基地への着陸阻止やミサイル攻撃による撃墜、アントヌッチ中尉らの救助活動の中止・撤収要請、

箝口令の要請、墜落場所特定での意図的な時間稼ぎ行為と救助活動への阻害、自衛隊救出部隊の意図的な待機命令、意図的、不作為による重傷乗客の見殺し行為、自衛隊特殊部隊による「乗客乗員全員死亡」を図る極秘行動などはすべて自衛隊の行動であると提起したのである。

こうした事態に至るには意志決定権者による「決断」が必要で、海上自衛隊だけでは遂行できないことは明らかであり、航空自衛隊と陸上自衛隊の協力が不可欠である。**陸・海・空の各幕僚長の緊急協議で、自己保身と責任回避、そして「自衛隊の名誉」という汚れた大義名分のために合意が得られたのであろうと考える。**

これらの謀略作戦では幕僚長間の合意が先か、防衛庁長官や運輸大臣との相談が先かはともかく、いずれにしても最低条件として文民管轄者などの権力者の事後承認がなければ行動できないこともまた事実である。

その意味では、制服組では各幕僚長とそれを統括する渡部敬太郎第15代統合幕僚議長は了解していたようだが、報道各社の「救助遅れ」との批判に対し、自衛隊幹部が弁明した内容に村井澄夫第14代統合幕僚議長はそのような弁明内容を否定している。村井統合幕僚議長が正しい見解を示し、自衛隊の言い訳は嘘であることを認めたのである。

ということは、防衛庁長官、あるいは最高指揮監督権者の関与があったと言わざるを得ない。さらに言えば、当時の自衛隊最高指揮監督権者でもある中曽根総理が相模湾に沈んでいる垂直尾翼とAPU、その他証拠品の引き揚げの予算を拒否したことも見逃せない。

結果的に事故原因の調査を妨害したことや、事故調が嘘の報告書を作成して国民を欺瞞していることや、「隔壁部の修理は垂直尾翼破壊の原因ではない」と主張したボーイング社を説得するには米国の政財界の権力者に要請できる立場が必要であることなどから、自衛隊制服組を統括する政府関係者として当時の防衛庁長官や運輸大臣、そして、自衛隊最高指揮監督権者である総理大臣の関与があるのは当然のことと思われる。

つまり、「仮説X」は単なる自衛隊の隠蔽作戦にとどまらず、当時の日本政府の権力者が関与している可能性をも示唆するものである。非常に大胆な意見ではあるが、数ある状況証拠がその正当性を証明していることは間違いない。

自衛隊最高指揮監督権者である中曽根総理（当時）の疑惑の経歴

　ここでは自衛隊との関係、および事故調の関係から、政府権力者や関係者の言動を調査し検証する。まず、日航機墜落事故当時、総理大臣を務めていた中曽根康弘氏の経歴は以下の通りである。

1918年　群馬県高崎市で誕生。関東有数の材木商「古久松」の二男。
　　　　※生家の敷地は3万平方メートル、働いている職人は150名、家事手伝いをする女性だけで20人いた。地方の富豪の二男である。
1941年　東京大学政治学科卒業後、内務省に勤務。終戦時は海軍主計少佐。戦後、内務省に復帰。
　　　　※東南アジアで第2次世界大戦に従軍。多くの部下を失った。後に、「友を焼く　鉄板を担ぐ　夏の浜」と戦友を亡くした悲しみを俳句に詠んでいる。この経験を中曽根氏は「庶民の愛国心がその後の私に政治家の道に歩ませた」と語っている。
1947年　衆議院議員に初当選。
　　　　科学技術庁長官（1959年）、運輸大臣（1967年）。
1970年　第25代防衛庁長官（1970年1月14日～71年7月5日）。
1971年　全日空機雫石衝突事故発生。事故発生1ヵ月前に、内閣改造で第26代防衛庁長官を辞任。増原大臣が引責辞任。
1972年　通商産業大臣（当時）に就任。
1982年　内閣総理大臣就任（～1987年）。
1985年　日航機墜落事故発生。
　　　　※この日航機事故について、中曽根総理は「真実は墓まで持っていく」と発言。相模湾の日航機残骸の引き揚げに不可欠な予算を中曽根総理は拒否し、機体残骸の引き揚げを妨害した。犠牲者の慰霊祭で遺族、国民の前で「事故原因の徹底的な究明を行う」と誓約した弔辞の言葉は嘘であったことを自ら証明した。
1987年　総理退陣。
1989年　リクルート事件に関与して自民党から離党。
1991年　自民党に復党。
1997年　大勲位菊花大綬章受賞。

2003年　政界から引退（当時の小泉首相から定年制引退を要請される）。

　このように中曽根元総理は華麗な業績の持ち主だが、政界においては権力者のもとを渡り歩き、変節も多かったことから「風見鶏」などと揶揄され、また政治献金や脱税事件などでも名を馳せた毀誉褒貶の多い人物でもある。日本中を騒がせたロッキード事件では、刑務所の塀の内側に落ちたのが田中角栄元総理で、中曽根氏は外側に落ちて勲章までもらったと揶揄された。

　主なエピソードとしては、「日本列島は不沈空母である」との名（迷）言や当時の米国レーガン大統領とは「ロン」「ヤス」と呼び合う関係だったこと、自衛隊関係に強い影響力を持ち、次期防衛計画やシーレーン防衛論など自衛隊関連と防衛関連政策に注力し、ミサイル開発を計画したことが知られている。

全日空機雫石衝突事故への中曽根元総理の関与について

　1959年に中曽根元総理は41歳で科学技術庁長官として初入閣し、1970年には52歳で念願の防衛庁長官に就任している。元高級将校である中曽根氏としては、自衛隊の地位を向上させ、その技術的な水準と戦闘能力を底上げして防衛力の増強を図ることができると張り切ったはずである。

　第2次世界大戦で日本は国民の多大の犠牲を受けての敗戦であったため、戦後に平和憲法が制定されるなど戦争忌避の気持ちが高まり、自衛隊は長らく日陰的な存在であった。そのため、国会議員で防衛庁長官を希望する者は少なく、自衛隊も国民からの冷たい目に意気が上がらなかったのである。

　そんな時期ではあったものの、やがて米ソの冷戦時代が到来したことから自衛隊の必要性が見直されるようになってきた。そんな中で軍人出身の中曽根防衛庁長官の出現は自衛隊にとっても朗報であった。

　自衛隊も意気が上がり、中曽根氏の尽力で装備面や技術面で相当向上したと思われる。中曽根防衛庁長官は1年6ヵ月にわたって尽力したが、佐藤総理の内閣改造で翌年7月5日に辞任している。その直後の1971年7月30日に全日空機雫石衝突事故が発生する。

　この事故の責任を取る形で増原恵吉防衛庁長官は即日引責辞任し、後任に西村直己氏が就任した。事故の責任は全面的に自衛隊側にあるのは明白で、防衛庁長官がその責任を取って辞任したのである。増原長官は就任してわずか25

日後のことであり、単に「運が悪かった」としか言いようがない。

逆に言えば、前防衛庁長官の中曽根氏は命拾いをしたようなものである。もし内閣改造が1ヵ月遅れていたら中曽根氏が辞任していたことになる。

しかし、この時間的なズレを見ても、実質的に1年6ヵ月間にわたって防衛庁の業務を行ってきたのは中曽根氏であって、増原氏は就任直後でほとんど何もしていない状態であったことは理解できる。事故は中曽根氏の業務の延長線上の事態で、本来であれば中曽根氏がその責任を取るべき立場であった。

中曽根氏は運良く難を免れたが、肝を冷やしたことには間違いなく、この出来事は中曽根氏にとって忘れられない出来事になったはずである。中曽根氏は人間として、また前防衛庁長官として重大な責任を感じていたはずである。

一方で、自衛隊・政府はこの事故をきわめて大きな衝撃と受け止め、このような事故を二度と起こさないとの決意を固くしたことは間違いない。それが行きすぎて、以後、自衛隊が同種の事故を起こしても、絶対にこれを隠匿するといった拡大解釈にまで発展させたとしても不思議ではない。

この事故の反省として<u>常設の独立した機関「事故調査委員会」</u>を創設することが決まったが、できあがった事故調は骨抜きにされており、結局、運輸省直轄の機関になっていたのである。それが「航空機事故調査委員会」である。

政府に骨抜きにされた運輸省直轄の組織であるから、航空機事故の調査と原因の確定に政府が関与できる仕組みになっている。その結果、**日本の航空機事故の調査は政府が結論を決めて、事故調はこれに追随するといった慣例ができてしまった。国民の命は軽視され、航空安全は「幻」の中に沈滞し、政府の自己保身と責任回避のための機関になったのである。**

つまり、事故調査委員会ではなく「事故原因政府調整委員会」に成り下がったのである。これでは事故の真実と真相が明らかになることは期待できない。2013年に「特定秘密保護法案」が強行採決されたが、監視機関を内閣府に設立するといった方針は事故調と同じ手法で国民を騙すものである。

日航ジャンボ機123便墜落事故の事故処理に中曽根元総理とその内閣が深く関与していることはこれまで記述した通りである。その内閣の概要を以下に記す。

▶ **第2次中曽根内閣（第1次改造）**

1984年11月1日～1985年12月28日

総理大臣：中曽根康弘

官房長官：藤波孝生　　防衛庁長官：加藤紘一
運輸大臣：山下徳夫　　大蔵大臣：竹下登
外務大臣：安倍晋太郎　　文部大臣：森喜朗
厚生大臣：渡部恒三

　そうそうたる陣容で当時の自民党の最強メンバーが名前を連ねていると言っても過言ではない。中曽根内閣の全盛期の時期でもある。

日航機事故発生時の中曽根元総理の動静

　本書の冒頭にも記したように、1985年8月12日18時56分に日航機123便の機影が消えて日本中が大騒ぎになっているというのに、中曽根総理は外出先から官邸に戻るまで日航機事故のことを知らなかったと記者に語った。
　さらに事故現場である御巣鷹山の尾根へは、現地の遺体搬出が終わって清掃された段階で訪れている。これは大変奇異な感じを受ける。
　一国の総理大臣が重大な緊急事態の航空機事故の報告を受けておらず、知らないなどと危機管理能力を追及されかねない言い訳を言い、また、墜落直後の悲惨で残酷な現場の生々しい状況を肌で感じることを何故か避けたのである。
　総理大臣の動静、その行動はすべて明らかにされており、常に秘書官と護衛のSPが同伴している。また、官邸に不在の時は主要事態が迅速に報告され、その対応指示を待つのが原則である。常時、その強力な連絡手段を持っているのは当然のことで、それがなければ日本は緊急事態に対応できない。
　日航機の機影が消えたということは500名以上の国民の命が危険な状況にあるということであり、これはきわめて重大な事態である。当然、総理に緊急報告がされたはずであり、官邸に戻るまで事態を知らないなどあり得ない。
　一国の首長たる者は常に自国の安全と国民の命を守ることが最優先事項である。英国のサッチャー首相（当時）が航空機事故の発生に当たって現場に急行し、生存者を見舞い、犠牲者を悼み、適切な指示を出した話はすでに述べた。
　最近では2013年1月にアルジェリアで発生したイスラムゲリラに日本人技術者17名が誘拐された事件では、アルジェリア政府が性急な攻撃により相当の死者が出た段階で、東南アジアへの外交訪問中であった安倍総理は「人命が第一」と宣言し、急遽その日程を取り止めて帰国して陣頭指揮を執った。

これが一国の総指揮官の取るべき行動である。それに対して中曽根総理の言動は総理としての行動規範から大きく乖離している。すなわち中曽根総理は事故発生段階から事態の詳細を知らされており、自衛隊幕僚長から「隠蔽作戦」の報告を受け、事後承諾していたと考えざるを得ない。

事故の真相を知った中曽根総理が取った行動とは？

　海上自衛隊としては無人標的機が日航機に衝突した事故を速報として加藤紘一防衛庁長官（当時）に報告したはずで、その内容は中曽根総理にも当然報告されたに違いない。中曽根総理は事故発生直後、日航機事故の発生と、その原因が自衛隊の無人標的機が激突したことだと知らされたはずである。
　その時、中曽根総理は14年前の全日空機雫石衝突事故の悪夢を思い出したはずである。これが公になると自衛隊の存立の危機に及ぶことや、自衛隊最高指揮監督権者である自分の責任まで波及することを考えたと推測する。
　一方で、海上自衛隊幹部は衝突後の状況を把握するため、航空自衛隊の戦闘機を発進させた。その状況を観察した段階で18時35分頃であり、事故機は墜落する様子もなく、手動操縦で横田基地に着陸しようとしているとの報告を聞いて、再び驚愕したはずである。
　そして、陸・海・空の幕僚長による三者会議で事態の隠蔽を自衛隊の方針として決定したのである。この結論は前に詳しく記述した通りである。
　そして、これを第2報として防衛庁長官、総理大臣に連絡したのではなかろうか。もっとも加藤長官と中曽根総理は事態の詳細が分からず、自衛隊サイドの報告を聞いた上での判断しか出来なかったはずである。
　そこで、加藤長官と中曽根総理は迂闊にマスコミ、国民の前に出ると、その言動が現場サイドである海上自衛隊の判断と行動に影響を与えることになるので、事故は知らなかったと白を切り通し、出来るだけ雲隠れしたと推測できる。
　事故機が横田基地に着陸すると、垂直尾翼への無人標的機衝突の事態が国民に明らかになる。さらに、横田基地では米軍、米国NTSBが調査に介入してくるであろうことが推測されるため、事故調査の主導権が握れなくなる。
　そうなっては事故の状況、真実と真相の事態をごまかすのが困難になるため、自衛隊としては横田基地への着陸は絶対に避けなければならないと考えたはずである。

その結果、加藤長官と中曽根総理にとっては事故の隠蔽が必然の事態であったのである。なぜなら、事故を公表した場合の引責辞任は必至であり、引責辞任は政治生命の終焉につながり、権力維持や地位保全、自己保身、責任回避の点からも隠蔽以外に選択の余地はなかったと推測できる。

　ただし、事故の完全なる隠蔽は単に衝突した無人標的機の残骸の回収だけで済むものでなく、全日空機雫石衝突事故と同じく「乗客乗員全員死亡」が不可欠の要件である。加藤長官と中曽根総理としては当然のことながら、この点に一番苦悩したものと考える。それは人間としての感情があるなら当然の苦悩である。しかし、自衛隊現場の幹部が「隠蔽作戦として乗客乗員全員の死亡が不可欠である」と強く主張したため、加藤長官と中曽根総理としては現場サイドの意見を受け入れざるを得なかったのかもしれない。

　自衛隊に対して積極的に作戦を命じたわけではなく、自衛隊サイドに押し切られ、いわゆる「事後承諾」に近い形で承認したとも考えられる。

　そうして加藤長官と中曽根総理の了解が出て以降は、自衛隊制服組の実行作戦に任せるだけであった。ただ、事故原因をどのようにごまかすかが問題であった。その点で、中曽根元総理から山下徳夫運輸大臣（当時）に協力を求め、虚偽の事故原因を捏造するように指示したはずである。

　もちろん、日航には山下大臣が「日航機は北朝鮮のミサイルに撃墜された」との嘘の事態を説明し、事実関係の極秘扱いを命令したに違いない。日航役員が乗客家族の激情におののき、「日航機は北朝鮮のミサイルに撃墜された」と発言したのはそうした事態が背後にあったと推測できる。

　さらに山下大臣は日航に対し、少しでも早く墜落現場に到着して垂直尾翼部の残骸と無人標的機や北朝鮮ミサイルの残骸の選別をするよう要請したのである。その結果、日航の先遣隊第1陣は事故翌日の13日深夜1時に南牧村に到着する。さらに政府は群馬県警本部長に対し、同じ理由で墜落現場への上野村消防団や一般人の立ち入りを防ぐべく検問所を設け、時間稼ぎと救助妨害を指示した。

　この日航技術部隊は、乗客の遺体が現場に放置されたまま回収されていない段階で尾翼部分に集まっているのが報道されている。さらに隠蔽作戦を徹底させるため、中曽根総理は政府幹部、自衛隊幹部に対しても厳しい箝口令を指示したと考えられるのである。

一方で、ボーイング社は現場調査の後、隔壁部の修理ミスは認めたものの、「垂直尾翼の破壊とは関係ない」と主張している。
　この事態に困った自衛隊の連絡を受け、中曽根総理は「ロン」「ヤス」と互いを愛称で呼び合うほどの親しい関係を誇る米国のロナルド・レーガン大統領（当時）に直談判して修理技術者の免責を条件にボーイング社に「修理ミス」を認めさせたのである。
　さらに、虚偽の事故報告書の事実内容が暴露されるのを防ぐために「情報公開法」施行直前に事故関連資料の廃棄処理を運輸省に要請したはずである。情報公開を請求されても「廃棄済」で拒否できるからである。
　こうしたやり口は政治権力者、公務員の得意技である。海上自衛隊の護衛艦で発覚したいじめ自殺事件で、艦の乗員のアンケート資料を遺族から要求されると、実際は存在しているにもかかわらず「廃棄済みで存在しない」と回答しているのと同じである。公務員の隠蔽体質が際立っているのは確かである。

中曽根元総理の日航機事故に関する重大告白証言

①◆「アントヌッチ中尉の証言は真実である」
　2009年9月1日、中曽根元総理はテレビ番組で「アントヌッチ中尉の証言を認めている」と話した。すなわち、中尉の証言内容は真実であり、自衛隊が米軍の救助活動を中止、撤退させ箝口令を要請したことは事実だと認めた。
②◆「日航機事故には別の真実があり、真実は墓まで持って行く」
　中曽根元総理はテレビ番組で「真実は墓まで持って行く」と発言。元総理は墜落事故の真実と真相を知っていて、自宅に神棚を設置したのもそれが理由ではないだろうか。
③◆「日航機撃墜を国民に知られないように出来るなら、許可する」
　中曽根総理の別荘での盗聴情報によると、以下の通りである。
　官邸からの矢の催促の撃墜命令要請に対し、「私はこんなことのために総理大臣になったわけじゃない」……総理が未曽有の都市部への墜落の大惨事を恐れて、許可する条件として言い出した。「国民に撃墜を知られないように出来るなら、許可しよう」「目撃者が出たら、どうしますか」に対して、「何とかしろ」と総理。「殺せという意味ですか」に対して、「私をこれ以上、人殺しにするつもりか」と怒鳴り、「何とかしろは何とかしろという意味だ」と怒鳴って

いた。(http://johnbenson.cocolog-nifty.com/blog/2009/03/opost-3143.html)

④◆「事故原因の徹底的究明を約束する」

　1985年10月24日、日航機事故犠牲者追悼慰霊祭が日比谷公会堂で執り行われ、中曽根総理と山下運輸大臣が出席し弔辞を述べた。いずれもまったく同じ文言で「事故原因の徹底的究明」を遺族と国民に約束しているのである。

　にもかかわらず、相模湾海底からの垂直尾翼とAPUなど重要残骸の引き揚げ予算請求を中曽根総理、山下運輸大臣らは拒否している。

　たかが数百メートルの海底に沈んだ尾翼などの引き揚げは数億円で可能であり、事故原因の調査を行う上で必要不可欠にもかかわらず、これを拒否するのは慰霊祭での約束・文言を反故にする行為であり、「事故原因の徹底的究明」とはまったくの虚言であり、事故調査を妨害するものである。

　かかる金額は予備費から捻出可能のはずで、運輸省の予算請求という方法は狡猾な謀計であり、実は海底から引き揚げると垂直尾翼の破壊は外部からの衝突との事実が明らかになるため予算拒否で妨害したのである。

　残念ながら山下元運輸大臣は鬼籍に入られたが、中曽根元総理、加藤元防衛庁長官は本件について真実を話し説明する責任がある。

日航機事故にまつわる国家的謀略事件の関係者名簿

　これまでの内容から、下記の人物が日航機墜落事故の真実と真相を闇に葬り去った、もしくは極秘事項を厳守、黙認している人間ではないかと思われる。それは中曽根総理以外に加藤防衛庁長官、山下運輸大臣、藤波官房長官、当時の内閣の大臣、行政部門の主要幹部、自衛隊幹部（幕僚長、統合幕僚会議議長）、松永貞昭中部航空方面司令官、増岡鼎東部方面総監、スクランブル発進した戦闘機F-15Jパイロット、墜落現場の指揮官、村井澄夫前統幕議長、群馬県警本部長、防衛庁運用課長、事故対策本部長、事故調の武田峻委員長とメンバー、運輸省事務局長、日本航空社長、役員、幹部、護衛艦「まつゆき」艦長・幹部、「まつゆき」に乗船していた石川島播磨重工業関係者、標的機・ミサイル製造会社などの関係者、日本駐留の米軍、幹部、レーガン元大統領、米国軍部幹部、横田基地司令官、米国政府、ボーイング社幹部などである（肩書きはすべて当時）。

　彼らは中曽根元総理の命令、または要請にしたがって隠蔽工作を行ったか、

第6章　日航機墜落事件の警察捜査へ

または「国家機密」としての箝口令を順守してきたのである。中曽根元総理と元総理の命令に従った人々、および箝口令を厳守している方々は自分たちの行為を正当化できる理由はない。

彼らは事故には直接手を下してはいないし、自衛隊員が関与した証拠抹消作戦や「乗客乗員全員死亡」という隠蔽作戦に対して積極的に関係したわけではないが、立派な従犯、もしくは協力者であることは確かである。

こうした関係者は「正義」と「憲法」と「民主主義の理念」と「国民への義務」に照らし合わせて日航機事故の真実と真相を明らかにするため、アントヌッチ中尉のように毅然とした態度で告白証言されるようお願いする。

権力者は「権力には必然的に責任が伴う」ことを認識し実行しなければならない。日本の指導者としての立場の人は、「国民の大量虐殺事件」の真相を知る時に権力者の仮面を被った暴虐者の箝口令を順守し、黙秘を決め込むのは、共犯者と同じであり、民主主義国家日本での「正義への反逆行為」であり、日本人として失格者なのである。

米国人アントヌッチ中尉ですら、日本国民のために「真実」を告白し、証言した。殺害された520名の日本国民のために、日本国のために、日本人指導者が毅然と「真実」を語ることを希求する。

8 航空機事故に軍隊が関与した墜落事故の実態

自衛隊・政府、公務員に根付く「隠蔽体質」が嘘の事故原因を捏造

事故の原因が自衛隊にある場合、隠蔽され、真実と真相は闇の中に封じ込められ、疑惑に満ちた偽の事故原因が捏造されることが多い。そこで自衛隊が事故原因に関与した場合、なぜこのような事態になるのかを検証する。

航空機事故では大勢の無辜の国民の命が失われる。この事態は国家として最大の不祥事であり、もし、自衛隊が関与しているとなると、国家の基本的な命題や信条に反する重大な事態となる。総理大臣は常に「国の使命は国民の命と財産、領土を守ることにある」と言っていることから当然のことである。

このように国を守るという使命を持つ自衛隊が、それが過失であっても国民の命を奪うようなことを行ったとしたら自衛隊の存在意義が問われ、防衛大臣の辞任だけに留まらず、自衛隊の最高指揮監督権者である総理大臣にもその責

任が及ぶことになるのは必至である。

　すなわち航空機事故に自衛隊が関与する事態は絶対に起こしてはならないのである。これは至上命題である。

　もし自衛隊が関与している事態になっても、隠しきれる可能性がある場合は必死にこれを隠蔽し、国民の眼を欺き嘘の事故原因を捏造する。明らかに自衛隊が関与している場合は自衛隊員個人の技量と過失にして自衛隊本体の関与を否定しごまかすのである（全日空機雫石衝突事故での場合に該当する）。

　自衛隊と国は一体であり、防衛大臣は内閣の一員であり、自衛隊の最高指揮監督権限者は内閣総理大臣であることから、事故原因の真相と真実を究明する上で最大の障壁となるのは最高責任者である総理大臣なのは間違いない。

　さらに事故原因を調査する事故調もまた国や運輸省の管轄下にあり、事故調査が運輸省の指示に従う以上、公正な科学的な調査検証が期待出来ないことは明らかである。

　たとえ意図的でなく過失事故であっても、国民の生命を自衛隊の行為が奪ったという事実を自衛隊、そして自衛隊の最高指揮監督権限者である内閣総理大臣が隠蔽しごまかすには、詳細で抜け目のない謀略計画の作成と甚大で強力な武力権限行使、不可解な屁理屈と多くの関係者の協力が不可欠である。

　そしてこれを支える基本的な前提条件は自衛隊・政府、そして公務員の隠蔽体質である。実際の目的は責任者の権力維持、地位保全、自己保身、責任回避であっても、これを隠して国家的な立場での「嘘」の大義名分を関係者に申し伝えることが不可欠になってくる。

　すなわち、自衛隊で重大な不祥事が起きた時、国民から自衛隊の存在意義そのものを問う論議がわきあがる危険性を恐れ、国家に不可欠な自衛隊の存続の「まやかし」の大義名分を考える。しかし，これこそが騙し、嘘の大義名分である。

　自衛隊の甚大な不祥事であっても、また、自衛隊の存続の危機であってもこれを隠蔽することは立派な犯罪行為であり、事実、証拠隠蔽のために航空機ごと乗客乗員全員の生命を奪う行為に及ぶなど絶対に許されない重犯罪である。

　自衛隊が関与した事故の場合は潔く事実を説明し、遺族と国民に説明し謝罪し、再発防止の対策を立てて実行すればいいのである。

　それが人間として当然の行為であり、そうすれば、事故の再発防止に生かされるからである。また、犠牲者にもその真実と真相を説明出来るのである。

全日空機雫石衝突事故でも事故の「真実と真相」を明確にして、自衛隊が真摯に反省し、対策を講じていればよかったのだが、結局、それが出来なかったことが1985年の日航機墜落事故につながったのである。
　「過去を思い起こし得ない者は、過去を繰り返すように運命付けられている」との名言・格言があるが、それが正しいことが証明されたのである。

自衛隊が日航機墜落事故に関与したことは間違いない事実

　徹底的に検証した結果、日航機事故への自衛隊の関与は間違いなく、事態の隠蔽のために「乗客乗員全員死亡」を図るために次のような行為を行った。

①横田基地への緊急着陸の阻止行為
②御巣鷹山上空でミサイルによる撃墜行為

　①は事故機が十分に手動操縦飛行出来、横田基地に着陸態勢に入った段階で、自衛隊はこれを阻止。この時、着陸していれば多数の乗客乗員の命が助かっていたのである。しかし、この着陸を許せば標的機が衝突した事実が明らかになるので、脅迫して強引に阻止したのである。着陸出来ると判断した機長の行為を妨害することは乗客の命が助かる唯一の機会を奪うことで、国際法に違反した立派な「殺害犯罪行為」である。
　その後に行われたのが②で、事故機がレタス畑への着陸を断念し、急上昇して高い山への衝突激突を避けて安全高度3,000メートル以上の目撃されにくい山岳地帯に入った時、事故機に重大な事態が発生。それは自衛隊戦闘機から発射されたミサイルが日航機のエンジン部分を破壊して飛行不能にし、急降下墜落したのである。
　これは明らかに殺害犯罪行為であると結論付けざるを得ない。

　自衛隊の基本謀略計画は、無人標的機が日航機に衝突した事態を隠蔽するために「乗客乗員全員死亡」を遂行することであった。横田基地周辺での撃墜行為は住宅街の多数の人が目撃する可能性が高く、墜落した残骸を秘密裏に回収し隠蔽することが出来ないので、着陸を阻止し、長野県川上村に誘導したのである。

では、旅客機が地面に激突して乗客乗員全員死亡となるためにはどのような方法があるのであろうか。

航空自衛隊ではきわめて簡単なことであり、それはミサイル撃墜である。ミサイルは機体エンジンから出る赤外線（燃焼炎）を目指して飛行する。機体はエンジンを破壊されるため飛行推力を喪失し、機体は機首を下にしてキリモミ状に急激に落下していき、猛烈な速度で真っ逆さまに地面に激突する。

地面に埋まるほどの加速度で激突すると機体は一度地面に埋没し、その反発で一部が空気中に放り出される。機体がバラバラに粉砕されるのはもちろん、人間の体も粉砕されてほとんど何も残らない。遺体の確認は骨や肉片のDNA分析しかできないことになる。実に残酷で悲惨な状況である。このミサイルによる撃墜は「乗客乗員全員死亡」に最も効果的な方法だと自衛隊は常識的に知っていたのである。

旅客機がミサイル攻撃で墜落した大韓航空機撃墜事件

ここで、旅客機が戦闘機によるミサイル攻撃で墜落した事例として大韓航空機撃墜事件を紹介する。

▶大韓航空機撃墜事件（1983年9月1日）

米国のジョン・F・ケネディ国際空港を出発し、アンカレッジ国際空港を経由して大韓民国・ソウルに向かっていた大韓航空機007便（B－747）は、ソビエト連邦共和国（当時）の領空を侵犯したためソ連防空軍の戦闘機によってミサイルで撃墜され、乗客乗員269名全員が死亡している。

戦闘機が旅客機を撃墜する際には、その機体後方から追尾してエンジンめがけてミサイルを発射する。ミサイルがエンジンを破壊すると推進力が減少して旋回降下し、航空機の重心は主翼部分の胴体部にあるため、機首から真っ逆さまに墜落して地面に激突する。たとえ墜落地点が水面であっても、それはコンクリートと同じで衝撃力は変わらない。

この事件の場合、ソ連領海内に墜落したことから遺体の回収は完全には出来なかった。一部は北海道の沿岸にも流れ着いたが、「日本側に流れ着いた遺体は皮膚組織の一部で、ほとんどが原形を留めていないものであった」と報告書には記述されている。

戦闘機パイロットへの「撃墜命令」は地区の防衛軍司令官が出しているが、当時のソ連のような軍事国家では地区司令官に権限を与えているのである。

　一方で民主主義国家である日本では、文民統制の原則から旅客機の撃墜命令を出す権限など制服組の司令官や幕僚長クラスに与えておらず、自衛隊の最高指揮監督権限者である政府の内閣総理大臣の許可なくして行えないことは明らかである。

　そこで加藤紘一防衛庁長官（当時）の事故直後の行動を振り返ってみると、8月12日21時頃、救難ヘリ「バートル107」で墜落現場上空を飛んで視察している可能性がある。これを受けて防衛庁では13日0時5分から緊急会議を開いた。

　出席者は加藤長官、内局幹部、陸自幕僚長、空自幕僚長であった。

　同日19時20分に米軍アントヌッチ中尉らが現場上空に到着しており、その後、21時30分に米軍が救助を中止し撤退しているが、自衛隊は米軍への約束を反故にして乗客救助に出動しなかったことから、加藤長官の墜落現場のヘリでの視察行動は可能性がきわめて高いと言わざるを得ない。このことは自衛隊幹部も熟知しており、自衛隊の関与を裏付けるものでもある。

韓国で起きた「セウォル号」沈没事件も日航機事故と同じ構図

　2014年4月16日に韓国珍島付近で旅客船「セウォル号」が沈没し、300名余の犠牲者が出た事故は韓国を揺るがす大惨事となった。

　この事故の直接の原因は船会社の利益優先の貨物の過積載であったが、政府の救助活動の不手際で韓国大統領の支持率が急落し、首相が辞任に追い込まれる始末である（その後、留任）。韓国大統領にも批判が集中し、事故発生から数時間の間の行動が不明であったことが批判の的になっている。

　その後、船が傾いた段階で乗員が船会社に積載量の修正を指示していたことが明らかになった。乗員ですら船会社の不祥事を知っており、これを隠蔽する行動をしている。しかも、乗客の生命より船会社の過積載の隠蔽のほうが優先すると判断。さらに非常時に使用する救命ボートが使用不可の状態を知っていたので、乗客に船内に留まるよう放送していた可能性もあったという。

　船会社の不祥事の隠蔽が乗客の生命より優先する行動は実に恐ろしいことだ

が、実は日航機事故でも乗客の生命より自衛隊組織の不祥事の隠蔽のほうが優先されていたと考えると、まったく同じ構図であると判断できるのである。

　日航機事故の場合、当時の中曽根総理は事故発生から数時間経過した時点でマスコミから初めて事態を聞いて驚いていた。もしその驚きが本当であるならば、いったい何をしていたというのか。それがいっさい不明にもかかわらず、マスコミも国民も誰1人その点を問題にしない寛容さは異様である。

　表向きの事故原因は修理ミスという自損事故であるにもかかわらず、全然関係のない自衛隊が突如、前面に出て来て墜落場所の特定に莫大な時間をかけて救助活動を阻害し、本来の業務でもないのに墜落現場を管理し、証拠残骸などを特殊精鋭部隊が勝手に吊り上げて回収し、事態を隠蔽しようとしている。

　一方で、自衛隊災害派遣部隊は考えられないほどの速さで上野村に到着したものの救助に行かずにムダな時間を潰しているだけである。

　いち早く到着した米軍アントヌッチ中尉らが現場でヘリから降下している最中、日本側は救助中止と撤収を要請し、かつ、この事態はいっさい極秘扱いにするという傲慢、狡猾さである。これを隠蔽と言わずして何と言うのか。

　乗客乗員の生命より自衛隊の不祥事の隠蔽を優先させたことが結局のところ、「事件」に発展したと考えざるを得ない。日本のマスコミや国民はもっと真摯に目を見開いて、真実と真相の解明に向けて声を挙げるべきではなかろうか。

　あえて何度も繰り返すが、事故原因の報告書内容のずさんさや事故資料の廃棄といった一連の政府の行動を検証すると、事故原因である「圧力隔壁破壊説」＝「仮説A」はきわめて不合理であり、説明不可能な矛盾が存在する。

　この事故原因と事故事象は完全に「二律背反」の関係にあり、事故調の事故原因「圧力隔壁破壊説」＝「仮説A」は成立せず、「自衛隊・政府・日航の謀略説」＝「仮説X」しか事態の説明ができないことは明らかなのである。

航空機墜落事故の事故原因の究明の必要性

　輸送機関での事故では多数の乗客が負傷し、時に死者も出る。特に旅客機での事故では死亡率はきわめて高く、全員死亡例も見られる。さらに、遺体の損傷も激しく、場合によっては発見できない場合も多い。

　旅客機事故で死者が出た場合、その補償は金銭で賄われるが、命の価値に比

べてその金額はあまりに低く、補償金というより「お見舞い金」と呼ぶのがふさわしい。犠牲者の遺族は常に「愛する肉親の命を返せ」と迫る。それはかなわぬことであるが、遺族にはお金で済ませる気持ちはまったくない。それが事故に遭遇した遺族の気持ちであることを国民も世間も、また国も認識していると考えてはいるが、時間が経過すると風化してしまうものである。

　もう1つ重要な命題は、同種の事故を起こさないための「再発防止策」である。そのためには「事故原因」を明確にすることが不可欠である。

　犠牲者の遺族らは「事故原因は何か」といった問いを関係各社と事故調に投げかけるが、それは遺族にとって他の人に同じ苦しみと悲しみを経験させないために、その事故原因の明確化と再発防止を訴えるのである。

　遺族らが肉親の供養を行うのは当然のことだが、犠牲者が一番望んでいるのはその事故がなぜ起きたのか、その原因を明らかにすることである。しかし、日航機墜落事故においては真実と真相は闇の中に隠蔽され、事故調は現在に至るまで嘘の事故原因を押し付けて国民を騙し続けている。そして、黒い霧に紛れた犯人や加害者は平然として、知らぬ存ぜぬで社会的地位を維持し、尊敬を受けて生活しているのである。日本に「社会正義」は存在するのか疑わしい事態である。

「国家機密」と事故の真実と真相と資料廃棄との関連性

　当然、どんな国でもその国の政府には国民に隠している「国家機密」なる情報が存在し、また必要でもある。しかし、それが本当に国にとって必要な「国家機密」なのかそうでないのかを識別する必要がある。

　日航機事故で公表された証拠や記録には多くの瑕疵と抜けと矛盾が見られるし、その一方で関係者の口は閉ざされており、秘密と謎に包まれている。ここでは日航機事故とその機密情報について考察する。

　まず「国家機密」とは法律に基づき政府が公表しない事実や情報を指す。日本にも「国家機密」という言葉があり、それは法律で決められているかのようであるが、それは「否」である。

　かつて「国家秘密に係るスパイ行為等の防止に関する法律案」が1985年の第102回国会で自民党議員により衆議院に議員立法として提出されたが、第103回国会で審議未了のため廃案となっている。つまり、日本では法的には

「国家機密」はいっさい存在しないのである。

　この法律案の提出時期はまさに1985年8月の日航機事故発生の時期と完全に合致しており、廃案にはなったものの、これは公務員や関係者に対して「日航機事故は国家機密である」と広く宣言し、脅迫して順守を強制したことになると考えると合点がいくのである。

　公務員は「国家機密法」がなくても基本は隠蔽体質であり、情報開示はほとんどなかった。そのため、1999年に国民の知る権利を尊重して「情報開示法」が制定されたのである。

　国家機密に相当する事例として、日本の「非核三原則」に抵触すると思われる横須賀港に寄港する原子力潜水艦や原子力空母に「核はない」とする政府の主張は「国家機密」扱いであるが、これが「嘘」なのは誰でも分かる。

　また、米国のジョン・F・ケネディ元大統領の暗殺事件に関する調査資料は米国の国家機密であるが、その資料を廃棄したとの報道はない。米国では絶対にそのような文書廃棄はあり得ないのである。なぜなら、そのような資料はたとえ国家にとってマイナスの内容でも、それは国家の資産であり、国民の財産であるからである。

　第2次世界大戦中の1942年にソ連（当時）の秘密警察がカティンの森で起こした「ポーランド将校捕虜22,000人虐殺事件」もまた国家機密である。しかし、ソ連は民主化後にこの事実を認め、ポーランドに謝罪している。

　また、前述した大韓航空機撃墜事件において、領土侵犯として撃墜したソ連ではボイスレコーダーやフライトレコーダー、その他の事故資料はいっさい廃棄することなく保存されており、ソ連が民主化された段階で公開されている。

　そう考えて、国家機密とされた資料を廃棄する日本の状況を顧みると、先進国、民主主義国家などとは口が裂けても言えない状況であり、国の財産である情報資料管理という面では後進国、野蛮国と外国から非難されても仕方がないのである。

国営放送を悪用した日航機事故における隠蔽工作の実態

　この日航機事故の真実と真相を国家機密として秘密厳守、他言無用を暗黙の内に指示した事例があり、それは事故当日にNHKが流した「救出に急ぐ自衛隊員を射殺した」というニュース速報である。

しかも、NHKはすぐに「誤報」との訂正を行っている。

一般国民は長い間、自衛隊員が命令に違反するケースが起きたと単純に解釈していたが、その裏にある真の狙いを覗き見ると、これは非常に巧妙な国家的謀略隠蔽作戦の一環であったと考えられる。

このNHKのニュース速報は全国民がテレビで見ていたのであり、一般国民は単なるトラブルだと思ったが、自衛隊員、および事実を知っている関係者に対しての「情報を漏らせば国家機密漏洩で厳罰を受ける」との警告であった。

まさに国営放送NHKを使っての「国家機密順守の極秘命令」であった。巧妙であると同時に悪質かつ残虐かつ狡猾な謀略作戦であったのである。

現在、マスコミは事故調の事故原因「圧力隔壁破壊説」だけを信じており、事故原因の話になると必ず「新しい証拠を見つけましたか」と聞いてくる。今までに判明した事態や状況からだけでも事故調の調査がいかにずさんで矛盾に満ちているか明確であるにもかかわらず、それを看過し放置して、「圧力隔壁破壊説」に囚われた議論には驚かされるばかりである。

日航機事故の事故原因と救助放棄、アントヌッチ中尉らの救出活動阻止、そして日本側の救助中止、撤収要請、自衛隊の重傷乗客の見殺し行為などにはすべて緊密な関係があるとの認識が事故の真実と真相を解く鍵なのである。

以前、事故事象の真実の隠蔽に関して遺族らは事故調に質問して回答を求めたことがある。すると事故調は「事故報告書以外のことは機密事項である」「その質問は機密情報なので回答できない」などと答えたのである。

つまり、日航機事故関連の真実と真相こそが「国家機密」に相当すると判断せざるを得ないのである。

日航機事故の真実と真相と特定秘密保護法の目的との関連

安全保障に関する機密情報の管理がずさんな状態では、同盟国からの信頼は得られず情報の共有化は進まない。このためにも情報保全制度の整備が急務であるとして、自民党の安倍政権は十分な審議もないまま「特定秘密保護法案」を2013年11月に強行採決した。

特に安全保障分野の情報を「特定秘密」に指定し、それを漏洩した公務員や政務三役の政治家など「特定秘密」を取り扱う人に最高10年の重罰を科すといった内容である。

法案によると、特定秘密の対象になるのは「防衛」「外交」「諜報活動の防止」「テロ活動の防止」の4分野である。特定秘密の漏洩に対する懲役10年以下の罰則は国家公務員法の懲役1年以下や自衛隊法の懲役5年より重い。
　懸念されるのは漏洩に重罰を科すことで取材や報道の自由が制約されないかという点である。取材を受ける公務員が萎縮し、取材への協力をためらうという悪影響が生じる。公務員に働きかける行為も処罰の対象になり、正当な取材活動や熱心に相手を説得する通常の取材まで運用次第では処罰の対象になる可能性も否定できない。
　しかし、取材や報道の自由が確保されなければ国民の知る権利は守れない。
　この法案は憲法第11条「基本的人権の享有」、第12条「自由、権利の保持」、第21条「表現の自由、検閲の禁止」などの規定と相反するし、国民の知る権利に基づく「情報開示法」とも相反するものであり、かかる拙速すぎる強行採決は自民党政権が何らかの目論みで行っているように感じる。
　そう思う理由の1つが日航機墜落事故の「真実と真相」を永久に闇に埋没させることではないかと思慮する。30年前の政府権力者のために臨時的、かつ緊急的な法案である可能性が高く、危惧せざるを得ない。
　日本国民520名の死亡の「真実」が「国家機密」であるというのは内容的にも適合せず、その事象は次元が異なると考える。日航機事故に関する国の隠蔽主張「国家機密」は完全に不当であり、理解できるはずはない。
　日航機事故の真実と真相を明らかにして再発防止に生かし、航空安全の向上を図るべく活動する有識者や関係者の究明の努力を鑑みる時に、この「国家機密」なる言葉が究明を阻止する巨大な「障壁」となっているのが現状である。「特定秘密保護法」がそうした重大な懸念を抱かせるものである以上、その必要性はないはずである。

　国家がその強大な権力をもって平和に旅行を楽しんでいる520名の死亡原因の秘密を隠蔽することは、国民誰もが許すことは出来ない。
　すでに国と政府は日航機事故の原因を公式に「航空事故調査報告書」として1987年に発表している。しかし、**事故の真実は「国家機密」だから説明できないというのでは、発表した報告書が嘘であると自白しているに等しい。**

9 航空機「事故」の調査と航空機「事件」の捜査

事故と事件の違いとその対応部署や方法の内容

　ところで、日航機123便が御巣鷹山に墜落した事象を語る時、私たちは無意識に「日航機墜落事故」とは言っていないだろうか。「事件」ではなく、「事故」という言葉を選んでいるのが事実である。

　通常、「事故」とは正常ではない出来事によってもたらされる一種の悪い結果であり、その行動や行為は「偶発的で何らかの過失で起きた」ものである。この場合、解決には警察が関与してくるが、たいていはその「原因」を突き止め、「対策」を考えて実行すれば改善されると考えられる。事故の中にはある程度予測できるものもあり、それを事前に改善しておけば防げる場合もある。

　一方で「事件」は誰かが何かを意図して、つまり、加害者が何らかの利益を得るために「明確な動機」を持って意図的に他人に迷惑をかけたり、危害を加えたり、金品を盗んだり、あるいは人を殺害したりする行為である。

　一般的には殺人事件や傷害事件、誘拐事件などが該当するが、この場合も警察が出動して解決を図り、最終的には裁判で判決されることになる。

　その際、事件の解明に不可欠な項目は「動機」であるとされる。

　動機は文字通り行動のきっかけであり、目的のある行動を行う場合の理由や背景であり、何らかの利益を享受するのが目的となる。それゆえ事件の場合は動機を明解にすることが求められる。

　たとえば、日常的な自動車事故で死者が出ると警察が出動し、事故の原因を究明し、適切に処理し、さらに悪質な飲酒による無謀運転での死亡事故などでは、遺族は厳重に抗議し、世論を動かして法律を改正し、厳罰化して同種事故の再発防止に生かされるよう願うものである。

　しかし、航空機事故では調査に特別な知識や能力、経験などが要求されるため、法律によって航空事故調査委員会（現運輸安全委員会）が調査に当たることになっている。これはあくまで事故を調査するものであり、墜落事故が犯罪行為によって引き起こされる「事件」の場合は警察機構（警察庁、検察庁）がその捜査に当たる。同様のケースで、米国で「事件」の場合はFBI（連邦捜査局）が担当する。すなわち、通常の殺人事件と同じ取り扱いになる。

　事件と判断された場合、その捜査には強力な捜査権限と捜査能力が必要であ

り、犯人を検挙し法律にしたがって処罰することになる。墜落事故が加害行為によるものと判明した段階で、事件の捜査は警察が管轄するというのが決まりなのである。

犯罪行為により航空機が墜落した事件例とその捜査実態

　ここで、犯罪行為が発生したことによって航空機が墜落した過去の例を広く世界中から紹介する。

▶パシフィック・サウスウエスト航空1771便墜落事件（1987年12月7日）

　1987年12月7日、サンフランシスコからロサンゼルスに向かっていたPSA－1771便（ブリティッシュ・エアロスペース146型機）が海岸沿いを飛行中に突然、急降下し始め、カユコス近郊の農場に墜落した。

　調査により、麻薬所持の疑いを掛けられたこともある素行不良の機内清掃員がUSエアウェイズを解雇され、その逆恨みで元上司が乗っていた1771便に拳銃を持ち込み搭乗。元上司を射殺し、機内の嘔吐袋に遺書を書いた後、上空でパイロットと自分自身を撃ち、航空機を急降下させて墜落させたものと判明した。これにより乗客38人と乗務員5人は全員死亡した。

　まずは拳銃持ち込みを阻止できなかった空港のセキュリティーのずさんさと素行不良の人物を雇用した会社が批判された。

　PSA－1771便は真っ逆さまに地上に激突。音速の壁を突破し、約5,000Gの重力加速度で落下し地上に激突した。機体は機首を下げ、通常飛行速度で地上に向けて加速。地面は圧迫されて凹み、その後、エネルギーが解放されて、めり込んだ物体が噴出するのである。爆発で燃える前に衝撃力のリバウンドで瓦礫が真っ直ぐ空中に飛び出したのである。機体の内部、紙など軽いものが空中に放り出され、それがさらに風によって何百メートルも飛散した。機体は形をとどめず、遺体の1つも見つけられなかった。

　一般に操縦士は9Gで操縦が困難になると言われる。日航機事故では機体前部の乗客は数百Gの加速衝撃を受けて即死し、後部胴体部の乗客は数十Gの衝撃を受けたとしている。4名の生還者は後部胴体部の乗客と同じく数十Gの衝撃を受けた。

つまり、後部胴体部に着席していた他の乗客も生存していた可能性が高く、落合由美さん、川上慶子さんの証言からも、また遺体検視の結果もこれを裏付けている。墜落した乗客は一般的に100Gでも助かる可能性があり、日航機事故で生存者がいた理由も理解できるのである。

PSA-1771便では機長らが拳銃の発射音を聞き、その後、機体が急降下している。発砲事件は交信記録で明らかだが、さらにボイスレコーダーでも確認された。この事故は重大な犯罪であるとの事実確認がなされ、NTSBの役割は終わり、その時点で事件の捜査は連邦捜査局（FBI）に引き継がれた。

FBIは犯罪捜査のプロではあるものの、航空機事故の調査には必ずしも精通していないので、NTSBも調査を進め、その情報をFBIが使えるようにしたのである。すなわち事故の調査と犯罪捜査が並行して行われた。

しかし、日航機事故で事故調は「圧力隔壁破壊説」のための資料と証拠だけを採用した。事故調は隠蔽工作を行っているため、警察は事故を事件として捜査し、事故調メンバーと担当事務局員の聴取を行うべきである。

PSA-1771便の事件では機体が完全に破壊しつくされており、事故原因はボイスレコーダーとフライトレコーダーの解明にかかっていた。ボイスレコーダーの解析から明確な「拳銃の発射音」が聞き取れ、犯罪行為が確定された。

さらにFBIは重要な証拠物件を探した。それは拳銃である。発見された拳銃は44マグナムという大口径の拳銃であり、この拳銃は2つに破断していた。

銃は頑丈に作られており、これが破断されることはものすごい破壊力であったことが分かる。この銃身から指先の皮膚が検出され、指紋が取れて犯罪加害者が特定されたのである。そして、犯罪の経過や犯人の行動内容が解明され、犯行の動機は前述したように上司に対する逆恨みの射殺行動であった。

当時、航空会社の社員や空港関係者は通常の検査を受けずに搭乗することができたのである。USエアウェイズは当時パシフィック・サンウエストの傘下会社で、犯人は返していなかったUSエアウェイズの身分証明書を使って搭乗したのである。これは大きな抜け穴であった。その結果、再発防止対策として、①航空会社の社員も同じセキュリティー検査を受ける、②私服警官が同乗する、③操縦室のドアを強固にして必ず鍵を掛ける、④パイロットの銃の所持を認める、などが決まった。

▶パンアメリカン航空103便爆破事件（1988年12月21日）

　1988年12月21日、パンアメリカン航空103便は、西ドイツのフランクフルトからイギリスのロンドンを経由し、ニューヨークへ向かっていた。ただし、フランクフルトから、ロンドンまではボーイング727で、ロンドンでボーイング747－100（機体記号N739PA）に変更されることになっていた。

　ロンドンからの便にはボーイング727から引き続き103便に乗る乗客47名と乗員2名にロンドンから搭乗する194名の乗客と乗員16名が加わった。また、ボーイング727の貨物はノーチェックでボーイング747に搭載された。

　103便は予定より30分遅れて1時間30分のトランジットの後、ヒースロー空港を離陸した。ヒースロー空港を離陸してから40分後の現地時間19時頃、スコットランド地方のロッカビー村上空を飛行中に前部貨物室に搭載されていた貨物コンテナが爆発。爆発により機体は空中分解した。

　機体の残骸は広い範囲に飛散したが、両翼と中央胴体部分がロッカビー村の居住区に落下し、民家を巻き込んで大爆発して、長さ47メートル、深さ9メートルの大きな陥没跡を残した。

　その結果、同機に搭乗していた乗客乗員259名全員と巻き添えになった住民11名の計270名が死亡した。空中爆発および燃料への引火により、犠牲になった乗客のうち10名と住民11名の遺体はついに発見できずに終わった。

　爆発は機体前方の貨物室にあった貨物コンテナの下部で発生していた。もし30分の遅れがなく、フライトプラン通りの運行であれば、103便は爆発時に大西洋上空を飛行していたはずであった。

　原因はセムテックと呼ばれるプラスチック爆薬を用いた時限爆弾の爆発によるもので、日本製のラジオカセットレコーダーが偽装されたスーツケースの中に隠されていて、機内に貨物として積み込まれていた。

　機体の残骸にこの爆弾に使用されていたラジカセの基板が突き刺さっていたが、ラジカセを包んでいたとされる衣服の特徴的な繊維から、それがマルタ島で販売されていたことが判明。そこから、スーツケース（と爆弾）の足取りをたどり、所有者が判明した。

　当初、アメリカ当局は同年7月に起きたアメリカ海軍のイージス巡洋艦によるイラン航空655便撃墜事件に対するイラン政府の援助を受けたパレスチナ人テロリストによる報復行為ではないかと疑っていた。

しかし、調査が進むにつれて残骸から発見されたタイマーの製造元が分かり、その会社が製造したタイマーをすべてリビアへ売ったことが判明。さらに爆弾を入れたスーツケースに入っていた服を売っていた店の従業員の証言から、衣服を買ったのが「リビア訛りの強い男」と特定されるにいたった。
　このことから事件の容疑者はリビア人2人であると判明。彼らはリビアの情報機関に所属しており、アメリカによる1986年4月15日のトリポリをはじめとするリビア攻撃に対する報復として事件を起こしたとされる。
　リビアは当初、容疑者の引き渡しを拒否していたが、国連の制裁に態度を軟化させ、1999年4月に国連代表に2人を引き渡した。さらにリビア政府は2003年、遺族に対する補償金27億ドルを支払った。
　容疑者の1人は終身刑となり、1人は無罪となった。
　この事件はパンアメリカン航空が「搭乗していない者の荷物を載せて就航した」ということになり、「旅客と荷物の一致」という原則に反して荷物検査を怠っていたことが判明。会社の幹部も刑事訴追され、有罪判決を受けた。これはパンアメリカン航空の経営破綻の遠因にもなった。

　この事件において、当初は事故原因が分からず、事故調査官は苦慮したが、残骸から、爆発物の爆薬の証拠痕が発見されて、爆弾による犯罪行為と判断されて以後、FBIが出動して対処に当たった。テロとの推定で長期間、多数の捜査官の協力のもとに緻密な捜査が行われ、上記のような結論を引き出した。
　日航機事故でも墜落寸前に落下した右第4エンジンは自衛隊機のミサイルで破壊された可能性が高い。多くの目撃者は飛行中、赤い炎を出し、黒い煙を吐いているとの証言をしている。機体やエンジン部の爆薬の有無の調査と検査が必要であったが、そのような検査をしたとの報告はない。あくまでも「圧力隔壁破壊説」を事故原因と主張する以上、検査するはずがないのである。
　パンアメリカン航空103便爆破事件では「事故調査」から一転して「事件捜査」になり、その担当は犯罪捜査専門のFBIに引き継がれている。もちろん、FBIは事件の捜査を行うが、事故全体の概要を把握する必要があり、事故調査官も同時に調査を行ってFBIの捜査を補助したのである。

▶ フィリピン航空434便爆破事件（1994年12月11日）
　日航機事故と同じ機体（ボーイング747）に起きた事件として、フィリピン

航空434便爆破事件が挙げられる。

　乗客乗員293名を乗せたフィリピン航空434便は、アキノ国際空港から日本の成田空港に向けて自動操縦で沖縄県南大東島付近を飛行中、高度31,000フィートでイスラム系テロリストが仕掛けた時限爆弾が爆発し、乗客1名が死亡し、機体の操縦系統が損傷を受けて方向舵の操作が困難になった。

　機長は成田までの飛行は無理と判断し、急遽沖縄の那覇空港に向けて左旋回してエンジンの出力を微調整、コントロールして無事に着陸。残りの乗客乗員は無事であった。

　爆弾は腕時計を使った時限爆弾で、使われていたニトログリセリンはコンタクトレンズの洗浄液を偽装したものであった。爆発はテロリストによって引き起こされたものに間違いなく、犯行を認める電話がAP通信支局にあった。

　フィリピン警察は爆弾に使ったバッテリーを手掛かりに犯行グループを追い詰め、マニラにあったアルカイーダ系グループのアジトを1995年1月の夜に急襲。「ボジンカ計画」と呼ばれる同時多発テロ計画が発覚した。また、事件の首謀者はパキスタンに潜伏しているところをアメリカとパキスタンの諜報機関（ISI）によって逮捕された。「ボジンカ計画」とは米国向けの航空旅客機11機を爆破するというものであった。434便に仕掛けられた爆弾は身体検査を潜り抜けられるかどうかの予行演習でもあった。

　この事故は完全に爆弾による機体爆破事件であり、日本側の警察も協力して沖縄に着陸した機体の捜査を行い、フィリピン警察による捜査と犯人一味の検挙を助けている。

過失による重大事故が明解な場合に刑事訴追した実例

　過失による事故が刑事訴追された例として「**アエロペルー603便墜落事故**」（1996年1月2日）を挙げる。

　アエロペルー603便（B-757-23A）が太平洋のリマ近海に墜落し、乗客乗員70名全員が死亡した。原因は「機体洗浄におけるピトー管静圧孔のマスキングテープを剥がし忘れたこと」であり、このため速度、高度が検知不能になって盲目飛行になり、計器表示の不良で飛行操縦が錯乱して海面に接触し、機体は水面に突っ込むように反転しながら墜落した。

　603便は離陸する前、機体は洗浄されていた。その際、整備士は防水のため

マスキングテープでピトー管の静圧孔を覆い、洗浄後に剥がさなかった。離陸前の点検で地上クルーやパイロットは剥がし忘れに気づくことなく、そのまま12時40分に離陸し、異常検知表示をひき起こした。

同年11月、遺族は「ボーイング社」を相手に訴訟を起こした。

◆「製品の誤用が予見できて、しかも改善できる場合、法的に見て、その責任は製造業者にあります。ボーイング社の飛行機は洗浄時、ピトー管をふさぐ必要があり、それを外し忘れると墜落するという危険があります。ボーイング社は事故の責任を取って被害者の肉親に十分な償いをすべきです。遺族の悲しみは計り知れません。残された遺族に対する最大の償い、それは犠牲者を再び生き返らせることでしょう。しかし、それは無理な話です。現実的な償いの方法として、考えられるのは金銭補償なのです」と遺族は訴えた。

しかし、ボーイング社は「責任はペルー航空にある」と反論し、「ピトー管の近くにはっきりと警告が掲示されており、整備士がテープを剥がし忘れたことが原因」と主張し、「機長らが点検ミスをした」と機長らの責任を指摘した。

結局、ボーイング社とアエロペルーが責任を認め、遺族と和解して裁判を終わらせた。その後、ボーイング社はピトー管の改善に取り組み、以後このような事故は起きていない。事故原因を明確にすれば再発防止に生かされ、同種の事故は起きないのである。そして、遺族は1人あたり1億円という異例の高額な賠償金を受け取った。一方、テープを剥がし忘れた整備士は過失致死罪実刑判決を受け、刑務所に収監された。

このように、多数の死亡犠牲者が出た日航機事故においても、その原因は修理ミスだと技術的、かつ論理的に確定されていれば、ボーイング社の修理ミスは刑事訴追されて実刑判決を受けさせることができたのである。

この事故を検証したパイロットは、「異常事態に直面した場合、まず機体を制御して飛ぶことに集中しなければなりません」とまとめており、航空機関係者は「製品の設計者や製造業者は安全を考慮すべきだと知っています。そして、きちんと実行している。逆にそれを怠れば、必ず見つかることも知っている。安全を無視した原因や背景が詳しく調べられ、その結果、責任を問われることになります」といましめている。

日航機123便墜落事故の調査と事件の捜査について

　そこで日航機事故であるが、これまで何度も記述したように「仮説X」が事故の真実と真相に一番近いものと考えられる。すなわち1件の事故と9件の事件から構成される複雑怪奇で残虐な自衛隊・政府が関与した事件である。

　日航機墜落事故は事故調が担当して事故調査を行ってきたが、その結論は前述したように圧力隔壁の修理ミスによる応力亀裂の成長によって破壊されたものとしたのである。しかし、日航機事故の真実と真相に最も近付いた「仮説X」では、自衛隊の演習、もしくは実験部隊は標的機または巡航ミサイルなどの操縦操作に失敗して日航機の尾翼に衝突させ、自動操縦機能を破壊されたことが重大な事態＝墜落の要因になったとしている。

　この衝突は過失ではあるが、その実験、演習計画の不備によるもので、十分に避けることができた事態であると考えられる。その責任は当然問われるべきものと思われる。この判断は検察庁の捜査と起訴によって決められるものである。また、米軍アントヌッチ中尉らの救出活動の中止と撤収を要請し、この事態の隠蔽を図った事件での調査と捜査も必要だと考える。

　さらに、刑事裁判では日航の整備ミスとボーイング社の修理ミスを告発して審査されたが、結局、日航とボーイング社は不起訴になった。これに納得出来ない遺族らは多数の国民の賛同を得て告発し、検察審査会が再捜査したが、同じく不起訴の議決が下された。

日航機事故における事件事象と事件の捜査について

　一般的に事故の場合も担当部署は「警察」である。それは国民の生命を脅かしたことへの対応である。しかし、航空機事故では日本では国交省の事故調が担当している。それは、事故調査は特殊な航空機での事故なので特別の調査機関が担当し、事故原因を究明し、再発防止を図り、空の安全の向上に寄与し、国民の生命を担保するためなのである。

　残念なことに日航機事故の場合はこの大原則がねじ曲げられ、虚偽の事故報告書が捏造され、事故のさまざまな事象が隠蔽された。何度も言うように事故調は調査に携わる資格はなく、誰も信じられないことは明らかである。

　矛盾があり、疑惑に包まれた事故報告書であるにもかかわらず、機密情報だ

からと説明を拒否し、反論や異論を無視する状況では事故調の結論「仮説A」が単なる一つの仮説であって、真の事故原因でないことは明確であり、「仮説A」は没にされるべきものである。

　あの頑丈で巨大な垂直尾翼が破壊された理由は「仮説X」が主張している「外部破壊説」しかない。

　この「外部破壊説」はすべての事象を合理的、かつ科学的に説明することが出来る。すなわち、高速で重量のある飛行物体が日航機の尾翼部に衝突した事象であり、日本でそれに匹敵する物体は自衛隊の所有物しかない。この衝突で垂直尾翼とAPUが破壊され、油圧機能が破壊された。しかし、手動操縦で飛行出来たので事故機は横田基地への着陸を敢行しようとしていたのである。

　この段階から自衛隊が関与した事態を隠蔽するために、自衛隊・政府による謀略作戦が始まったのである。これが、今回提起した「仮説X」、つまり、「自衛隊・政府・日航の謀略説」である。

　この「仮説X」が主張しているように、自衛隊の無人標的機が衝突した「事故」が起きて以降、事故機が助かる可能性を自衛隊・政府が阻止したとすれば、それは犯罪であり、重大な「事件」である。

　有識者や遺族、関係者が汗水流して入手した日航機事故の調査と検証、慎重な考察から引き出された結論が「仮説X」＝「重大な犯罪行為」であることは間違いないものと考えられる。したがって、事故から29年経過したものの、現時点で日航機事故は事故調による再調査でなく、「事件捜査」として警察組織の出動が必然であることを示唆しているのである。

　ここで、日本における「刑事捜査」の原点である法律「刑法」について記述する。日航機事故は警察によって再捜査され、加害者は刑法によって罰せられるべきであると考えるからである。

　まず、刑法は「罪」と「罰」によって構成される法律である。それは犯罪に対する制裁としての刑罰を定めることにより犯罪の抑止力となって市民の利益を保護し、生活の安全を確保しようとするものである。

　そして、刑罰とは個人にとってかけがえのない価値を持つ利益「生命と自由と財産」を国が強制的に奪う厳しい制裁である。

　刑事責任は、犯人が何の罰も受けないと同じ犯罪が繰り返されることから、犯罪防止のために追及される。そして、こうした事故や事件の捜査は警察が行

うことが「警察法」で定められている。

10 日航機事故29年目の「真実と真相」＝「仮説X」

日航機123便は自衛隊・政府の謀略行為の犠牲にされた

　有識者や関係者、遺族が必死に事故の再発防止のために日航機事故の真摯な調査と検証、慎重な考察を行ったなかから引き出された結論「仮説X」、それは重大な犯罪行為であったことと断定できる。
　この日航機事故における事件性について、1993年12月に名著『疑惑』を出版された角田四郎氏はその著作の中でこう書かれている。

「私の推測した『疑い』が間違いなら、現実に現れている事象をどう考えれば良いのか？　間違っていないなら、この事故の背後に一体何が隠されていて、事故のすべてを歪曲し、まったく成立しない原因をでっち上げ、墜落地点と機体を半日以上も隠し、不都合な証拠物件のすべてを隠蔽消去して、外国の企業たるボーイング社にまで、その手助けをさせる巨大な力が存在していたことになる。
　もし、この仮説が真実であるなら、考えられることはたった一つしかない。
日航123便事故が『日本』という『国家や国家権力』の中枢に『計り知れない損失』を招きかねない要因を孕んだ原因によって発生した場合だけである」
「ここに、提起した私の事故原因仮説の中に、どんなに大きな間違いがあろうとも、事故調査委員会の故意に創作された事故原因よりは、はるかに真実を見つめているはずである」
「検証を進めれば進めるほど、『事故調の報告書』から遠ざかり、また、報告書を否定する材料ばかり増すのである。
　日航機墜落事故は言われているように単なる『事故』ではないのだ。明らかに『事件』と呼ばれるべきものを内包しているのである。そこには加害者『犯人』が潜んでいる」

　角田氏は『疑惑』の中でかくも明確に、かつ米軍アントヌッチ中尉の証言も公表されていない段階で状況証拠や目撃証言、地道な取材からの考察、そして

8年間の緻密な調査と検証の労苦から確固たる結論を導き出した。

その毅然とした姿に心から敬意と感謝を表明すると共に、今までかかる指摘に対して傍観していたことを恥じるばかりである。

私自身も有識者の主張や論文を精査し、また自らの考察も加味した結果、まったく同じ結論にいたったのである。

「仮説X」とは「自衛隊・政府・日航による謀略実行説」である

日航機墜落事故はまったく複雑怪奇で、常識では理解しがたい重大事件である。その全貌は謎に満ちて正体が見えないジグソーパズルの様相を呈している。そして、残念なことに「真実」という名のピースはすべては出揃っていない。

なぜなら、そのピースのほとんどを自衛隊・政府が秘密のままに隠蔽し、密かに握っているからである。しかも重要なボイスレコーダーとフライトレコーダーの内容も公開されたものは事故調の結論に合致するように適宜、修正され、捏造されている。

事故調が明らかにしたピースだけを使うなら、そこから見えてくる事故原因は「圧力隔壁破壊説」＝「仮説A」であるかもしれない。しかし、それは全体像からはほど遠い、意図的に歪曲された誤った一部分の画像でしかない。それをもって真実であると説くのは笑止千万である。

「仮説A」の最大の疑惑と問題点は奇跡の生存者の体験証言、および多くの目撃証言を無視し、いっさい調査検証を行っていないことである。公表されたボイスレコーダーとフライトレコーダーの内容と目撃証言、生存者の体験証言との確認、辻褄合わせ、検証がいっさいなされていない。

ボイスレコーダーとフライトレコーダーの内容では説明できない事象があるにもかかわらず、「これが結論だ」と居直る暴挙を行う運輸省、政府の態度には事故の真の原因を究明しようとの意思が見えず、また航空安全への真摯なる姿勢をまったく感じ取ることはできない。

たとえ辻褄を合わせたつもりでも、事故調の結論「仮説A」は技術的、かつ論理的にも矛盾が一杯であり、生存者の証言がこれを否定している。

角田四郎氏、池田昌昭氏、吉岡忍氏、米田憲司氏、藤田日出男氏など有識者は公表された資料や証拠に加えた独自の取材で新たな証言や新聞報道、目撃証

言、生存者証言、各種調査資料などを入手。そして、事故調の結論が間違っていることを証明し、かつ日航機事故は単なる「事故」でなく、自衛隊と政府が主体的に関与した「事件」であると結論を出している。

パズルの全体像を描き出す、つまり日航機墜落事故の謎を解くためには事故調が取り上げようとしなかったパズルのピース——体験証言や目撃証言、ボイスレコーダーの記録などを集めて1つひとつはめ込んでいくことが必要である。

それら1つひとつのピースは自然とはまるべき場所にはまり、やがてパズルの全体像が見えてくる。最後に浮かび上がってくる答え、それは「外部破壊」に端を発した「仮説X」であり、「仮説X」とは1件の航空機事故を端緒にして、これを組織の体面保持や自己保身、権力維持、地位保全のために完全隠蔽し、黒い秘密障壁で塗り固めた「自衛隊・政府・日航の謀略事件」なのである。

「仮説X」は1件の事故と9件の事件から構成される謀略説

日航機事故の遺族として、私は当初から事故調の結論に信憑性がないことを確信していた。このままでは犠牲者が浮かばれないと考え、日航機事故の「真実と真相」を明らかにして、それを霊前に供えることが最大の供養であると考え、1人の遺族として犠牲者からの宿題、義務と受け止め、能力不足を熱意でカバーして調査と究明に挑戦したのである。

遺族はこのような事故による犠牲者の恐怖や苦しみ、悲嘆と遺族の苦しみと悲しみとを他の日本人に味わわせないためにも事故の真実と真相の解明は不可欠であると考える。そして、真の事故原因の究明から再発防止に生かすことが航空機の安全性の向上に寄与できると信じている。

諸先生方の論文を理解・整理し、解釈して、さらに独自の調査と検証、推察や考察を加えて、事故から29年が経過した時点で日航機事故の「真実と真相」をまとめたのである。したがって日航機事故の真実を求め、事故の再発を危惧する多くの有識者の長年の努力の結集の賜物に深く感謝するものである。

その後、真摯な調査と検証で事故調が採用しなかった、または無視した証拠資料や目撃証言など多くの有識者の検証と解析、分析によって、その真の事故原因と真実の内容が1件の事故と9件の事件にあることを見つけ出した。

今まで日航機事故の調査は行われてきたが、「尾翼を失っても操縦が出来たこと」「横田基地への着陸阻止妨害事件」「日航機へのミサイル攻撃事件」「米

軍アントヌッチ中尉らの救助活動に対する政府の中止要請」「生存者見殺し事件」「群馬県警の救助妨害事件」「自衛隊特殊部隊の乗客乗員全員の死亡画策行為」「事故資料廃棄事件」などの事態は、真の加害者たちと事故調の隠蔽工作で除外され、無視され、本来の調査が行われていなかったのである。

　このたび、遺族として「仮説X」＝「自衛隊・政府・日航の謀略実行説」を提起する次第である。あの武田峻事故調査委員長（当時）が会見の最後で述べた言葉にならって、私は次のように強く訴える。

「この『仮説X』を基に、有識者、関係者、遺族、国民が討議し、議論協議した事柄が、事故原因と事象の『真実と真相』を明らかにできる端緒になればと考える次第であります」

　ここで改めて「仮説X」の主論を記載する。すでに詳述しているので、ここではその項目だけを列挙する。

【事故①】相模湾上空での日航機123便への自衛隊無人標的機衝突事故
【事件①】日航機と自衛隊標的機との衝突事態の隠蔽工作指示事件
【事件②】自衛隊戦闘機による救援援護助言不作為行為事件
【事件③】日航事故機の横田基地への着陸阻止、脅迫行為事件
【事件④】自衛隊戦闘機による日航事故機へのミサイル撃墜事件
【事件⑤】自衛隊の虚偽の航空機墜落場所報道による救助活動阻害事件
【事件⑥】日本政府の米軍による救助活動の中止、撤退、箝口令要請事件
【事件⑦】自衛隊特殊部隊による非人道的な極秘殺害任務遂行事件
【事件⑧】事故調が「嘘」の「調査報告書」を捏造した公文書偽造事件
【事件⑨】事故調の日航機事故関連資料の廃棄、証拠隠蔽事件

　もちろん、本書に書かれたこれらの内容に関して、責任はすべて日航機事故遺族である私、小田周二にある。
　したがって、もし間違いがあればいかなる批判と責任の追及をも受ける覚悟がある。しかしながら、同時にこの日航機事故・事件の当事者や関係者の方々に対して、あの米国の勇気あるアントヌッチ中尉の正義感と生命への愛情に満ちた真摯な姿勢の如く、事故の「真実と真相」の開示と説明、そして、告白を行うことを希求するものである。
　さらに、重大事件を引き起こした権力者は、「権力行使には責任が付いてく

る」ことを認識することを、強く申し添えるものである。曰く、「徳高下視　位崇卑為」。位の高い権力者は、高い徳、正義を持つことが不可欠で、徳、正義がなければ、ただの凡人であるということである。

　それは日航機事故の犠牲者520名の霊に対する礼儀であり、また日本国の「正義」に対する責任でもある。

真の事故原因の究明は犠牲者や遺族、国民、人間、そして命の願い

　日航機事故については多くの有識者や当事者、関係者が調査し、検証し、反論し、事故調の結論とまったく異なるそれぞれの「仮説」を提起している。

　一方で、日航機事故には多くの関係者が何らかの関与をしている。事故調を筆頭に運輸省や陸上自衛隊、海上自衛隊、航空自衛隊、群馬県警、長野県警、上野村消防団、上野村猟友会、日本航空、政府幹部、自衛隊武器の製造会社、米国ボーイング社、NTSB、FAA……など多方面の方々が関係している。そして、この関係者は事故について多くの事実を知っているはずである。

　現在、事故から30年近くが経過しているが、「航空事故調査報告書」の矛盾と疑惑を放置したまま、いまだ真実と真相は深い闇の中に埋没している。

　繰り返すが、事故調の「航空事故調査報告書」は1つの「仮説」にすぎないし、多くの矛盾と疑惑を包含しており、多くの有識者がその仮説を否定し、反論し、反対仮説を提示して事故調の結論の矛盾と疑惑を指摘している。

　しかし、事故調はいっさいその説明責任を果たしていない。それは怠慢、不遜、無視といった言葉で済ませるわけにはいかない。520名の国民市民が無残に殺害されているからである。

　さらに、事故調は国民の資産である貴重な日航機事故関連の資料を廃棄するという暴挙を行った。事故調は日航機事故の真実と真相を隠蔽しているとしか考えられない。しかも「今後、再調査することはない」とまで豪語している。

　矛盾と疑惑と説明出来ない結論「仮説A」に対し、より科学的で論理的な「仮説X」を提起したが、もしこの「仮説X」を検討し、反論も行わないならば、事故の真の原因を追及することが役割であるはずの事故調はその業務を放棄したことになり、事故調の結論は嘘であると自供しているのと同じである。

　上記の経緯から事故調の報告書は多くの矛盾と疑惑を説明出来ない以上、それは日本国の公文書としての資格はなく、国民は認めることはできない。

すなわち「航空事故調査報告書」に公文書としての資格はない。航空機事故の撲滅を願う関係者の真摯な討議を検討願うと共に日航機事故関係者の「事故の真実と真相」の開示と技術的、論理的な説明を求めるものである。
　事故調には自ら導き出した結果＝「仮説A」と対比し、「仮説X」に対して反論し、合理的な理解できる説明を行うことを求める。
　事故調にこの要求を拒否する正当な理由はなく、これを無視する場合は事故調の責務を放棄したと断定し、「航空事故調査報告書」は間違っており、公文書としての資格は喪失したと事故調が認めたものと判断する所存である。

　犠牲者の願い、遺族の願い、国民の願い、人間の願い……そして、命の願いは日航機123便墜落事故の「真実と真相」を明らかにすることである。犠牲者520名の御霊に対し、事故調と関係者は正義（JUSTICE）の名において事故内容の説明責任と説明義務を行使することを要求する。
　米国軍人アントヌッチ中尉のように勇気ある事実報告を行い、証言することを事故関係者にお願いするものである。また、日本の事故調もその沽券を捨てて、日本国民の尊い命に対して当然の行動を行うべきではなかろうか。
　それは説明責任を行使し、事故の真実と真相を明らかにすることだと思慮する。遺族として日航機事故の真実と真相を明らかにすることが犠牲者への基本的かつ最高の供養だと考えており、それが事故の再発防止につながり、今後、大勢の人々を同じ苦しみに遭遇しないようにするためにも必要不可欠である。

11 今後の航空機事故調査関連についての提言

新たに独立した「航空機事故調査機関」の設置を提言！

　政府や運輸省、自衛隊は嘘の事故原因を捏造して国民を欺いたのである。このような経緯から航空機の安全性を向上させるための提言を行いたいと考える。つまり、**遺族の願いは国や官公庁、権力者の意向に左右されない公平な第三者機関としての独立した「航空機事故調査機関」を新たに設置することにある**。現在の事故調（現運輸安全委員会）は1971年7月に発生した「全日空機雫石衝突事故」の事故原因調査結果の反省から1974年に設置された。当初、この組織は完全に独立した機関として設置が決まっていたが、なぜか運輸省の

一部門として、政府に隷属した機関にされたのである。

　設立方針と基本的に反するような運輸省傘下の組織にされたのは、政府として何らかの意図があってのことと推測できる。なぜなら、全日空機雫石衝突事故の自衛隊関与による政権への打撃の大きさに自衛隊・政府は恐怖を覚え、当時の佐藤内閣と自民党は自らに都合の良い機関にしようと画策したのだ。

　全日空機雫石衝突事故では自衛隊への責任追及が厳しかったが、佐藤総理と自民党は権力を行使して自衛隊・政府への波及を防いだのである。

　この事故を現在の視点で見ても、自衛隊の責任は明らかであると結論出来る。また、その前後でも自衛隊が関与した事故は多発しており、重大事故が発生すれば自衛隊最高指揮監督権者である総理大臣、および政権は重大な打撃を受けることにつながるのである。

　政府と内閣はそのことを恐れ、事故調を政府の思い通りになる運輸省傘下の組織としたのである。そのため、事故調は運輸省事務局の影響下に置かれ、運輸省の意思と命令による調査が行われることになった。空の安全性の向上のためには政府の権限が及ばない独立した「事故調査機関」が不可欠なのである。

事故調の体質と組織構成、調査権限、調査能力の実態

　前述したように「日本の航空機事故の原因の多くは、原因不明かパイロットの操縦ミスになってしまう」との指摘がなされている。つまり、事故が起きても絶対に政府、運輸省、航空機メーカー、運航会社の責任にはならないということである。

　さらに1966年2月4日の「全日空機羽田沖墜落事故」（乗客乗員133名全員死亡）の調査中、主席調査官2名が更迭され、委員であった山名正夫東大教授（当時）は、「まず求めるべき結論が決められている」ことに反発し、記者会見で調査の進め方を批判して辞任したことはすでに述べた。

　かかる山名教授の身体を張っての抗議に対して、運輸省は微塵も反省せず、対策も立てなかった無策は厳しく追及されるべきである。事故調査委員長武田峻教授もなぜ同様の抗議をしなかったのか、実に残念でならない。

　航空機事故が起きた場合、政府権力者と運輸省航空課（現国交省航空局）が事前に事故原因を決めて、事故調はその結論を成立させるべく調査を進めるといったやり方で行われてきたのである。これでは「事故原因捏造委員会」であ

る。そもそも事故の調査能力もきわめて低く、米国のNTSBと比較できない低水準である。

　また、事故調は事故が起きた時に専門的調査を行うとあり、趣旨に準じて委員は厳に中立、かつ公正な立場の専門家から選ばれることが必然である。
　しかも航空機という専門的知識を有する者にしか理解が及ばないジャンルにもかかわらず、調査委員は誰も航空機の操縦は出来ないし、操縦の体験や知識もない。機体構造の研究者や経験者でもないし、整備や検査の実地経験もない。ましてや今日の航空機は最先端技術の超ハイテク機である。精密電子工学や機械工学、冶金工学などの知識も必要である。
　現在の事故調の委員は大学の航空工学の教授や運輸省の役人、航空会社の関係者、学識経験者という「事故調査」においては素人の集まりで、権威を崇め奉ったり、年功序列を尊重したりで真の原因に迫れないのである。
　事故調の委員は学問的、学閥的には優秀かもしれないが、学問の領域を超える現実と現場を把握し、体験し、理解出来る経験・能力を持っていない。これでは事故調査は「机上の空論」であり、事務局のお膳立てで結論が決められて、事故調査委員はそれを証明するだけの傀儡だと言われても仕方がないのである。
　「事故調査報告書」の内容は政府の決めた結論に従い、学問的に詳細に分析、かつ考察し記述しているが、肝心の実際の事故事象との関連にはいっさい言及していない。落合由美さんの証言や他の目撃証言にあるような事故事象に適合しないから言及出来ないのである。象牙の塔の研究は実現象や行動科学と遊離しており、実際何の役にも立たないのである。
　また、就任期間自体は3年だが、過去の事故についての知識と経験、考察も必要不可欠である。調査委員は短期間にこのような知識と経験が得られるはずはないのである。さらに事故調査においては、事故当事者である運航会社や製造会社、運輸省などに協力をお願いし奉るような現行調査システムである。強い調査権限はなく、真実を見極めることも不可能である。
　事故調査はいずれかに有利な結論が導かれたり、何かの圧力に屈したりすることがあってはならない。国会の調査権や検察・警察の持つ捜査権のような強い権限が必要であるのは明らかである。欧米の同様の組織のように、調査研究結果を徹底的にぶつけ合う環境でないと、何も解明できないのである。

現在の日本の航空行政は運輸省が一手に握っている。航空会社の許認可や路線の許認可、運賃の許認可、操縦免許の交付、航港使用の許認可、空路管制、航空機の就業許可、航空機の修理許認可と検定……など多岐にわたり、この業務は運輸省航空課が行っている。

　事故調を律する「航空・鉄道事故調査委員会設置法」の第13条には「委員長、委員または専門委員が航空機事故等または鉄道事故等に関係があるおそれのある者と密接な関係を有すると認めるときは、当該委員長、委員または専門委員を当該事故等に関する調査に従事させてはならない」と規定されている。

　このように事故調査能力のない学者集団や当事者代表の集まりに対して、運輸省は事故調査委員会（現運輸安全委員会）に強い影響力を持つ強力な事務局を通じて、まずは結論を示して調査を進め、その結論に沿うように結論をまとめるよう指示を出すのである。

　そもそも事故調に大学教授や運輸省の技官が入っていることが不純であり、航空機の構造や航空工学はもちろん、操縦や整備など長年の経験を積んだ人でないとその先頭に立って調査できないことは明らかである。

　日航機事故において米国NTSBに協力を依頼することが必要であったはずだが、いっさい行ってはいず、また、ボーイング社の豊富な知識と経験も取り入れようとしていない。事実、ボーイング社の主張に対してはいっさい検討していないし、その主張と反対のことを結論として出している。

　公正な調査を敢えて行わず、密室で政府が決めた結論に則った調査が行われ、矛盾と疑惑のある結論が出されている。事故の全体像や事故原因の内容から見ると、そのずさんな実態が容易に理解できる。

　日航機事故でもそうした経緯で結論が用意されたことはすでに詳しく論述しているが、それらはすべて明白な事実である。

（1）腐敗した事故調の解体廃止と新規独立調査機関の設置提言

　これでは真の事故原因など明らかにすることはかなわず、結局、再発防止の役に立たないことは明白である。つまり、現行の事故調は本来の事故調査機能を発揮できないシステムになっており、事故調査を行う資格はない。

　このような組織は国民のために活動しているとは言えず、かえって有害無益であり、完全に不要である。したがって、この組織は即刻解体廃止すべきである。

それではいかなる組織が本来の事故調査に適しているのか？
　基本的に政府や運航会社などから完全に独立した第三者機関であることが前提であり、行政部門の下部組織など噴飯もので、警察や検察関連の部署に設置することが最適である。そのモデルとしては米国のNTSBが挙げられる。
　たとえば、検察庁の特別捜査部や警察庁の特捜班のような独自組織がベストであると考える。
　事故調査の委員長は事故調査の理念を理解し、正義と人命重視に基づく厳格な判断を行える検事正や警視正が適任で、必ずしも事故調査の専門家でなくても良いが、これを支える委員は航空機の構造やあるいは操縦技術に卓越した者、または事故調査や犯罪調査に熟知した者で専任者であることが肝心である。その際、たとえば、短期的に米国のNTSBへ出向させて最先端の知識と経験と調査方法などを学習するのも1つの方法である。
　なお、現在の「運輸安全委員会」は航空機と船舶、鉄道の3部門の調査に当たるとあるが、航空機と船舶、鉄道ではその技術や理論などの点で調査の難易度に大きな差があり、この機関で船舶と鉄道の事故調査は行う必要はないと考える。警察の特別班での対処で十分である。
　船舶は海上を輸送するエンジン付きの船舶であり、鉄道は軌道上を走る電気車である。特別に運輸安全委員会で行うほど調査は難しいことではなく、通常の自動車事故の延長線上で考えるのが妥当である。
　一方で航空機は最先端技術で装備された電気や電子、機械、化学などの技術がつまった精密機器で、しかも空中を飛行し、離着陸の飛行場を必要とし、その事故には空気力学や操縦、管制、整備、気象条件、また人的ミスなど、さまざまな要素が入り混じって完全に解決されていない問題が数多く存在するのである。
　また、現在の「運輸安全委員会」の事務局は何と二十数名という大部隊で、これだけの人数を常時待機させておくのは税金のムダ遣いでもある。ましてや運輸省や政府など行政からの指示を受けて行政に都合の良い結論を出すように催促するのは事故調査の原点と原則に反するものである。
　事故調が行政部門に存在する以上、何者かに便宜をはかるような事故原因を出すことが避けられないのである。この形態は一般的に政府や役所が新しい事業を行う時によく使う「調査委員会」と同じである。要するに最初から賛同する専門家を委員として集めて原案を検討させ、望む結論を得て進めているのと

まったく同じやり方である。

新たな「事故調査委員会」はそうしたやり方を全廃し、完全に独立した米国のNTSBと同じような第三者機関とすべきであると考える。

(2) 過去の重大な疑惑のある航空機事故の再調査・見直しを提言

過去の重大な航空機事故はほとんどその事故原因が不明のままで推移しており、犠牲者は文字通り「犬死に」に等しい扱いを受け、遺族もまた無念の涙にくれて今に至っている。

そうした現実は政府や運輸省の航空機事故に対する考え方から出たもので、国民の命より権力者の権力維持と地位保全、自己保身、組織防衛を優先したものであり、それは事故調の設置と運営からも十分に窺われるものである。こうした実態は世界の航空関係者の間で嘲笑の的になっていることを日本国民は看過してはならないのである。

要は日本政府の権力者は自分の身分や地位、権力を守るだけで、国民の命を守る義務・責任すら果たそうとしない偽善者なのである。これでは外国の首長や権力者に信頼されることはあり得ない。国民の税金を援助として他国にばら撒き、歓心を得るのが外交力であると勘違いしているのが日本の為政者である。

そこで、新しい独立した「航空機事故調査機関」が組織された暁には、過去の重大事故について再調査と再検証を行うことにより、事故の真実と真相を明らかにして、犠牲者の霊に捧げることが真の供養になると考える。

それが日本における「正義」の復活である。

繰り返しになるが、ここで新たな調査機関によって再調査検証されるべき航空機事件を記す。

➤ 日航機「もく星号」遭難事件（1952年4月9日）

1952年4月9日早朝に羽田空港を出発した日航「もく星号」は行方不明になり、米軍管制が日航機は静岡県沖に不時着し、全員無事であると発表した。

しかし、その後12時間以上も消息が分からず、結局、三原山に墜落し乗員乗客37名全員の死亡が確認された。米国による占領下での出来事で、事故原因は米軍の管制官のミス、米空軍機の攻撃による墜落などが考えられるが、米軍は黙秘し、真実は分かっていない。

「これは1つの謀略である。米軍は日航『もく星号』の虚偽の墜落場所を報道し、その間に証拠品を回収した。つまり、真実を隠蔽するために謀略工作をしたのである」　　　　　（松本清張著『一九五二年日航機「撃墜」事件』）

　これは日本がGHQ占領下にあった約60年前の航空機墜落事件である。米軍の疑惑の言動は日航機墜落事件とまったく同じ構図である。日本政府は現在、米国と対等になったとか、同盟国だとか言っているが、ここで「もく星号」の乗客乗員37名の犠牲者の名誉のため、米国に対して「もく星号」遭難事件の真実と真相の開示を求める要求を行うべきだと考える。米国は、事態を文書で保管しているはずである。

　安倍総理は「日本版NSC（国家安全保障会議）」や「特定秘密保護法案」に固執するが、この事件の真相を開示するよう米国政府に申し入れることが最優先である。安倍総理は真の「大和魂」を見せて英断していただきたい。

　これにより日航機事故における横田基地のアントヌッチ中尉の救助活動の中止と撤収要請時の日本政府の大きな借りを、何とかイーブン（貸し借り無し）にすることが出来るはずである。

▶ 全日空機羽田沖墜落事故（1966年2月4日）

　東京湾の羽田空港沖で起きた全日空60便（ボーイング727－100型機）の墜落事故で乗客乗員133名全員が死亡し、単独機として当時世界最悪の事故であった。同機は18時に千歳空港を出発した後、羽田空港に向かい、東京湾上空まで問題なく飛行していた。東京湾にさしかかる際に計器飛行による通常の着陸ルートをキャンセルし、目視飛行により東京湾上空でショートカットする形での着陸を選択した。

　羽田空港に向けて着陸進入中の19時00分20秒の「現在ロングベース」との通信を最後に、突如通信を断った。その後、空港管制室が連絡を取ろうとしたものの返答がなかった。爆発の閃光を見たとの通報もあり、捜索救難本部が設営され、捜索体制が発令された。

　羽田沖の海上を中心に捜索が行われ、23時30分に巡視艇が遺体や機体の部品を発見。墜落時刻は19時5分12秒であった。その後、4月14日までに132名の遺体が発見され、5月10日に最後の遺体が収容された。

機体の約90パーセントが引き揚げられ、運輸省の事故技術調査委員会と米国FAAとの協力態勢により綿密な調査が行われた。
　しかし、ボイスレコーダーとフライトレコーダーが搭載されておらず、委員会は高度計の確認ミスや急激な高度降下による操縦ミス、第3エンジン不調説、機体の不具合など各説が対立し、最終的に原因不明とされた。なお同機と同じ1965年製造の同型機が世界中で3件の着陸時の事故を起こしている。
　航空局航務科は調査委員会の団長の指示に反し、「第3エンジンの取り付けボルトの疲労破壊で、機体に原因がある」として第一次草案を報告した。調査委員の山名正夫東大教授は「機体の不具合」「設計ミス」を報告したが、最終報告書では取り上げられなかった。一方で製造会社のボーイング社は機体に起因する原因説には猛烈に反対している。
　このように、事故原因をめぐって調査委員会は紛糾した。その中でも有名な話がすでに何度も述べた山名教授と操縦ミス説を主張する調査団長木村秀政日大教授との対立で、山名教授は「事故原因が先に決められている」と憤った末に辞任した。さらに首席調査官2名が更迭されている。
　　　　　　　　　　（柳田邦男著『マッハの恐怖』、角田四郎著『疑惑』より）
　結局、報告書の決定まで約4年を要したのである。
　なお、1966年には日本の空で連続して5件の航空機事故が発生しており、この事故は最初の1件で、後に「カナダ太平洋航空機墜落事故」（1966.3.4）、「英国海外航空（BOAC）機空中分解事故」（1966.3.5）、「日本航空機羽田空港墜落事故」（1966.8.26）、「全日空機松山沖墜落事故」（1966.11.13）が起きている。
　また、この事故と同型機による残り3件の事故はアメリカで起きている。
・ユナイテッド航空389便墜落事故（1965年8月16日）
・アメリカン航空383便墜落事故（1965年11月8日）
・ユナイテッド航空227便墜落事故（1965年11月11日）
　これら4件の同型機の事故に加えて、1966年の「BOAC機空中分解事故」の計5件の機体はボーイング社製であることから、ボーイング社の機体不良や設計ミス、要するに新型機の初期不良ではないかと考えられる。
　もちろん、ボーイング社としては絶対に認められない事態であった。そのため、羽田沖墜落事故でも事故原因については各説が対立し、結局、調査団長の木村秀政教授が操縦ミス説を固守したものの最終的には「原因不明」となった。

状況的には「ボーイング社の機体不良や設計ミス」と判断されても仕方がないことだが、ボーイング社の圧力や政治的な圧力でこのような結論になったと考えられる。事故原因を再調査する典型的な事例であるといえる。

▶全日空機雫石衝突事故（1971年7月30日）

　自衛隊戦闘機2機が撃墜演習中、全日空旅客機B-727の尾翼部に衝突して破壊し、全日空機は音速域を超えて空中分解して地上に激突。自衛隊機のパイロットは脱出に成功しているが、全日空機は乗客乗員162名全員が死亡し、遺体はバラバラに粉砕された大惨事である。

　この事故は自衛隊が計画したずさんな戦闘撃墜訓練計画によるもので、自衛隊側に全面的に責任があるが、奇妙なことにパイロットだけを「見張り義務違反」として有罪としたが、自衛隊幹部の責任訴追はうやむやにされた。

　この事故は日航機123便墜落事故が起きるまで最大の犠牲者を出した事故であり、自衛隊戦闘機が民間航空機に衝突するという考えられない大惨事でもあった。前述したように事故原因調査や自衛隊の機密保持、事故対策において大きな禍根を残している。

　こうした事故原因調査のやり方では調査対象が自衛隊の機密事項になり、当然、臨時の事故調では政府の固い防御のために自衛隊本丸には踏み込めず、結果として自衛隊・政府への踏み込みが出来ず、調査や検証が十分に行われなかった。それが日航機123便事故に繋がったと言っても過言ではない。

　また、この事故の責任を取る形で増原恵吉防衛庁長官（当時）が辞任し、後任に西村直己氏が就任した。増原長官は事故前の7月5日に就任し、8月1日に辞任している。

　増原氏の責任の取り方についてであるが、増原氏はその後、再び防衛庁長官を務めている（1972.7.7～1973.5.29）。つまり、増原氏の辞任はきわめて形式的なもので、実質的には責任を取る立場ではなかったことを示唆している。これほど国民を馬鹿にした責任の取り方はない。

　実は第3次佐藤内閣（1970.1.14～1971.7.5）において防衛庁長官は中曽根康弘氏であった。この間、実質的な防衛庁長官は中曽根氏であって、増原氏は実質就任直後で、その責任はなかったと言っても過言ではない。

　全日空機雫石衝突墜落事故における当時の佐藤内閣および自民党の責任の取り方は政権維持、総理職保全、自己保身、何より権力維持を優先しており、こ

れは日航機123便事故とまったく同じ構図である。

　この事故は戦闘機が全日空機に激突して全員が死亡した事故であり、その責任の所在と取り方はきわめて不明確である。この点について再調査し、再検証して事故原因と事故責任の所在を明らかにすることが不可欠である。

　結局、この事故のように自衛隊が直接関与したにもかかわらずきわめて曖昧な事故責任の取り方にしたことが、日航機123便事故の事故原因究明における矛盾と疑惑に満ちた捏造、自衛隊関与の隠蔽謀略活動、乗客乗員全員死亡の画策、生存者の見殺しという不作為の重罪行為につながったのである。

　その意味で、この事故の再調査と警察による捜査が不可欠なのである。

▶日航機123便墜落事故（1985年8月12日）

　最後に「日航機123便衝突事故＋墜落事件」も当然のことだが、警察による捜査、および新しい事故調査委員会による再調査が不可欠であると訴える。

（3）「自己保身」のために事故原因究明を妨げる権力者の暴挙を是正する施策の提起

　防衛大臣や総理大臣が意図的に旅客機事故を起こさせる場合や政府と自衛隊が合意の上で事件を引き起こす場合は別だが、一般的に自衛隊現場サイドの暴走、過失による事故の場合の自衛隊幹部や政治権力者の責任の取り方について、公正な何らかの法的なシステム、規則の構築が必要ではないかと考える。

　自衛隊組織の運用については詳しく知らないが、多額の税金を使って強力な武力と膨大な人員（25万人）を擁する組織を文民統制の政府がどのように制御しコントロールしているか、自衛隊幕僚長の統制機能など、日航123便墜落事故および全日空雫石事故の事例を見る限り、大きな疑問を感じざるを得ないのである。

　残念ながら、文民統制のキーポイントである総理大臣は数年単位で交替するし、防衛大臣にいたってはほぼ1年単位で交替する。自衛隊の本質とその特異性を知らず、人的な交流もなく、また自衛隊の経験もない人が就任するので、事実上、飾り物でしかない。防衛大臣の国会での答弁を見るとこの事実が裏付けられるのである。防衛大臣は、ただ自衛隊幹部の言うことを信じるしかないのが現状である。ということは、文民統制が機能していないと断言出来る。

一方、自衛隊の最高権力者である幕僚長もまた１年単位で交替する慣習で、どうしても地位保全と権力維持に必死にならざるを得ない状況にある。
　こうした背景から、重要な自衛隊の防衛大臣と幕僚長は実力と哲学、実績のある人が数年間（５、６年以上）自衛隊を運用し、制御することが管理統制の基本である。この防衛大臣と幕僚長の選任での短期間交替の悪習慣を排除しない限り、かかる「権力維持」と「自己保身」のために自衛隊幹部が不祥事を隠蔽する行動を勝手に行うケースは今後も続くことになるのである。
　自衛隊は国の重要な防衛部門であり、強力な武力、権力権限、厳格な階級制度、秘密厳守の体質であり、一方絶えず不祥事、暴走が起きる可能性があるのでその責任対処のあり方で「秘密主義」「権力維持」が横行して「謀略行為」で事態を隠蔽することに繋がるのである。
　徳川幕府の時代には各藩の反抗と謀反を阻止するために、各藩に幕府から「御附家老」が派遣され、各藩を監視していた。また、米国などでは重要な地位の指揮官には必ず「副官」を付けて、指揮官の行動を監視し、必要に応じてその指揮権を略奪出来る権限が与えられている。
　例えば、原子力潜水艦には強力な多数の「核弾頭」が装備されており、指揮官の勝手な判断で敵国に向けて発射すれば第３次世界大戦を引き起こす可能性もある。このように強力な権限を持つ指揮官の横暴や無謀な行動を防止するために副官を必ず付けるのは、正常な組織運営には必要なシステムである。では、自衛隊ではそうしたシステムが採用されているのだろうか。
　さらに米国では命令に対し、部下が素直に応じられない場合は反対の意思表示が出来、具体的に「文書」で提出出来るシステムが活用されている。軍隊では「命令」に「絶対服従」は必要だが、そうした反対意見を上官に提出するのは組織の正常化に効果があると考えるが、自衛隊ではどうなっているのだろうか。
　自衛隊でも指揮官である幕僚長に副官を付けるとか、幕僚長の上に陸・海・空の幕僚長を統括する「統合幕僚長」に決定権を持たせて自衛隊を総括管理するシステムを構築することが必要ではなかろうか。
　この統合幕僚長は現場から信任があり、実績や人格に優れた、かつ厳格な人間を選任、就任させて、現場サイドの重大な不祥事の責任事態は、この人物が判断し決定するシステムが必要であると考える。
　このシステムを１つの試案として提言したいと考える。
　要は、自衛隊組織の文民統制は無力に等しく、事実上、放任状態にある。

文民防衛大臣による自衛隊統制だけでなく、自衛隊自身での自浄能力、自己管理能力を向上させるシステムを構築し定着させる改革が不可欠なのである。
　このためには　政府、国民は自衛隊の必要性と重要性を明確にして、閣議での憲法文言の解釈変更のような姑息な手段でなく、堂々と憲法条項の修正を行うことが急務の事態なのである。
　文民統制のかなめである防衛大臣の選出には、人格、経歴、軍人経験などを十分に考慮するべきである。しかし現状では、大臣病の国会議員に「論功行賞」として防衛大臣職が任命されており、誠に情けない実情なのである。
　さらに、自衛隊現場サイドの過失、不祥事などの事故の場合は、政府権力者への責任波及については　毅然とした論理的な規則を設けるべきと考える。
　全日空機雫石事故では、当時の増原防衛大臣は即刻、引責辞任している。
　事態の内容が明らかにされない段階でのかかる［形式的な引責辞任］を国民は許してはならない暴挙なのである。そして、その後、国民の注目が薄れた段階で、増原氏は再度「防衛大臣」に就任している。この事実は増原氏が佐藤内閣への風圧を和らげるために無理やりに「詰め腹」を切らされた事態でしかないのである。責任を感じての「辞任」でないことは明らかで、国民を侮辱する行為なのである。
　軍隊での不祥事での責任の取り方について、米国での事故事例を紹介する。軍隊が関与した航空機事故として、

「アメリカ空軍IFO－21便墜落事故」（1996.4.3）がある。
 ＊機種：（B－737－200改造型、CT－43）
 ＊死者：35名（米国　ロナルド・ブラウン商務長官、貿易使節団）
 （概要）悪天候の中、クロアチアのドゥブロブニク空港に着陸時、山に激突して墜落炎上し、全員死亡した。
 （事故原因）
 　＊使用していた「航空図」は　国防省が認証していなかったこと。
 　　→　着陸時の最低降下高度（2800フィート）が（2100フィート）になっていた。
 　＊慣性航法装置に入力したデータのミス
 　＊空港の設備が貧弱であった。
 　＊事故機の装備が不十分であった。（CVR、FDRなど）

＊事故機には、ADF（自動方向探知機）が１つしかなかった。
　　＊使用する空港の選定に国防省の審査と承認がされていなかった。
（**事故責任の追及**）
　　＊空軍関係者への査問が行われ、不手際が発覚し、空軍幹部２名が更迭され、計13人が降格、解任された。
　このように、政府要人、使節団などを含む、35名が死亡した事故原因の究明の結果、空軍の不手際によることが明らかになり、適切な対策、対策が取られた。
　勿論、米国においても当時のクリントン大統領は、軍の最高権限者であるが、事故の責任を取っていない。事故原因を真摯に正しく追及して、突き止め、適切な処置、対策を取っている。これで再発防止が行われているのである。
　自衛隊の運営は「文民統制」が原則であるが、自衛隊現場サイドでの自浄能力を高めることが、信頼出来る自衛隊に生まれ変わることに繋がるのではなかろうか。

　勿論、防衛大臣や総理大臣がどのような責任を取るかは自身で決めるべきことであることは言うまでもない。自衛隊の「不祥事」で、国民に多大な迷惑をかけた場合、最高権力者の身の処し方は、基本は潔いものであるべきで、結局その人の人格と人間性によることは明らかである。
　自衛隊の組織運営は、文民統制の方策には今回の日航機事故での事実、状況で判明した事態からは現組織運営に重大な「瑕疵」があることは明らかであり、そういった瑕疵が全日空機雫石衝突事故を生んだ。あの時、自衛隊の演習計画に問題があったことを認めて組織運営の見直し、改革を断行しておれば、日航機事故において適切な対応が取られ、横田基地に無事着陸出来、多くの乗客が助かったはずである。
　そうした観点から、佐藤内閣から続く自民党政権での「権力者の自己保身」と「権力維持」の継続と自衛隊改革の放棄や無策の継続が日航機事件での中曽根総理の謀略犯罪につながったことは間違いないのである。
　いったい、歴代の日本政府と自民党政権の権力者は犠牲者の霊前に何を報告出来るのか、いつになれば、そういった観点での事実告白と反省を聞けるのか、事故後30年にわたる「事故の真実と真相」の無視、犠牲者、国民への侮辱にただただ憤怒の闇に遺族らは呻吟しているのである。

12 日航機事故の全容を形作る「仮説X」によるストーリー

最後に、「仮説X」による日航機事故の全貌をあらためて紹介する——。

(1) 相模湾上空で自衛隊標的機の日航機123便尾翼への衝突事故

1985年8月12日18：00頃、自衛隊は未納入護衛艦「まつゆき」で演習中、標的機の実験演習を行っていたが、何らかの原因で無人標的曳航機が暴走して日航機に急接近した。あわてた操縦者はこの衝突を避けようと操作し、日航機もこの飛行物体を察知して急上昇したが、避けきれずに標的機は日航機123便の垂直尾翼とAPUを直撃し、破壊した。

この際、垂直尾翼の後部と方向舵も一瞬にして破壊されて落下した。日航機は油圧機能を失い、その操縦性が大きく損なわれ、重大な事態に落ち入り、墜落の可能性に直面した。

この衝突の直前には、日航機の操縦クルーと乗客が同時に不審な謎の飛行物体が接近するのを目撃しており、操縦クルーは大きな衝突音を聞いた途端に緊急非常信号「スコーク77」を発信している。すなわち、高濱機長はそれが自衛隊の飛行物体であることを察知し、危険を感じて発信したのである。

航空業界では自衛隊の航空機が民間機を敵と見なして翻弄したり、ニアミスを繰り返したりしていることは常識であり、機長は即座に反応したわけで、その物体が自機に衝突したと認識していたのである。この認識に基づき、以後、自衛隊戦闘機との交信に慎重かつ警戒しながらの対応となった。

(2) 自衛隊幹部の緊急対応と基本方針＝隠蔽作戦の立案実行

こうした事態を自衛隊の演習責任者はすぐに感知し、上部の幹部責任者に報告した。幹部と幕僚長はこの事態に驚愕し、日航機が要撃遭難信号「スコーク77」を発信していることに便乗し、すぐに2機の要撃戦闘機を発進させて、日航機の破損状況を観察させたのである。

18：30分頃には自衛隊戦闘機が至近距離まで接近して日航機の様子を観察した。垂直尾翼とAPUが破壊され、操縦性に不安があることを視認し、これを自衛隊幹部に報告。戦闘機パイロットが日航機の損傷状況を高濱機長らに伝

えたとの事実は確認出来ないが、おそらく自衛隊としてはそのような行動を取ることはあり得ないのである。

　もし伝えておれば、乗客乗員にも瞬く間に伝わることは明らかであり、また機長が管制官に連絡しているはずである。しかし、そのような会話はボイスレコーダーには記録されていない。

　事態は深刻であり、自衛隊幹部はこの事態の対処に苦慮したが、一刻の猶予もなく、早急な対策が必要であった。そこに自衛隊の冷静さと残酷さの両面が滲み出ている。その時点で、垂直尾翼と油圧機能を失った日航機には操縦不能で墜落の可能性があった。日航機が墜落して乗客乗員524名が死亡する事態を考えると、自衛隊としての立場と状況はきわめて深刻であった。

　過失による事故とはいえ、自衛隊にとってきわめて重大な不祥事である。自衛隊が民間機に加害行為を犯して524名の乗客乗員が死亡すれば国民からの反発は甚大で、自衛隊の存続にかかわる影響と結果につながりかねない。

　いや、それほどの事故が起きれば自衛隊の責任だけでなく、防衛庁長官や総理大臣の責任問題にまで波及することは必至である。

　その後、日航事故機の飛行状況の観察と高濱機長との交信から、手動による操縦性が確保されたとの脅威の報告がなされたのである。

　この段階で、自衛隊幹部には2つの選択肢があった。1つ目は自衛隊が積極的に協力して救助することで、それは国民に対して事態の真実を公表することが前提であった。2つ目は自衛隊が関与した事態の完全隠蔽である。ただし、この事態の完全隠蔽はすこぶる困難な選択肢であった。

　その間も事故機は手動操縦飛行で横田基地方向に飛行しており、着陸の可能性が出てきた。幹部には時間的な猶予は10分間しかなかった。彼らは政府要人への連絡を行ったが方策や対処、結論といった指示はなかったと思われる。なぜなら、現場サイドの緊迫した詳しい事情を知らないので、指示を出せないからである。そこで自衛隊幕僚長らの緊急会議が行われ、この事態を葬り去ることができる可能性として、あの「日航機『もく星』号撃墜事件」と「全日空機雫石衝突事故」が幹部の頭をよぎったのである。

　この2つの事故は乗客乗員が全員死亡したことにより、それぞれ米軍、自衛隊の責任を回避することができた。全員が死亡すれば「死人に口なし」で事故原因は政府機関が何とでも出来るのである。

　その時点で自衛隊幹部らの結論は、隠蔽体質の常として「完全隠蔽」にまと

まったのである。この結論は防衛庁長官と総理大臣に伝えられたが、「事態の完全隠蔽」とはいかなることかは恐らく政府高官には明確には分からなかったことと推測出来る。

　しかし、全日空機雫石事故の当事者であった総理大臣には十分に推測出来たはずである。おそらく政府高官の回答は責任回避、権力維持、自己保身に基づいて、「自衛隊幹部の判断に任せる」であったことは想像に難くない。

(3) 事故事態の完全隠蔽作戦の内容は「乗客乗員全員死亡」！

　墜落後の自衛隊の隠蔽作戦について、当初、私は事故残骸などの証拠品の早期回収処分が主体だと考えていたが、その後の調査検証で、そんなことでは完全隠蔽が出来るはずがないことが分かってきた。さらに、自衛隊の全行動を分析検証するとそんな甘い作戦ではないことも明らかになったのである。

　航空機事故では目撃証言と生存者証言が重要かつ不可欠な証拠になることが判明したからである。前述したように、犯罪事件において有罪を決める証拠としては目撃者の証言が重要である。事故であれ、事件であれ、目撃者の存在が真実と真相を解明する上で非常に重要な位置付けとして考えられている。

　航空機事故では乗客乗員と操縦クルーの体験証言は真相を究明する上で、絶対的かつ非常に重要で、次は一般目撃証言である。これらの証言はほとんど決定的な証拠になり、逆に言えば、「日航機『もく星号』墜落事件」と「全日空機雫石衝突事故」のように乗客乗員全員死亡であれば、目撃証人がいないために自衛隊・政府の思い通りの結論を捏造出来たのである。何度も述べたように後者の事件では自衛隊・政府は戦闘機パイロットに全責任を被せ、事故原因である自衛隊の責任を回避出来たのである。

　この２つの事例からも「事態の完全隠蔽」とは物的証拠の回収処分だけでなく、「乗客乗員全員死亡」という状況が必要なのである。この点をようやく理解した上で日航機事故の全体像を検証解明すると、すべての事象が矛盾なく説明できることが判明したのである。

　すなわち乗客乗員の一部生還でなく、全員死亡でないと「完全隠蔽作戦」は達成出来ないのである。特に操縦クルーの生存は決して許されない重大事態である。操縦クルーの遺体がほとんど発見されなかった状況はこれを裏付けている。機体が垂直に急降下し、機首から地面に突っ込むことで「乗客乗員全員死

亡」の事態を引き起こすことが出来る。

　事件の「完全隠蔽」は「完全犯罪」に通じ、これを達成するには以下の要件が必要である。

①乗客乗員全員が死亡すること。
②一般目撃証言を出来る限り少なくすること。
③残骸、書類、遺書、写真など証拠となるものを回収、没収、隠蔽すること。
④事故調査では証言や証拠品などの情報は出来るだけ無視すること。
⑤結論を先に決め、後で詳細な理論的記述で事態を説明し、全体の事象との関係をごまかすこと。

　この５つの要件を満たすためには、自衛隊だけでなく政府と運輸省が主体となって行動し、さらに事故墜落場所の管轄の警察と運航会社の協力が不可欠である。以上の内容は自衛隊と政府幹部には常識的で、かつ良く理解されていることであった。このことから、自衛隊と政府幹部の共同謀議作戦が行われ、綿密な計画が作成されて実行に移されたのである。

　おそらく、御巣鷹山でのミサイル攻撃の段階の直前、防衛庁長官と総理大臣には連絡がいき、了解を得ることになったはずである。前述したように総理大臣は「ミサイル攻撃（全員殺害）をするために総理になったのではない」などと叫び、「何とかしろ！」としか言えなかったのではなかろうか。

　とにもかくにも総理大臣の「暗黙の了解」を得て、この謀略計画は承認されて、実行に移されたのではないかと推測出来る。いずれにしても、総理大臣の了解なしにこのような残虐殺害行為は出来ないことは明らかである。

（4）自衛隊による横田基地への日航事故機の着陸阻止行動事件

　その後、事故機は手動で驚異の操縦飛行が出来ることが判明し、自衛隊幹部に報告された。事故機は手動操縦で横田基地への着陸準備飛行をしていることが容易に判断出来た。飛行状況の解析で着陸が可能であり、機長も着陸の強い意思を持ち、追尾の戦闘機が交信と観察で確認出来たのである。

　横田基地からは事故機に「着陸を許可する」との連絡が来ていた。自衛隊にとっては一刻も猶予が出来ない憂慮すべき事態であった。しかし、自衛隊とし

ては「乗客乗員全員死亡」の既成事実を作るためであっても、当然のことながら住民が多数存在する東京・八王子市付近でミサイル攻撃は出来ない。

しかも、自衛隊・政府は「事故機は操縦不能で迷走飛行しており、住宅地に囲まれた横田基地で着陸を失敗すると多大な二次被害が出る可能性も否定できない」として着陸を権力命令で禁止した。自衛隊としての唯一の方策は高濱機長を脅して説得し、着陸をあきらめさせて代案として、広大で平坦な川上村レタス畑への不時着を勧告したのである。

そこで、そのような難癖とも言える不当な命令を押し付けたのである。しかし、この理由は自衛隊の勝手な屁理屈であって、通用しない。その理由は次の通りである。

①事故機は十分に手動で操縦出来、機長の思い通りの飛行が出来た。
②横田基地への着陸のために大月市上空で着陸の準備飛行をして確認している。
③手動による着陸操縦技術を習得していた。
④緊急時の着陸判断はすべて機長の判断による。すなわち、着陸出来るかどうかの判断は機長自身が決めるもので、外部の人間が決めることではない。
⑤横田基地からは直接「着陸OK」の回答返事が来ていた。
⑥約20分間の事故機の操縦結果から、横田基地への着陸は十分に出来るとの機長判断があった。

前述したように高濱機長は自衛隊出身の勇敢で操縦技術に優れたパイロットである。特に自衛隊の戦闘機の飛行では手動操縦が主体で、急上昇や急降下の繰り返しの訓練が十二分に行われ、今回の事故機の操縦でもその手動操縦技術が生かされたのである。

この高濱機長の存在が日航機事故における緊急事態での飛行操縦性と手動操縦技術で特筆すべき点であった。元自衛隊パイロットの機長は勇敢で毅然とした態度で難関に対応したのである。高濱機長の驚嘆すべき操縦手腕は、隠蔽作戦を実行する自衛隊・政府にとっては想定外の要素であった。

もちろん、高濱機長は少々の脅迫には驚かなかったはずである。なぜなら彼には乗客乗員524名の命を守る責任と使命がその肩に掛かっていたからである。機長はもちろん、「横田基地への着陸を中止せよ」との命令には拒否したし、猛烈に反論したはずである。しかし、自衛隊側は権力を駆使して強引かつ

執拗に着陸阻止を説得し脅迫したはずである。

　自衛隊としては「基地周辺の住民への二次被害回避」の不当な大義名分を持ち出し、もし命令に従わねば「撃墜する」とも脅迫したはずである。緊急発進した要撃戦闘機には指示命令権があったが、それでも機長は最後に「このままでお願いします（横田基地に着陸させて下さい）」と何度も懇願している。

　しかし、自衛隊は頑として許さず、懇願を拒否したのである。

　自衛隊は拒否するだけでなく、横田基地への着陸の代わりに住民が少ない平坦な川上村レタス畑への不時着を提案したと考えられる。

　そこであれば「二次被害の可能性が少なく、着陸を許す」と伝えたのであろう。この脅迫と代替着陸地の確約で機長は横田基地への着陸を断念し、西北方向に機首を向けたのである。

　結局、事故機は左旋回に移り、一目散に川上村を目指して飛行して行ったのである。ただし、自衛隊戦闘機は高濱機長に気を許しておらず、機長が命令に抵抗して急に右旋回して北方向から横田基地に着陸を敢行する可能性も残されており、何らかの警告の実力行使として威嚇射撃などを行った形跡がボイスレコーダーの記録に残されている。

　自衛隊の事故機への脅迫は言葉だけでなく威嚇実力行為で行い、機長の心胆を凍らせ、命令無視は絶対に許さないとの姿勢を誇示したのである。

　この横田基地への事故機の着陸阻止は524名の乗客乗員の助かる唯一の方策を自衛隊が断ったことに等しい残酷な仕打ちである。満身創痍の事故機が飛行場に着陸出来ないということは、先に待つものは「死」しかないのである。

　それゆえ高濱機長は横田基地への着陸を断念した時に「これはダメかも分からんね」と悲壮な言葉を残している。機長は横田基地への着陸を断念した時に「乗客乗員全員は助からない」ことを十分に認識したはずである。

　航空機が飛行場以外に着陸（不時着）するということは、乗客乗員にとっては命の危険度が最大になる最悪の事態なのである。自衛隊が事故機の横田基地への着陸を阻止することは、乗客の命が助かる可能性を奪うことに相当し、不当な阻止の場合は殺害行為と同じ犯罪行為なのである。

　この観点で自衛隊の事故機に対する横田基地への着陸阻止行動を見る時、そこに明確かつ残酷な自衛隊の謀略殺害行為の真実を理解出来るはずである。

（5）川上村レタス畑への日航事故機の着陸敢行事態

　航空自衛隊は日本の地理に精通しており、上野村の山岳地帯は自衛隊の秘密演習場所でもある。この周辺の地理は当然のことながら、熟知しているはずである。さらに、川上村レタス畑に事故機が着陸を敢行して失敗した場合、事故機は必然的に上野村の山岳地帯に飛行して行くことを予測出来たのではなかろうか。

　事故機が横田基地から直行すれば、甲武信ヶ岳の横を通り、五郎山の右側から降下して行き、さらに毛木平を通過して、梓山のレタス畑に超低空で着陸することになる。この不時着は非常に難しく、当然のことながら横田基地のほうがはるかに着陸は簡単である。しかも、初めてのレタス畑への着陸の敢行であるため地理的にもまったく経験がなく、どこに接地し、どこを着地のセンターラインとして設定するか困惑するに違いない。

　地理的に飛行進行方向からは次第に畑地は下りになっており、かつ右側に若干傾斜している。レタス畑の先には千曲川の源流があり、畑の平坦部は大きく切れており急勾配がある。さらに、川の両側には梓山地区の住宅が密集している。

　着陸の最初の接地点の判断が遅れるとレタス畑が途切れて、川に突っ込むか、住宅街に激突するかしかない。また、急上昇しても前面には扇平山がそびえており、激突する危険性がある。着陸を失敗した場合は取り返しが付かないのである。自衛隊としてはここで激突して大破して、炎上して生存者が出ても仕方がなく、それはそれで対処する考えであったと思慮する。

　しかし、事故機が健全であれば扇平山を避けて右旋回急上昇し飛行すると、さらにその前にそびえる三国山を急上昇して左旋回し、上野村の山岳地帯に飛行すると予測出来たのではなかろうか。

　そこまで自衛隊が事故機の飛行経路を予測出来たとは考えすぎかもしれないが、十分に分かっていて川上村レタス畑を事故機の着陸場所として推奨した理由もないとはいえないのである。地理に詳しく優秀で経験豊富な自衛隊パイロットであれば、そうした予測が容易に出来たとも言えよう。要するに事故機の撃墜は目撃者の少ない険阻な山岳地帯が一番適しており、そうなれば墜落場所の捜索が困難で、一般人の立ち入りを制限出来るからである。

　上野村山岳地帯に事故機を誘導出来れば、そこでミサイルで撃墜することが

出来るわけで、地上からの攻撃、また、新たに精度が高い最新鋭戦闘機を投入して待っていれば自衛隊の思う壺である。

　事故機は一目散に川上村に直行し、梓山地区のレタス畑に接近し、降下しようとしたが、そこで多数の村民がレタス栽培の農作業をしているのを見て高濱機長らは着陸を無念の内に断念したのである。

（6）自衛隊によるミサイル撃墜から乗客数十名の即死を救った操縦技術

　事故機は上野村の山岳地帯の上空に達したところで、自衛隊戦闘機の待ち伏せ攻撃を受け、エンジン部にミサイルを被弾して飛行不能に陥り、急降下している。この時、高濱機長らが強い衝撃に驚愕の声を挙げ、乗客の落合由美さんは強い横揺れを察知し、その後ものすごく急降下したと証言している。

　また、日航役員は墜落事故発生直後に「日航機は北朝鮮のミサイルに撃墜された」と発言している。こうした状況証拠と体験証言から、日航機は「自衛隊のミサイルで撃墜された」ことが裏付けられる。

　事故機は機首を下にして垂直急降下すれば地面に激突して全員即死するはずであったが、高濱機長の驚異的な操縦技術により機体は水平飛行を回復。しかし、第4エンジンのミサイル被弾の損傷がひどく、右に30度傾斜して飛行した。機長は上昇を図ったが、右主翼先端部を樹木と尾根面に2回接触して傾斜角を深め、最後は90度以上の傾斜という、もはや横転した状態で御巣鷹山の斜面に水平方向に衝突した。

　機体は中央部で断裂し、後部胴体部は前方向に吹き飛び、樹木が生い茂る急傾斜の山面を滑り降りてスゲノ沢に止まった。樹木林との接触で強い衝撃力を緩衝されて、後部座席の乗客ら数十名は即死せず、重傷の状態で救助を待っていたのである。

　この垂直急降下から水平飛行に戻す飛行操縦技術は自衛隊での長年の猛烈な訓練で培った高度な操縦技術によるもので、乗客数十名が即死を免れたのは高濱機長の高度な操縦技術によるものであり、最終的には4名が重傷で生還した。

　すなわち、全員即死不可避の事態であった機体を水平飛行状態にした操縦技術は一般普通のパイロットでは不可能であり、10Gに近い重力負荷に耐えた強靭な体力と高濱機長らの奇跡の操縦行動は賞賛に値し、まさに英雄であり「勲章」授与に値するものである。

（7） 共同謀議の実行と機長の命を懸けた行動と犠牲者の真実

　事故機が墜落して以降、自衛隊は「乗客乗員全員死亡」を徹底させるため、証拠回収作戦を完全に実行していった。その過程で、「自衛隊の墜落場所捜索の際の不作為行為」「自衛隊の生存者救助における不作為行為」「群馬県警の協力による救助妨害」「日航の協力による標的機残骸の選別回収」「自衛隊特殊部隊による全員死亡を意図する極秘任務」「日本政府の米軍救助活動への中止、撤退、箝口令の要請」「事故資料の廃棄」「事故原因の捏造などの悪質な犯罪行為」などを行い、これを「国家機密」として多くの関係者に対して脅迫的な箝口令で隠蔽を続けて今日に至っている。

　この日航機事件で私が一番驚愕し、畏怖におびえる点は「緻密で抜け目のない共同謀議と隠蔽作戦の構築と実行」と「助かる唯一の手段であった横田基地飛行場への着陸を阻止した」ことの2点にある。

　もし、自衛隊・政府が「乗客の人命」を最優先して横田基地への着陸を許可していれば、たとえ着陸時に横転しても相当数の乗客の命が助かっていたはずである。この項を書いている時、また読み返す時、私の心は震え、とても平常心を保つことは難しく、激しい怒りが込み上げてくる。悲惨の極みである。

　自衛隊標的機の衝突は実に不幸な事故であったが、この難局での高濱機長の操縦行動と言動は事故調と政府により隠蔽された。事故後の世論は高濱機長に対し、脆弱で判断力に欠け、無能であるとの印象を強調し、機長は多くの遺族と国民から批判的な言葉で非難された。

　しかし、それこそが事故の真実と真相から目をそらさせるための自衛隊・政府の見事なプロパガンダであり、実は高濱機長こそ、この難局に昂然と勇敢に立ち向かった真の英雄なのである。

　油圧操縦機能を失った事故機を迅速かつ果敢に手動での操縦技術を試行習得し、横田基地への着陸を決めて着陸を敢行するための準備を完了し、着陸を阻害しようとする自衛隊の脅迫行為にも毅然として立ち向かい、抵抗している。さらに広大な平地のレタス畑への着陸を勇敢に敢行しようとしている。

　その後の自衛隊のミサイル攻撃で機体は操縦不能に陥ったが、脅威の操縦技術と強靭な体力で5G以上の重力加速度に耐えて真っ逆さまに垂直降下する機体を水平姿勢に戻して水平飛行に成功している。

　これにより、多数の乗客の即死事態を回避して重傷状態をもたらし、生還へ

の道を切り開いたのである。結果的に自衛隊特殊部隊のミスにより辛うじて4名しか生還出来なかったが、高濱機長が4名の奇跡の生還に大きく寄与したことは間違いない。なぜなら、生還した落合由美さん、川上慶子さんの貴重な体験証言が事故調の「隔壁破壊説」を破綻させ崩壊させたからである。

また、米軍アントヌッチ中尉は落合さんの目撃証言である「『戻らないで』とヘリに手を振った」との言葉を読んで自責の念に突き動かされ、米国「星条旗」誌に寄稿し、真実を語ったのである。

この事実の連鎖が日航機事故の「真実と真相」への道を切り開いたことは間違いなく特筆されるべきことで、高濱機長らの勇敢で優れた操縦技術と強靭な体力、勇気ある行動が「仮説X」の提起に至る発端であることを強調し、ここにその行動に対し、敬意と感謝の誠を捧げるものである。

「天網恢恢疎にして漏らさず」
　──神の張る天の法網は目が粗いようだが悪事を見逃すことはない。

そして、私はあらためて訴える。
「至誠にして動かざる者は、未だこれあらざるなり」──と。

では、520名の乗客の命を抹殺するに等しい残酷な行動を行った自衛隊・政府はいったい何を守ろうとしたのか？
そして、その真の目的と動機は何だったか？
それは私が推論した「仮説X」が間違いないことを確信するものである。

事故発生から30年目の節目（2015年8月12日）までに事故当事者・関係者の「正義」の真実の告白が必ず行われることを信じる。
520名の日航機事故の犠牲者は冷たい草葉の陰で、そしてわずか4名の生還者も、共に「正義」の真実の告白を30年間、首を長くして待っている。
日本国の舵取りを任された権力者、国と国民の生命を守る立場の自衛隊幹部が「正義と憲法と命が第一」との原則にのっとって、事故の「真実と真相」を詳細に説明する責任を果たすことを要請する。

あとがき

　事故であれ、事件であれ、愛する肉親を失った遺族は悲嘆と絶望の淵に沈み、哀惜に苦しみ、必ず「愛する肉親はなぜ死なねばならなかったのか、事故原因は何か」と調査機関や捜査機関、そして警察に尋ねる。
　何の変わりもない日常生活の中で突然、肉親がその命を失うと、残された家族は自分の体が引き裂かれるのと同じ苦痛に襲われる。この世で一番大事な愛する人の「命」を失うことの喪失感は計り知れないのである。

　あの1985年8月12日に2人の愛する子供たちが突然惨死し、その人生はあえなく打ち砕かれた。同時に遺族の私もまた、人生の時計がストップした。
　子供たちはその始まったばかりの青春を謳歌し始めたばかりで、きりっとした双眸ではるかな未来を見つめ、明るい将来の夢を小さな胸の中で温めていた。前途洋々の人生が待ち受けていたにもかかわらず、何故無残にも死なねばならなかったのであろうか。
　愛する子供たちを失うという運命を嘆き、悲痛、後悔、そして自責の苦しみにさいなまれ、この世には神も仏もないものかと運命を恨み、やりどころのない怒りに悶え、その苦しみは今にいたるも癒されることなく続いている。まさに痛恨の極みである。
　無念の思いの中で死なねばならなかった子供たちの気持ちを考えると、とてもではないが、じっとしていることはできない。私はこれからも長い間、「生と死」の問題を直視し、苦しみと格闘を続けることであろう。そして、苦しみの先にある癒しは生きている間に得ることはないことは確実である。
　人間の命は有限であり、命が尽きる最期の時、病気などの理由で明解に説明できる場合はともかく、突然理不尽に家族の命を失われ、しかもその理由が不明で明かされない時に残された者は絶望の淵、地獄に突き落とされる。
　このような無残で残酷な事故によって命を失った犠牲者の心情を表現できるような適切な言葉はあり得ない。また、残された家族らの心情や気持ちを表す正確で適切な言葉もないのは当然である。
　命はたった1つしかなく、これに代わり得るものなどない。
　命は繋ぎ、引き継いでいくもので、親か子供のどちらが死亡しても残された

家族はその悲しみや苦しみ、悲惨さに耐えることはできないのである。

　特に幼く若い子供を失うこと、すなわち、子供の「死」は親にとってまさに地獄である。自分の命を引き継ぐ子供の死は親にとっても自分の死そのものなのである。そして、一度死んだ者は決して生き返らない。

　このような事故を含め、多くの悲しい死亡事故が起きているが、その時、遺族らが口にする言葉は一様に「かかる事故による遺族が被る悲しみや苦しみ、悲嘆は私たちで終わりにして欲しい。同じ過ちを起こさないようにして欲しい」である。

　すなわち「再発防止」の願いである。再発防止のためにはその事故原因を究明し、明確にして防止策を講じることが不可欠である。

　通常の事件で尊い命が失われた時、何故失われたか、どうして失われたのかを調査するのは警察の役割である。その死は自殺なのか、他殺なのか、事故なのか、事件なのかを明確にし、その対策、対処がなされることを願う。

　しかしながら、多数の死者が出る航空機事故の場合は何故か政府、運輸省（現国交省）傘下の「事故調査委員会（現運輸安全委員会）」が原因解明に当たることになっている。

　そこでは短期間委嘱された研究者の調査委員と事務局による調査と検証が行われ、「事故原因」を特定し、対策を講じて「再発防止」と「航空安全の向上」を図ることになっている。

　しかし、そもそも事故調は独立した第三者機関として設置されるはずだったにもかかわらず、いつの間にか、その存在理由がねじ曲げられて行政の一部門になっている。これは実に不可解、かつ不思議なことである。

　運輸省は運航会社（日本航空、全日本空輸ほか）に航空行政で強い権力を持っている。その上、事故調査能力も低く、その調査権限も脆弱で運航会社や製造会社に協力をお願いしなければ調査出来ないのが現状である。しかも国交省は総理大臣の管轄下にあり、総理大臣と国会議員は航空機購入に関して多大な影響力を有している。

　そうした歪んだ関係ゆえ、過去に幾多の疑獄事件も起きており、事故調が行政や運航会社、製造会社（ボーイング社ほか）の影響を受けて、適宜、事故原因が変更、あるいは捏造されることも多々あり、正当な調査機関としての役割を果たしていないのは周知の事実である。

　事故の再発防止とは同種事故の再発防止のことを意味するが、基本的には改

めて、安全性の根本的見直しにまで遡及して安全性の向上につながる場合もあり得るのである。過去の事象に対しても真摯に対峙しないと、再び大きな過ちを繰り返すことになる。

　米国の哲学者・詩人のジョージ・サンタヤーナは1917年に、「過去を思い起こし得ない者は、過去を繰り返すように運命付けられている」との名言を残している。事故原因の究明と対策実施がいかに大切かを示唆する名言でもある。

　何より航空機事故の犠牲者の死に様は悲惨である。五体満足は奇跡であり、遺体はバラバラに粉砕されることが多い。遺体が見つからない場合もある。

　航空機の墜落が、それが正真正銘の「事故」であれば犠牲者も遺族もこれを受け入れざるを得ない。しかし、**もし、そこに何らかの「意図」や「動機」がある事件の場合は犠牲者も遺族も、そして国民も、誰一人として容認出来ないことは明らかなのである。**

　日航機事故における事故調の「航空事故調査報告書」では、事故原因は後部圧力隔壁が破壊されて大量の機内空気の流出により垂直尾翼を破壊したことであり、操縦機能を奪われた末に墜落したとしている。しかし、隔壁が破損したという証拠も証明もされていないし、油圧配管が破壊されたという証明もされていない。ただ非科学的でずさんな推測だけなのである。

　さらに、この「仮説A」で必然とされる機内での急減圧現象は生存者の落合由美さんらが否定しており、その仮説が成立する根拠は存在しない。その上、事故調の結論ではその後のアントヌッチ中尉の救出活動の中止と撤収要請、32分間におよぶ事故機の飛行経路などの事象を論理的に説明出来ないのである。

　本書で何度も触れたように、「仮説A」とこれらの発生事象はまさしく「二律背反」の関係となっている。

　事故調が有識者や遺族が反論し質問しても、いっさいその説明責任を果たさず、その上、事故報告書以外はすべて「機密情報」だという理由で回答を拒む姿勢からは航空機事故の調査を担う資格は全然見受けられないのである。

　事故調の「仮説A」は単なる根拠のない推論であり、完全な捏造であり、国民を欺く戯言であり、まさしく机上の空論、砂上の楼閣にすぎない。事故調の結論はまったくの「嘘」であることは明白である。角田四郎氏は事故発生から8年後に「**隔壁破壊説は100パーセントあり得ない**」と断言している。

　そこで、日航機事故から30年を迎えるに当たり、日航機事故について多く

の有識者や正義の論者の主張を取りまとめ、これに独自の調査と検証を付け加え、これを日航機事故原因「仮説X」として提起提言した次第である。

この「仮説X」は日航機事故におけるすべての事象を状況証拠や証言を合理的、かつ論理的に説明出来るものであり、日航機事故の「真実と真相」に最も近い結論であると考えている。

日航機事故は日航機の垂直尾翼に自衛隊の無人標的機が衝突した事態を隠蔽するために事故機を抹消しようとした重大犯罪事件であり、国家権力を悪用した何者かの意図で524名の乗客乗員が無残にもその存在を消され、あるいは重傷を受け、その人生を破壊し尽くされた残虐で凄惨な事件なのである。

それでは、運輸省と自衛隊、日本国政府の権力者はいったい何を守るために真実を隠蔽するのであろうか。

国はただ領土や建物があるだけは国とはならない、国民や市民が存在してこそ国となるのである。国民は決して「虫けら」のような小さな存在ではない。1人ひとりの意志ある人間が存在し、活力を持って生きて働き、自らの生命と財産を守るために団結して国を形成しているのである。

民主主義国家では、行政は国民から選ばれた国会議員が執り行うものだが、彼らは永遠に続く「独裁者」でも、「権力者」でも、ましてや「神」でもない。

いかなる理由や事由があっても、空の旅を楽しむ国民の生命を選挙で国民が選んだ公僕（権力者）が勝手に無慈悲に奪う権利はない。そして、生命を奪った理由を何ら説明もせず、その理由を「国家機密」だと主張するのなら、日本は民主主義国家だと名乗れるはずはないし、そんなことでは日本に「正義」は存在しないのである。

私ども遺族は国家機密など知りたくない。

知りたいのは事故の「真実と真相」である。

それを犠牲者の霊前に供えてこそ、真の供養だと考えている。

国や政府、自衛隊の権力者、支配者は憲法と正義、国民の命、法律「情報公開法」の精神や意義、目的にのっとり、事故の真実と真相を開示説明する義務と責任があることは明確に定められており、国民はこれらの開示説明を求める権利が規定化され、認められている。

ここに国と政府に対し、事故の真実と真相の開示と説明を要求するものである。現在の日本は法的、かつ実質的に民主主義国家である。400年以上前の徳

川幕府の封建独裁体制の時代でなく、国民に主権がある。国民に選ばれた国会議員が権力者と化し、国民を守る自衛隊幹部が国民の生命を理由なく無法に脅かし奪い、その事態を隠蔽し、それを「国家機密」だと居直る言動をしているようでは、彼らは法を、正義を、国民の命を無視する無法者でしかない。

　法律を作る立場の人間が作った法律を守らず、反故にして無視するならば、法治国家でも民主主義国家でもないし、ましてや日本の政治を主導する権力者でもない。大いに反省して日航機事故の事実と真相を国民に報告し、詫びることが残された唯一の方法である。

　私、小田周二は遺族の1人として、本論文で日航機事故の「真実と真相」の一端でも明らかに出来ればと熱望するだけであり、それは遺族として当然の義務を果たそうとするだけのものである。

　ほかのいかなる意図もないことを、ここに誓い記述する次第である。僭越ではあるが、520名の犠牲者と4名の重傷者に心から哀悼の誠を捧げたい。

　さらに事故直後、日航機事故での日航とボーイング社への告発に際し、国民の皆様方から多大なる協力、応援を得て告訴することが出来たことは、国民の皆様方の空の安全性の向上に対する期待、要望が甚大であり、強いことを証明するものでもある。

　皆様方のご協力とご声援、温かい応援に対し心から厚くお礼申し上げる。

　最後に、本論文は数多くの遺族の方の応援、賛同を得て完成したものである。特に私が苦悩し、挫折した時に励ましてくれた多くの遺族、関係者の皆様方に深く感謝する次第である。

　文章的に拙劣で経過が前後したり、重複したり、論旨も整然としていない箇所も多々あるが、寛容を持って読んでいただきたくお願いする次第である。

　そして、この文章の責任はすべて小田周二にある。もし非難や叱責、罵倒などの感情が生じたとしても、それは私、小田周二までお願いしたい。

犠牲者520名の御霊に、そして瀕死の重傷を負いながら生還した4名のために。
合掌！

2014年8月12日　日航機事故犠牲者29周年慰霊式典において　遺族　小田周二

参考文献（発行年順）

『ジャンボ墜落―unable to control！』吉原公一郎著（人間の科学社／1985.11.10）
『激動の航空業界―"空"に安全はあるのか？』北沢輝夫著（教育社／1985.12.5）
『日航ジャンボ機墜落―朝日新聞の24時』朝日新聞社会部編（朝日新聞社／1985.12.25）
『マッハの恐怖』柳田邦男著（フジ出版社／1971）（新潮文庫／1986）
『全日空が日航を追い抜く日』山本雄二郎著（講談社／1986.5.23）
『日本航空連続事故―内部からの提言　安全飛行への道はあるか』日航機事故真相追及プロジェクトチーム著（水曜社／1986.7.25）
『墜落の夏―日航123便事故全記録』吉岡忍著（新潮社／1986.8.5）
『空飛ぶ巨大技術ジャンボ』中村浩美著（講談社／1986.12.20）
『日航の運命―この会社に明日はあるか』片山修著（文藝春秋／1987.4.25）
『壊れた尾翼―日航ジャンボ機墜落の真実』加藤寛一郎著（技報堂／1987.8.1）
『日本航空―迷走から崩壊へ』吉原公一郎著（人間の科学社／1987.10.25）
『全日空世界の翼へ―大研究21世紀企業』片山修著（角川書店／1990.2.15）
『日本航空はなぜ周期的に大事故を起こすか―危険期が刻々と迫っている』世界日報特別取材班著（第一企画出版／1990.4.10）
『悲劇の真相―日航ジャンボ機事故調査の677日―』鶴岡憲一、北村行孝著（読売新聞社／1991.7）
『墜落事故のあと』川北宇夫著（文藝春秋／1992.3.1）
『飛行の神髄』加藤寛一郎著（講談社／1993.9.25）
『疑惑　JAL123便墜落事故―このままでは520柱は瞑れない』角田四郎著（早稲田出版／1993.12.28）
『一九五二年日航機「撃墜」事件』松本清張著（角川書店／1994.12.25）
『日航機救難活動の告白証言』（マイケル・アントヌッチ／米国空軍機関誌「星条旗」／1995.12）
『墜落遺体―御巣鷹山の日航機123便』飯塚訓著（講談社／1998.6）
『御巣鷹山ファイル―JAL123便墜落事故真相解明』池田昌昭著（文芸社／1998.1.25）
『御巣鷹山ファイル2―JAL123便は自衛隊が撃墜した』池田昌昭著（文芸社／1998.9.10）
『御巣鷹山ファイル3―JAL123便空白の14時間』池田昌昭著（文芸社／1999.4.10）

『沈まぬ太陽（三）　御巣鷹山篇』山崎豊子著（新潮社／ 1999.7.30）
『墜落現場　遺された人達―御巣鷹山、日航機123便の真実』飯塚訓著（講談社／ 2001.5.1）
『隠された証言―JAL123便墜落事故』藤田日出男著（新潮社／ 2003.8.15）
『日本国防軍を創設せよ』栗栖弘臣著（小学館文庫／ 2004.1）
『日本の黒い霧（上）』松本清張著（文春文庫／ 2004.12.10）
『日航機遺体収容―123便、事故処理の真相』河村一男著（イースト・プレス／ 2005.7.1）
『御巣鷹の謎を追う―日航123便事故20年』米田憲司著（宝島社／ 2005.7.7）
『旅路―真実を求めて　[8.12連絡会] 21年のあゆみ』8.12連絡会編（上毛新聞社出版局／ 2006.8.12）
『日航123便　あの日の記憶―天空の星たちへ』青山透子著（マガジンランド／ 2010.4.29）
『鎮魂―JAL123便』池田昌昭著（金沢印刷／ 2010.11.15）

フリー百科事典Wikipedia「全日空機雫石衝突事故」
YouTube「日航機123便事故―日航ジャンボ機墜落事故（M氏の証言12）」
YouTube「御巣鷹山日航機墜落事故の真相について」左宗邦皇代表

「JAL123便墜落事故の真相①　助かるべき多くの生存者が情け容赦なく殺された」
　　http://blog.livedoor.jp/ijn9266/archives/4121599.html
「（新）日本の黒い霧　JAL123便墜落事故―真相を追う―123（ひふみ）と御世出ずる時（1）」
　　http://blog.goo.ne.jp/adoi/c/c88c340a8b22aaffd823a32450beb88f
「（新）日本の黒い霧　JAL123便墜落事故―真相を追う―闇夜に蠢くもの（4）」
　　http://blog.goo.ne.jp/adoi/e/9218d78bddf9f12a9d7bdc8ebec1c10a
「つむじ風ねっと　暴かれるか　日本航空123便の墜落事故の真相?!　43」
　　http://tumuzikaze.net/index.php?%E6%9A%B4%E3%81%8B%E3%82%8C%E3%82%8B%E3%81%8B%E3%80%81%E6%97%A5%E6%9C%AC%E8%88%AA%E7%A9BA123%E6%A9%9F%E5%A2%9C%E8%90%BD%E4%BA%8B%E6%95%85%E3%81%AE%E7%9C%9F%E7%9B%B8%EF%BC%9F%EF%BC%81%EF%BC%94%EF%BC%93

著者プロフィール

小田 周二（おだ しゅうじ）

1937年　奈良県生まれ
大阪大学工学部応用化学科　卒業
プラスチック製造メーカー勤務
研究、技術開発、製造、品質管理部門に従事
現在横浜市に在住

日航機事故（1985年）で、次男（15歳）、長女（12歳）と親戚3名を亡くす。
「日本空の安全を願う会」主宰
著書に『524人の命乞い　日航123便乗客乗員怪死の謎』（2017年／文芸社）、『永遠に許されざる者　日航123便ミサイル撃墜事件及び乗客殺戮隠蔽事件の全貌解明報告』（2021年／文芸社）がある。

日航機墜落事故 真実と真相

御巣鷹の悲劇から30年　正義を探し訪ねた遺族の軌跡

2015年3月15日　初版第1刷発行
2024年2月29日　初版第6刷発行

著　者　小田　周二
発行者　瓜谷　綱延
発行所　株式会社文芸社
　　　　〒160-0022　東京都新宿区新宿1-10-1
　　　　　　電話　03-5369-3060（代表）
　　　　　　　　　03-5369-2299（販売）

印刷所　図書印刷株式会社

©Syuji Oda 2015 Printed in Japan
乱丁本・落丁本はお手数ですが小社販売部宛にお送りください。
送料小社負担にてお取り替えいたします。
本書の一部、あるいは全部を無断で複写・複製・転載・放映、データ配信することは、法律で認められた場合を除き、著作権の侵害となります。
ISBN978-4-286-15729-0